근대화라는 이데올로기

MODERNIZATION AS IDEOLOGY

근대화라는 이데올로기

초판1쇄 펴냄 2021년 8월 3일

지은이 마이클 레이섬
옮긴이 권혁은, 김도민, 류기현, 신재준, 정무용, 최혜린
펴낸이 유재건
펴낸곳 그린비
주소 서울시 마포구 와우산로 180, 4층
대표전화 02-702-2717 | **팩스** 02-703-0272
홈페이지 www.greenbee.co.kr
원고투고 및 문의 editor@greenbee.co.kr

주간 임유진 | **편집** 홍민기, 신효섭, 구세주, 송예진 | **디자인** 권희원 | **마케팅** 유하나
물류유통 유재영, 한동훈 | **경영관리** 유수진

學問思辨行: 배우고 묻고 생각하고 판단하고 행동하고

독자의 학문사변행을 돕는 든든한 가이드 _그린비 출판그룹

그린비 철학, 예술, 고전, 인문교양 브랜드
엑스북스 책읽기, 글쓰기에 대한 거의 모든 것
곰세마리 책으로 통하는 세대공감, 가족이 함께 읽는 책

MODERNIZATION AS IDEOLOGY

근대화라는 이데올로기

마이클 레이섬 지음

권혁은·김도민·류기현·신재준·정무용·최혜린 옮김

그린비

차례

| 일러두기 |

1 이 책은 Michael E. Latham, *Modernization as Ideology: American Social Science and "Nation Building" in the Kennedy Era*, University of North Carolina Press, 2000를 완역한 것이다.

2 본문의 주석은 모두 각주로 표시되어 있다. 옮긴이 주는 각주의 끝에 '— 옮긴이'라고 표시했으며, 독자의 이해를 돕기 위해 본문에서 옮긴이가 보충하는 내용은 대괄호([ ])로 표시했다.

3 단행본·정기간행물의 제목에는 겹낫표(『』)를, 논문·단편·법 등의 제목에는 낫표(「」)를 사용했다.

4 외국어 고유명사는 2002년에 국립국어원에서 펴낸 외래어표기법을 따라 표기했다.

5 각주 인용 출처에서 사용되는 약어들의 정보는 다음과 같다.

AIDC = Agency for International Development, Center for Development Information and Evaluation, Rosslyn, Virginia

FRUS = State Department, *Foreign Relations of the United States*

HIA = Hoover Institution Archives, Stanford University, Stanford, California

JFKL = John F. Kennedy Library, Boston, Massachusetts

LBJL = Lyndon B. Johnson Library, Austin, Texas

NSF = National Security Files

PCL = Peace Corps Library, Washington, D.C.

POF = President's Office Files

Public Papers = Public Papers of the President

추천사

이데올로기는 현실에 더 쉽게 대응할 수 있게 해준다. 그것은 복잡한 현상을 간명한 모델로 제시한다. 또한 역사가 움직이는 방향을 보여 주고 행위의 수사적 정당성을 창출한다. 이데올로기의 이러한 역할 때문에 국가 지도자들은 그것을 행위의 지침으로 삼는다.

냉전 사가들은 그간 구소련, 동유럽 위성국, 중화인민공화국에서 이데올로기가 수행한 역할을 재평가해 왔다. 새롭게 공개된 기록들은 이들 국가에서 이데올로기가 위의 역할을 전부 수행했다는 것을, 즉 마르크스-레닌주의가 외교정책의 우선순위를 결정하곤 했다는 점을 보여 주었다.

그렇다면 미국은 어떠한가? 냉전기 동안 미국에는 마르크스-레닌주의와 비교할 만한 이데올로기가 있었는가? 마이클 레이섬은 케네디 정부가 주도한 세 가지 정책—진보를 위한 동맹, 평화봉사단, 베트남 전략촌—에 대한 꼼꼼한 연구를 통해 1960년대 초 근대화론이 실질적인 이데올로기 역할을 했음을 보여 준다. 사회과학이 대거 정책 영역에 주입되었을 때, 근대화론은 제3세계에 공산주의 혁명이 발생할 조건을 완화하기 위한 진단과 조치에 객관적 기반을 제공할 수 있다고 주장했다.

그러나 레이섬은 새롭고 객관적인 분석 도구라고 생각된 근대화론이 사실은 미국이 '명백한 운명' 시기에서부터 오랫동안 열정적으로 품었던 문화적 가정들을 반영한다는 점을 보여 주었다. 미국 관료들은 과학과 국가적 사명이라는 감각을 혼동함으로써, 성공과 실패를 구별할 수 없게 되었다. 그것은 이데올로기가 행위를 가능하게 하는 한편, 어떤 행위의 효과를 은폐할 수도 있기 때문이었다. 이데올로기는 그 자체가 생산한 모델과 맞지 않는 현실의 돌출적 경향을 모호하게 만들었다.

대부분의 역사학자는 이제 소련이 이데올로기적 열망과 그가 마주한 현실 간의 격차로 붕괴했다는 점을 인정한다. 레이섬의 기여는 미국 또한 가장 큰 외교정책의 실패로 꼽히는 베트남전쟁기까지 이데올로기적 환상으로 고통받았다는 점을 보여 주었다는 것이다. 그 결과는 구소련이나 구소련 동맹국들에서처럼 파괴적이진 않았지만, 충분히 부정적이었다. 이 새롭고 중요한 연구는 이제 미국인들이 어떻게 그 결과의 희생양이 되었는지 명확히 설명해 준다.

『근대화라는 이데올로기』는 다른 손꼽히는 국제관계사 연구들처럼 사상의 힘을 보여 준다. 이 책은 신냉전사 시리즈New Cold War History에서 가장 환영할 만한 저작이라 할 수 있다.

존 루이스 개디스

감사의 말

연구와 저술은 고독한 노동을 필요로 하지만 혼자서는 결코 이 책을 쓸 수 없었을 것이다. 이 책을 저술하는 과정에서 많은 분과 기관의 정성 어린 지원을 받았다. 존 F. 케네디 도서관John F. Kennedy Library, 린든 B. 존슨 재단Lyndon B. Johnson foundation, 포덤 인문과학 대학원Fordham University's Graduate School of Arts and Sciences의 아미스 기금Ames Fund은 아카이브 수집을 위한 재정을 지원해 주었다. 많은 아키비스트들 중 존슨 대통령 도서관의 마이클 패리시Michael Parrish와 케네디 도서관의 모라 포터Maura Porter는 내가 연구 전략을 가다듬고 기존에 알지 못했던 자료 출처에 다다를 수 있게끔 도와주었다. 레너드 바인더Leonard Binder, 칼 케이슨Carl Kaysen, 루시안 파이Lucian Pye, 월트 로스토Walt Rostow는 만사를 제쳐두고 과거에 대한 중요한 질문을 하는 역사학자의 인터뷰에 응해 주었다. 캘리포니아대학교의 세계분쟁협력 연구소Institute on Global Conflict and Cooperation(IGCC)는 내가 1년간 다른 학술적 업무 없이 저술에 집중할 수 있도록 허락해 주었고, 멜런 재단Mellon Foundation의 연구비는 내가 이데올로기에 대해서 더 심각하게 생각하게 해준 두 개의 지성사 세미나를 지원해 주었다. 이 책 3장의 일부는 『외교사』22*Diplomatic History* 22(1998년 봄)의 논문으로 출판되었는데 그 원고를 여기에 실을 수 있게 해준 저널 측에 감사드린다.

또한 몇몇 동료에게 진심 어린 감사를 표하고 싶다. 나는 특히 UCLA에서 박사과정을 밟을 때 지도교수였던 마이클 샐먼Michael Salman 에게 빚을 졌다. 그는 내가 더 도전적이고 생산적인 연구 방향으로 가 도록 격려했다. 언제나 나의 생각을 경청하고 개념적 문제를 찾아내 고 창의적 해결책을 독려하며 처음부터 끝까지 이 프로젝트를 지원해 주었다. 조이스 애플비Joyce Appleby, 제임스 드레이크James Drake, 프랭크 닌코비치Frank Ninkovich, 시어도어 포터Theodore Porter, 도로시 로스Dorothy Ross, 앤더스 스테판슨Anders Stephanson, 마리코 타마노이Mariko Tamanoi 또 한 근대화에 대한 내 생각에 귀중한 논평과 통찰력 있는 비평을 제공 해 주었다. 모두에게 감사드린다. 본 시리즈의 편집자인 존 루이스 개 디스John Lewis Gaddis는 신중하게 원고를 평가했고 글의 명료함을 높이 기 위한 몇몇 제안을 해주었으며 더 의미 있는 책을 낼 수 있도록 도 와주었다. 노스캐롤라이나대학 출판사의 발행인인 루이스 베이트먼 Lewis Bateman은 출판 절차를 숙련된 경험으로 총괄했으며, 인내심과 유 머로 내가 책을 수정할 수 있도록 지도해 주었다. 교열 담당자인 그레 이스 부오노코어Grace Buonocore와 기획 담당자인 패멀라 업턴Pamela Upton 은 마지막 단계까지 전문적 능력을 발휘했다. 나는 또한 연구와 교육 의 균형에 대한 포덤대 역사학과 동료들의 적절한 조언에 감사하고 싶 다. 나의 가장 좋은 친구이자 옛 스승인 리처드 해리슨Richard Harrison은 이 책의 완성을 보지 못하고 돌아가셨다. 그러나 그의 영감과 나의 노 력에 대한 변함없는 헌신은 말로 다 할 수 없는 특별한 것이었다.

마지막으로 나의 가족들에게 가장 큰 감사를 표하고 싶다. 아내 제니퍼 브리그스 레이섬Jennifer Briggs Latham은 내 작업을 지속적으로 지원했고 나의 전환점을 축하해 주었으며 삶에 다른 것들이 있다는 점을 일깨워 주었다. 나의 부모님인 낸시 레이섬Nancy Latham과 피터 레이섬Peter Latham 또한 나의 첫 번째 스승이셨다. 이 책을 그들에게 바친다.

한국어판 서문

『근대화라는 이데올로기』의 한국어판 출간을 영광으로 생각합니다. 1990년대 저는 크게 두 가지 문제의식을 갖고 이 작업을 시작했습니다. 첫째로, 저는 국가 안보의 중요성을 강조하는 '현실주의'적 입장 또는 경제적 힘의 우위만 전적으로 강조하는 '수정주의'적 입장에 의존한 미국 외교사 연구의 접근 방식이 불만이었습니다. 현실주의자들은 이른바 객관적인 행위자들이 합리적으로 규정되고 결정되는 "국익"을 추구하며 정책을 결정한다고 보았습니다. 그렇다면 역사학자의 과업은 그저 행위자가 그와 관련하여 얼마만큼 성공을 거두었는지 평가하는 데 그치게 됩니다. 주로 마르크스주의적 틀에 기반한 수정주의자들에게 이해관계는 물질적 요인에 의해 전적으로 좌우되며, 사상, 수사, 가치와 같은 것은 그저 자본주의의 핵심 동력이 되는 요소를 정당화 또는 합법화하는 데 활용될 뿐이었습니다. 저는 두 접근 방식이 모두 "이해관계"를 어떻게 정의할 것인가라는 중대한 질문을 간과했다는 측면에서 지나치게 환원주의적이라고 보았습니다. 더 나아가 저는 역사학자로서 이해관계를 정의하는 과정 그 자체가 문화와 역사에 깊은 영향을 받는다고 생각했습니다. 제가 보기에 이해관계란 언제나 자명하거나 확실한 것이 아니라 사상의 체계를 통해, 그리고 종종 특정한 세계관뿐만 아니라 그 세계관 속에서 어떻게 행동할지에 대한 생각까지 만드는 상호보완적 가정들을 통해 이해되는 것이었습니다. 저는 근대화가 단순한 사회과학 이론이 아니라 미국이 전후 세계를 위한 호소력 있는 모델이 될 수 있으며 세계 각국이 밟아 나가야 할 궤적을 만들고 지도할 강력한 수단도 가지고 있다는, 미국 문화에 깊이 뿌리박힌 하나의 이데올로기라고 생각하게 되었습니다. 더군다나 근대화는 발전과 안보를 연결시키겠다고 약속함으로써 냉전의 가장 벅찬 문제들 중 일부를 해결해 주는 것처럼 보이기도 했습니다. 시간이 지나며 많은 국가와 사회에서 근대화라는 매혹적인 비전을 지지하는 이들이 나타났고, 그들은 그것을 토론, 수용, 수정, 변형의 대상으로 삼았습니다. 그로 인해 근대화의 역사는 진실로 전 지구적 성격을 갖게 되었습니다. 한국적 맥락에서 이러한 문제들을 탐구하는 새로운 학문적 시도가 등장했다는 것에 큰 기쁨을 느끼며, 이 책을 번역한 권혁은 씨[와 그 동료들]에게 감사를 표합니다.

이 책을 써야겠다고 마음먹게 한 두 번째 요인은 미국 자유주의의 성격에 대한 저 자신의 호기심이었습니다. 미국에서 근대화를 지지한 학자와 정책 결정자들은 모두 자유주의적 전통의 후계자들이었습니다. 이들은 정부가 고질적인 사회문제를 해결할 수 있다고 믿었습니다. 뉴딜의 후예이자 1960년대 위대한 사회 운동의 지지자였던 이들은 정부 정책이 빈곤을 완화하고 교육적 성과를 내며, 완전 고용을 촉진하고 인종 차별에 대항할 수 있다고, 그리고 그렇게 해야 한다고 믿었습니다. 이들은 세심한 행정적·기술적 관리를 통해 보다 정의롭고 평등하며 인도주의적인 사회를 만들어 낼 수 있을 것이라 생각했습니다. 그러나 그와 동시에, 세계가 기대한 방향으로 움직이지 않자 이들은 냉전적 신념을 바탕으로 막대한 무력과 폭력을 동원했습니다. 베트남 같은 곳이 가장 뚜렷한 무대가 되었지만, 라틴아메리카 대부분의 지역, 중동, 아프리카, 그리고 아시아의 여러 지역도 그 대상이 되었습니다. 개혁을 향한 희망과 걷잡을 수 없는 억압의 놀라운 결합은 제 모국의 역사에 깊은 상흔을 남겼을 뿐만 아니라 많은 윤리적·도덕적 딜레마를 야기했습니다.

그러한 측면에서 이 책은 하나의 비극적 이야기입니다. 이 책은 또한 소련·중국·미국 및 전 세계 많은 국가들의 비전과 행동이 추동한 냉전의 극심한 이데올로기적 투쟁이 왜 그렇게 파괴적인 결과를 가져왔는지를 부분적으로나마 설명해 줍니다. 저는 현재의 관점에서 바라본 그 역사가 우리에게 보다 나은 길을 찾을 수 있는 교훈을 제공해 주기를 바랍니다.

2021년 1월 9일

마이클 E. 레이섬

근대화라는 이데올로기

1장 이데올로기로서의 근대화[1]
문제에 접근하기

1961년 6월, 미 전역의 대학들이 학위 수여식에서 졸업생들에게 사회에 나가 세상을 변화시키라고 독려했을 무렵 월트 로스토는 아주 독특한 졸업식 축사 연설을 했다. 노스캐롤라이나 포트 브래그에서 열린 졸업식 광경은 그가 예전에 참석했던 MIT의 졸업식 풍경과는 사뭇 달랐다. 신임 백악관 국가안보 보좌관 앞에 앉은 졸업생들은 학위복을 입은 학생이나 교직원, 이사진들이 아니었다. 그곳엔 20개 국가의 서로 다른 군복을 입은 80명의 장교가 앉아 있었다. 그들은 모두 미 특수전 센터U.S. Army Special Warfare Center의 대게릴라 전략 과정을 마친 이들이었다.

이토록 다른 풍경을 마주했음에도 로스토는 마치 집에 온 듯한 안락함을 느꼈을 것이다. 자신의 사회과학 모델이 과거 MIT에서 가르쳤

---

1 이 책에서 modernization은 '근대화론'이라고 번역하는 것이 더 자연스러운 경우가 많으나, 레이섬이 modernization과 modernization theory를 모두 사용하기 때문에 이를 충실히 반영하기 위해 전자는 '근대화'로, 후자는 '근대화론'으로 번역했다. 다만, 문맥상 부득이한 경우에는 modernization을 '근대화론'으로 번역했다. ─옮긴이

던 학생들보다 지금 자기 앞에 앉아 있는 청중에게 더 적합하다고 믿었기 때문이다. 그는 의례적인 인사나 축사를 생략하고 단도직입적으로 경고했다. 세상은 점점 더 위험한 곳으로 변하고 있고, 케네디 정부는 쿠바, 콩고, 라오스, 베트남에서 위기에 직면했다. 이는 "최근 몇 년간 제2차 세계대전 이후 등장한 냉전의 경계를 공산주의가 성공적으로 허물어뜨리고 있다는 증거다. 국제 공산주의가 각기 다른 방식으로 저개발 지역의 내재적 불안정성을 이용함으로써 위기가 발생했기 때문이다". 이제 미국과 동맹국들은 과거의 한정적인 대외 원조와 군사 원조 공여 이외의 방식으로 그 도전에 대응해야 한다. 우리는 "무기만으로 싸우는 게 아니라 마을과 언덕에 사는 사람들의 마음속에서, 그리고 현지 정부의 정신과 정책으로 싸워야 한다". 그들은 "창조적인 근대화 과정 전체"에 직접 개입해야 했다.[2]

로스토와 그의 학문적 동료들, 그리고 그들이 자문하는 정책 결정자들에게 근대화라는 개념은 학문적인 모델 이상을 의미했다. 그것은 전 세계적 변화 과정을 이해하기 위한 수단인 동시에, 미국이 그 변화를 가속하고 유도하고 지도할 수 있는 방식을 찾아내기 위한 수단이었다. 그들은 제2차 세계대전 이후 미국이 향유했던 전례 없는 권력이 침식당하고 있음을 두려워했다. 유럽 제국의 붕괴와 "신생 국가"new states[3]의 등장은 결연히 소련 공산주의의 확산을 봉쇄하려고 했던 미국에

---

2 Walt W. Rostow, "Countering Guerrilla Attack", ed. Franklin Mark Osanka, *Modern Guerrilla Warfare: Fighting Communist Guerrilla Movements, 1941–1961*, New York: Free Press, 1962, p.464, 468, 471.

3 레이섬은 제2차 세계대전 이후 식민지에서 새롭게 독립한 국가들을 new states, new nations, emerging countries라고 혼용하여 지칭하고 있다. 문맥상 큰 차이가 없으므로 모두 '신생 국가'로 번역했다.— 옮긴이

게 심각한 도전을 제기했다. 제2차 세계대전 이후 5년간 인도, 파키스탄, 실론, 버마, 필리핀, 인도네시아, 요르단, 시리아, 레바논, 이스라엘이 독립을 성취했다. 1954년의 제네바 합의Geneva Accords[4]를 따라 캄보디아, 라오스, 베트남은 프랑스 제국을 떠났다. 그로부터 얼마 지나지 않아 말라야, 리비아, 수단, 모로코, 튀니지가 제국 통치로부터 공식적인 자유를 획득했으며 가나, 토고, 기니가 그 뒤를 따랐다. 1960년까지 무려 8억 인구를 가진 40개국의 신생 독립국이 등장했다.[5] 이들 "신생" 국가가 라틴아메리카, 아프리카, 아시아의 기존 국가들과 함께 사회 경제적으로 필요한 국제 원조를 요청함에 따라 냉전은 전 지구적 대결이 되었다. 많은 미국의 정책 결정자는 불안정한 정권과 빈곤하고 불만에 찬 대중이 마르크스주의 혁명에 비옥한 토양을 제공할 것이라고 주장했다. 트루먼 정부의 전략가인 폴 니츠Paul Nitze와 그의 동료들이 NSC-68로 알려진 충격적 문서에서 주장했듯이 "독일 및 일본의 패배와 영국 및 프랑스 제국의 쇠락"은 세계의 나머지 국가들에 그 절대적 권위를 행사하려 하는 소련과 미국 간의 위험한 경쟁을 초래하였다. 탈식민화로 야기된 불안정성 속에서 잠재적 혁명의 기운은 커져만 가는 것처럼 보였다.[6]

---

4 1954년 4월 26일부터 7월 21일까지 스위스 제네바에서 개최된 제네바 회담에서 인도차이나 문제에 관해 도출된 합의를 말한다. 합의의 내용은 북위 17도선을 기준으로 군사적 적대 행위를 중지하고, 1956년 7월 안에 남북 총선거를 실시하는 것이었다. 이로써 인도차이나 반도는 공식적으로 프랑스의 식민 지배를 벗어나 베트남, 라오스, 캄보디아의 독립이 승인되었고, 베트남은 북쪽 호찌민을 주축으로 한 베트남민주공화국, 남쪽 프랑스의 지원을 받은 바오다이 황제의 베트남국으로 분할되었다. — 옮긴이

5 Walter LaFeber, *The American Age: U.S. Foreign Policy at Home and Abroad*, 2d ed, New York: Norton, 1994, p.563.

6 *FRUS*, 1950, vol.1, pp.237~238; Michael S. Sherry, *In the Shadow of War: The United*

대부분의 미 전략가들은 1950년대 내내 소련이 직접적 군사 대결을 시도하리라고 믿지 않았다. 그러나 그들은 크렘린이 "저개발 주변부"를 좀먹어 들어감으로써 미국의 국제적 위상을 파괴하고, 미국이 건설하고자 했던 정치적·경제적 동맹 체제를 꾸준히 침식시키는 데 혈안이 되어 있다고 확신했다. 소련의 성공적인 핵폭탄 실험, 놀라웠던 중국 공산혁명, 한국전쟁의 충격과 희생의 여파 속에서 미 관료들은 점점 더 전 세계적 사회 변화 과정에 관여하게 되었다. 미국은 필리핀과 남베트남에서 무장 세력의 도전을 격퇴하는 데 관여했으며, 과테말라와 이란에서는 비밀 작전을 통해 좌익 성향 정부에 대한 쿠데타를 지원했고, 인도네시아에서도 유사한 일을 시도했다. 중동의 불안정한 정세와 이집트 및 시리아와 소련의 연계를 우려한 아이젠하워는 레바논의 친미 엘리트들을 지키기 위해 미 해병대를 파견했다. 또 미국은 전 세계적으로 반공 지도자들에게 막대한 군사원조를 제공했다.

케네디 정부의 기획자들은 소련이 촉발했다고 생각한 공격을 막고자 하는 결의와 결단력을 보여 주었고, 동시에 혁명 세력들이 민족주의적 열망을 선취할지도 모른다고 우려했다. 이들은 봉쇄정책의 틀을 계승하며, 그것을 더 효과적으로 실행하는 방법을 탐구했다. 쿠바 혁명, 점점 더 허약해지는 남베트남의 응오딘지엠 정권, 그리고 새로 독립한 콩고 내전의 격화는 그들의 우려를 강화하기만 할 뿐이었다. 1961년 1월 소련 수상 니키타 흐루쇼프가 식민지민들의 "희생적" 투쟁을 지원하고 "민족 해방 전쟁"을 지켜 주겠다고 연설했을 때, 신임 케네디 정부의 공포는 절정에 달했다. 상원의원 시절 케네디는 개발도

States since the 1930s, New Haven: Yale University Press, 1995, p.128.

상국의 취약성을 경고한 바 있었다. 백악관으로 자리를 옮긴 케네디는 참모들에게 흐루쇼프의 연설을 연구하고 새겨 두라고 말했다. "여러분은 반드시 그것을 이해해야 합니다. 이것이야말로 소련의 의도를 우리에게 알려 주는 단서입니다."[7]

불안이 점점 고조되는 상황에서 "근대화"는 혁명 세력의 팽창을 봉쇄하고자 하는 정책 결정자들에게 특별한 호소력을 가졌다.[8] 냉전 초기의 산물인 근대화론은 전 세계적 변화의 본질 및 그것과 미국의 관계에 대한 근본적인 몇몇 가정에 기초했다. 케네디 정부가 집권했을 때 여러 연구 기관에서 학제 간 작업을 진행한 바 있는 광범위한 학자군이 그들의 생각을 정책 권고안으로 구체화하기 시작했다. 사회과학 도구로 무장하고 그것이 지닌 합리적이고 분석적 힘에 대해 자신에 차 있던 대표적 이론가들——로스토, 루시안 파이, 대니얼 러너Daniel Lerner, 가브리엘 아몬드Gabriel Almond, 제임스 콜먼James Coleman——은 그들이 "전통"과 "근대"라고 이름 붙인 사회에 어떤 차이가 있는지 비교 분석할 필요가 있다고 주장하며, 급격히 증액된 연방 정부 기금의 수혜를 받아 한 사회가 하나의 조건에서 다른 조건으로 이동하기 위한 필수 요건을 밝히고자 했다.[9] 그렇게 진행된 연구들은 "근대화"가 경제 조

7　Michael Beschloss, *The Crisis Years: Kennedy and Khrushchev, 1960–1963*, New York: Harper Collins, 1991, pp.60~61.

8　예를 들어 로스토가 *View from the Seventh Floor*(New York: Haper and Row, 1964), 85쪽에서 국무부 정책기획위원회(Policy Planning Council) 의장으로 제기했던 주장을 참조하라.

9　언급된 저자들의 중요한 저작은 다음과 같다. Rostow, *The Stages of Economic Growth: A Non-Communist Manifesto*, Cambridge: Cambridge University Press, 1960; Lucian W. Pye, *Politics, Personality, and Nation Building: Burma's Search for Identity*, New Haven: Yale University Press, 1962; Daniel Lerner, *The Passing of Traditional Society: Modernizing the Middle East*, New York: Free Press, 1958; Gabriel Almond and James

직, 정치 구조, 사회 가치 체계 등이 완전히 결합한 일련의 변화라는 종합적인 결론을 도출하였다. 이제 연구 과제는 전 세계적 변화의 전반적 패턴을 설명하기 위한 일련의 보편적이고 경험적인 기준을 만들어 내는 것이었다. 프린스턴대의 C. E. 블랙C.E. Black이 폭넓게 정의했듯이 "근대화"는 "역사적으로 진화하는 제도들이 인간 지식의 유례없는 증가로 급격하게 변화한 기능에 적응하는 과정이자, 인간의 외적 환경까지도 통제할 수 있게 만드는 과정"이라고 할 수 있었다.[10]

1960년대 초, 근대화 과정에 관한 연구는 국제적 차원의 사회 변화를 연구하는 학계를 지배하게 되었다. 학자들이 아이디어를 토론하고 다듬어서 복잡하게 배치된 지역과 사회에 적용하게 됨에 따라, 근대화의 정의와 모델은 종종 다변화되었다. 그러나 복잡한 학술 용어를 한 꺼풀 벗겨 내면, 근대화론의 핵심 개념이 다음과 같은 몇 가지 중복된 가정에 집중된다는 것을 알 수 있다. (1) "전통"과 "근대"사회는 명백히 이분법적으로 구분된다. (2) 경제, 정치, 사회 변화는 통합되어 있으며 상호 의존적이다. (3) 발전development[11]은 보편적이고 단일한 경로

S. Coleman eds., *The Politics of Developing Areas*, Princeton: Princeton University Press, 1960.

10 C. E. Black, *The Dynamics of Modernization: A Study in Comparative History*, New York: Harper and Row, 1966, p.7.

11 이 책에서 development는 '개발'과 '발전' 모두로 번역할 수 있다. 사전적으로 '개발'은 토지나 천연자원 등을 유용하게 만든다는 타동사적 의미를 지니며, '발전'은 더 낫고 좋은 상태나 더 높은 단계로 나아간다는 자동사적 의미를 지닌다. 레이섬은 근대화론이 '발전'을 보편적으로 세계가 밟는 자연적인 과정으로 상정했다고 주장했기 때문에 이 책에서는 development를 주로 자동사적 의미의 '발전'으로 번역했다. 다만 '개발도상국' '개발경제학' '개발 차관' 등 '개발'이 더 널리 사용되는 용어들과 명확하게 타동사적 의미로 미국 정부가 시행한 개발 정책을 뜻할 때에는 '개발'로 번역했다. 이러한 번역 방식은 질베르 리스트, 「옮긴이의 글」, 『발전은 영원할 것이라는 환상』, 신해경 옮김, 봄날의책, 2013, 9~11쪽을 참조했다.—옮긴이

를 따라 근대사회로 나아가는 과정이다. (4) 후진국 사회의 발전은 선진국 사회들과의 접촉을 통해 극적으로 가속화될 수 있다.[12] 이론가들은 역사 발전 단계의 정점에 서구의, 산업화한, 자본주의적 민주주의 국가——특히나 미국——를 위치시켰고, 정점에서부터 그보다 덜 근대화된 사회 간의 거리를 표시해 나갔다. 그들은 미국의 과거가 진정한 근대성으로 향하는 과정을 증명해 준다고 확신하며, 미국이 "정체된" 사회의 이행 과정을 촉진할 수 있다는 점을 강조했다.

1960년대 후반, 학계에서는 근대화 모델의 타당성에 대한 논쟁이 광범위하게 제기되기 시작했다. 학자들은 기존 유형의 사회 조직들이 근대화 과정에 의해 완전히 사라지지 않는다는 점에 주목하며 "전통"과 "근대"의 조건이 뚜렷이 구분된다는 주장을 반박했다. "새로운 방식의 등장은 선택지를 넓힐 수 있을 뿐이다. 한 사람이 마술과 의약품을 번갈아 사용할 수도 있는 것이다."[13] 비판적 시각의 논자들은 근대화가 통합된 변화 과정이라는 생각에 대해서도 목소리를 높였다. 그에 따르면 그동안 진행된 사례 연구들은 많은 경우 정부의 변화에 사회구조가 영향받지 않으며, 정치적 참여의 확대가 안정적 민주주의보다는 군사정부, 과두정부, 종교 분쟁, 내전 등과 같은 불안정한 상황을 야기한다는 점을 보여 주었다는 것이다. 또한 베트남전쟁이 제국주의 문제에 대한 새로운 시각을 제시함에 따라 비평가들은 서구 제도 및 문

---

12 이와 유사한 중요 공식에 대해서는 다음을 참조. Jeffrey C. Alexander, "Modern, Anti, Post, and Neo: How Social Theories Have Tried to Understand the New Problems of Our Time", *Zeitschrift für Soziologie*, vol.23, June 1994, p.168.

13 Joseph R. Gusfield, "Tradition and Modernity: Misplaced Polarities in the Study of Social Change", *American Journal of Sociology*, vol.72, January 1967, p.354.

화와의 접촉이 "이행 단계"를 가속할 수 있는가에 대해서도 의문을 제기했다. 비평가들은 "전통"사회에 사는 사람들은 기술을 흡수하기만 할 뿐 그들 스스로 혁신할 수 없을 것이란 인종 중심적인 가정을 거부하며 산업화한 사회와의 접촉은 이로운 "전시효과"가 아니라 종종 파괴와 폭력의 유산을 남긴다고 주장했다.[14]

오래지 않아 정치적 스펙트럼의 양 끝에서 체계적인 도전이 나타났다. 왼편에는 종속 이론가들이 있었다. 그들은 마르크스주의를 활용하여 오늘날 산업사회의 과거가 라틴아메리카 국가들의 현재 모습과 전혀 닮지 않았다고 주장했다. 서구 유럽과 미국은 "저개발" 상태인 적은 있었지만, 그것이 다른 세계와의 관계에서 빚어진 결과는 아니었다는 것이다. 세계체제론자들은 발전에 보편적 경로가 있다는 개념에 직접 도전하며 초국가적 경제 관계가 산업화한 중심부를 부유하게 만들고 주변부는 착취적인 세계 자본주의에 계속 종속시킨다는 점을 강조했다. 스펙트럼의 오른쪽에서는 1970년대 중반 보수 이론가들이 "반혁명"을 시작했다. 그들은 선진국과 후진국 간의 1인당 소득 격차가 점점 더 벌어진다는 사실을 외면하며 국내의 사회보장 지원처럼 사용되는 대외 원조가 현지의 기업가적 혁신을 저해할 뿐이라고 주장했다. 최근까지도 근대화론은 국가사회주의state socialism의 붕괴와 자본주의 시장의 혁신적 힘을 찬양하는 탈냉전 분석에서 부활하곤 했다.[15]

---

14 주요 비판적 연구들은 다음을 참조. Dean C. Tipps, "Modernization Theory and the Comparative Study of Societies: A Critical Perspective", *Comparative Studies in Society and History*, vol.15, March 1973. 사무엘 P. 헌팅턴(Samuel P. Huntington) 역시 "Political Development and Political Decay", *World Politics*, vol.17, April 1965에서 근대화 모델을 정교화하며 몇 가지 문제점을 지적했다.

15 Gunder Frank, *Latin America: Underdevelopment or Revolution, Essays on the*

근대화론은 하나의 설명 틀로서 매우 변화무쌍한 이력을 지녔다. 근대화 개념의 지적 타당성에 대한 오랜 논쟁 너머에는 그 역사적 맥락, 정치적 기능, 문화적 의미에 관한 중요하지만 대개는 무시되었던 또 다른 질문들이 존재한다. 나는 근대화가 학계를 지배하던 시기로 돌아가 미국의 대외 정책으로 실행되는 과정을 검토함으로써 그것이 단순한 사회과학 공식에 머무르지 않았다는 점을 보여 주고자 한다. 나는 근대화가 하나의 이데올로기였으며, 미국 사회의 본성에 대한 생각과 미국이 물질적이고 문화적으로 결핍된 사회를 변화시킬 수 있는 능력을 갖추고 있다는 보편적 가정을 포괄한 개념적 틀이었다는 점을 주장하고자 한다. 이 해석은 근대화 모델의 지적 가치에 대해 심각한 의문을 제기할 것이다. 이는 또한 냉전의 최절정기에 미국의 힘이 행사되고 국가 정체성을 형성하는 과정에서 사회과학이 행했던 근본적 역할을 밝혀 줄 것이다.[16]

Development of Underdevelopment and the Immediate Enemy(New York: Monthly Review Press, 1969)는 종속 이론가로서 근대화론을 비판한 가장 단적인 사례를 보여 준다. James D. Cockcroft, Dale L. Johnson and André Gunder Frank, *Dependence and Underdevelopment: Latin America's Political Economy*(Garden City, N.Y.: Doubleday, 1972)도 참조하라. 세계체제 이론가인 이매뉴얼 월러스틴(Immanuel Wallerstein)은 그의 "Modernization: Requiescat in Pace"(*The Capitalist World Economy*, Cambridge: Cambridge University Press, 1979) 132~137쪽으로 비문을 새겼다. P. T. 바우어(P. T. Bauer)는 *Dissent on Development: Studies and Debates in Development Economics*(Cambridge: Harvard University Press, 1972)에서 보수적 맞대응을 주도했다. 완화된 근대화론을 부활시키려는 시도에 대해서는 "Modern, Anti, Post, and Neo"에서 알렉산더가 "신-근대"주의적 접근을 반영한 방식을 참조하라. 그러나 근대화론의 가장 극적인 재활용은 Francis Fukuyama, *The End of History and the Last Man*(New York: Free Press, 1992)에서 나타났다. Francis X. Sutton, "Development Ideology: Its Emergence and Decline"(*Daedalus*, vol.118, Winter 1989)과 Leonard Binder, "The Natural History of Development Theory"(*Comparative Studies in Society and History*, vol.28, January 1986)는 근대화론에 대한 유용한 개념사를 제공한다.

16 현재 미국 외교사 연구자들뿐만 아니라 과학사 연구자들도 이 주제에 상당한 흥미를 보이기

나는 특히 케네디 정부기에 초점을 맞춰 다음 세 가지의 근본적
이고 서로 교차하는 문제를 검토하여 근대화가 하나의 이데올로기로
기능한 방식을 살펴보려고 한다. 첫째로 사회과학계가 어떻게 그들이
생산한 지식을 정치적으로 활용하려 했는지를 살펴보겠다. 둘째로 진
보를 위한 동맹Alliance for Progress, 평화봉사단Peace Corps, 전략촌 프로그
램Strategic Hamlet Program이라는 세 가지 구체적 사례 연구를 통해 사회과
학 이론과 대외 정책 간의 관계를 분석하겠다. 셋째로 미국의 자원 투
자가 경제적·문화적으로 빈곤한 지역을 근대화시킬 것이라는 냉전적
주장이 어떻게 오래전에 구축된 미국의 국가 정체성을 재형성했는지
검토하겠다. 1960년대 초반에 실천된 근대화론은 명백한 운명Manifest
Destiny[17]과 제국주의라는 보다 일찍부터 존재한 이데올로기와 강하게
공명했다.

첫 번째 문제——미 사회과학에서 근대화론의 부상이라는——를
탐구하면서 나는 많은 학자가 자신들의 연구가 국가를 위해 봉사할 수
있다는 것을 보여 주려 했다는 점을 알게 되었다. 도러시 로스가 분석
한 도금 시대Gilded Age[18] 사회과학자들과 유사하게 1950~60년대의 근

시작했다. 예를 들어 다음의 에세이를 참조하라. Michael A. Bernstein, Stephen P. Waring,
Ellen Herman, Deborah Welch Larson, Daniel Lee Kleinman, and Mark Solovey, "The
Cold War and Expert Knowledge", *Radical History Review*, vol.63, Fall 1995.

17 명백한 운명은 19세기 후반 제임스 매디슨이 미국 대통령으로 재임할 당시 민주공화당, 특히
매파에 의해 널리 퍼진 이론으로 미합중국이 북미 전역을 정치, 사회, 경제적으로 지배하고 개
발할 신의 명령을 받았다는 주장이다. 이는 팽창주의와 영토 약탈을 합리화하였다.——옮긴이
18 1870년대부터 1890년대까지 미국 자본주의가 급속하게 발전한 시대로, 마크 트웨인과 찰스
더들리 워너(Charles Dudley Warner)의 소설 『도금 시대: 오늘날의 이야기』(*The Glided Age: A
Tale of Today*)에서 유래되었다. 도러시 로스는 도금 시대 미 사회과학자들이 미국이 세계 역사
에서 특수한 위치를 차지한다는 '미국 예외주의'라는 이데올로기를 가졌으며, 이 이데올로기
가 미국 사회과학의 발전 경로를 규정했다고 주장했다.——옮긴이

대화론자들은 그들 사회가 건강하다는 점을 재확인하기 위한 수단을 찾아내는 데 깊은 관심을 보였다. 또한 그들은 "당대 미합중국의 운명"을 계획하기 위해 분투하였다.[19] 그러나 국가적 힘과 문화적 우월성에 대한 그들의 압도적인 감각은 초창기 사회과학자들과는 달리 그들이 직면한 문제가 노동자들의 소요, 경제 불황, 사회적 급진주의와 같은 내부 요인에 있다고 판단하게 하지 않았다. 세계 최강의 경제력과 군사력을 가진 나라가 된 미국에게 가장 심각한 위협은 이제 적대적이고 전복적이며 이질적인 이데올로기로부터 제기되는 것처럼 보였다. 일레인 타일러 메이Elaine Tyler May와 같은 역사학자가 주장했듯이 1950년대 초중반의 매카시즘은 어떻게 대외 위협에 대한 인식이 미국의 대외적 역할과 국내 문화 간의 경계를 무너뜨리는가를 보여 주었다.[20] 많은 근대화론자에 따르면 제2차 세계대전 이후 가장 중요한 과제는 미국의 자유주의적 사회 가치, 자본주의적 경제 조직, 민주주의적 정치 구조를 대외적으로 새롭게 확산시키는 방법을 찾는 것이었다. 그들은 승리가 "전통"사회가 계몽된 "근대"사회—미국이란 나라가 가장 분명하게 보여 주는—로 이행하는 자연스러운 과정을 가속화시켜 단일한 공산주의의 힘을 무찌르는 것에 달려 있다고 주장했다.

한 역사가가 지적했듯이 이러한 냉전적 맥락에서 "진리"는 바람

---

19 Dorothy Ross, *The Origins of American Social Science*, Cambridge: Cambridge University Press, 1991, p.xxi, xvii.

20 Elaine Tyler May, *Homeward Bound: American Families in the Cold War Era*, New York: Basic Books, 1988. 또한, 이 주제에 대해서는 다음을 참조하라. Stephen J. Whitfield, *The Culture of the Cold War*, Baltimore: Johns Hopkins University Press, 1991; Richard M. Fried, *Nightmare in Red: The McCarthy-Era in Perspective*, New York: Oxford University Press, 1990.

직한 지적 생산물 이상이 되었다.[21] 그것은 "국가적 무기"로 이해되었다. 제2차 세계대전 이후 연방 정부 기금은 학술 연구 생산에 영향을 미치게 되었다. 정부와 대학의 과학자들 간에 전시 파트너십이 확대되고, 국가가 군사적이고 전략적인 문제를 해결하는 데 유용한 지식을 생산하는 연구 프로젝트들을 지원함에 따라 학술 연구 또한 점점 정책 지향적으로 변화했다. 막대한 정부 기금이 방위 기술을 개발하는 데 들어갔을 뿐만 아니라 1950년대 초반 카네기 재단이나 포드 재단과 같은 민간 기구들 역시 국제관계 연구를 지원하기 시작했다. 스푸트니크 위성 발사 이후 1958년에 입안된 「국방교육법」National Defense Education Act of 1958 또한 지역학 프로그램, 언어 훈련, 국제관계연구소 등에 막대한 연방 재정을 쏟게 만들었다.[22] 미국의 관료들은 국가 안보를 위해서는 학계가 세계에 대해 정치적으로 유의미한 지식을 생산하며, 미국이 그 지식의 틀 안에서 사회 변화를 직접적으로 촉진하고 관리하는 방법을 제안할 필요가 있다고 주장했다.

1950년대 후반에서 1960년대 초반에 많은 근대화론자는 미국 정부가 가장 유용하다고 느낄 연구를 생산하는 데 헌신했다. 그들은 소련의 도전에 맞서기 위해서는 정책으로 실행 가능한 엄격한 사회 연

---

21 Allan A. Needell, "Truth Is Our Weapon: Project TROY, Political Warfare, and Government-Academic Relations in the National Security State", *Diplomatic History*, vol.17, Summer 1993 참조.

22 Roger L. Geiger, *Research and Relevant Knowledge: American Research Universities since World War II*, New York: Oxford University Press, 1993, p.165; Sigmund Diamond, *Compromised Campus: The Collaboration of Universities with the Intelligence Community, 1945-1955*, New York: Oxford University Press, 1992, p.65; Robert M. Rosenzweig, *The Research Universities and Their Patrons*, Berkeley: University of California Press, 1982, p.111 또한 참조하라.

구가 필요하다고 주장했다. 또한 그들은 체계적인 연구를 통해 미국이 세계에서 가장 근대화된 나라로 부상할 수 있었던 요인을 밝히고, 후진국 사회의 결핍 요소를 설명하며, 마르크스주의 사회혁명이 등장할 수 있는 조건을 구체적으로 밝힐 수 있다고 주장했다. 더욱더 중요한 점은 그러한 연구를 통해 사회 변화에 필수적인 수단을 규명할 수 있다는 것이었다. 미국은 "후진국" 사람들이 미국이 달성한 과업을 모방하길 기다릴 필요가 없었다. 객관적 분석과 과학적인 연구는 정책 결정자들에게 '아메리칸 웨이크'American wake[23]에서 분투하고 있는 사람들에게 필요한 물질적 자원과 도덕적 지도tutelage를 어떻게 제공할지 보여 줄 것이다. 사회기반시설 건설, 기술 도입, 훈련 제공, 효율적이고 장기적인 계획, 다원주의 정치, 인적자원 훈련의 미덕을 보여 주는 것이 공산주의 반란의 위험에 처해 있는 세계의 "진보"를 촉진한다. 그들은 근대화가 냉전에서 미국이 이길 수 있는 능력을 증진할 수 있다고 설명했다. 냉전은 계몽되고 자애로운 서구 세계가 오래전에 획득한 경제 성장, 민주주의 정치, 성취 지향적 에토스를 절박하게 공유하고자 하는 사람들의 "마음과 정신"을 사로잡는 전쟁이었다.

근대화 모델은 특히나 케네디 정부의 관심사에 딱 부합했다. 그리고 많은 이론가가 앞다투어 "정예 군단"에 참여했다.[24] 예를 들어 로스토는 MIT 국제문제연구소를 떠나 백악관의 국가안보 보좌관으로

23　19세기 아일랜드에서 미국으로 이민을 떠나는 사람들이 떠나기 전날 밤 가졌던 고별 행사를 가리킨다. 레이섬은 근대화론자들이 '미국의 지원하에 미국이 밟은 역사적 경로를 따라가기를 고대한다'고 가정한 제3세계인들을 가리키기 위해 이 말을 사용하였다. ― 옮긴이

24　물론 이 문구는 David Halberstam, *The Best and the Brightest*, New York: Random House, 1972에서 따왔다.

들어갔고 이후에는 국무부 정책기획위원회 의장이 되었다. 하버드대의 경제학자였던 링컨 고든Lincoln Gordon은 케네디 정부의 라틴아메리카 태스크포스에 참여했고 주브라질 미국 대사가 되었다. MIT의 정치학자 루시안 파이는 국무부를 위해 대반란전counterinsurgency[25] 이론 과정을 가르쳤고 신생 미 국제개발처U.S. Agency for International Development를 자문했다. 스탠포드 연구소 경제학자였던 유진 스테일리Eugene Staley는 베트남 개발 사절단의 단장이 되어 달라는 케네디의 요청을 받아들였다. 많은 사회과학자들은 인맥과 연방 기금을 활용하여 정책 입안 영역에서 적극적 역할을 맡고자 했으며, 빈곤의 위협과 서구 제국의 쇠락으로 인해 취약해진 세계에서 공산주의를 봉쇄하기 위해서는 그들의 전문 지식이 반드시 필요하다고 주장했다.

내가 제기한 두 번째 문제는 그러한 인적 네트워크와 관계들만큼이나 중요한 사안이다. 사회과학과 정치적 행위 간의 관계는 근대화가 항상 특정한 이론가들이나 정책 결정자들이 의도한 방식대로 기능한 것은 아니었다는 점을 보여 준다. 이데올로기로서 근대화는 미국의 지식인, 관료, 그리고 광범위한 대중이 이미 공유하던 뿌리 깊고 오래된 문화적 가정을 압축하고 있었다. 사회과학자들이 사용한 수사와 그들이 제시한 개념적 틀과 주장은 미국 사회의 본성과 미국의 힘이 만들어 낼 수 있는 전면적·전 세계적 변화에 대한 보다 포괄적이고 자유주의적인 국제주의적 이해를 표명한 것이었다. 다만 나는 근대화론이 이

---

25 반란(insurgency)을 패배 및 봉쇄시키고, 그 근원을 차단하기 위해 정치, 경제, 심리, 군사, 준군사적 수단을 통합적으로 사용하는 전략을 말한다. 케네디 정부는 특히 안보와 개발을 결합하는 대반란전 전략을 중요시했다. ─ 옮긴이

책이 분석하는 정책들의 유일한 혹은 총체적 결정 요인은 아니었다는 점을 강조하고자 한다. 후술하겠지만 각각의 정책은 광범위한 고려, 사건, 그리고 역사적 힘의 생산물이었다. 그러나 근대화론은 하나의 이데올로기로서 미국의 전략적 필요와 정치적 선택지가 만들어지고, 평가되고, 이해되는 세계관을 반영했다.

나는 이데올로기란 개념을 사용하여 근대화론과 케네디 정부기 발전 정책의 관계를 분석하고 어떻게 지적·문화적 분석들이 미국의 외교사 연구를 확장했는지도 보여 주고자 했다. 내가 분석한 세 가지 정책에 관한 중요한 연구들은 일반적으로 전임 정부 관료들이나 케네디 충성파들의 주장을 거부했다. 어떤 역사학자들은 비합리적으로 완고한 반공주의의 오류를 지적하며 정책 결정자들이 소련의 힘에 집착하여 미국의 본질적인 전략 목표를 오판했다고 한탄했다. 다른 학자들은 물질적이고 경제적인 요인이 케네디 정부의 대외 정책을 형성했다는 도발적 질문을 제기했다. 그들의 주장에 따르면, 미국은 자본주의 세계 질서를 확대하기 위해 자국의 경제적 지배력에 대한 어떤 위협에도 대응하게 되었다는 것이다. 나는 이데올로기와 정체성에 대한 보다 포괄적이고 정교한 분석이 기존 연구들이 전형적으로 공식 담론의 뒤에 존재한다고 생각했던 "이해관계"에 대한 덜 환원주의적인 분석을 도입할 수 있고, 그럼으로써 새로운 연구 영역을 열 수 있다고 생각한다. 나는 이데올로기를 실제 의도를 정당화하고 합리화하기 위한 프로파간다라고 묵살하기보다, 국가 안보와 경제적 필요에 대한 인식이 어떻게 미국의 역사적 위상, 그리고 다른 사회를 근대화시킬 수 있는 미국의 잠재력에 대한 인식과 긴밀히 연결되어 있는가를 조사할 것이다.

초창기 케네디 정부의 정책 결정 과정에 대한 설명은 대부분 자료 비판을 생략한 채, 미국의 제3세계 발전 정책이 폭력과 억압에 경도된 이들을 제외한 모든 이에게 이로운 사회를 만들기 위한 이타적이고 선견지명 있는 시도였다는 공식적 해석을 받아들였다. 대부분이 전직 정책 결정자이거나 자문이었던 학자들도 많은 경우 케네디 정부기 대외 관계를 근대화 패러다임 안에서 서술하였다. 평화봉사단의 경우, 그들은 일반적으로 평화봉사단 지도자와 단원들이 자유를 전 세계로 확산시키는 대리인이었다고 칭송했다. 그러한 저술들은 케네디와 평화봉사단 설립자들의 지혜, 결단력, 용기를 강조했고, 그 기관이 희생을 통해 세계를 혁신시키기 위해 미국인들을 파견했다고 설명했다. 케네디 지지자들은 관료적 장애와 행정적 실패가 평화봉사단을 "좌절된 희망"으로 만들었다고 이야기했다. 그러나 대부분은 평화봉사단이 냉전에 대한 계몽 자유주의 사상의 대답이었다는 점을 수긍했다. 로버트 케리Robert Carey는 일찍이 다음과 같이 이야기했다. "평화봉사단은 확실히 대서사litany다. 그러나 그것은 탐험가와 개척가들의 대서사다." 비록 케네디가 평화봉사단을 반공주의적 언어로 선전했고 그러한 설명이 지속되고 있지만, 그 기구는 미국의 창의적·인도주의적 이상을 상기시켰기에 가장 성공했다고 할 수 있었다.[26]

미국-라틴아메리카 관계에서 진보를 위한 동맹이 긍정적 역할을 했다는 해석도 그 장기적 결과에 대해서는 비판적으로 평가하지만, 프로그램의 목표에 대한 정부의 설명을 반복한다. 여기서도 케네디 정

---

26 Robert G. Carey, *The Peace Corps*, New York: Praeger, 1970, pp.viii~ix; Coates Redmon, *Come As You Are: The Peace Corps Story*, San Diego: Harcourt Brace Jovanovich, 1986; Kevin Lowther and C. Payne Lucas, *Keeping Kennedy's Promise: The Peace Corps Unmet Hope of the New Frontier*, Boulder, Colo.: Westview Press, 1978도 참조.

부는 대담한 발걸음을 내디뎠다고 칭송받는다. 그들 대부분이 막대한 경제원조, 기술 자문, 포괄적 발전 계획의 투입이 언제나 높은 지역 성장률, 사회 진보, 민주주의를 낳지는 않았다는 점을 인정하면서도, 여전히 진보를 위한 동맹이 진정으로 혁신적인 잠재력을 가졌던 진취적 프로그램이었다고 설명했다. 예를 들어 아서 슐레진저 주니어Arthur M. Schlesinger Jr. 같은 학자는 비극적인 어조로 진보를 위한 동맹이 뿌리 깊은 빈곤과 독재에 맞서기 위한 "평화혁명"을 일으킬 수 있었다고 이야기했다. 제롬 레빈슨Jerome Levinson과 후안 데 오니스Juan de Onis는 조직적 취약성과 복잡하고 느린 관료주의를 강조하며 존슨이 민간 투자를 강조하면서 진정한 민주주의를 촉진하고자 했던 케네디의 시도를 배반했고, 라틴아메리카의 지배 세력들이 더 나은 삶을 위한 동맹의 비전을 지역민들에게 퍼뜨리는 데 실패했다고 분석했다. 그들은 진취적이고 심지어 혁명적이기까지 했던 프로젝트가 "길을 잃었"고, 불완전하고 불행한 결말을 맞이했다고 주장했다.[27]

케네디 정부의 베트남전쟁 대반란전 계획을 칭송하는 역사 저작,

---

27 또한 아서 슐레진저 주니어는 진보를 위한 동맹이 "케네디의 죽음과 함께 끝났다"고 주장했다. *A Thousand Days: John F. Kennedy in the White House*(Boston: Houghton Mifflin, 1965)에서의 초기 주장과 다음 저작을 참고하라. "Myth and Reality", ed. L. Ronald Scheman, *The Alliance for Progress: A Retrospective*, New York: Praeger, 1988. p.71. 유사한 관점은 다음을 참조. Harvey S. Perloff, *Alliance for Progress: A Social Invention in the Making*, Baltimore: Johns Hopkins University Press, 1969; Herbert K. May, *Problems and Prospects of the Alliance for Progress*, New York: Praeger, 1968; William D. Rogers, *The Twilight Struggle: The Alliance for Progress and the Politics of Development in Latin America*, New York: Random House, 1967. 진보를 위한 동맹의 한계에 대한 더 공격적인 비판으로는 레빈슨과 데 오니스의 다음 주장이 있다. "진보를 위한 동맹의 민주주의적 이상은 진실로 우리 북반구의 평화와 발전을 위한 것이었다." 이에 대한 표준적 작업으로는 다음을 참조. Jerome Levinson and Juan de Onís, *The Alliance That Lost Its Way*, Chicago: Quadrangle Books, 1970.

특히 전임 관료들의 저술 또한 그 계획이 운이 좋았으면 성공했을 것이란 사후 검토를 내놓았다. 전임 베트남 주재 미국 대사였던 프레더릭 놀팅Frederick Nolting의 회고록은 사이공 정권의 폭력적 억압에 대해 사과를 하긴 했지만 전체적인 주제는 "미국은 강압이나 힘, 혹은 테러 없이 남베트남 사람들의 미래 결정권"을 지키기 위해 노력했다는 것이었다. 베트남 농민들을 전략촌으로 재정착시키는 정책을 지지한 주요 관료였던 로저 힐스먼Roger Hilsman은 몇 년 후 그 정책의 잠재력을 옹호하는 저술을 남겼다. 베트콩에 대한 현지 주민들의 지지를 차단하기 위해 정부 서비스와 정치적 사회화[의 기회]를 제공했다면, 응오딘지엠의 남베트남 국가에 대한 새로운 민족주의적 충성을 창출할 수도 있었다는 것이다. 그는 그 정책이 미국의 근시안적 군사 지도자들과 부패한 남베트남 관료들 때문에 궁극적으로 실패했다고 비난하며, 케네디 정부는 "게릴라전에서 싸우기 위한 전략 개념을 개발함으로써 군사적 수단과 결합된 정치적 프로그램을 도입하는 아이디어를 발전"시켰으나 "응오딘지엠 정권, 심지어 펜타곤 고위급이 이를 진지하게 시도하도록 설득"할 수 없었다고 주장했다. 이들은 미국의 의도는 개혁적이고 진취적이었다고 주장한다. 적절한 조건에서라면 근대화론에 기반을 둔 대반란전 전략은 작동했으리라는 것이다.[28]

그러나 이후 상당 기간 케네디 정부의 목표와 정책을 정교하게 비판하는 연구들이 발표되었다. 그 연구들은 냉전적 관심의 왜곡된 효

---

28 Frederick Nolting, *From Trust to Tragedy: The Political Memoirs of Frederick Nolting Kennedy's Ambassador to Diem's Vietnam*, New York: Praeger, 1988, pp.39~40, p.59; Roger Hilsman, *To Move a Nation: The Politics of Foreign Policy in the Administration of John F. Kennedy*, Garden City, N.Y.: Doubleday, 1967, p.442, 512.

과를 지적하면서 케네디 정부의 프로그램을 "대공 유연 반응"flexible response to communism [29] 전략의 맥락에 위치시켰다. 율리우스 아민Julius Amin에 따르면 평화봉사단은 일정하게 그 창시자들의 진정한 이상주의를 반영하지만 실제로는 주로 전복 위험이 있는 지역의 "제3세계" 지도자들과의 관계를 증진하기 위한 시도였다고 할 수 있었다. 공식적인 군사원조나 경제원조가 정치적으로 불가능한 곳에서 평화봉사단은 미국의 지원을 상징하는 제스처로 사용되었다.[30] 진보를 위한 동맹의 핵심이 전략적 이해관계라고 보는 입장 역시 비슷한 주장을 견지했다. 윌리엄 워커William Walker, 조지프 툴친Joseph Tulchin, 스티븐 레이브Stephen Rabe, 하워드 위아다Howard Wiarda는 반공주의적 결정이 어떻게 정치적 의사 결정 과정을 왜곡시켰는지 강조하며, 진보를 위한 동맹은 케네디부터 존슨 정권기까지도 민주주의와 발전 못지않게 카스트로 및 대반란전과 깊은 관계가 있었다고 주장했다. 정책가들은 생활수준을 일정하게 향상하고 민주주의적 목표를 성취하는 능력에서 심각한 한계에 직면했고, 그로 인해 전복의 위험에 계속 집착하였다. 그들은 또한 자유주의적 정부나 대중 복지를 완전히 지지하지 않는 우익 군부세력을 훈련시켰다. 워싱턴의 관료들이 라틴아메리카의 정치적 불안정성

---

29 케네디 정부가 핵무기에 의존한 아이젠하워 정부의 대량보복전략을 비판하며 새롭게 내세운 방위 전략으로, 전면적인 핵전쟁에서부터 게릴라 분쟁에 이르는 모든 분야의 전쟁에 다양한 외교적·정치적·경제적·군사적 수단을 조합하여 효과적으로 적절히 대응하는 전략을 말한다.─옮긴이

30 Julius A. Amin, *The Peace Corps in Cameroon*(Kent, Ohio: Kent State University Press, 1992)과 Gerard T. Rice, *The Bold Experiment: JFK's Peace Corps*(Notre Dame, Ind.: University of Notre Dame Press, 1985) 참조. Elizabeth Cobb Hoffman, *All You Need Is Love: The Peace Corps and the Spirit of the 1960s*(Cambridge: Harvard University Press, 1998)는 이기주의와 이타주의가 상호 강화되는 관계라는 미국인들의 이해에 대한 더 미묘한 해석을 제시한다.

과 급진주의의 반복적 발흥으로 그 지역을 점점 외면하자 라틴아메리카인들은 점차 미국을 개혁 대신 반동으로 받아들이게 되었다.[31] 조지 헤링George Herring, 로버트 슐징어Robert Schulzinger, 조지 맥터넌 카힌George McT. Kahin이 자료에 기반해 세심하게 저술한 베트남전 관련 연구들 역시 케네디 정부가 봉쇄가 최우선시되는 전략의 중심에 남베트남이 있다고 판단함으로써, 전쟁에 총력을 기울이기 어려웠음에도 불구하고 협상책이나 철수 같은 더 현명한 해결책을 배제했다는 점을 보여 주었다. 케네디의 기획자들은 미국의 신뢰성이라는 문제에 집착함으로써 미국을 더 깊은 수렁으로 밀어 넣었다.[32]

유물론적 관점의 역사학자들은 미국의 팽창주의적 목표를 끊임없는 시장 탐색, 경제적 헤게모니 추구와 연관 짓는 또 다른 해석 틀로 케네디 정부의 발전 및 대반란전 정책을 분석했다. 비록 평화봉사단은 진보를 위한 동맹이나 미국의 대반란전 정책만큼 비판을 받지는 않았지만, 한 연구는 그것이 "혁명 압력의 완화"를 추구했으며, 계획적으

---

31 William O. Walker, "Mixing the Sweet with the Sour: Kennedy, Johnson, and Latin America", ed. Diane B. Kunz, *The Diplomacy of the Crucial Decade: American Foreign Relations during the 1960s*, New York: Columbia University Press, 1994; Joseph S. Tulchin, "The United States and Latin America in the 1960s", *Journal of Interamerican Studies and World Affairs*, vol.30, Spring 1988; Stephen G. Rabe, "Controlling Revolutions: Latin America, the Alliance for Progress, and Cold War Anti-Communism", ed. Thomas G. Paterson, *Kennedy's Quest for Victory: American Foreign Policy, 1961-1963*, New York: Oxford University Press, 1989; Howard J. Wiarda, "Misreading Latin America-Again", *Foreign Policy*, vol.65, Winter 1986~87.

32 George C. Herring, *America's Longest War: The United States and Vietnam, 1950-1975*, 2d ed, New York: Alfred A. Knopf, 1986; Robert D. Schulzinger, *A Time for War: The United States and Vietnam, 1941-1975*, New York: Oxford University Press, 1997; George McT. Kahin, *Intervention: How America Became Involved in Vietnam*, New York: Alfred A. Knopf, 1986.

로 경제적 착취를 하는 정부에 "선행의 외양"을 덧씌워 줬다고 주장했다.[33] 종속이론이나 세계체제론을 통해 작업하는 폴 J. 도살Paul J. Dosal이나 다른 역사학자들에게 진보를 위한 동맹은 빈곤 농민층의 희생하에 미국의 투자가와 라틴아메리카 엘리트들이 부를 축적하는 패턴을 가속할 뿐이었다. 월터 라페버Walter LaFeber와 사이먼 핸슨Simon G. Hanson은 공적 자원이 사회적 불만을 통제하고 독재의 현상 유지를 지원하기 위해 사용되는 "달러 외교의 새로운 시대"를 개탄하며 계급적 이해관계가 국경을 넘어 작동하는 과정에 주목했다. 그들은 진보를 위한 동맹이 구조 조정이라는 이름으로 억압적 제도를 강화했기 때문에 외국 기업체와 현지 부르주아지들 간에 진정한 "동맹"이 탄생했다고 보았다.[34] 유사한 맥락에서 놈 촘스키Noam Chomsky와 패트릭 허든Patrick Hearden 또한 미국의 베트남전 개입이 국제 자본주의의 통제로 [저개발] 지역의 복리가 희생되는 구조에 산업 국유화와 소득 재분배를 주장하며 도전하는 사회혁명을 분쇄하기 위한 시도라고 비판했다.[35]

---

33 Marshall Windmiller, *The Peace Corps and Pax Americana*, Washington, D.C.: Public Affairs Press, 1970, p.vi, 39, 48.

34 Paul J. Dosal, "Accelerating Dependent Development and Revolution: Nicaragua and the Alliance for Progress", *Inter-American Economic Affairs*, vol.38, Spring 1985; LaFeber, "The Alliances in Retrospect", eds. Andrew Maguire and Janet Welsh Brown, *Bordering on Trouble: Resources and Politics in Latin America*, Bethesda, Md.: Adler and Adler, 1986; Simon G. Hanson, *Dollar Diplomacy Modern Style: Chapters in the Failure of the Alliance for Progress*, Washington: Inter-American Affairs Press, 1970; LaFeber, *Inevitable Revolutions: The United States in Central America*, New York: Norton, 1984, pp.145~195는 이 주장에 공감하면서도 안보 그 자체가 종종 경제적이고 물질적 용어로 정의되는 방식을 더 설득력 있게 설명한다.

35 경제적 프레임에 기반한 일반적이고 개괄적인 역사서로는 Patrick J. Hearden, *The Tragedy of Vietnam*(New York: HarperCollins, 1991)을 참조. Noam Chomsky, *Rethinking Camelot: JFK, the Vietnam War, and U.S. Political Culture*(Boston: South End Press, 1993)는 더 거시

이토록 서로 다른 분석적 견지에서 서술하였음에도, 경제 관계나 전략적 강박을 강조하는 학자들은 모두 이상주의와 자선이라는 수사 뒤에 가려진 이해관계—냉전의 안보적 목표이거나 전 지구적 자본주의의 요구—를 발견하는 데 성공했다. 그들의 주장 중 많은 부분은 대단한 장점을 갖고 있었다. 그러나 한편으로 국가 정책 목표 형성 과정에서 사상과 문화의 중요성을 부차화하는 경향도 공통적으로 보여 주었다. 마이클 H. 헌트Michael H. Hunt가 주장했듯이 1950년대의 조지 F. 케넌George F. Kennan과 한스 모겐소Hans Morgenthau부터 1980년대 초의 존 루이스 개디스에 이르는 역사학자들은 "국가"를 "힘을 추구하고 실행"하는 "중심적 행위자"로 주목했다. 그간 미국의 냉전 전략 비평가들은 '국익', '중대한 이익' 및 '국제적 현실'과 같은 자명한 개념을 활용하며, 정책 결정자들이 국가를 이른바 명백한 외부의 위협으로부터 보호하는 데 성공했거나 실패했다고 분석했다.[36] 앤더스 스테판슨이 지적했듯이, 그들은 "국가 안보"를 "명백히 중립적인 설명 도구"로 내세움으로써 정책 결정의 역사로부터 이데올로기의 문제를 제거하는 방식으로 서술했다.[37] 또한 세계 "자본주의 체제"에 초점을 맞춘 연구들

적 자본주의적 체제라는 맥락에서 케네디 정부의 베트남 정책을 날카롭게 비판한다.

36 Michael H. Hunt, "The Long Crisis in U.S. Diplomatic History: Coming to Closure", *Diplomatic History*, vol.16, Winter 1992, pp.118~119. 이 점에 대해서는 또한 Hunt, *Ideology and U.S. Foreign Policy*, New Haven: Yale University Press, 1987, pp.2~8을 참조. 관련 저자들의 작업은 다음을 포함한다. George F. Kennan, *American Diplomacy, 1900– 1950*, Chicago: University of Chicago Press, 1951; Hans J. Morgenthau, *In Defense of the National Interest: A Critical Examination of American Foreign Policy*, New York: Alfred A. Knopf, 1951; John Lewis Gaddis, *Strategies of Containment: A Critical Appraisal of Postwar American National Security Policy*, Oxford: Oxford University Press, 1982.

37 Anders Stephanson, "Ideology and Neorealist Mirrors", *Diplomatic History*, vol.17, Spring 1993, p.285; Stephanson, *Kennan and the Art of Foreign Policy*(Cambridge:

은 사상이 국가적 목표나 프로그램과 갖는 관계를 중요하게 여기지 않았다. 가브리엘 콜코Gabriel Kolko는 "신념의 표명"은 "공적 관계에 비하면 거의 영향을 미치지 않기 때문에" 중요하지 않다고 보았으며, "제3세계"에 대한 미국의 정책은 "국익, 무엇보다도 강력한 경제적 이익 추구"라는 관점에서 평가해야 한다고 주장했다. 이는 시장 추구와 세계 무역의 논리를 자명하고 무결하며, 의문의 여지가 없는 추동력으로 설명하는 공통적인 경향을 드러낸다.[38]

다양한 해석적 스펙트럼에 위치한 많은 미국의 외교사학자는 그들이 촘촘히 구성한 행정적 결정과 정치적 전략의 서사에서 사상이나 수사를 이해관계와 별개의 것으로 다루었다. 마치 국가적 필요나 우선순위가 그것을 광범위한 대중에게 이해시키고 표현하고 제시하는 개념, 가치, 언어와 전혀 별개인 것처럼 말이다. 그들은 미국의 정체성과 역사에 대한 문화적 이해의 역할을 등한시함으로써, 그들의 분석을 프랭크 닌코비치가 "어떻게 이해관계가 정의되는지에 대한 구체적 이슈"라고 부른 수준으로 축소해 버렸다.[39] 케네디 정부의 발전 정책에서

Harvard University Press, 1989)는 케넌을 그의 개념적 틀에 영향받은 사람보다 덜 "현실주의적"으로 보이게 만드는 분석을 통찰력 있게 제시한다.

38 Gabriel Kolko, *Confronting the Third World: United States Foreign Policy, 1945-1980*, New York: Pantheon, 1988, p.12, 123. 콜코는 *The Roots of American Foreign Policy: An Analysis of Power and Purpose*(Boston: Beacon Press, 1969)에서 미 외교 엘리트들의 계급적 이해관계와 기업과 정부 간의 관계에 주목하며 유사한 주장을 제기했다.

39 Frank Ninkovich, "Interests and Discourse in Diplomatic History", *Diplomatic History*, vol.13, Spring 1989, p.136. 닌코비치는 최근 윌슨 정부기부터 존슨 정부기까지 미국의 국제적 신뢰와 이미지를 유지하기 위한 정책을 만든 "신념 체계"(belief system)의 분석을 시도하며 해당 주제에 대해 언급했다. 그의 *Modernity and Power: A History of the Domino Theory in the Twentieth Century*(Chicago: University of Chicago Press, 1994)를 참조하라. "조합주의적" 해석은 제도적 환경에 초점을 맞춰 이해관계의 정의에 대해 주목한다. 그들은 1920년대 국가와 조합주의 세력 간의 동맹이 부상하는 과정을 추적함으로써, 그것을 전 지구적 자본

그러한 문제는 특별히 중요하다. 근대화가 한편으로 당시의 전략적 도구이거나 세계 자본주의 질서를 유지하는 기제였다면, 다른 한편으로 그것은 더 넓은 세계관, 즉 국가의 이상, 역사, 임무를 정의함으로써 정책 목표의 틀을 만들어 내는 상호 보완적 사상의 집합체이기도 했다. 근대화의 정치적 힘은 미국이 소련의 지정학적 야심과 싸우고, 미국의 경제적 팽창 기회를 지키기 위해 그것이 유용하다는 기대로부터 나왔다. 그러나 근대화는 미국의 문화에 깊이 각인된 가정과 공명했기 때문에 냉전의 최절정기에 가장 큰 영향력을 행사했다.

나는 여기서 근대화를 다양한 맥락에서 기능했던 이데올로기로 서술했다. 어떤 맥락에서 근대화는 확실히 정치적 도구로 기능했다. 몇몇 경우 그것은 여러 선택지를 평가하고, 효과적인 정책을 생산하는 민간 및 제도 부문에서 의도적으로 사용된 분석 모델이었다. 다른 경우, 그것은 특정 행동을 정당화하기 위한 수사적 도구이기도 했다. 그러나 다른 더 강력한 수준에서 근대화는 역사가 에릭 포너Eric Foner가 설명한 "한 사회적 그룹의 믿음, 가치, 공포, 편견, 반응, 헌신의 체계, 즉 종합하자면 사회적 의식"과 무의식적으로 밀접하게 연결된 인지적 틀이었다.[40] 에밀리 로젠버그Emily Rosenberg가 분석한 20세기 초반의 "자유주의적 발전주의"와 상당히 유사하게 근대화 이데올로기는 협소한 "정치적 무기" 이상의 기능을 했다.[41] 또한 칼 만하임Karl Mannheim의 용

주의 질서를 보호하는 수단인 사적 기업, 기술원조, 경제성장 촉진과 연결시켰다. Michael J. Hogan, "Corporatism", eds. Michael J. Hogan and Thomas G. Paterson, *Explaining the History of American Foreign Relations*(Cambridge: Cambridge University Press, 1991)가 개관을 제공한다.

40 Eric Foner, *Free Soil, Free Labor, Free Men: The Ideology of the Republican Party before the Civil War*, London: Oxford University Press, 1970, p.4.

어로 이해하자면 근대화론은 미국의 국가 정체성, 임무, 세계적 역할에 대한 더 광범위한 이해를 형성하는 지각적 틀이었다.[42]

이처럼 광범위한 맥락에서 근대화론은 미국 문화의 한 요소였고, 미국과 그 역사적 "발전" 그리고 "저개발" 국가를 변화시키는 미국의 능력과 임무에 대해 많은 관료, 이론가, 미디어가 공유하는 이데올로기였다. 많은 선학과 마찬가지로 나는 인류학자 클리포드 기어츠Clifford Geertz의 작업에 영향을 받아 근대화를 통해 대외 정책과 문화, 정체성을 연결하고자 했다. 기어츠는 이데올로기를 "동떨어진 실현성 없는 사적 감정의 집합이 아닌 문화 체계, 공적 소유물, 사회적 사실"로 다룸으로써 이데올로기가 "그렇지 않으면 이해되지 않는 사회적 상황을 의미 있게 만들고 그 안에서 의도적으로 행동하는 것이 가능하도록" 기능한다고 강조했다.[43] 이러한 맥락에서 이데올로기는 명백한 혼돈과

---

41 Emily S. Rosenberg, *Spreading the American Dream: American Economic and Cultural Expansion, 1890-1945*, New York: Hill and Wang, 1982, p.7. 로젠버그의 작업 이후 Robert A. Packenham, *Liberal America and the Third World: Political Development Ideas in Foreign Aid and Social Science*(Princeton: Princeton University Press, 1973) 와 D. Michael Shafer, *Deadly Paradigms: The Failure of U.S. Counterinsurgency Policy*(Princeton: Princeton University Press, 1988)는 내가 취한 이데올로기 분석과 유사한 종류의 분석을 했다. 그러나 패켄햄은 이데올로기가 더 오래된 제국주의적 이해관계와 연관되는 방식을 충분히 탐구하기보다는 자신이 규명한 구체적인 인지적 틀을 조작하는 방식에 더 열중했다. 더욱이 두 저자는 모두 스스로가 주로 이론과 전략의 관계에 관심을 가진다고 생각했지만, 강력한 국가 정체성 개념과 민간뿐만 아니라 공적 맥락에서 표현된 국가적 사명이 어느 정도로 발전 이데올로기에 통합되었는지를 완전히 분석하지 않았다.

42 만하임은 여기서 제시된 이데올로기의 두 가지 의미를 "특수적인 개념"과 "총체적인" 개념으로 구별한다. 첫 번째 의미에서 "이념이나 표상"은 "사실에 대한 일정한 정도의 의식적인 은폐로 간주"된다. 그러나 후자에서 만하임은 "그 시대 내지 집단이 안고 있는 총체적 의식구조의 특성과 성향을 고려할 때 어떤 한 시대나 혹은 구체적으로 역사적 내지 사회적 규정을 받는 집단―이를테면 계급―의 이데올로기"라는 "더 포괄적인" 개념을 이야기한다. Karl Mannheim, *Ideology and Utopia*, New York: Harcourt, Brace and World, 1968, pp.49~53 참조.

급속한 변화를 이해하여 복잡한 정보와 사건을 의미 있고 이해 가능한 관계로 정렬시키고, 불확실성 속에 미래의 방책을 계획하는 것이 가치 있다는 점을 증명해 준다. 한편, 기어츠 이론이 유용하지만 나는 "두꺼운 기술"thick description [44]이 갖는 문제는 회피하고자 하였다. 알레타 비어색Aletta Biersack은 두꺼운 기술 속에서 "의미는 이끌어 나오는 것이 아니라 설명된다"고 통찰력 있게 이야기한 바 있었다. "기어츠는 '인간은 그가 스스로 짠 의미의 거미줄에 매달려 있는 동물'이라고 주장했다. 기어츠의 관심을 끈 것은 짜는 과정, 문화, 역사가 아닌 바로 그 거미줄, 그리고 텍스트화되는 과정이 아닌 바로 그 텍스트였다."[45] 한편 기어츠를 모방한 역사학자들이 현실을 "사회적 결과가 아니라 상징적 교환에 초점을 맞춘 드라마로 설명하는 경향이 있다는 또 다른 비판도 존재한다. '계급' '착취' 그리고 가장 중요한 '권력'이란 단어는 희미해졌고 분석에서 탈락했다."[46] 근대화를 단지 문화로, 기어츠의 용어로만 정의하는 것은 어떻게, 왜, 어떤 조건에서 이데올로기적 "거미줄"이 오랜 시간 동안 만들어졌고 그것이 어떤 효과가 있는지와 같은 중요한 역사적 질문을 간과할 위험이 있다.

---

43 Clifford Geertz, "Ideology as a Cultural System", *The Interpretation of Cultures*, New York: Basic Books, 1973, p.232, 220.

44 인간의 사회적 행위를 설명할 때 물리적 행위 그 자체만이 아니라 행위가 놓인 맥락에 대한 다양한 의미와 해석을 충실히 기술하는 것으로 기어츠에 의해 널리 사용되기 시작한 방법론이다. '중층기술' '두터운 묘사' '두껍게 기술하기' 등 여러 가지로 번역되고 있으나 이 책에서는 가장 의미를 잘 살려 주면서 현재 널리 쓰이는 '두꺼운 기술'로 번역한다.—옮긴이

45 Aletta Biersack, "Local Knowledge, Local History: Geertz and Beyond", ed. Lynn Hunt, *The New Cultural History*, Berkeley: University of California Press, 1989, p.80.

46 Ronald G. Walters, "Signs of the Times: Clifford Geertz and the Historians", *Social Research*, vol.47, Autumn 1980, p.553.

이러한 비평적 맥락을 따라 생각하다 보면 국가 정체성과 근대화, 더 초창기의 이데올로기인 명백한 운명, 제국주의 간의 잠재적 공명이라는 또 다른 문제에 이르게 된다. 만약 근대화가 전적으로 새로 만들어진 모델이 아니라고 한다면, 그것은 어떻게 서구의 우월성에 대한 과거의 시각을 다시 드러내어 그것을 변화하는 역사적 환경 속에서 계속 팽창하는 미국의 힘으로 표현한 것일까? 이 문제에 대한 나의 관심은 미국 외교사학자 윌리엄 애플먼 윌리엄스William Appleman Williams와 월터 라페버의 영향을 받았다. 비록 두 학자가 경제 결정론자라는 비판을 받긴 하지만, 그들은 지배층의 이데올로기적 세계관을 재구성하는 작업을 했으며, 지도적인 인식guiding perception은 국가 정체성에 대한 뿌리 깊은 역사적 구성에 확고히 기초한다고 주장하였다. 윌리엄스의 저작 『미국 외교의 비극』*Tragedy of American Diplomacy* 속 "문호 개방", 그리고 라페버의 『새로운 제국』*The New Empire* 속 제국주의적 전망은 광범위하게 받아들여지고 있는 터너식Turnerian 프론티어 사관[47]에 대한 문화적 이해——즉 미국의 활력은 상업 및 경제적 수단을 통한 지속적 팽창에 달려 있다는——에 기인하였다.[48] 윌리엄스가 당시의 지배적인 세계

---

47 19세기 후반 미국의 역사학자인 프레더릭 잭슨 터너(Frederick Jackson Turner)가 제시한 사관으로 서부 개척의 역사가 자유와 평등이라는 이데올로기, 민주주의, 국가 구조, 정신 등 미국의 정체성을 형성했다고 보는 시각이다.——옮긴이

48 William Appleman Williams, *The Tragedy of American Diplomacy*, Cleveland: World Publishing Co., 1959; LaFeber, *The New Empire: An Interpretation of American Expansion, 1860-1898*, Ithaca, N.Y.: Cornell University Press, 1963. 이들 저작에 대한 비판적 수용과 그 영향에 대해서는 다음을 참조. Bradford Perkins, "The Tragedy of American Diplomacy: Twenty-five Years After", *Reviews in American History*, vol.12, March 1984. 윌리엄스는 또한 "The Frontier Thesis and American Foreign Policy", *Pacific Historical Review*, vol.24, no.4, 1955에서 터너식 사관의 이데올로기적 영향을 강조했다.

관을 설명했듯이, 권력층은 19세기 초 서부 개척 운동까지 올라가 미국이 "세계의 가장 큰 희망"이며 "그러한 공리로부터 미국의 팽창이 자연히 그리고 자동으로 '자유의 영역'을 확장한다는 결론"에 이르렀다.[49] 윌리엄스와 라페버에 따르면 세계를 미국의 발상대로 재편해야 한다는 20세기 초반의 제안들은 명백한 운명의 감각을 효과적으로 따온 것이었으며 미국이 제국 권력으로 성장하는 데 이바지했다.

나는 냉전기에 관해 비슷한 주제를 탐구하며, 그 지지자들의 주장에도 불구하고 사회과학 이론과 근대화 정책이 결정적인 지적 돌파구도 아니었으며 완전히 새로운 정치적 기획도 아니었다고 주장하고자 한다. 미국의 근대화론자들은 서구의 우월함에 대한 계몽주의적 설명, 그리고 "후진국"을 이끌기 위한 물적 원조와 도덕적 지도를 이타적이고 자애로운 서구가 제공해야 한다는 제국주의적 정당화와 공명하며 초창기 미국의 세계관이 가졌던 요소들을 그들의 시대에 맞추었다. 근대화론은 단순히 초창기의 인식 틀을 그대로 적용한 것이 아니라 지적이고 제도적인 형태로 통합하고 개조했다. 변화하는 역사적 조건과 인종, 종교, 국가의 임무에 대한 서로 다른 문화적 이해 속에서 근대화론자들은 자신들만의 이데올로기와 언어를 만들어야만 했다. 그러나 그들은 근대성으로 향하는 단일한 경로가 있다는 것이 역사적으로 검증되었고, 그러한 경로를 그들이 제일 잘 이해한다는 익숙한 노래를 불렀다.

이데올로기적·역사적 공명이라는 문제에 접근함으로써 나는 미셸 푸코와 에드워드 사이드 같은 사상가들이 특히 도발적으로 제기한

---

49 Williams, *The Tragedy of American Diplomacy*, pp.46~47.

문제와 마주했다.[50] 푸코는 권력의 작동이 "그에 상응하는 지식장의 구성"을 필요로 한다고 주장했다. 그가 설명한 19세기 사회 개혁가들처럼 근대화 이론과 정책의 지지자들은 "모든 범죄의 성격이 규정되고 그러한 범죄들이 종류별로 빠짐없이 수합되고 분류되는" 분류학적 범주화를 구성했다. 근대화 이론가들과 관료들은 "저개발국" 세계의 "결핍"을 발견함으로써 서구의 힘에 대한 오래된 재현과 공명했고, 정치적·행정적·경제적 통제 기술에 의해 특정한 궤적, 즉 계열을 이루고, 방향이 정해지며 축적되는 특징을 갖는 사회적 시간을 정의했다. 이것은 '진보'라는 의미에서 진화의 발견이었다. 선대의 계몽주의자들처럼 냉전의 근대화론자들은 푸코가 "권력의 기능 방식과 관련된 '진화의 역사성'"이라 부른 것을 수집했다. 푸코는 계몽주의의 영향을 설명하면서 "연대기, 족보, 업적, 통치, 법령에 대한 '역사-기억'이 오랫동안 권력의 운용 방식과 관련되었다는 점은 의심의 여지가 없다"고 주장했다. 복종의 새로운 기술과 더불어, 연속적인 진화의 '동역학'이 장엄한 사건 위주의 '왕조사'를 대체했다.[51] 20세기의 미 사회과학자들과 정책 결정자들은 조직적이고 자연적인 질서의 경험적이고 역사적인 증거에 기반한 모델로 무장하여 "근대화"를 전 지구적 변동의 단일 변수로

---

50 이하 푸코와 사이드에 대한 설명은 미셸 푸코, 『감시와 처벌: 감옥의 역사』(오생근 옮김, 나남출판, 2003)와 에드워드 W. 사이드, 『오리엔탈리즘』(박홍규 옮김, 교보문고, 2007)을 참조하여 번역했다.—옮긴이

51 Michel Foucault, *Discipline and Punish: The Birth of the Prison*, New York: Vintage, 1979, p.27, 98, 160. Hayden White, "The Value of Narrativity in the Representation of Reality", *The Content of the Form: Narrative Discourse and Historical Representation*(Baltimore: Johns Hopkins University Press, 1987) 역시 역사 서술이 권력과 권위의 구성과 관련되는 방식에 대한 통찰력 있는 분석을 제공한다.

규정하고 그 관할권을 주장하는 오래된 재현representation을 다시금 제시했다. 미국의 힘은 근대화론의 실천을 통해 외부 세계로 향하는 새로운 경로를 발견했다. 그 경로는 더 고도로 제도화되었고 광범위하게 퍼졌다.[52]

또한 미국의 근대화론자들은 미국 사회를 사회과학적인, 즉 단선적인 발전단계linear scale의 종점에 위치시킴으로써 자국의 성취를 모방하기 위해 분투한다고 생각되는 문화들과의 관계 속에서 미국을 정의했다. 에드워드 사이드가 중동에 대한 서구 학계의 "오리엔탈리즘적" 패턴에 관해 주장했듯이, 정체성은 지식과 지식이 정치적으로 적용되는 중심적인 교차점에서 구축된다. 사이드는 "사실 내가 진짜로 말하고자 하는 것은 오리엔탈리즘이 현대의 정치적·지적 문화의 중요한 차원 가운데 하나를 단순히 대변하는 것일 뿐만이 아니라, 바로 그 차원 자체로서 동양이 아니라 오히려 '우리의' 세계와 더욱 깊은 관계를 갖는다는 점이다"라고 강조했다. 사이드가 분석한 오리엔탈리스트들처럼 근대화론자, 정책 결정자, 미국의 매체 또한 미국의 정체성을 "우월"한 것으로 규정했다. 그들은 자기 사회가 "모든 비유럽인 및 비유럽 문화와 비교해 볼 때" 독특하게 진보한 특징이 있다고 주장했다.[53] 이

---

52 발전 이론이 어떻게 근대의 내용을 규정하고 잠재적인 정책적 대안을 제한했는지에 관한 문화 인류학 연구들도 이 주제에 많은 관심을 기울였다. 예를 들어 James Ferguson, *The Anti-politics Machine: "Development" Depoliticization, and Bureaucratic Power in Lesotho*, Cambridge: Cambridge University Press, 1990; Geof Wood, "The Politics of Development Policy Labeling", *Development and Change*, vol.16, July 1985; Gudrun Dahl and Anders Hjort, "Development as Message and Meaning", *Ethnos*, vol.49, no.3, 1984 참조. 푸코와 제도적 권력에 대한 암묵적 감각에 대해서는 Robert Young, *White Mythologies: Writing History and the West*, London: Routledge, 1990, p.5 참조.

53 Edward Said, *Orientalism*, New York: Vintage, 1979, p.12, 7; Ann Laura Stoler,

론가들과 정책 결정자들은 모든 사회가 발전의 동일한, 보편적 단계를 통과한다고 주장하면서도 그들이 속한 서구와 그들이 분류하는 세계를 날카롭게 구별했다. 그들은 그 차이의 뿌리를 지리나 천연자원, 혹은 제국주의적 착취의 유산에서 찾지 않고 대신 서구의 "합리적" "적극적" "성취 지향적" 사회적 가치와 대비되는 "저개발" 세계의 명백한 정체와 실현되지 못하는 잠재력에서 찾았다. 그러한 서술을 통해 그들은 미국의 본질적인 문화적 활력과 역동성에 대한 감각을 강화했다.

냉전적 맥락에서 근대화론의 과학주의는 근대화론이 기반하고 있는 오랜 이데올로기를 재공식화할 수 있게 만들기도 했다. 이러한 재공식화는 필수적이고 정치적으로 바람직한 것으로 여겨졌다. 이론가들과 관료들은 미국의 세계적 역할을 객관적으로 결정되고 과학적으로 검증된 보편적 발전 경로의 관점에서 설명하며, 탈식민 시대에 힘의 팽창을 매력적으로 보이게 하기 위해 근대화론을 활용했다. 로스토는 다른 케네디의 참모에게 근대화가 식민주의를 대체할 것이라고 설명했다. 근대화는 "자유세계 북반구 및 남반구의 새로운 탈식민 관계를 만들어 낼 것입니다. … 식민주의적 관계가 청산되면 매우 새롭

"Rethinking Colonial Categories: European Communities and the Boundaries of Rule", ed. Nicholas B. Dirks, *Colonialism and Culture*(Ann Arbor: University of Michigan Press, 1992)는 건강, 교육, 사회화 이슈들이 모두 어떻게 식민자와 피식민자의 정체성 사이에 신중한 경계를 구축하는 데 관여했는지 설명함으로써 제국주의적 틀에 대한 유사한 분석을 제공한다. David Campbell, *Writing Security: United States Foreign Policy and the Politics of Identity*(Minneapolis: University of Minnesota Press, 1992) 역시 냉전을 도전적으로 재개념화하기 위해 "외국"이 "국내"를 규정하는 방식을 분석한다. 그가 주장했듯이 사적이고 공적인 맥락 모두에서 외부의 위험을 규정함으로써 정책 결정자들은 반복적으로 미국의 "안보적" 필요와 국가 정체성을 "쓰고 다시 썼다". Regina U. Gramer, "On Poststructuralisms, Revisionisms, and Cold Wars"(*Diplomatic History*, vol.19, Summer 1995)는 해당 작업과 최근 대외관계사 연구에 포스트구조주의가 적용되는 사례들을 검토했다.

고 건설적인 관계가 구축될 수 있습니다. 그것은 부자든 빈자든 자유로운 인간 사이의 새로운 파트너십일 것입니다".[54] 이런 방식으로 명료히 표현된 근대화는 아프리카, 아시아, 라틴아메리카, 중동의 국가들이 점점 독립을 요구하는 시대에 미국의 특권과 지배력을 계속 주장할 수 있는 수단이 되었다. 사회과학자들, 정책 결정자들, 미국의 미디어들은 근대화를 자애롭고 보편적으로 유효하며, 과학적이고 역사적으로 입증된 과정으로 설명함으로써 미국의 제국주의적 과거에 대해서는 함구했다.[55] 미국은 대륙을 가로질러 팽창한, 1898년 제국주의 전쟁을 수행한, 필리핀을 소유하기 위해 싸운, 제2차 세계대전 이후 유럽 제국 문제에 모호한 입장을 표했던 국가가 아니라, 자국이 한때 밟았던 변화의 길로 빈곤한 세계를 안내할 수 있는 힘으로 제시되었다. 이러한 맥락에서 미국 독립혁명과 뉴딜은 빈곤에 몸부림치는 국가들이 모방할 반제국주의적·민주주의적 절차와 개혁의 역사적 청사진이었다. 근대화론자들은 미국의 운명적 역할은 세계의 지도자라는 낡은 개념을 들먹였고, 이른바 객관적인 발전 계획이라는 것을 통해 그 개념을 재규정했다. 더욱이 그때는 민족주의 및 마르크스주의 사회혁명이 미국의 주장에 날카롭게 의문을 제기하는 순간이었다.

지금까지 나는 이데올로기 분석을 통해 무엇을 보여 주려 했는지 설명했다. 이제 이 책의 범위와 주장에 대한 부가적 문제를 좀 더 명료히 밝히고자 한다. 우선 내가 발전 이론의 역사나 발전 이론이 제도화

---

54 Memorandum, Rostow to Theodore Sorenson, March 16, 1961, NSF, box 325, "Rostow, Foreign Aid, 3/16//61-3/18/6", JFKL.

55 이 주제에 대해서는 Said, *Culture and Imperialism*, New York: Alfred A. Knopf, 1993, p.xvii, pp.8~9 참조.

되었다고 주장한 케네디 정부의 세 가지 정책에 대해 포괄적이거나 완전한 설명을 추구하지 않았다는 것을 알아주길 바란다. 상술했듯이 그것에 관해서는 이미 다른 연구자들이 이 지면이 내게 허락한 것보다 훨씬 더 자세하게 구체적인 별도의 작업을 수행한 바 있다. 이 책에서 나의 목표는 사회과학, 국가 정체성, 냉전기 대외 관계를 가로지른 관계의 힘을 설명함으로써 새로운 연구 영역을 여는 것이다. 나는 또한 근대화 개념이 오직 케네디 정부기의 정책에만 귀속된다는 어떠한 주장도 거부하고자 한다. 마지막 장에서 서술했듯이 근대화는 확실히 중요한 역할을 했다. 그러나 그것은 개인적 특성, 역사적 힘, 인간 경험, 심지어 무계획적이고 우연적인 사건들이 교차하는 가운데였기 때문이었다. 근대화론은 독자적으로는 어떤 것도 "야기"할 수 없었다. 그러나 특정한 제도적 환경 속에서 근대화론은 하나의 이데올로기로서 복잡한 사건에 의미를 부여하고 결과론적인 방식으로 생각을 형성한 중요한 요인 중 하나였다. 이러한 이데올로기적 차원의 분석은 그 자체로 비판적이지만, 내가 반드시 케네디의 정책 결정자들과 그들에게 자문한 지식인들의 음모, 기만, 혹은 "부정직"을 고발하는 것은 아니라는 것 또한 지적해 두고 싶다. 그들은 근대화가 "저개발" 세계와 산업화된 서구 양쪽에 모두 이롭다고 확신했다. 그들이 규정한 미국의 목표와 그들이 이해한 국제주의적 이상주의 및 이타주의 간의 모순을 인식한 이들은 거의 없었다. 그러나 1960년대 말이 되자 거의 의문의 여지가 없었던 그들의 가정과 거대한 자신감은 더 유지되기 어려워졌다.

또한 근대화의 "수용자"들은 그들을 문화적이고 정치적으로 변화시키려 했던 서구의 노력에 다양한 방식으로 반응했다는 점을 유념해야 한다. 특히 진보를 위한 동맹과 전략촌 프로그램에 관한 장은 근대화에 대한 반응이 서로 다른 정치적 견지에서 다양한 형태로 나타났다는 것을 보여 주었다. 라틴아메리카의 리버럴들은 진보를 위한 동맹의 가장 강력한 지지자였지만, 카스트로의 쿠바는 그 목표와 이데올로기를 즉시 거부했다. 남베트남의 민족해방전선National Liberation Front[56]은 미국의 국가 건설nation building[57] 캠페인에 반대하는 혁명 세력을 조직했지만, 응오딘지엠은 미국의 원조를 활용하여 권위주의 정권을 강화했다. 알베르 멤미Albert Memmi, 에두아르도 갈레아노Eduardo Galeano, 월터 로드니Walter Rodney, 그리고 가장 최근의 걈 프라카시Gyan Prakash와 아르준 아파두라이Arjun Appadurai 같은 학자들의 분석 또한 근대화 이데올로기가 분명히 개혁과 계몽에 대한 비판적 검토를 벗어나지 못한다는 점을 보여 준다. 현대의 매스컴과 인구 이동의 힘은 "전통" 문화를 파괴해서 균질적인 "근대" 문화의 집합체를 생산한 것이 아니라, 트랜스내셔널한 환경에서의 다양하고 예측 불가능하며 중첩되는 종교적·인종적·집단적 정체성을 형성했다.[58] 근대화는 실제로는 그 지지자들이 이론상으로 예측한 효과를 거의 발휘하지 못했다.

---

56 남베트남 민족해방전선은 1960년 12월 응오딘지엠 정권에 반대하는 남베트남의 공산주의자들과 소수민족, 소수 종교단체 등 여러 저항 세력이 결성한 조직이었다.—옮긴이

57 nation building은 국가 건설, 민족 만들기, 국민 만들기 등으로 다양하게 번역될 수 있으나, 이 책에서는 주로 제3세계인들의 자유주의적이고 자본주의적인 근대 국가 건설이라는 일반적인 의미로 사용되었다. 따라서 이하에서는 맥락상 부득이한 경우를 제외하고는 모두 '국가 건설'로 번역했다.—옮긴이

58 Albert Memmi, *The Colonizer and the Colonized*, London: Earthscan, 1990; Eduardo Galeano, *Open Veins of Latin America*, New York: Monthly Review Press, 1973; Walter Rodney, *How Europe Underdeveloped Africa*, Washington, D.C.: Howard University Press, 1982; Gyan Prakash, "Writing Post-Orientalist Histories of the Third World", ed. Nicholas B. Dirks, *Colonialism and Culture*, Ann Arbor: University of Michigan Press, 1992; Arjun Appadurai, *Modernity at Large: Cultural Dimensions of Globalization*, Minneapolis: University of Minnesota Press, 1996 참조.

마지막으로 1950년대 후반과 1960년대 초의 모든 미국인이 근대화가 학술 저작과 정부 정책으로 제시한 국가 비전을 공유하지는 않았다는 사실을 인식하는 것이 중요하다. 비록 내가 케네디의 "발전" 정책에 대한 제한적 비판 대부분이 지배적 가정에 도전하지 않았다고 주장하긴 했지만 C. 라이트 밀스C. Wright Mills, 폴 굿맨Paul Goodman, 윌리엄 애플먼 윌리엄스와 같은 급진주의자들이 근대화 및 세계를 근대화시키는 미국이라는 생각에 초창기부터 철저한 비판을 가했다는 것도 사실이다. 많은 평화봉사단 귀환자, 특히 아프리카계 미국인들 역시 그들이 해외에서 극적이고 전면적이며 변혁적인 진보를 달성할 수 있다는 워싱턴의 설명을 거부하기 시작했다.[59] 얼마 지나지 않아 광범위하게 일어난 사회운동은 "근대화"가 국내의 "위대한 사회"Great Society[60]의 맥락으로 표출되는 방식, "빈곤 문화"를 연방 정부의 프로그램으로 구원해야 한다는 관념에 대해 비판을 가했다. 1960년대 후반 부상한 더 급진적인 시민권 운동과 신좌파들은 그러한 포괄적인 저항에 더 강력한 대중적 목소리를 제공했다. 그러나 1960년대 초 미국은 아직 결과적으로 베트남전쟁이 국가적 논란의 중심으로 밀어 넣은 근본적 질문을 하지 못했고, 따라서 그러한 주장들은 상대적으로 거의 희귀했다.

케네디 정부기 자유민주주의 촉진과 경제개발의 가속화는 냉전 맥락에 맞는 전략적 목표의 정의와 국가 정체성 기획에 기여하는 이데

---

59 예를 들어 Jonathan Zimmerman, "Beyond Double Consciousness: Black Peace Corps Volunteers in Africa, 1961-1971", *Journal of American History*, vol.82, December 1995 참조.

60 1964년 린든 B. 존슨 대통령이 발표한 어젠다로 빈곤과 인종 간 불평등을 추방하기 위한 교육, 의료, 주택, 교통 등의 프로그램을 포함한 대규모 사회개혁 정책이었다.—옮긴이

올로기를 상호 강화했다. 유럽의 제국주의 질서가 붕괴하는 가운데 케네디 정부는 근대화를 위험한 공산주의의 위협에 포괄적으로 대응하는 한 방편으로 인식했다. 이론가들과 관료들은 미국을 민주주의 정치, 높은 생활수준, 개인적 자유로 정의되는 근대성의 정점에 위치한 이타적이고 자애로운 국가로 규정하면서 미국의 세계적 힘에 대한 더 오랜 제국주의적 비전도 재구성했다. 근대화론만이 평화봉사단, 진보를 위한 동맹, 전략촌 프로그램을 만든 것은 아니었다. 그러나 그것은 사회과학자들과 정책 결정자들이 미국의 특성과 국제적 역할에 대해 갖는 가정들을 대외 정책과 공적·문화적 재현에 각인시키는 개념적 틀로 기능했다. 나의 분석 목표는 "국가 안보"나 "자본주의적 요구"에 대한 이데올로기적 결정론을 대체하는 것이라기보다 기존의 훌륭한 역사 해석을 보완하는 것이다. 나는 "권력"과 "이해관계"를 "문화"로 대체하는 대신에 그것들이 필수적으로 연결되는 방식을 탐구하고자 한다. 윌리엄 애플먼 윌리엄스가 주장했듯이 미 제국은 분명 정치적 봉쇄나 시장 지배와 관련되었다. 그러나 그것은 또한 "삶의 방식"이기도 했다.[61]

---

61 William Appleman Williams, *Empire as a Way of Life: An Essay on the Causes and Character of America's Present Predicament along with a Few Thoughts about an Alternative*, New York: Oxford University Press, 1980.

2장 미국의 사회과학, 근대화론, 그리고 냉전

하버드대학교 인문과학학부 학장에서 케네디와 존슨 대통령의 국가 안보 보좌관으로 부임한 맥조지 번디McGeorge Bundy는 미국의 학계가 동료 지식인들에게 평가받는 새로운 학문 성과를 내는 것보다 더 많은 일을 해야 한다고 생각했다. 그는 국가의 지식 창고를 총동원해야 하는 냉전의 한복판에서 학계가 국가를 위해 복무해야 한다고 생각했다. 1964년 번디는 다음과 같이 주장했다. "정치라는 전장과 그 전장 위의 사람이 전쟁을 인식하는 방식에 깊이 공감하며 역사를 쓰는 사람들을 위해, 우리 대학들은 많은 자리를 마련해 놓았다." 학자들이 "정부에 적극적으로 참여하여 헌신적으로 권력을 획득하고 활용하려는 사람들과 같은 관심을 가진다면" 학계와 나라 전체에 모두 도움이 될 것이다.[1] 제2차 세계대전 이후 수십 년 동안 많은 미국의 사회과학자들은

---

1 McGeorge Bundy, "The Battlefields of Power and the Searchlights of the Academy", ed. E. A. J. Johnson, *The Dimensions of Diplomacy*, Baltimore: Johns Hopkins University Press, 1964. p.3, 9, 15.

이와 같은 주장에 동의했다. 그들은 자신의 지적인 노력과 전략적 문제를 해결하기 위한 지식 창출 사이의 긴장을 거의 인지하지 못했다. 그들은 국제적인 경제·정치의 냉전적 구성을 받아들이면서 국가적 지원 아래 보편적 변화를 위한 근본적인 추동력을 만들 수 있고, 그것을 다루기 위한 수단을 찾을 수 있다고 믿었다. 자신들의 학문 분과에 더욱 엄격한 과학적 위상을 부여하려는 탐색은, 지정학적이고 도덕적인 면 모두에서 미국을 위협하는 공산주의자들을 봉쇄하려는 시도와 손을 맞잡고 전진할 수 있었다. 월트 로스토가 그의 가장 유명한 책 결론에 서술했듯이, 그 성패는 다름 아닌 국가의 궁극적인 생존과 국가의 근본적인 가치를 어떻게 정의하는가와 관계되었다. 그는 "우리 민주주의적인 북반구가 성장 단계에 내재한 도전——지금 세계에 나타나고 있는——에 우리의 완전한 도덕적 헌신, 에너지, 자원으로 맞서 싸우지 않는다면, 우리가 구할 수 있는 문명은 얼마 남지 않을 것이다"라고 경고했다.[2]

　　많은 미 사회과학자들에게 냉전은 그들 스스로를 "지식의 생산자이자 자유민주주의를 수호하는 집단의 성원으로" 인식하게 만드는 힘이었다. 정치학자 아이라 카츠넬슨Ira Katznelson은 그것을 "목적의 동원자"mobilizer of purpose[3]라고 불렀다. 아서 슐레진저 주니어와 같은 냉전 지식인들이 "생생한 중도"vital center라고 규정한 바와 같이, 로스토와 그의

2　W. W. Rostow, *The Stages of Economic Growth: A Non-Communist Manifesto*, Cambridge: Cambridge University Press, 1960, p.167.

3　Ira Katznelson, "The Subtle Politics of Developing Emergency: Political Science as Liberal Guardianship", ed. Andre Schiffrin, *The Cold War and the University: Toward an Intellectual History of the Postwar Years*, New York: New Press, 1997. pp.236~237.

학계 동료들은 좌파와 우파의 극단주의가 "주변부" 세계를 잘못된 길로 호도할 것이라고 주장했다. 그들은 불안정이 사회혁명의 강력한 발단을 제공한다고 믿었다. 그들 자국의 역사는 자유주의 가치, 자본주의 체제, 다원주의 제도를 전면적으로 수용했다고 이해되었고, 종교, 문화, 지리적 변수와 관계없이 모든 사회를 배열시킬 수 있는 단선적 발전 단계의 기준이 되었다.

근대화론자들은 "저개발" 세계의 탈식민화가 유도되고 통제되어야 할 새로운 잠재적인 위험이 된다고 믿었다. 그것은 또한 엄밀한 사회 분석도 요구했다. 근대화론자들은 신중한 작업과 양적 데이터로 뒷받침된 비교방법론을 통해 전 세계적 발전을 추상적인 추측이 아닌 탄탄한 객관적 사실에 대한 평가가 담보된 작업으로 이해할 수 있다고 주장했다. 많은 미국의 사회과학자들은 분석적 도구로 무장하여 번디와 로스토가 발견한 도전에 맞서려고 했다. 비록 근대화의 틀로 작업한 모두가 정책과 관련된 결론을 내리고자 하지는 않았지만, 광범위한 학자군이 다양하고 변화하는 전선에서 싸워야 한다는 요구와 지식 생산 간의 강한 상관관계를 만들어 냈다. 역사학자 엘렌 허먼Ellen Herman이 설명했듯이 냉전 지식인들은 "직업적 책임과 국가를 위한 애국적 임무 사이에, 과학적 진보와 국가 안보 및 국내 평화 사이에" 연관을 만들었다.[4]

이 장에서는 미국 사회과학계에서 근대화가 부상된 과정을 이론의 정치적 맥락과 지적인 뿌리에 주목하여 검토한다. 첫째로, 냉전기

---

4 Ellen Herman, *The Romance of American Psychology: Political Culture in the Age of Experts*, Berkeley: University of California Press, 1995, p.9.

미국의 관료들이 "발전"에 관심을 갖게 된 양상을 탐구한다. 정책 결정자들은 유럽 제국의 급속한 붕괴와 혁명운동의 부상을 우려하면서, 미국의 힘으로 "신생" 세계의 변화 과정을 지도하고자 했다. 본 장의 두 번째와 세 번째 부분은 근대화가 그러한 문제에 대한 대답이었음을 검토한다. 사회학, 정치학, 발전경제학 분야에서 근대화는 거대 이론으로, 즉 다양한 형태의 사회 분석을 통합할 수 있는 공통의 틀로 인식되었다. 물론 근대화 모델은 분명히 다른 학문 분과, 예를 들어 인류학 같은 곳에도 영향을 미쳤지만, 상술한 세 학문 분과의 지성사를 개략해 보면 어떻게 이론가들이 학문 분과를 가로질러 공통의 사회 변화 모델로 수렴되었는지에 관한 분명한 예시를 볼 수 있다. 다른 분과의 학자들 역시 그들의 연구를 통합하고, 새로운 수준의 과학적 엄밀함을 주장하며, 냉전 투쟁에 참여하여 국가에 복무하기 위해 근대화를 언급했다. 사회과학자들이 근대화를 중심적 전략 문제로 고심하기 시작했을 때, 그들은 워싱턴에서 매우 수용력 있는 청중을 발견했다. 본 장은 마지막으로 근대화가 계몽주의 모델과 제국주의 이상에 의지하고 그것을 개조한 방식을 탐구한다. 미국의 이론가들은 그들의 지적 선조들과 매우 유사하게 세계foreign world를 분석하며 자신들의 국가가 역사적 미덕을 갖고 있고, 지속적으로 우월하며 자애로운 개입의 권리를 가진다는 점을 강조했다. 후술하겠지만 근대화에 대한 생각들은 학문과 지적 논쟁의 영역을 훨씬 뛰어넘었다. 그것은 미국 사회의 본성과 미국의 힘이 성취할 수 있는 것이 무엇인가에 대한 훨씬 더 거시적인 이데올로기의 일부였으며, 국가 이익, 대외 관계, 문화 정체성이 광범위하게 냉전적으로 구성되는 과정에서 중요한 역할을 했다.

냉전의 맥락

근대화론은 국가적 지원을 통해 만들어졌고 정책 결정자들의 문제를 지향했다. 그것은 관료들이 발전의 속성과 그 전략적 중요성에 대해 점점 관심을 가지면서 부상했다. 1940~50년대 미국은 유럽과 "신생 지역"의 사회변동을 일으키기 위해 자국의 경제 자원과 기획자들을 활용할 방법을 탐구했다. 비록 그러한 시도에는 성공의 편차가 있었지만, 정책 결정자들은 그 시기 미국의 경험을 통해 근대화가 탈식민 세계의 공격적이고 기회주의적인 적에 대한 효과적 대응이 될 것이라는 확신을 굳혔다. 1961년 즈음 관료들은 소련의 도전에 맞서기 위해 더 혁신적이고 효과적인 방법을 찾았다. 그 시기 냉전의 윤곽과 새로운 정부의 결의는 근대화론자들에게 높은 수준의 제도적 영향력을 주었다. 물론 그렇게 도출된 프로그램은 지적 이론을 대외 정책으로 단순한 연금술처럼 번역한 결과는 아니었다. 각각의 경우에서 근대화 이데올로기는 구체적인 역사적 맥락하에 영향력을 갖게 되었고, 정책들은 종종 복수의 출처를 가졌다. 그러나 근대화는 이미지와 정체성이 안보 및 전략의 의미와 분리할 수 없게 된 위험한 투쟁에서 미국이 싸우는, 나아가 승리할 수 있도록 하는 방법의 윤곽을 그려 냈고, 그럼으로써 미국 냉전 계획의 중요한 요소가 되었다.

케네디 정부의 발전 계획은 미국의 경제적 힘을 외교적 목적을 위해 모으는 그간의 시도를 뒤따랐다. 1944년 뉴햄프셔의 산에서 열린 브레턴우즈 회의 이후 미국은 동맹국들과 협력하여 강력하고 자유주의적이며 국제적인 전후 경제 질서를 정립했다. 기획자들은 국제통화기금International Monetary Fund과 국제부흥개발은행International Bank for

Reconstruction and Development(이후 세계은행World Bank으로 알려진)이 국제 수지와 통화 안정 문제를 다루고 유럽 부흥을 위한 차관을 보증하며, "신생" 국가들에 원조를 공여하기 위한 다자적 틀을 제공할 것이라고 기대했다. 새로운 질서는 현존하는 부의 재분배보다 총생산 증가 및 교역 촉진에 더 치중했으며, 세계 금 보유량의 절대다수를 차지한 미국의 패권을 반영하여 금과 달러를 연결했다. 역사학자 다이앤 쿤츠Diane Kunz가 설명한 바와 같이 "미국의 압도적인 경제력"은 당시 논의되던 국제기구의 형태를 결정했다. 미국의 목표는 국제적 현실이 되었고, 다자주의는 종종 가장한 일방주의가 되었다.[5]

소련이 시장 기반적 전후 구조를 창출해 내려는 미국의 열망을 내버려 두지 않을 것이라는 점이 곧 확실해졌지만, 미국의 기획자들은 그들의 경제적인 힘을 활용할 새로운 방법을 찾아냈다. 소련이 정치·군사적 지배력을 동유럽 전역으로 확장함에 따라, 스탈린은 브레턴우즈 체제 참여를 거부하고 새로운 5개년 자급 경제 정책을 추구하기 시작했다. 소련은 미국 주도의 질서에 참여하기보다 자국의 산업, 군대, 자립 경제 재건을 목표로 삼았다. 소련을 개방된 자유무역 체제로 편입시키려는 미국의 희망은 실패했지만, 미국의 전략가들은 1947년 재빨리 마셜 플랜Marshall Plan에 착수하여 자유주의 노선을 따른 서유럽 재건을 시작했다. 트루먼 정부의 정책 결정자들은 이탈리아, 프랑스, 오스트리아 같은 나라에서 공산당의 정치적 부상을 우려했고, 번영을 회

---

5 Diane Kunz, *Butter and Guns: America's Cold War Economic Diplomacy*, New York: Free Press, 1997, p.12. 또한 다음을 참조. Warren I. Cohen, *America in the Age of Soviet Power, 1945-1991*, Cambridge: Cambridge University Press, 1993. pp.4~7.

복하여 좌파의 호소력을 약화시키고 전쟁의 여파로 피폐해진 유럽인들이 마르크스주의 해결책으로 돌아설 수도 있는 위험이 감소되기를 바랐다.

마셜 플랜은 후일 시도된 근대화에서 유사하게 나타나듯이, 미국의 역사적 경험이 해외에서 복제될 수 있을 것이라는 추정과 경제적 전문 지식 사이의 밀접한 관계에 기반을 두었다. 마이클 J. 호건Michael J. Hogan이 주장했듯이, 미 경제 전문가들의 주장은 마셜 플랜을 강하게 뒷받침했다. 그들은 "유럽식 낡은 일 처리 방식과 계급 갈등이라는 구습舊習은 미국식 과학적 관리와 집단적 협동이라는 방법으로 대체될 수 있다"고 말하며 "정치적 문제를 해결 가능한 기술적 문제로 전환시키고자 했다".[6] 마셜 플랜의 열성적인 지지자들은 전문가의 경제 계획이 당면한 위기에 대처하기 위해 원조를 제공하는 것보다 더 많은 것을 할 것이라고 주장했다. 또한 마셜 플랜은 미국인들이 뉴딜의 테네시강 유역 개발공사Tennessee Valley Authority와 농촌전력화사업청Rural Electrification Administration에서 만들었던 것과 같은 기구를 유럽에 만들어 줄 수 있었다.[7] 이는 번영을 복구하고 산업을 재건하며, 유럽 경제를 다시 한번 자립의 수준으로 이끌어 갈 것이다. 그렇게 되면 유럽은 미국의 원조에 의존하지 않고도 다시금 미국의 소중한 무역 파트너 역

---

6 Michael J. Hogan, *The Marshall Plan: America, Britain, and the Reconstruction of Western Europe, 1947–1952*, Cambridge: Cambridge University Press, 1987, p.19.
7 테네시강 유역 개발공사는 뉴딜 정책의 일환으로 시작된 테네시강 유역 종합 개발 사업을 추진하기 위해 1933년에 설립된 미국 정부 기관이며, 농촌전력화사업청은 농촌에 필요한 일자리를 창출하고 농촌 가정과 미국 농업에 전기, 근대화, 효율성을 가져와 농촌 지역의 번영을 구축하기 위하여 1935년에 설립된 기관이었다.── 옮긴이

할을 할 수 있다.[8] 더욱이 마셜 플랜은 놀랄 만한 성과를 보여 주었다. 1951년 중반 미국은 유럽의 산업과 농업에 12억 달러를 제공했다. 미국의 원조는 기반시설과 정부 조직, 그리고 준비된 숙련 노동자들과 더불어 서유럽 국민총생산GNP을 32퍼센트 증가시키는 데 중요한 역할을 했다.[9] 트루먼과 그 참모들은 이러한 결과를 떠들썩하게 축하했다. 트루먼은 공산주의가 심각한 위협으로 남아 있지만, 미국의 노력은 "모든 인류에 새로운 희망을 가져다주었다. 우리는 절망과 패배주의를 물리쳤다. 우리는 수많은 국가가 자유를 상실할 [위험에서] 구출했다"고 선포했다.[10]

트루먼은 1949년 1월의 취임 연설에서 아시아, 아프리카, 중동, 라틴아메리카 국가에서 발생한 긴급한 위기에 대응한다는 구상을 지지했다. 그는 미국이 "과학과 산업 발전의 혜택을 저개발지역의 개선과 성장에 나눠 주려는 대담한 새 프로그램"에 착수할 것이라고 약속했다.[11] 트루먼과 다른 이들은 과학적 훈련과 기술원조 제공이 생활수준을 더 높이고 공산주의의 확장을 억제할 것이라고 기대했다. 1950년 5월에 의회는 「국제개발법」Act for International Development을 통과시켰고, 같은 해 10월에 국무부는 기술협조처Technical Cooperation Administration를 창설하여 새로운 정책을 시행했다.[12] 마셜 플랜 정도의 큰 규모라고 할

---

8 Kunz, *Butter and Guns*, p.35.

9 *Ibid*., pp.48~49, p.52.

10 Melvyn P. Leffler, *A Preponderance of Power: National Security, the Truman Administration, and the Cold War*, Stanford: Stanford University Press, 1992, p.267에서 인용.

11 *Ibid*.

12 Arturo Escobar, *Encountering Development: The Making and Unmaking of the Third*

수는 없지만 "포인트 포"Point Four[13]라고 불린 이 프로그램은 미국이 "신생" 지역에서의 변화를 총괄한다는 장기적 시도의 출발점이었고, 그 시도는 1960년대에 정점에 이르렀다. 멜빈 레플러Melvyn Leffler가 설명했듯이, "발전 그 자체"는 국가 안보에 대한 미국의 사고와 점점 서로 얽혀 들어갔다.[14]

1950년대의 새로운 도전들은 발전 과정에 대한 미국의 관심을 증폭시켰다. 마오쩌둥의 공산군이 중국에서 승리를 선언했을 즈음, 미국의 기획자들은 그들이 진정으로 지구적 차원의, 너무나도 중요하고 거의 무한한 이해관계가 걸린 투쟁에 개입하고 있다고 확신했다. NSC-68로 알려진 1950년의 전략적 청사진은 "자유 제도에 대한 공격은 이제 전 세계적으로 이루어지고 있다. 양극화된 세계의 맥락에서 어느 한곳에서 자유 제도가 패배한다면 모든 곳에서 패배하는 것과 마찬가지다"라고 서술했다.[15] 한때 미국은 거의 전적으로 유럽에 초점을 맞추었지만, 한국전쟁 이후 아시아, 라틴아메리카, 중동, 그리고 아프리카 국가들의 발전에 직접적인 영향을 끼치는 문제에 점점 더 관심을 기울이게 되었다. 식민주의 제국들이 허물어지고 새로운 국가들이 "등

World, Princeton: Princeton University Press, 1995, p.36.

13 1949년 1월 미국 트루먼 대통령이 제창한 후진국 개발을 위한 원조 계획이다. 취임식 연설에서 이 계획을 네 번째 정책 사안으로 발표하여 포인트 포 계획으로 명명되었다. 미국의 자본과 기술원조로 후진국의 경제를 개발하여 생활수준을 향상시키고 세계경제와 무역을 확대시키는 것이 핵심이었다.─옮긴이

14 Leffler, *Preponderance of Power*, p.291.

15 *FRUS*, 1950, vol.1, p.240. 이 시기의 배경에 관해서는 다음 연구를 참조. Michael S. Sherry, *In the Shadow of War: The United States since the 1930s*, New Haven: Yale University Press, 1995, pp.128~129; Melvyn P. Leffler, *The Specter of Communism: The United States and the Origins of the Cold War, 1917–1953*, New York: Hill and Wang, 1994, pp.56~96.

장"하자, 미국의 관료들은 대립하는 두 세계 체계 간의 위험한 경쟁 속에 전략적으로 중요한 영토와 값진 천연자원들이 위험에 처했다는 결론을 내렸다. 또한 미국의 정책 결정자들은 대유럽 정책과 새로운 위협에 대응하고자 설계된 정책 간의 균형을 맞추기 위해 분투했다. 최근 존 루이스 개디스가 설명했듯이 "식민주의의 붕괴는 과거에는 소련에, 지금은 중국의 팽창주의에 새로운 기회를 만들어 주고 있다. 그러나 식민주의를 지지하는 것은 자칫 그러한 경향을 가속할 위험이 있다. '중소 블록'이 굳건해지고 있는 순간에도 서구의 권위는 산산조각 나고 있는 듯하다".[16]

더욱이 국제 동맹과 국내 청중 모두에게 "신뢰"를 잃을 것이라는 공포가 아이젠하워 정부로 하여금 민족주의 운동을 포함하여 공산주의 세력 팽창으로 이어질 가능성이 있는 움직임에 대항하게 만들었다. 프랑스가 디엔비엔푸 전투에서 패배한 후, 미국은 제네바 평화협정을 위반하고 군사원조와 비밀 작전을 통해 새로운 남베트남 정권을 강화했다. 1953년 아이젠하워 정부는 이란의 석유 자원 국유화를 막기 위해 대정부 전복 활동을 지원했고, 1년 후에는 과테말라 좌파 성향의 민족주의자 하코보 아르벤스Jacobo Arbenz가 권좌를 유지하지 못하게끔 쿠데타를 조직했다. 1956년 가말 압델 나세르Gamal Abdel Nasser가 영국이 운영하던 수에즈 운하를 국유화했을 때, 아이젠하워는 영국, 프랑스, 이스라엘의 이집트 침공에 반대했다. 그러나 2년 뒤 미국은 이라크의 친나세르 정부와 대치하던 레바논 보수 정권을 지지하기 위해 군부대

---

16 John Lewis Gaddis, *We Now Know: Rethinking Cold War History*, Oxford: Oxford University Press, 1997, p.154.

를 상륙시키며 "공산주의"에 대항하겠다고 선포했다.

　미 정부 당국은 "자유"와 "전체주의" 사이의 투쟁에서 타협의 여지가 거의 없다고 보았다. 1955년 인도네시아 반둥에서 인도의 자와할랄 네루Jawaharlal Nehru와 인도네시아의 아크멧 수카르노Achmed Sukarno는 "비동맹운동" 국가 회의를 소집했다. 미국의 정책 결정자들은 미국의 군사 동맹 체제를 거부하고 스스로 독립과 민족 주권을 유지하겠다는 맹세에 결코 호의적일 수 없었다. 존 포스터 덜레스John Foster Dulles 미국무부 장관은 인도네시아 같은 국가들이 미국과 소련을 가지고 놀면서 서로 대적하게 하는, 즉 혁명 세력의 이득을 위해 문을 열어 두는 위험한 게임을 하고 있다고 우려했다. 수카르노는 100만 달러의 차관을 흐루쇼프에게서 얻어 내고, 기존 인도네시아 의회 체계를 일명 "지도받는 민주주의"로 전환했으며, 네덜란드령 뉴기니에 대한 소유권을 주장함으로써 자신의 정권을 강화했다. 이후 미국은 소련과의 경쟁에서 더 큰 좌절감을 느끼게 되었다.[17]

　미국의 전략가들은 탈식민화, 민족주의, 서구 제국의 붕괴를 모든 전선에서 미국을 포위하는 위험한 요인으로 여겼고, 단순히 "주변부"의 변화에 대응하는 것 이상을 하려고 했다. 그들은 그 변화를 만들어 내는 요인을 관리할 방법도 탐색했다. 아이젠하워 정부는 대외 원조가 경제성장을 이끌 수 있다는 점에 흥미를 갖고, 1955년 개발차관 공여와 미국의 잉여농산물 수출을 관장할 조직으로 국제협조처International Cooperation Administration(ICA)를 설립했다. 아이젠하워는 해외 투자가 경제성장을 위한 엔진이며, 자본주의 세계의 견고한 유대는 마르크스주

17　Cohen, *America in the Age of Soviet Power, 1945–1991*, pp.116~117.

의의 침투에 대한 핵심적인 방어벽이라고 믿었다. 그는 생산성이 "공산주의의 세계적 압력을 완화할" 것이라고 주장했다.[18] 이윽고 그는 민간 투자 유인책이 더 직접적으로 정부 공약과 결합해야 한다고 생각하게 되었다. 1957년 아이젠하워 정부는 20억 달러의 연성 차관을 공급하는 대규모 개발차관기금Development Loan Fund을 만들기 위해 상호안전보장 프로그램Mutual Security Program[19]의 새로운 입법을 시작했다. 그러나 냉전이 한창 진행되는 와중에도, 발전에 대한 더 전면적인 접근을 밀어붙이는 것은 정치적으로 어려웠다. 아이젠하워의 대외 원조 구상은 국내 지지층 부족으로 의회에서 인기가 없었고, 결과적으로 대폭 삭감되었다. 애초에 다년간의 예산 승인을 원치 않았던 의회는 첫해의 책정액을 5억 달러에서 3억 5000만 달러로 삭감했다.[20]

그러나 "저개발 세계"에서 공산주의자들이 벌이는 활약에 대한 미국의 우려는 계속 고조되었다. 1950년대 후반 소련 지도자들은 자국의 급격하고 놀라운 성장률이 소련을 세계의 "신생 국가"들을 위한 이상적 모델로 만들어 줬다고 강조했다. 1957년 중국이 제1차 경제계획을 시작하고[21] 흐루쇼프가 "개발도상" 세계에서의 리더십 경쟁을 추구하면서, 소련은 그들의 호소를 한층 강화했다. 소련 관료들은 이집트,

---

18 Walter LaFeber, *America, Russia, and the Cold War, 1945–1990*, 6th ed, New York: McGraw Hill, 1991, p.176.

19 1951년 10월 제정된 「상호안전보장법」(Mutual Security Act)에 기초를 둔 미국의 대외 원조 계획을 말한다. 군사원조, 경제원조, 기술원조 등의 지원이 포함되었다.—옮긴이

20 Dennis Merrill, *Bread and the Ballot: The United States and India's Economic Development, 1947–1963*, Chapel Hill: University of North Carolina Press, 1990, pp.137~138.

21 저자의 오류로 보인다. 중국의 제1차 5개년 경제계획은 1953년에 시작되었다.—옮긴이

인도네시아, 인도를 방문하여 풍부한 경제원조를 약속했다. 라틴아메리카에서는 소련과의 무역 관계를 증진하고 기술원조 프로그램을 시작했다. 1959년 초 피델 카스트로가 집권하여 다른 서반구 국가들에서도 혁명이 일어나야 한다고 호소하고 소련과의 무역협정을 추진하자, 미국의 근심은 깊어지기만 했다. 많은 미국의 전략가가 주장했듯이 미국이 "주변부"에서 소련과 경쟁하려면 더욱 적극적이고 혁신적인 태도를 보여야 했다. 미국은 대외 원조, 과학적 자문, 숙련 인력, 농업 및 산업 계획을 결합한 프로그램으로 "신생 국가들"에게 자유주의와 자본주의 노선을 따르는 발전이 최소한 혁명 세력과 마르크스주의적 대안만큼 빠르게 빈곤을 경감시키고 생활수준이 향상될 것이라는 점을 증명해 보이고자 했다.[22]

존 F. 케네디는 대통령 선거 유세 중 끊임없이 이 문제를 강조했다. 그는 상원외교위원회 소속 의원 시절, 아이젠하워 정부의 핵 억지력과 상호확증파괴 전략[23] 의존을 지속적으로 비판했다. 비록 그는 국방 예산 증가를 지지하고 후일에는 존재하지 않은 것으로 밝혀진 전략 "미사일 갭"[24]에 비통해했으나, 아이젠하워의 핵 강조가 "세계의 발전"을 둘러싼 투쟁에서 미국의 핵심적인 지반을 희생시켰다고 주장했다. 1957년 연설에서 케네디는 프랑스가 알제리에서 미국산 무기를 사용

---

22 *Ibid.*, p.140; Elizabeth Cobbs Hoffman, *All You Need Is Love: The Peace Corps and the Spirit of the 1960s*, Cambridge: Harvard University Press, 1998, p.106.

23 1950년대 말 아이젠하워 대통령이 봉쇄전략과 대량보복전략의 후속으로 채택한 전략 개념으로, 상대방이 공격을 해오면 공격 미사일 등이 도달하기 전 또는 도달 후 생존해 있는 보복력을 이용해 상대방을 절멸시키는 전략을 말한다. ─옮긴이

24 1950년대 후반에서 1960년대 초반 사이에 유행한 용어로 미국이 탄도미사일 기술에서 소련에게 뒤쳐졌다는 인식을 가리킨다. ─옮긴이

했다고 비난했고, 미국이 제지하지 않은 유럽의 식민주의가 적의를 품은 민족주의자들을 공산주의 진영으로 몰아갔다고 주장했다. 대외 정책을 보는 관점에서 케네디와 1960년 선거의 적수였던 공화당의 리처드 닉슨 간의 구체적 차이는 거의 없었지만, 그는 끊임없이 미국이 "신생 국가들"에서의 교육, 기술, 위신이라는 측면에서 소련에게 지고 있다고 주장했다. 선거 1주일을 앞두고 케네디는 공화당 정부와 국무부가 그들이 직면한 도전에 맞설 준비를 부실하게 했다고 선언했다. 대사들은 형편없이 훈련되었고, 외교관들은 언어 능력이 부족했으며, 정책 결정자들은 탈식민화된 민족주의적 성향의 세계에 대한 목표에 둔감했다. 또한 케네디는 아이젠하워 정부가 쿠바를 휩쓴 조류를 막는 데 실패했다고 비판했으며, 상황이 더욱 나빠지기만 할 뿐이라고 경고했다. 그는 미국이 시간을 낭비하는 사이에 "모스크바, 베이징, 체코슬로바키아, 동독에서 수백 명의 남녀, 과학자, 물리학자, 교사, 공학자, 의사, 간호사는 … 그들의 삶을 세계 공산주의를 위하여 해외에서 보낼 준비를 했습니다"라고 연설했다.[25]

제2차 세계대전과 냉전 초기에 정치적으로 성인이 된 세대인 케네디와 그의 고문들은 역사학자 토마스 G. 패터슨Thomas G. Paterson이 밝힌 바와 같이 "과거의 영향력에 사로잡힌 포로들"이었다. 케네디는 트루먼 독트린[26]이 나오기 불과 몇 달 전에 의회에 들어갔고, 그와 그의

---

25 케네디의 1960년 11월 2월 선거 유세 연설은 다음의 저서에 인쇄되어 있다. Theodore Sorenson ed., *"Let the Word Go Forth": The Statements, Speeches, and Writings of John F. Kennedy, 1947–1963*, New York: Dell, 1988, p.119; 또한 다음을 참조. James N. Giglio, *The Presidency of John F. Kennedy*, Lawrence: University Press of Kansas, 1991, p.14, 17.
26 1947년 3월 트루먼 대통령이 의회에서 미 외교정책에 관해 선언한 원칙이다. 주요 내용은 공산주의 세력의 확대를 저지하기 위해 자유와 독립의 유지에 노력하고 소수자의 정부 지배를

보좌관들의 경험은 완전히 냉전의 중심 교리에 의해 주조되었다. 그들은 마셜 플랜의 성공, 북대서양조약기구NATO 형성, 중국의 "상실", 그리고 한국전쟁을 목격했고, 도미노 이론을 받아들이며 미국의 안보를 위해서는 전 세계에서 공격적으로 팽창하는 소련에 기꺼이 맞서야 한다고 믿었다. 전임자들처럼 그들도 혁명을 매우 싫어했다. 민족주의적 힘에 대한 민감도에서는 아이젠하워 정부와 일정한 차이가 있었지만, 그들도 여전히 혁명의 전망은 공산주의의 이득을 위한 문을 열어 주는 위협이라고 간주했다.[27]

그러므로 니키타 흐루쇼프가 아시아, 아프리카, 라틴아메리카를 "반제국주의를 위한 혁명적 투쟁의 가장 중요한 중심들"이라고 선언하고 "민족해방전쟁"을 지원하겠다고 약속했을 때, 케네디와 그의 동료들은 공포로 반응했다. 소련 지도자가 보낸 1961년 1월의 메시지는 아마도 중국과의 경쟁을 더 겨냥한 것이었지만, "자유의 생존과 성공을 보장하기 위해서" "어떠한 대가라도 지불하고" "어떠한 부담이라도 감당할 것이"라고 한 케네디의 취임 서약은 가공할 도전에 맞서기로 한 신임 정부의 결단을 보여 주었다. "자유 국가의 대열에 합류하게 된 것을 환영해 마지않는 신생 국가들에게" 케네디는 다음과 같이 선언했다. "우리는 한 가지 형태의 식민 통치가 사라지고 그 자리에 훨씬 가혹한 독재정권이 들어서서는 안 된다고 맹세합니다. … 전 세계의

거부하는 의사를 가진 여러 나라에 군사·경제원조를 제공한다는 것이다. 이에 입각하여 미국은 그리스와 터키의 반공(反共) 정부에 경제·군사원조를 제공했다. 이후 이 원칙은 미국 외교정책의 기조가 되었고, 마셜 플랜과 북대서양조약으로 구체화되었다.—옮긴이

27 Thomas G. Paterson, "Introduction: John F. Kennedy's Quest for Victory and Global Crisis", ed. Thomas G. Paterson, *Kennedy's Quest for Victory: American Foreign Policy, 1961-1963*, New York: Oxford University Press, 1989, pp.9~11.

오두막과 촌락에서 대량 빈곤의 속박을 끊으려고 몸부림치는 저 사람들에게 우리는 아무리 오랜 기간이 소요되더라도 당신들의 자립을 도우려는 최선의 노력을 다하겠다고 맹세합니다."[28] 트루먼이 마셜 플랜에서 그랬던 것처럼, 케네디도 경제적 진보를 만들기 위한 미국의 광범위한 공약을 발표했다. 그러나 이때 확대된 경쟁의 무대는 탈식민화, 발전, 그리고 전 세계적 사회 변화의 역학에 집중되었다.

더욱이 미국은 1960년대 초반부터 다수의 "제3세계" 위기에 직면했다. 1960년대 초 동남아시아의 라오스는 가장 시급한 걱정거리였고, 아이젠하워는 자리를 떠나며 젊은 후임자에게 공산당의 군대가 그 나라를 지배하기 직전이라고 경고했다. 소련에서 공수받은 보급품과 북베트남이 제공한 훈련은 파테트라오Pathet Lao[29]의 게릴라들을 강화했고, 교섭을 통한 정치적 타결이 어렵고 위험한 것으로 입증될 지경이었다. 또한 응오딘지엠 총리의 허약하고 억압적인 남베트남 정권은 민족해방전선 세력의 팽창과 반란을 저지할 능력이 없어 보였다. 새로운 정부가 그 곤란한 유산을 어떻게 처리할 것인가? 콩고 내전과 광물이 풍부한 카탕가[30]의 분리에 대한 벨기에의 지원[31]은 케네디 정부에게 유럽 동맹을 지지할 것인가, 아니면 소련이 아프리카에서 민족주의적 분노

---

28 Sorenson, *"Let the Word Go Forth"*, p.12.
29 1950년 창설된 라오스의 좌파연합전선으로 1960년대 라오스의 북동부 지역을 장악하고 미국의 지원을 받는 비엔티안 정부와 내전을 치렀다. 이후 1975년 라오스에서 정권을 잡게 되었다.—옮긴이
30 샤바 주의 옛 명칭. 콩고민주공화국 남동부에 있는 주다.— 옮긴이
31 1960년 3월 벨기에령 콩고가 독립했으나 루뭄바 총리와 조제프 카사부부 대통령 간의 갈등이 심했고, 자원이 풍부한 동남부 카탕가 주 총리 촘베가 벨기에의 지원하에서 독립을 선언했다. 소련 등의 지원을 받던 루뭄바와 벨기에와 남아프리카공화국 정권의 지원을 받던 촘베, 그리고 미국의 지원을 받던 카사부부 간의 삼파전으로 내전이 전개되었다.— 옮긴이

를 활용할 수 있게 할 것인가 사이에서 선택하게 했다. 가나의 독립을 계획하며 미국과 소련 모두와 접촉하려 한 콰메 은크루마Kwame Nkrumah의 결정 또한 불안감을 불러일으켰다. 쿠바의 혁명적 상태는 라틴아메리카 발전의 대안적 모델로 주목받았고, 카스트로는 나날이 소련 노선에 접근해 갔다. 중동에서 예멘 혁명정부를 지원하려는 나세르의 시도는 이집트가 상당수의 아랍 세계를 급진화하고 요르단과 사우디아라비아와 같은 더 보수적인 정부를 위협할 것이라는 공포를 불러일으켰다. 또한 케네디 정부는 중립주의 인도에 대한 경제·군사원조가 미국·파키스탄 관계에 미칠 충격을 우려했고, 중국과 인도 사이의 영토분쟁이 고조될 수도 있다는 두려움과 씨름했다. 대통령과 그의 참모들이 돌아보는 모든 곳마다 발전, 반공주의, 혁명과 단단하게 연관된 물음들이 표면화되고 있는 듯했다. 케네디 정부의 전략가들에게 근대화는 시급한 정책 문제에 대한 해답이 되었다.[32]

거대 이론

케네디가 백악관에 입성한 바로 그때, 근대화론은 미국의 대외 정책에 중대한 영향을 끼치기 시작했다. 그러나 그것은 깊은 지적 뿌리와 강력한 문화적 호소력 또한 가지고 있었다. 거대 이론으로서 근대화는

---

32 이러한 분쟁의 전반적인 배경에 관해서는 다음을 참조. Thomas G. Patertson, *Kennedy's Quest for Victory*; Kunz, *The Diplomacy of the Crucial Decade: American Foreign Relations during the 1960s*, New York: Columbia University Press, 1994.

사회적 분석에서 다른 분파들과의 차이를 통합하고 복잡한 해외 세계에서 끌어온 증거들을 정리할 것이라고 약속했다. 급격한 국제적 변화에 관심을 가진 전문 학자들은 근대화가 자신들의 연구를 더욱 탄탄한 경험적 차원으로 올릴 보편적인 틀을 제공해 주리라고 생각했다. 냉전이 고조되는 가운데 미국의 사회과학자들은 근대화론이 자국의 역사적 성취를 정의하고 "신생 세계"의 결핍을 규정하며, 위기의 시대에 있는 국가들의 필요에 대응할 수 있게 해주리라고 믿었다.

근대화론의 과학적 주장들은 제2차 세계대전 이후 사회학 분야에서 처음으로 등장했다. 그것은 시작부터 미국의 창조물이었다. 기존에는 유럽 학계가 사회학 분야의 이론적 작업을 지배했지만, 20세기 전반부에 그곳은 심각한 피해를 입었다. 고전적 학문과 인문학에 충실한 유서 깊은 대학들은 급부상한 학문 분과의 가치를 인정하길 거부했고, 그들의 선도적인 학생 다수는 제1차 세계대전에서 사망했다. "세속적인 산업사회의 문제에 대한 합리적 해결책을 발견할 수 있다"는 유럽 사회학자들의 낙관적인 희망은 파시즘의 부상과 두 번째 대재앙에 따른 대대적인 파괴로 부서진 듯했다. 반면 대서양 저편에서는 번성한 경제 속에서 재정적으로 충분한 지원을 받고 지적으로 유연한 기관들이 증가했다. 학문적 부흥의 조건은 성숙해졌다. 사회학자 제프리 알렉산더Jeffrey Alexander가 지적했듯이 "제2차 세계대전 이후 이론은 상전벽해 같은 변화를 겪었다. 그것은 결정적으로 미국을 향했다".[33]

근대화론은 그러한 전환의 과정에서 도출되었다. 그것은 미국에

---

33 Jeffrey C. Alexander, *Twenty Lectures: Sociological Theory since World War II*, New York: Columbia University Press, 1987, pp.18~19.

서 종합적인 사회 이론을 결의에 차서 신중하게 추구하는 과정의 일부로 등장했다. 시카고대학의 에드워드 실즈Edward Shils는 1948년의 연구 현황 조사에서, 그의 지적 선배들이 양면적인 유산을 남겼다고 설명했다. 그는 로버트 E. 파크Robert E. Park, 윌리엄 I. 토머스William I. Thomas, C. H. 쿨리C. H. Cooley, 그리고 에드워드 로스Edward Ross가 "사회학 장서의 한가운데 서서 한편에서는 명상을, 다른 한편에서는 오늘날 점점 정교해지고 있는 연구 기법을 배웠다"고 주장했다. 그들의 영향력은 확실히 엄청났지만, 그들이 탐구한 가설과 문제는 종종 암시적이었다. 그들은 이론적 질문을 자신들의 작업 너머로 밀고 나가지 못했기 때문에, 그들의 '시카고 학파' 학생들은 연구의 분석을 안내할 더 거시적이고 응집력 있는 체계를 지향하지 않고, 개별 공동체와 도시 환경에 관한 광범위한 경험적 연구에 착수할 뿐이었다. 계층 분화, 종족 정체성, 가족, 종교, 여론, 소집단은 가치 있는 데이터를 만들어 내고 현지의 구체적인 문제를 해결하는 데 도움을 주었지만, 그러한 연구의 급증은 "막대한 혼란"의 조건을 이 분야에 남겨 두었다. 실즈는 분과들을 통합하고 핵심적인 강조점을 제시할 이론이 결여되었기 때문에, 미국 사회학은 아직 "과학이라는 고지에 도달하지 못했다——그저 작은 언덕 위에 있을 뿐——"이라며 통탄했다.[34]

그러나 실즈는 미국의 사회학이 그때까지의 비이론적인 전사前史에서 벗어나 곧 더욱 수준 높은 단계로 올라갈 것이라고 기대했다.[35] 하

---

34 Edward Shils, *The Present State of American Sociology*, Glencoe, Ill.: Free Press, 1948, pp.3~4, p.6.
35 *Ibid.*, pp.54~55.

버드에서의 발전은 그의 희망을 확증하는 듯했다. 사회학 분야의 떠오르는 스타 탤컷 파슨스Talcott Parsons는 1937년 저작 『사회적 행위의 구조』The Structure of Social Action를 통해 중요한 발걸음을 내디뎠다. 파슨스는 사회 환경 속 개인의 역할에 관심을 두며 도전적인 저작을 내놓았다. 그는 19세기 자유주의의 순진한 가정을 완화하여 독립적인 인간 행위에 대한 존중을 모든 사회구조에 내재한 강력한 제한적 요소에 대한 인식과 균형을 맞추고자 했다. 파슨스는 개인이 취하는 행위는 사회질서와 평형을 보장하는 제도들을 통해 전달된 일련의 가치 규제에 의해 매개된다고 강조했다. 고립된 혹은 더욱 "원시적인" 사회에서 가족과 공동체의 제재는 가장 결정적 역할을 수행했다. 자본주의 시장이 팽창하고 공업이 나타난 사회에서는 공식적인 법적 체계에 의한 규제와 국민국가가 가장 커다란 영향력을 발휘했다. 파슨스는 고전경제학 이론이 개인의 효용 극대화 추구에 과도한 무게를 두고 있다고 생각했다. 그러나 마르크스주의적 대안도 그리 적합한 것은 아니었다. 종종 장기간 사회적 응집력이 지속된다는 점은 변증법적 갈등에 대한 마르크스의 주장을 거짓으로 만들었기 때문이다. 경제적 생산 관계라는 "토대"는 인간 의식이라는 "상부구조"를 단순히 결정하지 않았다. 대신 파슨스는 자기 나름의 사회 개념을 발전시키며, 통합되고 안정된 사회질서 유형을 만드는 문화적 가치의 힘을 강조했다.[36] 이것이 실즈가 추구한 바로 그 광범위한 사회 이론이었다.

---

36 Alexander, *Twenty Lectures*, pp.22~28; William Buxton, *Talcott Parsons and the Capitalist Nation-State: Political Sociology as a Strategic Vocation*, Toronto: University of Toronto Press, 1985, pp.21~24, 30~31; Stephen P. Savage, *The Theories of Talcott Parsons: The Social Relations of Action*, London: Macmillan, 1981, pp.200~207.

처음 출간되었을 때 파슨스의 주장은 상대적으로 그리 주목받지 못했지만, 자유주의 가치의 잠재력이 응집력 있고 건강한 민주주의를 보증한다는 그의 낙관적 결론은 빠른 직업적 성공에 큰 도움이 되었다. 전후 압도적인 경제·정치적 위상을 향유하던 국가에서 파슨스의 접근은 전적으로 타당해 보였다. 1946년, 파슨스는 하버드에서 사회관계학과 학과장으로 임명되었고, 사회학, 사회·문화 인류학, 사회·임상 심리학의 통찰을 결합하려는 야심 찬 프로젝트를 지휘했다. 뿐만 아니라 그는 새로운 제도적 플랫폼과 직업적인 정당성을 겸비함으로써 인간 행위를 이해하는 문제에서 사회 통합에 필수적인 핵심 구조를 그리는 것mapping으로 관심을 전환했다. 그는 에드워드 실즈처럼 엄밀한 새로운 과학을 위한 열쇠를 급진적인 경험주의에서 찾을 수 없다고 믿었고, 이윽고 시카고의 동료들을 초대하여 모두가 필요하다고 믿었던 '분석의 힘'analytic power을 사회학에 부여하려는 새로운 시도에 참여하게 했다.[37]

주로 파슨스의 이론화하려는 기질에 의해 추진된 그들의 협력은 사회학의 전반적 미래와 곧 근대화론으로 알려질 이론 모두에서 결정적인 결과를 낳았다. 파슨스와 실즈는 연구 전략을 "기능 체계"에 기초하며, 각 개인의 인성에서 발견되는 역할의 범위는 상이한 사회구조와 상관관계가 있다고 주장했다. 사회 체계의 구조가 다양한 개인의 요구에 부응하고 문화적 이상을 보완할 때, 그 체계는 완벽한 합의하의 평형에 도달할 것이다. 자원과 역할의 배분은 공통 가치의 통합적 잠재

---

37 Guy Rocher, *Talcott Parsons and American Sociology*, New York: Barnes and Noble, 1975, p.20.

성에 부합될 것인데, 그들이 보기에 당시 미국이 바로 그러했다. 그러나 만약 이러한 힘이 균형을 잃어버린다면, 전간기 독일에서 보았듯이 분열과 무질서가 불안, 폭력, 억압 그리고 사회통제를 증가시킬 것이다. 파슨스는 독일에서 베르사유 평화 조약이 가혹한 경제적 결과를 낳고, 이에 뒤따른 산업과 기술의 급격한 전환, 도시화, 직업적 유동성이 혼란을 유발함으로써 제도적 통합성이 불안정해지고 "급격하게 극단적 태도"가 촉발되었다고 주장했다. 국가사회주의 현상은 독일 의회의 취약성과 독립적인 사법 체계의 결여, 심지어 여성을 탈성화脫性化하고 호전적이고 폐쇄적인 청년 집단을 이상화하며, "때로는 암묵적으로 동성애를 선호하는" 젠더 관계의 유형과도 연결될 수 있었다. "극히 뿌리 깊은 독일 사회의 낭만적 경향"은 사회적 안정에 필수적인 계류 장치가 유실된 채, "서구 세계의 전반적인 합리화 경향에, 그리고 동시에 그것의 뿌리 깊은 제도적 토대에 반대하는 '근본주의적' 반란을 조직한 폭력적이고 공격적인 정치 운동에" 이용되었다.[38] 미국과 민주주의 동맹국들은 다행히 그러한 혼란을 피했다. 그러나 사회적 균형을 상실할 위험은 명백했다.

파슨스와 실즈는 "문화 유형의 기원보다는 효과"에 더 많은 관심을 기울였지만,[39] 곧 그들의 전면적인 구조 분석을 더욱 역동적인 요소

---

38 전반적인 이론적 주장들에 관해서는 다음을 참조. Talcott Parsons and Edward Shils, *Towards a General Theory of Action*, Cambridge: Harvard University Press, 1951; Parsons, *The Social System*, New York: Free Press, 1951. 이러한 관념에 관한 개관으로는 Alexander, *Twenty Lectures*, pp.37~51 참조. 1942년에 처음 작성된 파슨스의 독일 분석에 관해서는 "Democracy and Social Structure in Pre-Nazi Germany", ed. Talcott Parsons, *Essays in Sociological Theory*, New York: Free Press, 1964, pp.104~123 참조.

39 Savage, *Theories of Talcott Parsons*, p.204.

들과 연결하려고 했다. 막스 베버에 대한 독해로부터 감화를 받은 파슨스는 시대가 변하며 어떻게 사회적 평형 지점이 이동했는지 서술할 방법에 특히 관심을 기울였다. 파슨스와 실즈가 제안한 해결책은 "유형 변수들"의 집합, 즉 "전통적인" 조건과 "근대적인" 조건 사이의 이분법을 정제한 이항대립의 확장된 목록을 만드는 것이었다. 그들은 이러한 도구를 활용하여 복잡한 사회적 관계들이 발전 지표를 따라 배치될 수 있을 것이라고 제안했다. 문화, 인성, 사회는 그들이 보편주의-특수주의, 성취-귀속, 자기 지향-집단 지향, 역할 한정성-확장성, 감정 중립-감정적 관계 등에서 무엇을 강조하는지에 따라 평가될 수 있었다.[40] 변수들로 묶인 체계는 "전통"과 "근대성" 사이의 애초의 구분을 상세하게 서술한 것이었는데, 사회를 한 극에서 다른 극으로 추동하는 변화의 원인을 직접적으로 제시하지는 않았다. 그러나 파슨스는 인구 성장과 기술 진보와 같은 힘들이 사회질서에 새로운 수요를 창출할 것이고, 결국 안정적인 평형상태를 유지하는 데 필요한 구조 변화를 요구할 것이라고 주장했다. 그는 베버를 따라 사회적 가치의 성격은 변화가 나타날 방향에 중대한 영향을 미칠 것이라고 주장했다.[41]

　사회의 특수한 구조와 필수적 기능 수행 사이의 관계에 기반을 둔, 곧 "구조기능주의"로 알려질 이 이론 모델은 특히 세 가지 중요한 결과를 가져왔다. 첫째, 그것은 사회를 정치, 사회, 경제 부문들이 서로 연관된 통합 체계로 보는 것이 중요하다는 점을 확립했다. 그에 따르

40　Robert Bierstedt, *American Sociological Theory: A Critical History*, New York: Academic Press, 1981, pp.421~424.

41　Savage, *Theories of Talcott Parsons*, pp.205~207.

면 한 영역에서의 변화는 다른 영역에서의 변화와 조정을 필요하게 만들 것이다. 파슨스에 동조한 한 비평가가 설명했듯이, 이러한 주장은 "상호 의존적 부분들은 전체를 형성하면서, 변화나 운동이 무질서하거나 우연하게 일어날 수 없는 방식으로 서로를 결속시킨다. 그러나 그것들은 구조나 과정으로 귀결되는 복잡한 상호작용의 결과이기도 하다"라는 의미로 귀결되었다.[42] 둘째, 그 모델은 보편적인 비교 분석을 가능하게 하는 것으로 보였다. 모든 인간은 사회구조가 반드시 충족시켜야 할 일련의 유사한 기본적 욕구를 갖고 있다고 가정되기 때문에, 체계는 역사적 혹은 환경적 변수와 관계없이 그러한 기초 위에서 비교될 수 있다. 많은 [파슨스] 지지자는 다양한 경험적 연구가 결과적으로 더 크고 종합적이며 과학적 시각을 만들어 내고자 하는 바람 속에서 서로 연관될 것이라고 생각했다. 문화적으로 얼마만큼 구별되든지 혹은 지리적으로 얼마만큼 떨어져 있든지 간에, 세계의 어떤 지역도 비교 분석 영역의 바깥에 있지 않을 것이다. 셋째, "유형 변수"는 본질적으로 정적인 사회질서를 기술하는 "스냅 사진"이지만, 사회 변화의 지표를 만드는 수단을 제공하리라 생각되었다. 다양한 학문 분과의 이론가들은 구조기능주의를 복잡한 매트릭스를 만들어 내는 이분법 집합을 사용함으로써 사회를 역사적, 단선적, 순차적인 "발전"의 등급에 따라 정렬하는 방식으로 이해했다. 그것은 근대화를 포괄적 과정으로 보는 연구들의 핵심 요소였다. 파슨스는 그의 정적인 도식을 역동적인

---

42 Rocher, *Talcott Parsons and American Sociology*, p.22. 또 다른 논평자가 적었듯이, 이러한 생각은 발전 중에는 "모든 좋은 것은 함께 간다"라고 독자들이 가정하도록 이끈다. Robert A. Packhenham, *Liberal America and the Third World: Political Development Ideas in Foreign Aid and Social Science*, Princeton: Princeton University Press, 1973, p.20 참조.

모델로 전환시키고자 했고, 스스로 "원시적", 그리고 "근대적"이라는 용어가 단지 기술적記述的인 것만은 아니라고 주장하게 되었다. 그 용어들은 대신 "적응력"adaptive capacity 증가를 표시하는 진화적 노선 위의 지점들이었다. "근대"사회는 기술, 인구, 혹은 환경의 변화에도 불구하고 사회질서를 유지할 수 있는데, 그것은 근대사회가 더 고도로 전문화된 제도를 만들었고, 천연자원을 더 많이 활용했으며, 더 포괄적 정치체를 발전시킨 동시에 핵심적인 가치 체계를 정교하고 발전적으로 수정될 수 있는 법규로 공식화했기 때문이었다.[43]

파슨스는 구체적인 사례를 거의 활용하지 않고 임의적인 이분법을 선택했으며, 지속적인 제도적 억압을 과소평가하며 자유주의적 합의를 특권화했다. 따라서 그는 실망에 찬 많은 비판의 표적이 되었다. C. 라이트 밀스는 "파슨스식 분석은 사회학자들이 권력에 대한 어떠한 관심도 내려놓게 했다"고 논평했다.[44] 실망한 또다른 독자는 "파슨스가 사회학 이론에서 '돌파구'나 '진보'를 선언한다면—그는 너무 그것을 자주 한다—그것은 그가 사회, 사회적 관계 혹은 심지어 사회적 행위에 관해서 뭔가 새로운 것을 발견했다는 것을 의미하지 않는다. 그것은 단지 그가 자신의 개념 도식 사이에서 대칭이나 유사성에 주목했다는 것을 의미할 뿐"이라고 말했다.[45] 파슨스는 냉전기 가장 영향력 있

---

43 Savage, *Theories of Talcott Parsons*, pp.208~216. 파슨스의 다수의 초기 저작에서는 진화론적 견해가 함축적이었으나 다음의 저작에서 그러한 견해를 가장 명확하게 드러냈다. *Structure and Process in Modern Societies*, New York: Free Press, 1960; "Evolutionary Universals in Society", *American Sociological Review*, vol.29, June 1964, pp.339~357; *Societies: Evolutionary and Comparative Perspectives*, Englewood Cliffs, N.J.: Prentice-Hall, 1966.
44 C. Wright Mills, *The Sociological Imagination*, New York: Oxford University Press, 1959, pp.35~36.

는 미국의 사회과학자라는 평가를 받았지만, 보편적 찬사를 받지는 못했다.

제2차 세계대전 이후 전면적인 국제적 변화를 이해하려고 했던 사람들에게 매리언 레비Marion J. Levy의 고도의 추상적 개념들은 일련의 유연하고도 분석적인 수단을 제공하는 듯했다. 매리언 레비의 『근대 중국의 가족 혁명』The Family Revolution in Modern China(1949)은 미국 사회학 이론에서 나타난 "파슨스식 혁명"을 보여 주는 두드러진 사례다. 본래 파슨스가 지도한 박사학위 논문이었던 레비의 책은 "전통적인" 중국과 "이행기" 중국 모두에서 친족 관계를 연구하자고 제안했다. 레비는 가족이 "(1) 역할 분화, (2) 결속의 배분, (3) 경제적 배분, (4) 정치적 배분, (5) 표현과 통합의 배분"이라는 필수 기능을 수행한다고 주장하면서, 모호하고 복잡한 파슨스식 범주를 채택하여 "근대화하고 있는" 특정 사회에 관한 연구의 틀로 활용하였다. 레비는 영어 및 중국어 자료와 더불어 제2차 세계대전 시기 중국에서 만난 정보원들과의 접촉을 분석하여, 서구 산업의 도래가 궁극적으로 중국 사회관계의 주안점을 보편적인 기준에 부합하도록 전환시키고, 사회의 핵심적인 필요를 충족하는 가족 구조를 변화시킬 것이라고 주장했다. 근대산업은 "그 사

---

45 Bierstedt, *American Sociological Theory*, p.441. 파슨스와 그의 지적 동료들에 대한 비판에 관해서는 다음 연구를 참조. Anthony D. Smith, *The Concept of Social Change: A Critique of the Functionalist Theory of Social Change*, London: Routledge and Kegan Paul, 1973; Robert H. Lauer, "The Scientific Legitimation of Fallacy: Neutralizing Social Change Theory", *American Sociological Review*, vol.36, October 1971, pp.881~889. 비판적인 응답과 부분적인 변호에 관한 개관으로는 Bryan S. Turner, "Parsons and His Critics: On the Ubiquity of Functionalism", eds. Robert J. Holton and Bryan S. Turner, *Talcott Parsons on Economy and Society*, London: Routledge and Kegan Paul, 1986, pp.181~206 참조.

람이 누구인지에 대해서는 관심이 없고" "단지 그가 특별한 수준의 기술을 가지고 특정한 기술적 기능을 수행할 수 있는지 없는지"에 초점을 맞추기 때문에 서구로부터의 근대산업의 유입은 대인관계를 조직하는 원리인 효孝의 전통적인 힘을 필히 무너뜨릴 것이다. 매스컴, 성장하는 서구 공동체라는 존재, 해외시장경제의 팽창은 모두 정치적 자유, 개인주의, 기능적 특수성, 그리고 자립을 강조하는 새로운 이상의 확산에 기여할 것이다. 어떤 "전통적 유형"은 단기적으로 지속될 수도 있다. 그러나 서구 산업이 지속적으로 성장한다면, 전통적 유형은 궁극적으로 약화될 것이며 과거 사회적 평형을 생산했던 구조들을 근본적으로 대체할 것이다. 레비는 가족을 변화의 지표로 활용하며 사실상 중국은 근대화될 것이라고 확신했다.[46]

파슨스는 레비가 쓴 책의 서문을 통해 "사회제도 비교 연구에서 새로운 유형의 학자가 수행한 첫 번째 주요 작업"이라고 환영했다.[47] 중국이 새로운 자본주의 사회질서를 향하여 움직일 것이라는 레비의 예상은 곧 중국혁명으로 틀렸음이 입증되었으나, 다른 많은 연구자들은 그의 연구를 뒤쫓았고 추후 "근대화론"이라 불리게 될 입론이 역사적 변화에 관한 사회학적 분석을 지배하게 되었다. 학자들은 근대화를 "신생 국가들"을 엄밀하고 과학적으로 연구할 수 있는 수단이라고 찬양했다. 그들은 근대화를 위한 필수적인 가치를 알아내고자 했고, 과거 서구에서는 프로테스탄티즘이 중요했다는 베버의 주장을 깊이 고찰

---

46 Marion J. Levy Jr., *The Family Revolution in Modern China*, Cambridge: Harvard University Press, 1949, p.6, pp.274~279, p.281, pp.352~365.

47 Parsons, Foreword to Levy, *Family Revolution in Modern China*, p.ix.

했으며, 근대화하는 힘과 비서구 종교 및 윤리 체계의 상호작용을 탐구했다. 사회학자들은 심리학 분야로 연구를 확장하여 "근대적" 인성의 자질을 어떻게 규정할지에 관심을 가졌고, 기꺼이 주변 환경을 조작하려 하는 활동적이고 "미래지향적"인 개인, 그리고 "전통적" 사람들에게서 발견한 수동적이고 변화를 두려워하는 인성을 상세히 대조시켰다.[48] 이후 20여 년간 근대화는 심리학 분야 전반에서 연구를 조직하는 중심 원리가 되었다.

아마 어떤 저작도 사회학자들이 근대화 과정이라고 묘사한 보편적이고 광범위한 변화의 힘을 대니얼 러너의 유명 저작인『전통사회의 종말』*The Passing of the Traditional Society*보다 더 명확하게 보여 주지는 못했을 것이다. MIT 교수였던 대니얼 러너는 외국의 문화, 종교, 사회의 미스터리를 관통하는 구체적인 분석을 하자고 주장하면서, 광범위한 민족들로부터 추출한 경제·사회 데이터를 종합 분석했고 터키, 레바논, 이집트, 시리아, 요르단, 이란에서 미국공보원United States Information Service이 수행한 1600개의 인터뷰를 해석했다. 러너는 연구 과정에서 연방정부와 협력한 사실이 그가 활용한 증거의 객관성에 의문을 제기할 수 있다는 점을 염려하지 않으며 "인종, 피부색, 신념의 차이와 상관없이 세계 모든 대륙의 모든 근대화하는 사회에서 사실상 동일한 기본 모델이 다시 출현한다"고 과감하게 주장했다. 서구와의 접촉이 추동한 중

---

48 예를 들어 다음을 참조. Edward Shils, "On the Comparative Study of the New States", ed. Clifford Geertz, *Old Societies and New States: The Quest for Modernity in Africa and Asia*, New York: Free Press, 1963, pp.1~26; S. N. Eisenstadt ed., *The Protestant Ethic and Modernization: A Comparative View*, New York: Basic Books, 1968; Alex Inkeles, "The Modernization of Man", ed. Myron Weiner, *Modernization: The Dynamics of Growth*, New York: Basic Books, 1966, pp.138~150.

동 지역의 근대화는 사회의 모든 부문에 침투할 것이고 근본적으로 그들의 사회구조를 변화시킬 것이다. 상업 관계와 이후의 산업 관계는 "유동적 인성"mobile personality의 등장에 이바지할 것이고 "다른 곳에서 더 나은 삶을 추구하는 선택을 하도록 개인을 고무할 것이다". 농촌 인구가 도시로 이동하면, 도시화가 확대되고 문해력이 증진되며, 사람들은 대중매체, 그리고 전 지구적 통신의 힘과 접촉하게 된다. 이러한 통합적 "역사적 단계"는 결국 이주자들이 그들 자신을 더 크고 독립적인 정치조직의 일원으로 인식하게 하고, 같은 나라 동포에 대한 "공감"을 느끼도록 인도할 것이다. 농촌 마을의 고립된 전통적 사회와 대조적으로, 이 새로운 문화는 정치적 민주주의가 건설될 수 있는 보다 참여적인 에토스ethos의 성장을 가져올 것이다. 러너는 근대화를 거부할 수 없는 것이라고 선언했다. 학자들은 전통에 묶여 있는 중동에서조차 근대화가 '이슬람도 절대 방어할 수 없는' '합리적이고 실증주의적 정신'을 주입한다는 점에 동의하는 듯했다.[49]

러너가 대단히 자신 있게 설명한 보편적이고 순차적인 단계들은 모든 사회가 "근대적" 서구라는 공통의 종착점을 향해 거침없이 이동하고 있다는 점을 의미했다. 그는 도시화, 식자율, 미디어, 정치적 참여라는 지표들이 "특정 시점, 특정 사회에서의 근대화 단계를 설명할 수 있는 적절한 기준을 제공한다"고 주장했다. 러너는 서구라는 정점을 향한 모든 국가의 진보가 정교히 측정될 수 있다고 주장했다. 또한, 그는 그 전체 과정이 서구의 행동을 통해 가속화될 수 있다고 생각했다.

---

49 Daniel Lerner, *The Passing of Traditional Society: Modernizing the Middle East*, New York: Free Press, 1958, pp.45~48.

"중동 인구의 대다수를 차지하는 고립된 문맹 상태의 부족민"에게 동기를 부여할 열쇠는 "그들에게 삶에서 더 좋은 것이 있을 수 있다는 증거를 절실히 보여 주는가에 달려 있다".[50]

그러므로 사회학에서 근대화라는 개념은 서구의 과거와 "개발 도상" 세계의 미래를 아울러 사회 변화의 전 과정을 이해할 수 있는 분석적 구조를 제시해 주었다. 근대화는 구체적인 경험적 데이터와 부합해 보이는 견본을 제공했고, 그 분야의 다양한 학문 분과를 공통의 중요한 연구 의제로 이끌며 지속적으로 연구 과제를 조직했다. 또한 근대화론은 통합적 변화 과정에 초점을 맞추고 사회구조와 기능의 보편적 집합을 강조하면서, 새로운 유형의 비교 분석을 적시에 제공하겠다고 약속했다. 학계에서 근대화론의 명성이 정점에 달했을 때, 그것은 사회과학을 위한 핵심적 돌파구, 즉 "통합된 현장 이론"인 듯했다.

근대화는 거대 이론으로서 지구적 "발전"에 관한 미국 정치학계의 연구에 비슷한 충격을 주었다. 기존에 미 정치학계는 상이한 국가, 문화 그리고 지역 전문가들로 나뉘었지만, 제2차 세계대전 이후 국제적으로 정치적 변화가 급격히 나타나며 더 포괄적인 연구의 틀을 요구하게 되었다. 제국이 해체되고 "신생국"이 등장하는 가운데 사회과학연구위원회Social Science Research Council(SSRC)는 1953년 10월 비교정치학위원회Comparative Politics Committee를 설립했다. 이 단체는 정치학 분야의 의제를 조직하는 중심적 역할을 했고, 자원 배분에 큰 영향력을 미치며 높은 전문적 위상을 가졌기 때문에 특히 분석을 위한 좋은 사례라고 할 수 있다. 1923년 창설된 사회과학연구위원회의 주도자들은 실용

---

50 *Ibid.*, p.69, 411.

적인 문제에 사회과학적 전문 지식을 적용해야 한다는 점을 끊임없이 강조했다. 세계 최초의 국가 사회과학 기구인 사회과학연구위원회는 학문적 객관성과 공적 지지가 서로를 강화할 수 있다는 생각을 전제로 삼았다.[51] 많은 이들은 새로운 사회과학연구위원회가 기구의 임무를 발전시켜 학제 간 연구와 협력을 증진하길 희망했다. 근대화는 이러한 목표에 완벽하게 부합하는 것으로 판명되었다.

최초로 비교정치학위원회의 의제를 발표하는 문서에서 조지 카힌, 가이 포커Guy Pauker, 루시안 파이는 "전통사회가 서구의 관념과 양식에 노출되면서 심오한 사회·문화적 변화가 일어난다"고 기록했다. 이러한 경향을 분석하기 위한 조건도 유망해 보였다. 저자들은 "비서구의 정치체제에는 공통된 특징이 많다. 지난 10년간 비서구 국가들이 보여 준 변화의 속도는 이를 경험적 조사가 필요한 문제로 만들었다"고 논평했다. 그러나 저자들은 이 지점에서 일반적인 이론 틀을 만드는 데까지 나아가지는 않았다. 그들은 스스로 공통 유형이라고 기술했다는 점을 인지하면서도, 자신들이 연구하고자 한 다채로운 지역과 사회가 가진 복잡한 현실을 인정했으며 "그러므로 지금까지의 변화는 통합적 과정과는 거리가 멀었다"고 이야기했다. 또한 그들은 정치학자들이 "문화적 유산 간의 차이에 세심한 주의를 기울여야" 하고, 상이한 많은 "전통적인" 정치적 형태들이 가진 유연성을 인정해야 한다고 경고했다. 그들은 모든 새로운 정치체제가 유사한 장애물을 극복해야 한

---

51 초창기 사회과학연구위원회에 대한 자료는 다음을 참조. Donald Fisher, *Fundamental Development of the Social Sciences: Rockefeller Philanthropy and the United States Social Science Research Council*, Ann Arbor: University of Michigan Press, 1993.

다고 생각했지만, 위원회가 신중하게 변화의 문제에 접근해야 한다는 결론을 내렸고 정치학 분야의 연구자들에게 "사회·정치체제를 진화의 순서로 배열하려는" 유혹을 피해야 한다고 경고했다.[52]

그러나 정치학자들이 사회학 모델로 연구의 방향을 돌리자, 그러한 이론적 의구심은 빠르게 사그라들었다. 1956년의 기획 세미나에서 프린스턴 출신인 가브리엘 아몬드와 마이런 위너Myron Weiner는 글 하나를 발표하며 "위원회가 연구 전략에 대한 관점을 성문화하기"를 기대했다. 특정 지역에 관한 지리적 전문 지식이 없었던 정치학자 아몬드는 별개의 보고서를 통해 사회과학연구위원회에 자신의 견해를 설명했다. 그는 "비교정치학을 다룰 공통의 학문 단체가 없기 때문에 현재 정치학 분야 상황은 지구적 비교 활동에 적합하지 않다"고 주장했다. "정치학계는 통합되기보다 유럽, 아프리카, 중동, 남아시아, 동남아시아, 동아시아 전공자들로 갈라졌다." "오늘날 세계에 걸친 대략 100개의 독립국가에서 조사 지역 15개를 선정하고" 그 결과로부터 단순한 결론을 도출하려는 시도는 문제를 해결할 수 없을 것이다.[53]

그러나 출구는 있었다. 아몬드에 따르면 같은 지역을 작업하는 연구자들은 공통의 연구 과제를 선정하고 "지역 내" 연구 방식으로 연구

52 George McT. Kahin, Guy J. Pauker and Lucian W. Pye, "Comparative Politics of Non-Western Countries", *American Political Science Review*, vol.49, December 1955. pp.1022~1041. 초창기 위원회는 이러한 견해를 견지하며 그 프로그램을 서구 및 비서구 지역의 선별된 특정 정치집단에 대한 연구로 한정했고 포드 재단으로부터 그러한 한정적 목적으로 18개의 연구비를 따냈다. Social Science Research Council, *Annual Report, 1956-1957*, New York: SSRC, 1957, pp.19~20.

53 Gabriel Almond, "The Seminar on Comparative Politics", *Social Science Research Council Items*, vol.10, December 1956, pp.46~47.

결과물을 보고하며 "비교 이론 활동을 자극해 이러한 연구 결과들을 종합할 수" 있을 것이다. 또한 아몬드는 사회학의 최신 주장들에 영감을 받아 현장 연구가 "기능과 정치·문화·사회적 과정 사이의 상호관계를 강조할" 수 있다고 주장했다. 그는 "탤컷 파슨스의 '유형 변수'라는 개념을 상이한 정치체제의 문화와 이데올로기 구별에 적용할 수 있다"고도 서술했다.[54] 비교정치학위원회는 아몬드의 이러한 주장에 설득되어, 많은 경우 서구와의 접촉이 변화를 위한 자극제였다는 초기의 인식에 근거해 다수의 이론 연구를 의뢰했다. 위원회는 그럼으로써 문화적 차이의 특수성이 존재하며 뚜렷한 "전통적" 유형이 지속한다는 점에 대한 기존의 의구심을 초월하려 했다. 위원회가 새로운 비교 분석 전략을 만들어 냄에 따라, 위원회의 구성원들은 연구자들이 사회 변화를 공통의 통합된 과정으로 간주해야 한다고 제안했고, "정치발전"의 성격은 심지어 지역을 가로질러서도 공통의 역사적 틀 안에 놓일 수 있다는 관점에 접근하게 되었다.[55]

미국에서 나타난 이러한 사고의 전환은 일련의 국제회의를 통해 퍼져나갔다. 공산주의의 유혹에 맞서기를 결의한 지식인들의 문화자유회의Congress for Cultural Freedom는 특히 중요한 역할을 했다. 이 단체는 일정 부분 CIA의 지원을 받으며 "제3세계" 정치발전이라는 문제에 초점을 맞춘 여러 모임을 후원했다. 1958년과 1959년 로도스 섬과 나이

---

54 Ibid(강조는 원문).
55 비교정치학위원회가 의뢰한 연구의 제목은 이러한 새로운 강조점을 반영한다. 이 집단은 역사상의 정치체제를 비교 분석하기 위해 사회학자 S. N. 아이젠슈타트(S. N. Eisenstadt)를 고용했고, 아울러 "지식인과 정치발전" "일본의 정치적 근대화" "민족주의와 정치발전"에 대한 보고서를 요청했다. Social Science Research Council, *Annual Report, 1956-1957*, New York: SSRC, 1957, p.19.

지리아의 이바단에서 실즈가 조직한 학제 간 세미나가 열렸고, 여기서 아시아·아프리카 "신생국"의 "대의제 정부"와 "정치적 민주주의"라는 주제가 논의되었다. 세미나의 세션들은 "전통과 변화—진보의 문제들"이라는 주제에 집중했고, 서구 학자들에게 광범위한 나라에서 온 교수들과 생각을 교환할 기회를 주었다. 아프리카·아시아의 정치인, 지식인, 법률가, 기자들과의 회의에서는 정치 변화가 어떻게 진행되어야 하는지에 대한 밀도 있는 토론이 이루어졌고, 다양하고 상반되는 견해가 제기되었다. 그러나 그러한 만남은 더 거시적이고 통합적인 도식에 대해 미국인 교수들이 갖는 자신감을 거의 흔들지 못했다. 그들은 실제로는 사회 변화를 관리하는 지구적 이론을 점점 더 추구하기 시작했다. 미국의 정치학자들은 국가 건설, 국가 제도, 리더십, 극단주의의 위험에 관심을 두었고, 아몬드와 그 동료들이 지지한 통합적 방향으로 계속 나아갔다.[56]

몇 년 지나지 않아 "정치적 근대화"는 비교정치학위원회의 작업을 지배하고, 정치학 분야의 기본적인 연구 문제를 전반적으로 규정하게 되었다. 루시안 파이는 열정적으로 "비교정치학에 대한 더욱 역동적인 접근"을 추구했고, 기존에 그 역시 일조했던 구조기능주의가 해답이라는 조심스러운 공식을 넘어서게 되었다. 1959년 6월 뉴욕주 돕스 페리에서 열린 사회과학연구위원회 회의에서 그는 이론적 돌파구의 도래를 알리며 그것이 "위원회를 새로운 지성사적 단계에 다다르게 할 것"이라고 주장했다. 그는 다음과 같이 설명했다. "우리는 구조나

---

56 Irene L. Gendzier, *Managing Political Change: Social Scientists and the Third World*, Boulder, Colo.: Westview Press, 1985, pp.87~96.

제도의 비교 분석을 거부하고, 전체적인 과정을 비교할 방법을 찾기 시작했다. 이는 우리를 과정 속의 '행위자', 즉 정치집단에 대한 분석으로 이끌었다. 그러나 비교를 위한 질서와 기반을 얻기 위해서는 모든 정치과정이 어떤 보편적 기능을 가졌다고 상정하는 것이 필요하며, 그 기능 중 어떤 것들은 모든 구조에 의해 수행되어야 했다." 일단 연구자들이 모든 사회에 통용되는 공통의 정치적 기능이라는 개념을 받아들이자, 이들은 새로운 관점에서 그에 상응하는 정치 구조를 이해하게 되었다. 각각의 구조들이 수행하는 공통 역할을 기반으로 이를 비교함으로써 상이한 민족과 사회의 종합적인 정치발전은 더 거시적이고, 통합적인 개념 도식의 일부가 될 수 있었다. 전통에서 근대에 이르는 다양한 범위의 구조들은 단선적 시간 순서로 배열되었고, 그럼으로써 여러 사회가 발전 도상에서 어느 정도 진전했는지 기록할 수 있었다. 비교정치학위원회는 그 방법이 "새롭게 등장한 국가들의 이행기 체제를 연구하는 데 특히 유용하고" 또한 선진 산업 국가의 정치체제와 전통적 사회 및 원시적 사회의 정치체제를 비교하는 데에도 유용할 것이라 확신했다. 그럼으로써 위원회는 계속해서 야심 찬 연구 프로그램을 기획했다.[57]

그 결과 새로운 이론을 설명하고 이를 다양한 지역에 적용하려는 연구들이 갑자기 쏟아지기 시작했다. 비교정치학위원회 회원들은 세미나를 지속하기 위해 연구 보조금을 제공하고 포드 재단의 재정 지원을 활용했으며, 세미나에서 발표된 논문을 선별하여 "정치발전 연

---

57 Lucian W. Pye, "Political Modernization and Research on the Process of Political Socialization", *Social Science Research Council Items*, vol.13, September 1959, p.26.

구"Studies in Political Development라는 여러 권의 시리즈를 출판하기로 프린스턴대학교 출판부와 합의했다. 그 작업은 서장과 종장을 이론적 개관에 할애했고, [정치학 분야의] 연구 과정을 조직하고 근대화 모델을 규정했으며, 그럼으로써 근대화를 정치학 의제의 최첨단 위치에 견고하게 자리매김하도록 했다. 가브리엘 아몬드는 시리즈 첫 번째 책의 첫 번째 논문에서 "이 책은 '개발도상' 지역의 정치체제를 비교하고 공통 범주의 집합으로 그것들을 체계적으로 비교한 최초의 결실이다"라고 과감하게 선언했다. 그는 이어서 "새로운 개념의 통일은 즉흥적인 문제로" 오인되어서는 안 된다고 말했다. 그것은 다름 아닌 분석적 혁명, 즉 "정치학이 과학으로서 갖는 본성에서 중대한 발걸음을 내디뎠다는 점을" 보여 준다.[58] 학자들은 보편적인 비교의 용어로 정치적 근대화 과정을 그려 나감으로써 이론을 정제하고 근대화의 틀 안에서 현장 연구를 지도하고자 했다.[59]

또한 정치학자들은 이 새로운 모델을 구체적인 국가들에 대한 연구에 적용하고자 했다. 특히 루시안 파이의 『정치학, 인성, 그리고 국가 건설』Politics, Personality, and National Building(1962)은 근대화론이 정치 분석에 얼마나 큰 영향을 미쳤는가를 보여 주는 두드러진 사례다. 파이는 버마의 "정치적 근대성" 추구에 관심을 갖고, 어떻게 "이행기 사회

---

58 Gabriel Almond and James S. Coleman eds., *The Politics of Developing Areas*, Princeton: Princeton University Press, 1960. pp.3~4.

59 그 사례로는 다음을 참조. Karl Deutsch, "Social Mobilization and Political Development", *American Political Science Review*, vol.55, September 1961; J. J. Spengler, "Economic Development: Political Preconditions and Political Consequences", *Journal of Politics*, vol.22, August 1960, pp.387~416; Robert Ward ed., *Politics Abroad: Field Research in the Developing Areas*, Boston: Little, Brown, 1964.

에서 민주주의 제도를 수립하려는 사람들이 그들의 책무를 다하며" 어떻게 "그들의 경험이 그러한 제도를 수립하는 능력에 영향을 미치는가"를 배우기 위해 현지에서 인터뷰를 진행했다. 그러나 파이는 개인의 심리에 대한 초기 단계의 관찰조차 더 큰 지구적 경향에 대한 분석과 함께 이루어져야 한다고 확신했다. 그는 다음과 같이 서술했다. "그들의 이야기에는 외세의 지배 이후 독립하고자 하는 것 이상의 의미가 있다. 식민주의와 민족주의는 더 심오한 역사 과정——전체 사회 및 개인의 인성 모두가 새로운 형태를 택해야 하는 변화, 문화적 적응, 변형의 과정——의 부분일 뿐이기 때문이다." 대니얼 러너가 그랬듯이, 파이 또한 구체적 문화 과정에 대한 그의 연구를 보편적 유형이라는 맥락에 위치시켰다. 그는 지역적이고 전통적인 태도가 지속된다는 인상을 받았고 그로 인해 전통적인 세계관의 변화 능력에 대해 덜 낙관적 태도를 갖긴 했지만, 다른 MIT 동료들처럼 일련의 폭넓은 결론을 향해 도약했다. 그는 사회화, 가족 구조, 직업적 역할, 그리고 정치적 열망을 경제성장과 연결하며 버마의 사례는 비정상적이지 않았다고 주장했다. "반응의 정도와 형태는 문화 변용이 일어나는 상황과 전통문화의 속성에 따라 차이가 있을 수 있다. 그러나 그러한 차이들은 인간성에 내재된 보편적 성격이 부과하는 범위 안에서만 발생한다."[60] 사회학 분야에서 그러했던 것처럼, 근대화론은 통합된 체계의 맥락에서 사회를 이해할 방법을 정치학에 제공할 것이라고 약속했다. 그것은 역동적 관점을 고려하면서도 모든 사회에 공통적인 전면적 과정의 윤곽을 보여 줄 것

---

60 Lucian W. Pye, *Politics, Personality, and Nation Building: Burma's Search for Identity*, New Haven: Yale University Press, 1962, pp.xiii~xiv, p.286.

이다.

근대화를 "거대 이론"으로 탐구한 마지막 분야인 개발경제학 Development economics은 위의 사례들과는 조금 다르다. 사회학자들과 정치학자들이 더 거시적이고 통합적인 변화 모델을 탐색한 반면, 대다수 경제학자들은 자신들이 이미 그러한 모델을 가지고 있다고 생각했다. 앨버트 O. 허시먼Albert O. Hirschman이 지적한 바와 같이, 그들은 경제학이 "보편타당한, 간단하지만 '강력한' 여러 정리定理"에 의지한다고 확신했다. 즉, "오직 하나의 경제학만이 있을 뿐(오직 하나의 물리학만이 있는 것처럼)"이라는 것이다.[61] 그러므로 개발경제학자들은 "신생" 국가들의 문제가 [지금까지의 문제와] 완전히 다르고, 그들의 이론적 해결책이 새로운 일련의 접근법을 요구한다는 점을 입증해야 했다. 게다가 이에 대한 다양한 입장은 빈곤국들이 "선진" 산업국의 사례를 따랐을 때 물질적인 성취를 실제로 얼마나 달성할 수 있는가에 관한 장기간의 논의도 병행했다. 예를 들어 W. 아서 루이스W. Arthur Lewis 같은 이론가들은 경제성장과 발전이 서구의 경로를 따라 진행될 수 있다는 점에 매우 회의적이었고, 제한 없는 국제무역이 빈곤에 처한 사회에 충격을 주었다는 진지한 질문을 제기했다.[62] 그러나 후술하겠지만, 낙관적 주장들이 더 많은 대중적 찬사와 정치적 지지를 받았다. 아마도 이러한

---

61 Albert O. Hirschman, "The Rise and Decline of Development Economics", eds. Mark Gersovitz, Carlos F. Diaz-Alejandro, Gustav Ranis, and Mark R. Rosenzweig, *The Theory and Practice of Economic Development: Essays in Honor of Sir W. Arthur Lewis*, London: Allen and Unwin, 1982, p.374.

62 예를 들어 루이스가 획기적인 논문인 "Economic Development with Unlimited Supplies of Labour", *Manchester School*, vol.22, May 1954에서 표현한 "이중경제"(dual economy)에 대한 설명을 참조하라.

학문적 분화로 인해 개발경제학자들은 다른 경제학 부문의 학자들보다 학문적 명성을 많이 얻지 못했다. 그러나 경제학 분야에서도 근대화라는 개념은 분석 범주와 그것을 이해하는 방식을 변형하는 데 중요한 영향력을 미쳤다.

제2차 세계대전이 거의 끝나가자 많은 경제학자는 점차 서구의 산업화 강국들이 아시아, 라틴아메리카, 아프리카에서 시장을 확대하고 생산을 증가시키는 방법에 관심을 기울이기 시작했다. 그들은 발전을 수요와 공급 간 경제적 균형 수준의 전반적 상승이라고 폭넓게 규정했기 때문에, 단순히 적절한 재정 수단을 찾고 그것이 작동하게 두는 것이 우선이라고 생각했다. 많은 경제학자는 거기에 케인스 이론을 약간 수정한 버전이 전적으로 적합하다고 생각했다. 그것은 산업 간 투자의 균형을 맞추고, 종합적인 저축률 수준을 증가시키며, 투자된 자본 대비 산출량 증가에 매진하는 것이었다. 이는 케인스의 단기 고용 이론을 종합적 장기 성장을 위해 실행할 수 있는 접근법으로 번역한 것이었다.[63] 미국의 이론가들은 공황에 대처하고 전시 계획을 조정하며 유럽 재건에 복무한 개인적인 경험으로 인해 애초에 "발전"을 경제 성과의 총량을 증가시키는 문제로 이해했다. 한 학자는 "케인스는 새로운 혁명의 영웅이었다"고 회상했다. "그는 완전고용보다 더 낮은 수준에서——실은 생산 및 고용의 어떤 수준에서도——균형 상태가 존재할 수 있다는 점을 입증했다." 분석의 문제는 이론이 설명할 "핵심 변

---

63 이런 주장은 종종 경제학자 R. F. 해러드(R. F. Harrod) 및 에브시 도마(Evsey Domar)와 관련되었다. Gerald M. Meier, "The Formative Period", eds. Gerald M. Meier and Dudley Seers, *Pioneers in Development*, New York: Oxford University Press, 1984, pp.15~16 참조.

수"인 국민총생산과 원하는 성장 수준을 산출하기 위한 적절한 투자 및 저축 비율을 결정하는 문제로 축소되었다.[64]

　그러나 1950년대 초까지 예상했던 것과 같은 진전이 이루어지지 못했고 많은 경제학자는 "신생" 경제의 문제가 산업화한 서구가 이미 직면하고 있는 현재의 문제와 매우 다르기 때문에 같은 치료법이 통하지 않는다고 판단하게 되었다. 아르헨티나 경제학자 라울 프레비시 Raúl Prebisch와 칠레 산티아고에 근거지를 둔 유엔 라틴아메리카 경제위원회United Nations Economic Commission for Latin America의 주장에서 생겨나기 시작한 "구조주의" 이론은 순수 케인스식 해법을 옹호한 사람들에게 직접 도전했다. 케인스주의자들이 만성적인 인플레이션과 같은 문제의 이유가 불균형한 균형 상태라고 지적했다면, 구조주의자들은 발전의 진짜 장애물은 생산과 소비에서의 특별한 장벽에 있기 때문에 빈곤한 농업 국가가 겪는 어려움은 산업화한 서구가 겪었던 어려움과 구별된다고 주장했다. 한 경제학자가 설명했듯이, 구조주의자들은 빈곤한 농업 국가들은 경직되어 있다고 보았다. "변화는 장애물, 병목현상, 제약에 의해 억제된다. 사람들은 이동이나 적응이 어렵다고 느끼며, 자원은 [움직이지 못하고] 갇혀 있다."[65] 사회기반시설과 통신수단 부족으로 상품은 빠르게 이동하기 어려웠고, 인구 증가는 종종 자본 투자를 넘어섰으며, "전통적인" 사회체계에서 사는 농민들은 항상 "합리적"이거나 "이윤 극대화"를 추구하는 경제적 행위자로 행동하지 않았다. 결과

64　Escobar, *Encountering Development*, pp.69~70.
65　Ian M. D. Little, *Economic Development: Theory, Policy, and International Relations*, New York: Basic Books, 1982, p.20.

적으로 가격 메커니즘은 원활히 기능하지 않았고, 시장은 자기 조정적 구조를 제공하지 못했다.

구조주의가 1950년대 경제 발전에 관한 분석을 만들어 내면서 다른 시각들도 광범위하게 도출되기 시작했다. 일부 집단에서 구조주의는 10여 년 후 재형성되어 결국 종속이론의 핵심을 만들었다. 프레비시 같은 학자에게 제조업 영역에서 경쟁하기 위한 필수적인 사회기반시설, 통신, 재정 자원, 자본의 부족은 분명한 원인이 있는 결과였다. 그는 19세기 말 이후 농업 국가의 무역 조건이 지속적으로 악화되었다고 주장했다. 수출 곡물의 가격이 완제품 가격의 증가 속도에 따라가지 못하자, 많은 라틴아메리카의 민족주의자는 경제적 자유주의, 규제받지 않는 투자, 자본 탈출이 지속적 경제·제도적 성장을 위해 필요한 저축을 방해하고 있다고 주장했다. 이러한 개념적 틀 속에서 라틴아메리카에 발전이 결여된 원인은 강력한 경제 중심부와 착취당하는 주변부 사이의 상호작용에 있었다. 세계 자본주의 경제의 중심부가 영국에서 미국으로 이동하면서 라틴아메리카의 위기는 가속화될 뿐이었다.[66]

그러나 구조주의적 사고방식은 명백한 경제적 "정체"를 무역 관계에 대한 비판적 분석 대신 사회적 가치와 정치적 리더십의 결여가 밀접히 연관되었기 때문이라고 설명하는 이론적 견해에도 기여했다. 많은 개발경제학자는 사회학자 및 정치학자와 마찬가지로 변화를 상호의존적인 기능 부문으로 구성된 전체 체계라는 관점에서 설명하기 시작했다. 영국 출신으로 MIT 교수였던 폴 로즌스타인 로단Paul N.

---

66 이에 대한 개관은 Joseph L. Love, "Raúl Prebisch and the Origins of the Doctrine of Unequal Exchange", *Latin American Research Review*, vol.15, no.3, 1980 참조.

Rosenstein-Rodan의 생각은 이러한 시각을 반영했다. 그는 발전에 성공하려면 그것을 포괄적이고 과단성 있게 추진해야 한다고 주장했다. 국가는 시장 기능을 확대하기 위한 소비재 생산 촉진에 더 큰 역할을 해야하고, 수송망 건설, 공공재 시설 설립, 새로운 기술 장려에 더 집중적으로 노력을 기울여야 한다. 구조적이고 심리적인 장애물들은 완강히 지속되기 때문에 막대한 해외 투자, 교육, 포괄적 사회공학을 수반한 "빅 푸시"big push [67]로 이를 한 번에 공격해야 한다는 것이었다.[68] 이 분야에서 가장 영향력 있는 인물이었던 스웨덴의 노벨상 수상자 군나르 뮈르달Gunnar Myrdal 또한 이러한 유형의 종합적인 중점 계획을 지지했다. 더욱이 그의 주장은 사회학자, 정치학자와 마찬가지로 많은 개발경제학자가 경제적 변화를 보다 거시적이고 사회적으로 통합된 문제로 간주하게 되었다는 점을 잘 보여 준다. "축적적인 팽창 과정 전체는 다음과 같은 현실적이고 구체적인 투자 계획을 고려하여 설계되어야 한다. 다양한 분야에서 생산량, 소비, 노동자 고용과 천연자원에 미치는 영향, 다양한 분야에서 다년간 건강 교육과 노동 생산성 등에서 유도되는 변화 등이 바로 그것이다. 또한 체계 내 모든 요인 간의 순환적·인과적 상호관계에 가장 주요하게 관심을 기울여야 한다."[69] 많은 개발경제학

---

67 빈곤의 악순환에서 벗어나거나 경쟁력을 키우기 위한 대규모 투입 및 원조. 본문에 설명되듯이 로즌스타인 로단은 빈곤의 악순환에서 벗어날 방법으로 이 전략을 처음으로 고안했다.—옮긴이

68 P. N. Rosenstein-Rodan, "International Aid for Underdeveloped Countries", *Review of Economics and Statistics*, vol.43, May 1961; Rosenstein-Rodan, "Natura Facit Saltum: Analysis of the Disequilibrium Growth Process", eds. Gerald M. Meier and Dudley Seers, *Pioneers in Development*, New York: Oxford University Press, 1984; Little, *Economic Development*, pp.38~39.

69 Gunnar Myrdal, *Development and Underdevelopment*, Cairo: National Bank of Egypt,

자는 다른 분야에 동조하며 사회 변화를 더 거시적이고 전체론적인 과정의 일부로 고려하게 되었고, 복합적 문제가 단지 "성장"의 한 문제가 아니라는 점에 동의하게 되었다. 그것은 "근대화"의 한 문제였다.

MIT 경제학 교수 월트 로스토보다 그런 생각을 더욱 전면적으로 또는 대중적으로 전달한 사람은 없었다. 원래 케임브리지대학의 강의록으로 작성된 『경제성장의 제 단계: 비공산주의 선언』*The Stages of Economic Growth: A Non-Communist Manifesto*은 경제 발전에 대한 기존 정의에 기반을 두면서도 그것을 변형시켰다. 로스토는 어떻게 거시 경제 이론이 1인당 소득 증가를 위해 투자의 방향을 설정할 것인가라는 문제를 계속 논의했으나, "전체 사회의 작동 과정에서 경제적 힘을 사회적 및 정치적 힘과 연관시키는 더 광범위한 문제"에 대답해야 한다고도 제안했다. 그는 역사적 기록을 통해 "전통"사회로부터 최종적으로 "고도 대중 소비 시대"에 이르는 연속적인 선 위에 [여러] 국가들의 특정한 위치를 기록했고, 그럼으로써 어떻게 서구의 특정 부문이 세계 다른 지역은 하지 못한 진보를 하게 되었는가를 설명하고자 했다.[70]

로스토는 그 해답의 일부를 이행 과정 자체에서 발견할 수 있다고 주장했다. 그는 루이스 하츠Louis Hartz의 『미국의 자유주의 전통』*The Liberal Tradition in America*을 인용하면서, 어떤 의미에서 미국은 "자유롭게 태어나" 국가가 건설된 시점부터 "이미 이행 과정을 많이 진척시킨 소수의 국가 중 하나"라고 주장했다. 주로 영국 출신의 여러 나라 이민자들로 형성된 미국인들은 "근대적" 사회조직과 생활수준을 향한 "자연

1956, p.68; Little, *Economic Development*, p.58에서 인용.

70 Rostow, *The Stages of Economic Growth*, p.ix.

적"이고 급속한 상승을 가능하게 하는 개인주의, 민주주의 그리고 경제적 기회에 대한 일련의 사고를 소유했다. 비록 조금 더 불운한 사회들은 더 어려운 시간을 보낼 수도 있지만, 희망은 여전히 존재한다. 특정한 "전제 조건"을 충족할 수 있다면, 그들 또한 자신들을 "전통적" 습속과 미신이라는 수렁에 빠뜨렸던 "뉴턴 이전의 과학"과 "장구한 운명론"을 극복할 수 있을 것이다. 이는 저축과 투자의 증가뿐만 아니라 중대한 태도 변화를 요구한다. 만약 그러한 목표가 달성된다면, 전체 사회는 지속적 성장에 대한 과거의 장애와 저항을 마침내 극복하고 급속한 "도약"을 경험할 수 있을 것이다. 국민국가가 만들어지고 사회기반시설이 건설되며, 농업 생산성이 증가하고 은행과 투자 제도가 설립된다면, 그리고 새로운 엘리트가 경제성장을 바람직한 것으로 간주한다면, 전체 체제는 변형될 수 있다. 근대화하는 사회는 "제한적인 출발 신호, 그리고 제한적인 소수민족"으로부터 출발해서 갑자기 속도를 올려 자립적인 경제성장이라는 역사적 분수령을 통과할 것이고, 마침내 선진국들이 오래전에 달성한 수준에 도달하게 될 것이다.[71]

　『경제성장의 제 단계』는 엄청나게 복잡한 과정을 갑작스레 단순한 과정으로 만들었다. 모든 국가는 그 역사적, 문화적 또는 지리적 특수성과 관계없이 동일한 기본적 단계를 지난다. 어떤 민족은 다른 민족들보다 빠르게 진보할 것이고 그 과정은 종종 불안정하다. 그러나 변화의 기본 방향과 그것을 가속할 수단은 명확했다. 『뉴욕타임스』에 따르면, 로스토의 분석은 "역사의 재료인 어두운 사건 덩어리를 비추는 한 줄기 빛"이었다.[72] 로스토가 쓴 "비공산주의 선언"은 단계론 사

71　*Ibid.*, pp.4~7, 17~27.

용, 광범위하고 보편적 주장이라는 측면에서 마르크스의 변증법과 유사했지만, 그것의 이견 없는 단선적 진보관은 마르스크주의에 대한 결정적 대응으로 유명해졌다. 계급 갈등이 아니라 자유주의 문화와 복합적 이해관계가 역사의 진정한 엔진이었다. 로스토는 근대화가 사회혁명이 아니라 계획된 자본주의와 대외 원조를 통해 가장 잘 촉발될 것이라고 주장했다.

"거대 이론"으로서 근대화는 복잡하고 변화하는 지식계 풍경을 비추는 한 줄기 빛 같았다. 종합적인 변화의 모델은 사회적·정치적·경제적 요인들을 통합했다. 근대화는 구체적 구조를 필수적인 기능과 연관시켰기 때문에, 사회과학자들에게 시공간의 경계를 가로질러 상이한 사회들을 비교할 수 있는 능력을 주겠다고 약속했다. 근대화는 또한 보편적인 과정으로서, 특정한 문화들의 복잡한 변수를 그것들을 통합할 수 있다고 생각된 공통 요소보다 부차적인 것으로 보이게 했다. 1945년 이후 탈식민 세계는 근본적으로 변형되었지만, 새로운 이론적 도구들을 갖춘 미국의 사회과학자들은 그들이 변화의 지구적 유형을 규정하고 그 원천을 설명하며, 세계의 미래를 형성할 수 있는 권력을 가졌다고 믿었다.

---

72 Harry Schwartz, "Review of The Stages of Growth", *New York Times Book Review*, May 6, 1960, p.6. 후일의 딜 찬미하는 반응에 관해서는 Alexander Gershenkron, *Economic Backwardness in Historical Perspective*, Cambridge: Harvard University Press, 1966, pp.355~361 참조.

과학주의와 국가

근대화가 지식 모델로 점점 더 인기를 얻게 되면서, 그 저자들 역시 과학이 미국 사회를 위해 무엇인가 이바지하리라는 높은 기대가 낳은 강력한 흐름을 타게 되었다. 근대화론자들은 케네디의 기획자들에게 구체적인 정책 제안을 했고, 동시에 전문 학자와 정부 후원 간의 강력한 네트워크에 들어가게 되었다. 1925년 허버트 후버Herbert Hoover는 전미연구평의회National Research Council(NRC)를 대표한 연설에서 미국의 과학자들이 매년 주로 민간 재단이 제공하는 겨우 1000만 달러에 의존하고 있다고 한탄했다. 전미연구평의회는 우드로 윌슨 대통령 재임 시절 정부의 공식적인 과학 자문 기관이 되었다. 제1차 세계대전 중 이 위원회는 과학 전문가들을 군 기관과 기업 실험실에 파견하여 무선 신호 기술, 해저 탐사, 대포 사정거리, 화학무기 등의 분야에서 큰 성과를 거두었다. 그러나 10년이 채 지나기도 전에 정부의 과학 예산은 극적으로 삭감되었다. 후버는 보다 큰 국가적 기여가 필요하다고 호소하며 "많은 인력, 훌륭한 장비, 장기간의 끈기 있는 과학 실험으로 지식 구조를 확립하는 것이"이 "발명과 산업"의 핵심적인 근원이라는 점을 상기시켰다.[73]

후버의 개인적 호소는 즉각적인 영향을 미치지는 않았다. 그러나 제2차 세계대전이 발생하자, 미국 정부는 그의 원초적 상상을 훨씬

---

73 Herbert Hoover, *The Vital Need for Greater Financial Support of Pure Science Research*, New York: National Research Council, 1925, p.2; Stuart W. Leslie, *The Cold War and American Science: The Military-Industrial Academic Complex at MIT and Stanford*, New York: Columbia University Press, 1993, p.4.

뛰어넘는 발걸음을 내디뎠다. 전쟁 수행, 학문적 인재, 방대한 연방 기금 사이에 구축된 관계는 과학과 국가의 관계를 되돌릴 수 없을 정도로 변화시켰다. 스튜어트 레슬리Stuart Leslie가 주장했듯이, 제2차 세계대전의 동원 규모와 대학에 대한 막대한 투자 관행은 정부 지원하의 과학을 완전히 새로운 차원에 올려놓았다. MIT 한 곳에만 1억 1700만 달러의 전쟁 계약이 대거 쏟아졌다. 캘리포니아공과대학은 8000만 달러를 받았고, 하버드와 컬럼비아대학도 각각 3000만 달러를 지원받았다. 전 MIT 부총장이자 카네기 연구소 소장인 버니바 부시Vannevar Bush는 그러한 자금을 지원받기 위한 로비에 진력했다. 부시는 미국이 전쟁의 과학적 도전에 대한 준비가 되어 있지 않다고 확신했고, 프랭클린 루스벨트를 강하게 설득하여 과학연구개발국Office of Scientific Research and Development(OSRD)을 설립했다. 부시는 과학연구개발국의 수장으로서 1945년까지 무기의 연구 개발을 위해 4억 5000만 달러를 사용하는 데 주도적 역할을 했다. 게다가 미 과학에서 그러한 투자에 대한 구체적인 보상은 빠르게, 그리고 인상적으로 나타났다. 레이더, 고체 연료 로켓, 원자폭탄은 "경이로운 전쟁 무기"들이었다.[74]

특히 맨해튼 프로젝트The Manhattan Project와 MIT 방사선 연구소는 물리학에 연방 기금을 지원한 중요한 선례가 되었다. 뉴멕시코주 로스앨러모스 사막에서의 핵실험 성공, 그리고 매사추세츠주 케임브리지의 연구실들은 정부를 자극하여 평시에도 지속할 수 있는 협력적이고 제도적인 틀을 지원하게 했다. 전시의 성과가 준 교훈은 명확했고, 지식 생산의 새로운 유형은 "거대하고 다학제적인 연구팀, 복합적 문제에

---

74 Leslie, *Cold War And American Science*, pp.6~7.

대한 협력적 대응, 점점 더 정교하고 복잡해지는 수단——즉, 거대 과학"과 함께 등장했다.[75] 더욱이 제1차 세계대전 때와 달리 지원된 자금은 줄어들지 않았다. 동유럽에서 스탈린이 개입하고, 중국에서 공산혁명이 일어나며, 소련이 핵폭탄을 개발한 사건들은 모두 비상사태라는 느낌을 영속화했고 연방 정부의 지원을 높은 수준으로 유지했다. 한국전쟁이 시작되었을 때 연간 연구 개발 예산은 대략 13억 달러에 달했다.[76] 제2차 세계대전 이후 미국의 물리학자들과 공학자들은 계속해서 자원이 대거 늘어나고 직업적 명성이 높아지는 상황을 즐기게 되었다. 연구 개발 계약이 미국 대학으로 유입되면서 과학과 공학 학부들은 공공 투자로 인한 이익을 거두었고, 미국이 위협에 맞서는 데 필요한 지식 생산에 나서기 시작했다.

비록 그 노력이 잘 알려지진 않았지만, 전문 사회과학자들 역시 나치 독일과 제국주의 일본에 맞선 전쟁 노력에 참여했다. 역사학자 아서 슐레진저, 사회학자 에드워드 실즈, 알렉스 인켈스Alex Inkeles, 경제학자 에드워드 메이슨Edward S. Mason과 월트 로스토 등은 전략사무국 Office of Strategic Service의 조사분석과를 구성한 "전직 교수단 세미나"에서 국가 방위를 위해 자신들의 분석 수단을 모았다. 세미나 구성원들은 적의 보급 체계 지도를 그리고 군수 기업의 조직도를 만들며, 석유 및 기타 산업 자원의 위치를 확인하라는 명령을 받아 장래의 폭격 목표를 분석하고 단위 비용당 가해질 손실을 연구했다.[77] 그러한 작업은 수학

75 Roger L. Geiger, *Research and Relevant Knowledge: American Research Universities since World War II*, New York: Oxford University Press, 1993, p.30.

76 Leslie, *Cold War And American Science*, p.8.

77 Barry M. Katz, *Foreign Intelligence: Research and Analysis in the Office of Strategic*

적 모델링에 기반한 관리 회계와 경제학을 혼합함으로써 후일 "경영 과학"operations research 분야가 부상하는 데 기여했고, 냉전 무기 설계와 지구적인 군사전략에 중요한 영향을 미쳤다.[78] 다른 사회과학자들, 특히 심리학자들은 폭격이 적의 사기에 미칠 영향을 연구했고, 적과 동맹국의 여론을 분석했으며, 군인들을 위한 표준화된 적성과 정신 건강 테스트를 준비하고, 일본계 미국인 강제수용소에 적용할 공동체 관리 원칙을 개발했다.[79]

그러나 전쟁이 끝날 무렵, 사회과학의 소소한 기여는 물리학 부문과 비교했을 때 흐릿해 보였다. 또한 많은 관료가 사회과학이 미래에 [물리학과] 같은 지원을 받을 가치가 없다고 주장했다. 물리학자들이 전쟁 과정과 이후의 평화를 직접적으로 주조한 레이더와 핵분열 기술을 만들어 낸 것에 비해, 사회과학자들은 그만큼 신뢰받을 만한 일을 하지 못했다. 1946년 국립과학재단National Science Foundation(NSF)을 승인한 최초의 법안은 과학과 사회과학을 구분했고, 사회과학 연구의 본성에 대해 광범위한 의구심을 드러냈다. 법안 지지자인 토머스 하트 Thomas C. Hart는 "사회과학이 진정으로 무엇을 의미하는지에 관해 어떠한 합의에도 도달하지 않았기 때문에" 연방 기금을 제공하는 것은 과분하다고 주장했다. 하트는 사회과학은 "철학, 인류학, 모든 인종 문제, 정치경제학을 포함한 모든 종류의 경제학, 문학, 아마도 종교학, 그리

Services, 1942–1945, Cambridge: Harvard University Press, 1989; Robin W. Winks, Cloak and Gown: Scholars in the Secret War, 1939-1961, New York: Morrow, 1987, pp.70~71, p.87, pp.90~91.

78 Stephen P. Waring, "Cold Calculus: The Cold War and Operations Research", Radical History Review, vol.63, Fall 1995, pp.30~32.

79 Herman, Romance of American Psychology, pp.17~47.

고 다양한 종류의 이데올로기"와 같이 형태가 없거나 심지어 전복적인 주제들을 포함하고 있기 때문에 "매우 추상적인 해당 분야와 지금 입법될 과학재단이 다룰 다른 주제들을 연구하는 구체적 분야 사이에는 어떤 연관성도 없다"고 주장했다.[80] 상원의원들은 물리학의 경험적인 작업이 우주에 대한 인간의 이해에 실제적이고 극적이며 누적적인 진보를 만든다는 점에 동의했다. 그러나 가치와 편견으로 흐려진 세계에 사는 사회과학자들은 규범적인 판단을 도출하는 것 이상을 하지 못할 것이다. 좌우간 정부 기금을 받은 사회조사의 "성공"을 어떻게 평가할 것인가? 새로운 "발견들"을 어떤 기준에 따라 기록할 것인가? 공공투자의 기대 수익을 어떻게 입증할 것인가?[81]

사회과학자들은 그러한 회의론에 대응하기 위해 두 개의 연계된 전략에 의존했다. 첫째로, 사회과학자들은 자신들의 작업이 엄격하고 객관적이며, 자연 세계에 관한 연구 못지않게 "과학적"이라고 주장했다. 그들은 "가치중립적인" 사회과학이 보편적 법칙을 파악하고, 그것을 과학자의 관점과 독립된 지식을 생산하는 데 적용한다고 주장했다. 둘째로, 그들은 사회과학 연구의 유효성과 "구체성"이 진실로 실천적인 기여를 할 것이라고 주장했다. 그들은 엄격함이 결과를 산출할 것이라고 선언했다. 탤컷 파슨스는 사회과학연구위원회를 위해 준비한 글에서 그 두 가지를 거듭해서 언급했다. 그는 객관적인 사회 분석이 세계의 미래를 만들기 위해 필요한 근본 도구를 제공할 수 있다고 주

---

80 Buxton, *Talcott Parsons*, p.117.
81 관련 논쟁에 대해서는 Otto N. Larsen, *Milestones and Millstones: Social Science at the National Science Foundation, 1945-1991*, New Brunswick, N.J.: Transaction Publishers, 1992, pp.8~9 참조.

장했다. "우리는 합리적이고 '공학적인' 통제의 기초로 활용될 인간 사회관계에 관한 지식을 가지고 있는가? 또는 발전시킬 수 있는가? … 우리가 검토한 증거들은 그에 대한 답이 분명히 긍정적임을 시사해 준다. 사회과학은 성업 중이다. 문제는 그것을 창조하는 데에 있지 않고 그것을 이용하고 발전시키는 데에 있다. 사회적 삶에 관한 과학적 연구가 가능한지 아직도 다투고 있는 이들은 시대에 한참 뒤떨어진 자들이다. 그 연구는 바로 여기에 있고, 이러한 사실이 그 다툼을 끝장낼 것이다."[82] 파슨스는 확신에 차서 사회과학자들이 인간의 고통을 생물학적으로 연구하는 내과 의사와 아주 비슷하다고 선언했다. 그들은 다양한 사례에 관한 엄격하고 객관적인 연구를 통해 모든 종류의 [사회적] 병리학을 치료하기 위한 귀중한 지식 창고를 건설할 것이다.[83]

저명한 사회과학자들에게 국립과학재단 논쟁 같은 사건이 갖는 교훈은 명확했다. 연방 연구 기금의 대부분은 물리학으로 흘러 들어갔고, 대학들은 점점 제도적 지원을 보장하는 학부들에 보답해야 했다. 따라서 사회조사 연구자들은 마땅히 "견고한" 과학 모델을 모방해야 했다. 물론 많은 사회과학자는 개인적으로 자신들의 분과에 지식의 구체적인 발전이 필요하다고 생각했기 때문에 "과학적"이라는 수사와 설계에 더욱 매력을 느꼈다. 그러나 이러한 추세를 확실히 강화해 준 것은 제도적인 맥락이었다. 1940년대 말부터 연구 기금 및 전문가적

---

82 Parsons, "Social Science: A Basic National Resource", eds. Samuel Z. Klausner and Victor M. Lidz, *The Nationalization of the Social Sciences*, Philadelphia: University of Pennsylvania Press, 1986, p.107, Herman, *Romance of American Psychology*, p.128에서 인용.

83 Buxton, *Talcott Parsons*, p.128.

지위를 추종하고 냉전이 만든 네트워크에 참여하고자 했던 사회과학자들은 엄격한 객관성에 대한 주장이 공적 연관성을 가져야 한다는 수사에 끌리게 되었다.

더욱이 매카시즘 시기, 이러한 접근은 더욱 이점을 가졌다. 사회과학은 국내 문제에 지나치게 비판적이며 비애국적이라는 집중포화를 받았고, 보수주의자들은 재빨리 그러한 연구들을 전복적인 좌파 "이데올로기"의 위장이라고 맹렬히 비난했다. 국립과학재단에 고용된 사회학자인 해리 알퍼트Harry Alpert는 이러한 공격으로부터 자신들을 보호하기 위해 동료들에게 "사회개혁 운동이나 복지 활동에 연루되는 것을 피하고, 특히 사회주의와 비슷한 어떠한 말도 하지 말라"고 충고했다.[84] [사회과학이] 엄격한 객관성을 가진다고 주장하면, 사회 전복적 내용을 포함한다는 어떠한 비난도 피할 수 있고, 지식이 진보한다는 감각도 증진시킬 수 있었다. 사회과학자들은 자신들이 냉전 투쟁의 오른쪽에서 있고, 미국의 승리에 도움이 될 수 있다는 점을 명확히 밝혀야 했다.

근대화론자들은 안보 국가, 자선 재단, 연방 기금, 사회과학 연구 간에 형성된 동맹으로부터 직접적인 혜택을 받았다. 그들은 파슨스가 주장한 "합리적이고 '공학적인' 통제"를 할 수 있다고 확신했고, 그의 지도를 따라 자신들의 작업이 진정으로 "과학적"이며 정책 결정자들이 활용할 수 있는 전문 지식을 만드는 것이라고 주장했다. 또한 그들은 사회 이론이 객관적 분석을 통해 추측의 영역에서 벗어났다고 주장

---

84 Daniel Lee Kleinman and Mark Solovey, "Hot Science/Cold War: The National Science Foundation after World War II", *Radical History Review*, vol.63, Fall 1995, p.121. 또한 Solovey, "The Politics of Intellectual Identity and American Social Science, 1945 - 1970", Ph.D. diss., University of Wisconsin, Madison, 1996, pp.40~49 참조.

했다. 그것은 취약하고 쉽게 외부의 영향을 받는 "개발도상" 세계에 자유주의적이고 자본주의적인 민주주의만이 정치적 자유와 높은 생활 수준에 이를 수 있는 진정하고 유일한 길이라는 확신을 줄 수 있었다. 근대화론자들은 데이비드 홀린저David Hollinger가 일컬은 "자본 집약적 연구 시스템"[85]에 적극적으로 편입해 들어갔다. 그 시스템은 대중의 정치적 압력을 받으며 군사적 측면에 우선순위를 가진 정부의 지원을 받았다. 그럼으로써 근대화론자들은 엄밀한 연구와 정책 간의 관계를 만들었다. 이 지식인 집단은 "자유세계"를 수호하기 위해서는 과학적인 사업이 필요하다고 생각했다. 이들은 정치적으로 민감한 문제에 대해서는 모호하게 말하면서 "이데올로기"를 자신들의 방법론이 가진 힘 아래로 사라지게 하려고 노력했다. 근대화론자들은 과학적 완전성과 지적 무기 생산을 조화시키려고 애쓰면서, 자신들과 국가의 관계가 자신들이 생산하는 "진실"에 어떠한 영향도 미치지 않는다고 주장하였으며, 많은 경우 실제로 그렇다고 믿었다. 그들은 근대성과 근대화는 정치적 구성물이 아니라고 국내외 청중에게 주장했다. 그것들은 사회과학 연구로 드러난 객관적인 현상이었고, 사실이었다.

근대화론자들은 "신생" 국가의 발전 모델로서 근대화가 지닌 가치를 확신했다. 또한 근대화가 객관적으로 유도되고 과학적으로 증명된 현상이라고 규정함으로써 정책 결정자들이 진보를 위한 대안적 경로를 둘러싸고 마르크스주의적 분석과 싸울 수 있게 도와주었다. 이론

---

85 David A. Hollinger, "Free Enterprise and Free Inquiry: The Emergence of Laissez Faire Communitarianism in the Ideology of Science in the United States", *New Literary History*, vol.21, Autumn 1990, p.900.

가들은 자신들의 책이나 논문에서 수량화 기법, 다양한 지표, 표준화 된 실습과 방법을 활용하여 객관적 주장을 했다.[86] 로스토의 5단계론은 "개발도상국"을 분류할 수 있는 범주를 만들었으나, 다른 이론가들은 신생 세계를 더욱 철저히 분석 대상으로 만드는 작업을 수행했다. 『근대화의 동학』*Dynamics of Modernization*이라는 저서에서 C. E. 블랙은 변화무쌍한 사회 이론을 구체적이고 경험적인 것으로 전환시켰다. 그는 근대화의 전체 과정을 5개의 주요한 질적 주제, 4개의 시간적 국면, 그리고 각 시간적 국면 속의 5가지 변수(권력 이양의 시점, 변화의 추동 원인, 영토 및 인구 규모, 식민지 경험의 유무, 변화에 대한 제도적 구조의 적응도)에 기반한 도식을 통해 가장 잘 이해할 수 있다고 설명했다. 결론적으로 블랙은 근대화를 7가지 유형으로 구분하고, 148개의 나라들을 [그러한 유형별로] 분류한 총 5페이지의 표로 나타냈다.[87] 블랙의 접근이 가진 주관성은 그의 표준적 범주와 지표의 무게 속에서 사라져 버렸다. 도시화, 적극적 행동, 사회적 지위 변화에 대한 기대감, 서구적 가치에 대한 심리학적 태도, 조직적 유연성은 추상적이거나 자의적으로 구성된 사회적 용어나 이론적 생각이 아니라 객관적 재현과 분석에 의해 활용되는 자명한 데이터로 보였다.

대니얼 러너 같은 학자들은 블랙이 범주화한 과정을 수량화함으로써 유사한 효과를 생산해 냈다. 러너는 『전통사회의 종말』에서 근대화는 "개발도상" 국가의 시민들 사이에서 "유동적 인성"이 부상해야

---

86 과학사에서의 유사 사례에 관해서는 Theodore M. Porter, *Trust in Numbers: The Pursuit of Objectivity in Science and Public Life*, Princeton: Princeton University Press, 1995 참조.

87 C. E. Black, *The Dynamics of Modernization: A Study in Comparative History*, New York: Harper and Row, 1966, pp.10~26, 67~68, 90~96.

가능하다고 주장했다. 인간적인 상호 의존감과 능동적인 사회적 윤리가 높은 곳에서 근대적이고 자본주의적인 경제생활과 민주주의적 정치제도의 기반이 갖추어진다는 것이었다. 블랙과 마찬가지로 러너도 자신의 결론은 주관적 산물이 아니라고 주장했다. 그는 "도시화, 산업화, 세속화, 민주화, 교육 그리고 매체 참여" 모두가 공통 과정의 일부라는 것을 입증하기 위해 다양한 상관관계 분석을 한 뒤, 이러한 사회학적 요인들을 인간이 가진 공감 능력의 심리적 특질에 연관시키고자 했다. 그 심리적 특질은 "핵심 변수"이며 "근대화 과정에 놓인 사람들의 반응에서 나타나는 통합적 요소"였다. 러너는 미국공보원이 수행한 수백 명의 인터뷰에 연구의 기초를 두었지만, 학문적으로 완벽히 독립적으로 보이려고 무던히 애를 썼다. 그는 "잠재 구조 분석"Latent Structure Analysis을 활용하면서 근대화에 대한 개인적인 공감의 요소와 근대화의 사회·제도적 징후 사이에 상관관계가 있음을 입증하려고 하였다. 그는 도시화, 문해력, 직업 지위, 대중매체 노출, 그리고 마지막으로 공감 능력을 기준으로 개인들에게 긍정적 또는 부정적 가치를 배치하였고 이러한 배치에 기반한 도식을 통해 5가지 변수를 가진 32가지의 조합을 만들어 냈다.

조사된 개인들이 특정 반응 유형에 몰린 비율이 너무 높았기 때문에, 러너는 심리학적 변수와 사회학적 변수 관계에 관한 가정을 수정하기로 했다. 그는 자신의 이분법적인 구분이 다소 자의적이라는 점을 인정했지만, 5개의 열과 32개의 행으로 16개의 "근대", 5개의 "이행기", 11개의 "전통"에 대한 "문항 유형"을 제시하였고, 그 행렬을 통해 이행기에 관한 하위 항목을 "높음" "중간" "낮음"으로 식별했다. 러너는 이러한 "든든한 경험적" 결과를 가지고 사회조사를 새로운 수준에 올려

놓았다고 주장했다. 그의 모델에서 근대화를 측정하고 "공감 능력"이라는 실체 없는 특질을 수량화한다는 것의 주관적 성격은 표준화된 통계적 상관관계 사이에서 사라진 것처럼 보였다.[88] 마르크스주의 이론가들의 가정과 반대로, 근대성은 인간관계의 특성을 거의 침해하지 않았다. 단언컨대 "근대" 시민들은 궁핍하고 고립되고 소외된 개인이 아니라 공감 능력을 갖추고, 동료 시민들의 필요에 맞추며, 민주주의적 생활을 누릴 준비가 되어 있었다.

블랙과 러너의 연구만큼이나 놀라운, 근대화의 경험적 유효성을 입증하려는 가장 정교한 시도는 알렉스 인켈스와 데이비드 스미스David H. Smith의 『근대의 형성: 6개 개발도상국에서 개인의 변화』Becoming Modern: Individual Change in Six Developing Countries에서 이루어졌다. 이 두 사람은 사회심리학이 근대화로의 이행 경로를 밝혀 줄 것이라고 추론했다. 인켈스와 스미스, 그리고 둘의 연구 보조원들은 아르헨티나, 칠레, 인도, 이스라엘, 나이지리아, 동파키스탄(후일의 방글라데시)의 18~32세 연령대의 사람 약 6000여 명에게 질문을 했다. 저자들은 근대를 "공장과 같은 대규모 생산 기업에 종사하고 싶어 하는 사람들에게 내재된 개인적 특질"로 분류했고, "새로운 경험에 대한 개방성" "사회 변화에 대한 준비" "의견의 성숙", 시간의 효율적인 활용, 타인을 신뢰하려는 의욕, 개인적 포부, 타인의 존엄성에 대한 존중과 같은 자질의 증거를 찾으려고 인터뷰 결과를 샅샅이 뒤졌다. 그런 다음 여기서 추출한 특질들을 친족 구조, 여성의 권리에 대한 태도, 종교, 일에 대한 헌신, 사회계층 등을 포함한 일련의 이슈에 대한 관찰과 결합하였다. 이러한

---

88 Lerner, *Passing of Traditional Society*, pp.438~446.

두 가지의 선별은 결과적으로 세 번째의 행동 측정 집합에 추가되었는데 이는 투표, 종교 활동, 신문 구독, 라디오 청취, 정치적 사안에 대한 토론 등으로 측정되었다.[89]

이들은 표준화된 다중회귀, 상관관계, 분산 검증variance testing이라는 표준화된 도구 이외에도 컴퓨터 분석의 이점을 활용했다. 컴퓨터가 윙 돌아간 뒤 데이터 테이프와 수천 장의 IBM 카드가 분류되면 "종합 근대성 등급"Overall Modernity Scale이 도출되는데, 이는 "전통 마을"에 사는 경작자와 도시로 이주한 뒤 3년 이상 산업 활동을 한 사람들의 비교에 이용된 혼합 지수였다. 저자들은 근대성을 24가지의 주요 주제로 배치하고 각 개인들에게 0에서 100까지 점수를 매기면서, 개인들이 학교와 공장 같은 "근대적" 제도에 노출되어야만 하는 정도와 그들이 제시한 등급의 상관관계를 보여 주었다. 이들은 세로축에는 종합 근대성 등급 점수를, 가로축에는 "근대 생활"과의 접촉 정도를 놓은 다음, 그들이 조사한 개인들의 위치를 표시하였고, 그 결과 각 나라의 그래프가 기본적으로 동일하다는 점을 발견했다. 그들은 근대화가 실로 지구의 모든 지역에서 동일한 방식으로 사람들의 삶을 변화시키는 보편적이고 일반적인 신드롬이라고 주장했다. 각각의 사례 모두에서 새로운 근대 시민들은 "정보를 잘 아는 참여자"가 되었고, "독립적이면서 자율적이고" "개방적이면서 유연한 인식"을 가졌다. 저자들은 그들의 이론을 통해 근대화에 이바지한다고 간주한 공장 노동과 학교 교육에

---

89 Alex Inkeles and David H. Smith, *Becoming Modern: Individual Change in Six Developing Countries*, Cambridge: Harvard University Press, 1974, p.5, pp.6~8, 18~35. 인켈스는 비록 1974년까지 공간하지 않았으나, 1960년대 중반에 하버드 국제문제센터(Center for International Affairs)에서 이 방대한 연구를 설계하고 착수했다.

"완전히 노출된" 사람들 중 76퍼센트를 확실히 "근대적"으로 기록할 수 있다는 점을 발견했다. 인켈스와 스미스는 "우리의 기본 설명 변수 집합과 개인의 근대화 점수 간의 다중상관은 0.79에 이를 정도로 높다"고 자랑스럽게 말했다. 연구자들 자신이 "근대적인" 제도라고 분류한 곳에서 활동하는 사람들에게 "근대적인" 특질이 있음을 확인했다는 연구의 순환 논리는 사라진 듯했다. 인켈스와 스미스는 경험적 분석을 통해 "우리 사회과학 전문가들이 자주 느꼈던 절망감"을 극복했다고 말했다. 그러한 절망감은 "사회과학은 기초과학에 못 미치며 [사회현상에 대한] 진단에 국한된 임상적 분과에 가깝다는 의구심 때문에 우리의 발언이 자주 봉쇄"당했던 경험에서 비롯되었다. 그들은 객관적이고 과학적인 방법을 통해 자유주의적·자본주의적 근대화가 단순한 분류상의 범주도 아니며 파괴적이고 해로운 힘도 아니라는 점을 증명했다고 주장했다. 대신, 근대화는 개인과 사회에 명백히 이로운 영향을 미치는 보편적 과정이었다.[90]

연방 정부뿐만 아니라 민간 자선 재단도 냉전적 맥락에서 근대화 과정을 규정하고 그것을 가속할 수단을 찾으려는 사회 연구를 지원했다. 근대화론자들은 공산주의의 팽창을 통제하기 위해서는 미국이 새로운 군사기술에 투자하는 것 이상을 해야 한다고 주장했다. 소련뿐만 아니라 "주변부" 지역의 정치적 권위 구조, 경제조직, 인간관계에 관한 지식을 만들어 내는 사회의 과학이 필요하다는 것이었다. 소련이 "상대적으로 [우월한] 미국의 세계적 지위"를 약화시키기 위해 "정치·경제·심리 전쟁" 프로그램에 착수했다는 확신은 미국의 사회 분석에 관

---

90 *Ibid.*, p.7, pp.12~14, 34~98, p.290.

한 새로운 수준의 관심을 자극했다.[91] 1948년 카네기 재단과 CIA는 하버드대학과 협력하여 러시아 연구 센터Russian Research Center를 설립했는데, 이 연구 센터는 소련 사회체제에 대한 분석 자료를 출판하기 전에 연방 정부에 제출하는 기관이었다.[92] 2년 후 포드 재단은 인간 행동 연구를 지원하는 새로운 프로그램을 발표하며, 미국이 어떻게 자유를 증진하고 민주주의를 조성하며 세계 경제의 안정성을 향상할 수 있을지 답을 찾는 프로젝트에 착수했다. 특히 포드 재단은 사회학, 사회인류학, 사회심리학을 열렬히 지원하며 1951년부터 1954년까지 국제 프로그램에 5400만 달러를 지출했다.[93] 연방 정부는 1957년 소련의 스푸트니크호 발사 이후 통과된 「국방교육법」에 따라 대학생 대출, 대학원생 연구비 지원, 광범위한 언어와 지역 연구 프로그램 등을 지원하였다.[94]

재정적 지원, 개인적 명망, 그리고 공산주의 망령에 맞서는 조국의 싸움에 기여할 기회를 추구했던 근대화론자들은 미국 외교정책의 설계자들이 그들의 작업에 대한 열렬한 청중이라는 점을 알게 되었다. 객관적인 근대화론과 냉전 투쟁을 결합하려 한 MIT 국제학연구소 Center for International Studies의 설립과 활동 이력은 그러한 사례를 잘 보여준다. 1950년 국무부는 트로이 프로젝트Project TROY를 지원하려고 MIT

91 *FRUS*, 1950, vol.1, p.288.

92 Sigmund Diamond, *Compromised Campus: The Collaboration of Universities with the Intelligence Community, 1945-1955*, New York: Oxford University Press, 1992, pp.50~110; Geiger, *Research and Relevant Knowledge*, pp.50~52.

93 Buxton, *Talcott Parsons*, pp.168~69, p.175. 1975년까지 총액은 3억 4000만 달러로 증가하였다. Robert M. Rosenzweig, *The Research Universities and Their Patrons*, Berkeley: University of California Press, 1982, p.111 참조.

94 Geiger, *Research and Relevant Knowledge*, p.165.

와 접촉했다. 이 프로젝트는 「미국의 소리」Voice of America를 소련 영토로 방송할 때, 소련이 가하는 전파방해와 싸우려는 시도였다. MIT 인문사회과학부 학장인 존 버처드John E. Burchard의 주도 아래 일군의 사회과학자들과 공학자들은 프로젝트를 담당하여 그 문제의 기술적 요소에 대한 연구를 보완할 것을 권고하고 소련 시민들과의 의사소통을 통해 어떠한 광범위한 이득을 얻을 수 있는지 검토했다. 1952년, 전 CIA 부국장이었던 경제학자 막스 밀리컨Max Millikan의 지휘 아래 포드 재단과 CIA에서 나온 기금으로 MIT 국제학연구소가 설립되었다. 연구소의 일원이었던 로스토가 언급했듯이, 연구소의 임무는 "학문 연구가 공공 정책 이슈에 전력을 쏟게 하는 것이었다".[95] 그가 후일 회고했듯이 "한국전쟁"으로 "우리 중 일부는 공산주의의 팽창을 저지하고 봉쇄하기 위한 투쟁이 장기간 지속될 것이며, 다음 세대에는 미국의 대외 정책을 뒷받침할 새로운 개념이 요구된다는 점을 확신하게 되었다".[96]

근대화론자인 대니얼 러너, 루시안 파이, 폴 로즌스타인 로단을 포함하여 사회학자, 정치학자, 경제학자들로 구성된 MIT 국제학연구소는 서로 연관된 두 가지 보고서를 작성하게 되었다. "제3세계" 근대화 과정에 대한 분석은 포드 재단과 록펠러 재단이 지원하였고, 공산주의 사회의 근대화 연구(혹은 근대화의 부재에 관한 연구)는 CIA의 지원 아

---

95 Allan A. Needell, "Truth Is Our Weapon: Project TROY, Political Warfare, and Government-Academic Relations in the National Security State", *Diplomatic History*, vol.17, Summer 1993, p.417; James R. Killian Jr., *The Education of a College President*, Cambridge: MIT Press, 1985, pp.65~67.

96 W. W. Rostow, "Development: The Political Economy of the Marshallian Long Period", eds. Gerald M. Meier and Dudley Seers, *Pioneers in Development*, New York: Oxford University Press, 1984, pp.240~241.

래 이루어졌다.[97] 연구소는 4년 만에 70명이 넘는 사람들을 채용했고, 박사 후 연구자, 방문 교수, 외국의 전문가들로 구성된 "순환식 연구 팀"revolving research contingent을 지원했다.[98] MIT 그룹은 "발전" 과정을 끊임없이 근대화의 틀로 접근하며 그들의 집단적 작업이 "학제 간 분석을 실행"하는 것이라고 설명했다. 경제학자, 정치학자, 사회학자가 따로따로 연구하는 대신, "그 연구에서 다양한 통찰을 엮어 신생 국가들이 거치고 있는 이행을 합리적이고 통합적으로 설명"하기로 한 것이다. 이들은 또한 미국이 "이행" 과정에 나타날 수 있는 공산주의적 전복을 막을 수 있다고 주장했다. 미국은 해외 투자와 발전 계획을 통해 근대화를 장려하여 "이행기 사회들이 자신들과 미국의 장기적 이익에 모두 양립 가능한 방향으로 이동하도록 도울" 수 있다는 것이었다.[99]

그런데 MIT 국제학연구소는 국가 주도 프로젝트를 수행하고 연방 정부로부터 재정 지원을 받으며 근대화를 명확한 정책적 목표로 다루면서도, 그들의 분석이 독립적이고 객관적인 학문적 성과라고 끊임없이 주장했다. 특정 변수를 다루는 그들의 연구를 다듬어 정책 결정자들이 조작·활용할 수 있게 만든다는 사실은 학술적인 사회 연구를 하겠다고 서약한 이들에게 어떤 걱정거리도 되지 못했다. MIT의 분석가들은 근대화, 빈곤의 경감, 민주주의 증진을 국가 전략과 연결하겠다고 약속하면서도, 학술적 추구와 냉전에 대한 헌신 사이에 어떠한 긴장관계도 없다고 주장했다. 로스토에 따르면 국제학연구소는 "엄격한

---

97 Ibid., p.241.

98 Geiger, *Research and Relevant Knowledge*, p.69.

99 Max F. Milikan and Donald L. M. Blackmer eds., *The Emerging Nations: Their Growth and United States Policy*, Boston: Little, Brown, 1961. p.v, pp.ix~x.

지적 기준을 준수하는 한편, 당연히 정부로부터 지적 독립성을 지켜야 한다"는 MIT 총장 줄리어스 스트래튼Julius Stratton의 요구에 부응하지 못한 적이 없었다. "학문적 전문성과 진실성이라는 높은 기준을" 준수한다면, "실제 세계의 현재적이면서도 예견할 수 있는 문제를 다루는 작업은 과학적 지식의 총량을 더할 수 있을 것이다". CIA가 지속적으로 연구소를 지원하고 있었는데도, 로스토는 CIA가 결코 "우리의 분석이나 결과에 영향을 주려는" 시도를 하지 않았다고 주장했다.[100] MIT 그룹은 정책 관련 지식을 생산한다는 목표와 근본적인 과학적 진보를 달성한다는 목표를 명백하게 뒤섞었음에도 불구하고, 그 둘 사이에 어떠한 갈등도 없다고 인식했다.

　로스토와 그의 동료들은 그러한 주장을 하면서도 적극적으로 워싱턴 외교정책 결정자들과의 파트너십을 추구했다. 1954년 초 밀리컨과 로스토는 고위 관료들에게 근대화의 전략적 중요성을 강조했다. 두 사람은 CIA 국장 앨런 덜레스Allen Dulles에게 보낸 제안서에서 다음과 같이 설명했다. "사람들의 에너지가 건설적으로 전환될 수 있고 민주주의적 틀 속에서 생활수준이 상승할 것이란 일정한 성공의 전망이 있다면, 전체주의 정부의 매력은 감소할 것입니다. 공산주의는 단기적으로는 군사적으로 봉쇄되어야 합니다. 그러나 우리는 장기적으로는 타국과의 협력하에 우리를 직간접적으로 위협하는 사회가 진화하지 못하는 환경을 발전시켜야 합니다." 경제학자들은 "각각의 사회는 자신들의 전통, 가치, 열망에 적합한 성장 형태를 찾아야만 한다"고 생각했다. 그러나 그들의 조언은 무엇이 적합한 방향인지, 또는 미국의 개입

100　Rostow, "Development", p.241.

이 증가하면 어떤 이점이 있을지에 대한 의심을 거의 하지 않았다. 그들은 자유세계가 "저발전 국가들의 자립 성장을 향한 어려운 이행을 성공시키려면 모스크바와 베이징이 오직 공산주의만이 저발전 사회를 변형시킬 수 있다며 만들어 낸 위험한 비법을 부인해야 할 것"이라고 강조했다.[101]

1957년 로스토와 밀리컨은 자신들의 주장을 비밀 해제한 문건인 『효과적인 대외 정책을 위한 제안』A Proposal: Key to an Effective Foreign Policy을 출간했다. 워싱턴 정가에서 널리 논의된 이 책은 "우리의 안보와 더 나아가 우리의 생활양식을 위협하는 일이 벌어지지 않도록 세계를 발전시키기 위한" 새로운 프로그램을 요구했다. 두 저자는 "세계 인구 대다수는 정치적으로 무기력했으나" 이제는 미국이 "세계에서 새롭게 일어난 에너지를 파괴적이 아닌 건설적인 방향으로 조종할" 수 있다고 설명했다. 미국은 100~120억 달러의 장기 자본, 국가 발전 계획, 수혜국의 "발전 단계"에 맞게 설계된 원조로 "민족 독립과 인간 자유의 원칙을 세계적 차원으로 확대한다는 임무"를 완수할 수 있었다. 근대성으로의 "이행"은 어쩔 수 없이 불안정한 것이었다. 근대적인 기술과 가치에 직면하면, 낡은 사회조직 형태는 침식될 것이며 사회는 마르크스주의 사회혁명이라는 "외부의" 호소에 취약한 상태가 될 것이다. 그러나 미국이 개발도상국들을 안내하여 그 위험한 불확실성의 창을 통과하게 한다면, 더 자유주의적이고 민주주의적 세계가 나타날 것이다. 로

---

101 MiliKan and Rostow, "Notes on Foreign Economic Policy", Memorandum to Allen Dulles, May 21, 1954. Christopher Simpson ed., *Universities and Empire: Money and Politics in the Social Sciences during the Cold War*, New York: Free Press, 1998, p.41, 42, 44.

스토와 밀리컨 같은 사상가들은, 핵심은 근대화 과정을 가속하는 것이라고 주장했다.[102]

그러한 생각에 감명받은 매사추세츠 상원의원 케네디는 1957년 MIT 연구소와 접촉하여 남아시아 발전 정책 제안서를 만드는 데 조언을 구하고자 했다. 케네디는 공화당이 "주변부" 지역에서 계속된 봉기를 관리하지 못한 것이 매우 중요한 선거 이슈가 될 것이라 예상했고, 보좌관인 프레드 홀본Fred Holborn을 보내 경제학자 폴 로즌스타인 로단, 빌 말렌바움Bill Malenbaum, 로스토와 만나게 했다. 케네디와 존 쿠퍼John Cooper 상원의원은 상원외교위원회에서 로스토를 초청해 증언을 들은 후, 아이젠하워 정부에 남아시아 발전 문제를 연구하도록 요청하는 결의안을 성공적으로 통과시켰는데 이는 세계은행의 공식적인 임무로 이어졌다.[103] MIT 그룹은 기쁨에 차 케네디와 쿠퍼에게 연설문 초안, 보고서, 뉴델리의 연구 센터로부터 받은 인도 발전에 관한 데이터를 보다 폭넓은 활용을 위해 제공했다.[104] 케네디가 대통령 집무실로 자리를 옮기고, 탈식민 문제에 대한 확신을 굳히면서 양자의 관계는 더욱 단단해졌다. 1959년 2월 밀리컨은 그 상원의원[케네디]에게 개인적으로 그의 생각을 설명하며 "올해에는 아이젠하워 정부의 현재 입장을 뛰어넘는 미국의 결단력이 대단히 중요하다"고 강조했다.[105] 케네디는

---

102 MiliKan and Rostow, *A Proposal: Key to an Effective Foreign Policy*, New York: Harper and Brothers, 1957, pp.3~4, p.8, pp.70~71, p.131.

103 Rostow, Oral History Interview by Richard Neustadt, April 11. 1964, transcript, JFKL; Rostow, *Eisenhower, Kennedy, and Foreign Aid*, Austin: University of Texas Press, 1985, p.xiii, pp.36~44.

104 Merrill, *Bread and the Ballot*, p.155.

105 Millikan to Kennedy, February 6, 1959, Millikan Papers, box 1, "Correspondence, 1959-

당선 후 곧장 MIT 그룹을 데려와 백악관의 계획에 참여하게 했다. 로스토와 밀리컨은 대외 경제정책에 관한 케네디 인수위원회에 참여했다. 양자는 주도적으로 "국가 건설에 관한 우리의 목적과 이해관계에 대한 상을 훨씬 더 명확하고 건설적으로 [정책에] 투영시키기 위해"로 비했다.[106]

케네디 정부는 그들의 조언을 받아들였다. 정책 결정자들은 미국의 경제력과 전문 지식, 그리고 미국이 빠른 국제적 이득을 얻기 위해 포괄적인 계획 입안 능력을 가졌다는 점을 자신하며, 민족주의 세력과 개발도상 경제를 자유주의적이고 민주주의적인 방향으로 유도할 수 있다는 확신을 공유했다. 1961년 3월 케네디는 의회 연설을 통해 대담한 접근법을 설명했다. 그는 발전 과정의 중대함을 강조하며 "우리는 지금 매우 특별한 역사적 순간을 살고 있습니다. 지구의 반을 차지하는 남반부 지역, 즉 라틴아메리카, 아프리카, 중동, 아시아는 그들의 독립을 주장하고 그들의 낡은 생활 방식을 근대화하려는 모험에 사로잡혀 있습니다"라고 주장했다. 케네디는 공산주의적 압력이 이 진보적 시도를 전복시키려 한다고 경고했다. 그러나 그는 미국의 원조가 마르크스주의의 진격을 격퇴할 것이고, "19세기에 그러했던 것처럼 20세기도, 그리고 북반구에서 그러했던 것처럼 남반구에서도, 경제성장과 정치적 민주주의가 손을 맞잡고 발전할 수 있다는 것을 역사적으로 증명할 것"이라고 말했다. 케네디는 지금과 같은 위기의 시기에는 장기

1961", JFKL.

106 Memorandum, Millikan on "Foreign Aid Program", NSF, box 324, "Staff Memoranda, W. W. Rostow, Foreign Aid, 1/1/61~1/10/61", JFKL.

차관 승인, 여타 "자유 산업 국가들의" 재정 지원, "자립 성장 단계"로 올라설 준비가 가장 잘 되어 있는 국가들에 대한 특별한 관심이 모두 필수적이라고 주장했다. 그는 그러한 노력을 조직화하기 위해 국제개발처를 신설했고, 해당 기관에 기술원조, 차관 프로그램, 발전 계획, 군사 원조 전반에 대한 권한을 부여했다. 케네디는 미국의 대외 원조에 전례 없이 광범위한 임무를 부여했다. 포괄적 발전 계획뿐만 아니라 기반 시설, 과학 기술, 공무원 훈련 프로그램에 대한 자금 지원은 모두 전면적인 "개발의 연대"Decade of Development의 필수 부분이 되었다. 마셜 플랜이 서유럽 경제를 성공적으로 재건하고 트루먼의 "포인트 포"가 빈곤국들에게 기술원조를 제공했다면, 케네디와 그의 참모들은 전적으로 새로운 국가를 건설하는 작업에 착수했다.[107]

사회과학자들은 케네디 정부가 계획을 입안하는 과정에 매우 폭넓게 관여했다. 로스토와 밀리컨을 비롯하여 학계의 많은 전문가가 근대화 과정의 관리를 도와 달라는 의뢰를 받았다. 거시경제정책이 다른 나라의 발전에 극적인 성과를 낼 것이라고 주장한 하버드의 경제학자들인 에드워드 메이슨, 데이비드 벨David Bell, 링컨 고든, 존 갤브레이스John Kenneth Galbraith도 새로운 정부에서 일하게 되었다.[108] 이 사회과학자

---

107 John F. Kennedy, "Special Message on the Congress on Foreign Aid", *Public Papers of the Presidents of the United States: John F. Kennedy, 1961–1963*, Washington, D.C.: U.S. Government Printing Office, 1962–64, Book 1, p.203, pp.205~206.

108 Arthur M. Schlesinger Jr., *A Thousand Days: John F. Kennedy in the White House*, Boston: Houghton Mifflin, 1965, pp.586~594. 이 주제에 대한 이들의 생각에 대해서는 다음을 참조. Edward S. Mason, *Promoting Economic Development: The United States and South Asia*, Claremont, Calif.: Claremont College, 1955; John Kenneth Galbraith, "A Positive Approach to Economic Aid", *Foreign Affairs*, vol.39, April 1961.

들은 안보 문제에 관심을 기울였을 뿐만 아니라, 미국과 "신생" 세계의 이해관계가 상호 강화된다고 확신했고, 정책 결정자들과의 빈번한 접촉을 즐기며 그들의 연구가 전략적 필요와 인도주의적 목표 모두를 위한 국가 건설을 이룩할 수 있다는 감각을 공유했다. 후일 로스토는 다음과 같이 회고했다. "나는 1959~60년 공공 정책에 대한 관심을 통해 확대된 학술 집단의 초기 구성원일 뿐이었다. 케네디는 목적의식을 갖고 우리를 모집했다. 우리는 비슷한 나이였다. 사안에 대한 우리의 전망도 비슷했다. … 우리는 미국은 물론 안정적 세계 평화라는 더 포괄적 대의에 대한 위협에 큰 관심을 가지고 있었다."[109]

이러한 활동적 사회과학자들은 이론적 생각을 관료적 채널을 통해 실행시키는 데 익숙해졌고, 그들 중 다수는 정부와 학계를 넘나들며 경력을 쌓았다. 그들은 자신에 찬 자유주의적 국제주의자들이었고, 새로운 정부에서 중요한 위치를 맡으며 지적 기반을 제공했다. 로스토는 대통령 안보담당 보좌관보deputy national security advisor가 되었고 후에는 국무부의 정책기획위원회 의장으로 재직했다. 갤브레이스는 정부 대외 경제정책 태스크포스에서 활동했고 후에 주인도대사가 되었다. 고든은 케네디의 라틴아메리카 태스크포스에 참여하였고 후에 주브라질 대사로 임명되었다. 벨은 예산국에서 자리를 옮겨 국제개발처처장이 되었고, 메이슨은 밀리컨과 루시안 파이를 포함한 국제개발처 자문위원회의 의장으로 지명되었다.[110] 스탠포드대학의 발전 전문가인

109 W. W. Rostow, *The Diffusion of Power: An Essay in Recent History*, New York: Macmillan, 1972, p.125.
110 저자가 수행한 파이와의 인터뷰(1994년 10월 19일, 메사추세츠, 케임브리지). 파이에 따르면 이 집단은 국제개발처의 설립을 지원하기 위하여 처음 모였으나 존슨 정부기까지 대외 원조상

유진 스테일리는 베트남 정책 자문이 되었고, 미시간대학 교수인 새뮤얼 P. 아예스Samuel P. Hayes는 미국 평화봉사단 창설에 중요한 역할을 맡았다.

그러나 이러한 인적 관계는 전체 이야기의 일부일 뿐이다. 한편으로 근대화론은 변화의 보편적 필요조건을 구체적으로 명시했고, 새롭고 강력한 분석 도구를 미국인들에게 제공했기 때문에 냉전 투쟁에 참여하게 되었다. 앞선 구시대의 제국주의 이데올로기처럼, 근대화는 "후진적인" 외부 세계에 대한 연구를 "선진적인" 내부의 정체성이 가진 특성과 연결했다. 학계와 정부에서 근대화라는 개념은 문화적 가정을 기저에 두고 그 위에 사회과학적 신빙성을 부여했다. 근대화론자들은 지적 주장의 근거를 공정하고 객관적인 "무無로부터의 관점"에 두었지만, 그들이 근대성 그 자체의 정점이라고 규정한 위치에서 세계를 고찰했다.[111] 그리고 그들의 자신감은 대단히 놀라웠다. 후일 아서 슐레진저는 "도취감이 만연했다. 그때 우리는 세계를 쉽게 변화시킬 수 있고, 미래에는 한계가 없다고 생각했다"고 회고했다.[112] 이런 관점에서 볼 때 근대화는 단지 학술적 논쟁과 토론을 위한 사회 변화의 모델이 아니었다. 그것은 미국의 비전이었으며, 미국만이 가르칠 수 있는 교훈

의 문제를 검토하고 새로운 발전 개념을 제안하기 위한 포럼을 열며 일정 기간 모임을 지속했다. 여러 인물의 전반적인 신상 정보에 관해서는 다음 연구를 활용했다. Nelson Lichtenstein ed., *Political Profiles: The Kennedy Years*, New York: Facts on File, 1976.

111 과학적인 객관성 주장에 관해서는 Thomas Nagel, *The View from Nowhere*, New York: Oxford University Press, 1986 참조.

112 Midge Decter, "Kennedyism", *Commentary*, vol.49, January 1970, p.20에서 발췌. Paterson, "Introduction: John F. Kennedy's Quest for Victory and Global Crisis", p.15에서 인용.

을 원하는 세계를 변형시키기 위한 국가적 임무이기도 했다.

　냉전의 맥락에서 이러한 특질들은 근대화를 케네디 정부의 정책 설계를 위한 이론적 원천으로 만들었다. 또한 그것들은 근대화를 '명백한 운명'의 새로운 감각을 반영한 이데올로기로 만들었다. 그것은 근대화가 미국의 전략적이고 물질적인 목표가 민주주의를 증진하고 빈곤을 퇴치하며, 미개한 세계를 "발전"시킨다는 자국의 이상적이고 도덕적 임무에 매끄럽게 들어맞아 보이게 제국주의적 이상을 개조한 이데올로기였기 때문이었다. 근대화론은 사회 조사가 정치권력의 확대와 갖는 매우 오래된 연계를 다시 보여 주었다. 이전의 유럽과 미국의 사회과학자들은 식민화가 사회 연구를 위한 새로운 실험실과 국가에 대한 애국적 복무를 위한 수단을 제공할 것이라고 희망했다. 근대화의 수사는 식민주의적 주장은 삼갔지만, 확대된 미국의 권력이 과학적 지식과 그 지식의 전략적 적용을 위한 기회를 고취할 것이라는 가정을 유지했다.[113] 냉전기 미국이 유럽 제국의 붕괴로 변화된 지역에 영향력을 증가시키려고 했기 때문에, 그러한 주제들은 놀라울 만큼 명료하게 다시 나타났다. 또한 근대화론자들은 오랜 제국주의적 과거를 지닌 개념들에 의존했다.

113 Franklin Ng, "Knowledge for Empire: Academics and Universities in the Service of Imperialism", ed. Robert David Johnson, *On Cultural Ground: Essays in International History*, Chicago: Imprint, 1994, pp.124~129; Talal Asad ed., *Anthropology and the Colonial Encounter*, Atlantic Highlands, N.J.: Humanities Press, 1973.

근대화론의 지적 선조들과 제국의 이데올로기

최근 한 역사가가 지적했듯이 "근대화론자들은 보통 근대화론이 기존 역사 철학과 갖는 관계를 부정하며" 근대화론을 "현대적이고 과학적이며 최고 수준의 합리적 탐구 과정을 가진 이론"으로 묘사하곤 했다.[114] 그러나 이러한 주장과는 달리 근대화론자들의 사고방식은 과거 유럽의 사회 이론들과 상당한 유사점을 가졌다. 파슨스나 로스토와 같은 근대화론자들은 발전 단계를 설정하고, 변화를 통합적인 과정으로 정의했으며, '원시적인' 사회를 근대성의 종점으로 이끌 수 있는 '발전된' 사회의 역할을 강조했다는 점에서 기존의 계몽주의나 사회진화론의 사회 변화론과 매우 유사한 논리를 구사했다. 또한 냉전기 사회과학자들은 다른 지역들이 침체를 겪는 동안 어떻게 서양만이 발전을 이룩할 수 있었는지에 주목하며 제국주의사에 깊이 뿌리박힌 문제로 회귀하는 경향을 보였다. 세계가 공식적으로 탈식민화되었음에도 불구하고 근대화론자들은 "선진" 국가들의 미덕을 보다 빈곤한 국가들의 고유한 "결점"과 대비하여 정의하는 방식을 고수했다. 이들은 또한 서양과의 접촉만이 "후진적인" 사회에 유익한 기폭제가 될 수 있다고 주장하며, 전 세계적으로 "발전"을 촉진시키기 위해서는 미국의 역사에서 올바른 교훈을 찾아야 한다고 주장했다. 이러한 면에서 근대화론은 선교사적 비전이 제국주의 지배와 결합했던 과거의 방식을 떠올리게 했다.

---

114 Kenneth Cmiel, "Destiny and Amnesia: The Vision of Modernity in Robert Wiebe's The Search for Order", *Reviews in American History*, vol.21, June 1993, p.355.

어떻게 서양이 명백한 우위를 차지하게 되었는지에 대한 설명 그 자체는 제2차 세계대전 이후 그리 새로운 것은 아니었다. 조지 스타킹 Goerge Stocking이 묘사했듯이 1851년 런던 국제박람회가 열린 "수정궁" 에서는 영국 산업혁명의 경이로움이 아프리카, 아시아, 중동의 공예품 들과 함께 전시되었다. 수십 명의 노동력을 통해 가동되며 도시의 수 많은 소비자를 만족시킬 수 있는, 교체 가능 부품들로 구성된 기계가 열대 지방에서 생산된 판다누스 재질의 매트나 "야만적"이고 "전제 적"인 국가의 신비로운 지도자들이 입었던 기괴한 제의祭衣들과 나란 히 전시되었다. 전시품들은 단선적인 시간 순서에 따라 배치되며 박람 회에 참석한 영국인들에게 다음과 같은 "명백한 교훈"을 제시했다. 즉, 모든 인간은 신이 인간에게 부여한 이성을 활용해 자연법칙을 파악하 고 그들의 이익을 위해 자연을 이용해야 한다는 것이었다. 그러나 "이 처럼 일반적인 인간의 사명 추구 과정에서 모든 이들이 같은 속도로 발전하거나 같은 지점에 도달하는 것이 아니라는 점" 또한 분명했다.[115] 티모시 미첼Timothy Mitchell에 따르면 런던 박람회를 방문한 600만 명의 관람객들은 박람회장에서 "굉장한 역사적 자신감의 상징과 맞닥뜨렸 다. 박람회의 스펙터클들은 새로운 시대의 정치적 확신을 담은 근대적 오락 시설에서 개최되었다. … 그러나 전시회나 박물관, 그 밖의 다른 행사들이 단순히 이러한 정치적 확신을 반영하기만 한 것은 아니었다. 박람회는 역사와 진보, 문화, 그리고 제국을 '객관적인' 형태로 주조해 낸 그들의 기술력을 통해 이러한 정치적 확신을 만들어 내는 하나의 수단이기도 했다".[116]

---

115 George W. Stocking Jr., *Victorian Anthropology*, New York: Free Press, 1987, pp.3~6.

몇몇 학자들은 이러한 빅토리아 시대 박람회에 반영된 메시지와 "유럽의 기적"을 설명하는 사회 이론에 담긴 메시지 간의 유사성을 지적했다.[117] 근대화론자들은 비록 전후 미국을 발전에 "도달한" 국가 중 최고의 국가로 꼽기는 했지만, 그들의 지적 선조들과 공통적인 문제의식을 가지고 있었다. 이러한 지적 선조들 중에서도 특히 애덤 스미스, 콩도르세, 막스 베버는 비록 그 답에 조금씩 차이가 있기는 했지만 모두 유럽의 독특한 선진적 지위를 설명할 수 있다고 믿었던 이들이었다. 스미스는 『국부론』*The Wealth of Nations*에서 "부지런하고 검소한" 유럽 농민의 생활수준이 "벌거벗은 야만인 만 명의 생명과 자유를 전적으로 다스리는 아프리카 왕"의 생활수준보다 훨씬 나을 수 있다는 것을 설명하기 위해 정치 경제와 노동 분업에 주목했다.[118] 콩도르세는 그의 저작 『인간 정신의 진보에 관한 역사적 개요』*Sketch for a Historical Picture of the Human Mind*에서 유럽의 우월한 지위는 인간의 경험적 능력이 저마다 다른 수준으로 진보한 데서 비롯된 것이라고 주장했다. 개개인의 인지 능력이 모두 다른 속도로 발달하는 것처럼 개인의 집합체인 사회 또한 마찬가지라는 것이다. 체계적인 농업 시스템을 개발하고, 사유재산을 도입하고, 다른 이들보다 훨씬 앞서 문자를 사용한 유럽인들이 "야만" 적인 부족들의 삶과는 완전히 대조되는 문명화 수준에 먼저 도달할 수 있었다. 베버의 『프로테스탄트 윤리와 자본주의 정신』*Protestant Ethic and the Spirit of Capitalism*은 이러한 주장들과는 다소 다른 해석을 제시했다. 그

---

116 Timothy Mitchell, *Colonising Egypt*, Berkeley: University of California Press, 1991, p.6.

117 예를 들어 Immanuel Wallerstein, *Unthinking Social Science: The Limits of Nineteenth-Century Paradigms*, Cambridge, Mass.: Polity Press, 1991 참조.

118 Adam Smith, *The Wealth of Nations*, New York: Modern Library, 1937, Book. 1, p.12.

는 "(우리가 흔히 생각하듯이) **보편적인** 중요성과 가치를 지니는 이른바 '발전'으로 분류되는 문화 현상이 서양 문명에서, 그리고 오직 서양 문명에서만 출현"한 것은 아니라고 주장했다. 베버는 특수한 서구적 형태의 자본주의적 합리성capitalist rationality의 출현을 설명하기 위해 종교적 시스템에 내재된 도덕적 규칙들을 분석했다.[119] 그는 신이 부여한 소명을 추구하는 칼뱅주의에서 비롯된 금욕적인 가치 체계와 불안이 세속적인 사업과 투자 관행에 우선순위를 부여했고, 이것이 바로 서유럽 프로테스탄트 국가들에서 자본주의가 다른 나라들에 비해 크게 앞서 발전할 수 있게 한 원동력이 되었다고 보았다.

이들 사상가 모두가 서구 문화의 우월성을 무조건적으로 찬양하기만 한 것은 아니었다. 예를 들어 베버의 유명한 근대 자본주의사회의 "철창"iron cage에 대한 설명은 특히 암울한 비관주의를 담고 있었다. 베버는 그가 "일종의 발작적인 자만으로 꾸며진 기계적인 무감각 상태"라고 묘사한 현상을 경계하며, 종교적 신념은 소멸하고 오로지 소명에 따른 의무만이 우리의 삶 속에서 유령처럼 배회하는 공허한 세계에 대해 경고했다.[120] 페르디난트 퇴니에스Ferdinand Tönnies는 19세기 말 서술한 그의 저작에서 농촌공동체적인 공동사회gemeinschaft에서 범세계적이고 계약적인 이익사회gesellschaft로의 변화를, 진실하고 애정에 기반한 관계가 사라지고 원자화되고 적대적인 경쟁자들로만 구성된 사회가 도래한 것으로 보고 한탄했다.[121] 애덤 스미스 또한 『도덕감정론』

---

119 Max Weber, *The Protestant Ethic and the Spirit of Capitalism*, London: Routledge, 1992, p.13(강조는 원문).
120 *Ibid.*, pp.181~182.
121 Ferdinand Tönnies, *Community and Society(Gemeinschaft und Gesellschaft)*, Trans.

*Theory of Moral Sentiments*에 서술한 스토아적 논평을 통해 서구사회에 대한 그의 찬양 일색의 분석을 다소 누그러뜨렸다. "권력과 부"가 이를 소유한 이들에게 많은 이득을 가져다주는 것은 사실이지만, 이에 대한 지나친 추구는 개인을 "이전보다 훨씬 심하고 빈번하게 걱정과 두려움, 슬픔, 질병, 위험, 그리고 죽음에 노출시킨다".[122] 그러나 이들 사상가들은 모두 유럽만의 독특한 특성으로 여겨지는 혁신, 지적 우수성, 또는 정신적 가치 등의 중요성을 언급함으로써 유럽의 놀라운 발전을 설명하고자 했다. 이러한 핵심적인 특성들이 부재하기 때문에 아직 다른 지역에서는 유럽의 발전에 비견될 만한 "진보"가 출현하지 못했다는 것이다.

냉전기 미국의 근대화론자들 또한 "선진" 국가들과 그들이 분석 대상으로 삼은 개발도상국 간에 명백한 문화적 차이가 존재한다고 생각했다. 이들의 분석에서 미국과 서유럽은 거의 항상 근대성의 특징을 명확히 보여 주는 일종의 전형으로서 특별한 지위를 차지했다. 에드워드 사이드는 중동 지역에 대한 서구 학계의 논의를 분석한 저작에서 "유럽 문화는 일종의 대리 자아 또는 은폐된 자아로 기능해 온 동양과의 대비를 통해 힘과 정체성을 획득했다"라고 주장한 바 있다.[123] 근대화론에서도 그가 지적한 바와 비슷한 동학動學이 나타나는 것을 확인

Charles P. Loomis, East Lansing: Michigan State University Press, 1957.

122 Adam Smith, *The Theory of Moral Sentiments*, London: Oxford University Press, 1976, pt.4, ch.1, para.8. Istvan Hont and Michael Ignatieff, "Needs and Justice in the Wealth of Nations: An Introductory Essay", eds. Istvan Hont and Michael Ignatieff, *The Shaping of Political Economy in the Scottish Enlightenment*, Cambridge: Cambridge University Press, 1983, p.10에서 재인용.

123 Edward Said, *Orientalism*, New York: Vintage, 1979, p.3.

할 수 있다. 로스토, 파슨스, 그리고 심지어 근대화론의 일부 핵심 가설에 대한 초기 중요 비판가였던 S. N. 아이젠슈타트조차 미국과 서유럽 사회의 특징을 서구화를 위해 지속적으로 분투 중인 지역에 나타나는 결점들과 대조하여 설명하였다. 로스토는 미국, 오스트레일리아, 뉴질랜드, 캐나다를 "전통사회의 구조 및 정치, 그리고 가치에 사로잡힌 적 없는" "특수한 사례"로 파악했는데 이와 같은 구분 짓기는 파슨스의 주장과도 아주 유사한 것이었다. 파슨스는 그의 저작 『근대사회의 구조와 과정』*The Structure and Process of Modern Societies*에서 서구의 유대-기독교적 이상은 "중국, 인도 등 동양 문명들"과는 달리 "외부 환경과의 관계에서 매우 적극적인 면모를 보였"으며, 이는 서구의 독특한 특징이었다고 주장했다. 아이젠슈타트 또한 "서유럽, 영국, 네덜란드, 스칸디나비아 국가들과 미국" 등을 근대화가 "중심부와 보다 광범위한 계층 내부에서 거의 동시에" 진행된 특수한 사회로 정의함으로써 이러한 선례를 따랐다. 그는 베버의 영향을 받아 이 지역들이 중간 계층 및 프로테스탄트적 기업가 정신에 힘입어 "근대화 과정에 상당히 개방적인 자세를 취했음"을 지적했으며, 반면 다른 지역들은 그렇지 못했다고 보았다.[124] 근대화론자들은 앞선 지식인들처럼 성공적인 발전 사례를 설명하며 발전을 위해 필요한 변화는 "근대적"이고 "서구적"인 문화에서 발견되는 특수한 관습 및 가치에서 비롯된다고 주장하였다. 이들은 또한 이러한 특성을 "전통적인" 사회를 후진적인 상태에 머물도록 제약

124 Rostow, *Stages of Economic Growth*, p.17; Parsons, *Structure and Process*, pp.138~139; S. N. Eisenstadt, *Modernization: Protest and Change*, Englewood Cliffs, N.J.: Prentice-Hall, 1966, pp.55~58.

하는 결점들과 대조하여 정의하면서 앞서 묘사한 이점들이 천연자원, 군사적 정복 활동 또는 제국주의적 약탈과 자본주의적 착취에서 비롯된 것이 아님을 분명히 했다. 이들은 발전을 위해 필요한 결정적인 요소는 서구의 유산 그 자체에 내재된 고유한 가치라고 주장했다.

미국의 사회과학자들은 이러한 근본적인 이분법을 설명하면서 자연 세계의 진화를 설명하는 진화론과 비슷한 모델을 통해 근대화 과정을 규정했다. 20세기 많은 이론가들이 19세기 사상가들처럼 국가의 역사는 유기체의 성장 과정과 유사하다고 주장했다. 이러한 주장은 특히 보편적인 역사 및 사회 진화에 적용할 수 있는 통합적이고 일반적인 이론을 개발하기 위해 노력했던 허버트 스펜서Herbert Spenser 같은 이들의 사고에서 두드러졌다. 스펜서는 사회는 통합된 전체이고 "진보"는 구조적 "질서"의 증대와 관련되기 때문에 각 국가들 간의 상대적인 발전 차이를 사회조직이 점차 명확해지고 성문화·구체화되는 정도에 따라 파악할 수 있다고 보았다. 스펜서는 후대에 그를 따랐던 근대화론자들처럼 사회의 정태적이고 구조적인 모습에서 나타나는 차이가 보다 구체적이고 "명확한" 사회 구성을 향해 나아가는 과정에서 발생하는 속도 차이를 나타내는 증거라고 해석했다. 그는 이를 다음과 같이 설명했다. "주거지도 부족 내부의 자원 배분도 명확히 정해지지 않은 채 유랑하는 원시 부족의 경우, 사회 각 부분들이 수행하는 상대적 역할이 국가에 비해 훨씬 불명확하다고 할 수 있다. 이러한 부족사회에서는 사회적 관계에 있어서도 마찬가지로 혼란스럽고 불확실한 양상이 나타난다. 정치권력은 확고하지도 정교하지도 않다. 계급 구분 또한 명확하지도 폐쇄적이지도 않다. 남녀가 서로 다른 직업을 갖는 것을 제외한다면 산업적인 분업 또한 존재하지 않는다. … 하지만 이러한 원시사회들 중에서도 진화하는 사회는 사회 구성이 보다 점차 구체화되기 시작한다." 그는 다음과 같이 주장했다. "사회가 발전하고 성숙해짐에 따라 의미는 점차 명확성을 띠게 되고, 이처럼 명확해진 의미는 보다 다양한 방식으로 전형화되어 간다."[125]

변화와 자연의 법칙은 시공간을 넘어 보편적으로 적용되기 때문에 모든 사회는 같은 경로를 따라 발전하게 된다. 그러므로 서양과 다른 사회들은 현재 가장 발전된 인류 역사의 초기 단계, 또는 보다 넓게 본다면 모든 사회사나 문화사의 초기 단계에 위치해 있는 것이라고 할 수 있다.[126] 서양이라는 종착점을 향한 운동은 이로운 것일 뿐 아니라 모든 사회가 각자 다른 속도로 겪게 되는 자연법적 진화의 결과였다. 조지 스타킹이 지적했듯 유럽의 팽창을 다룬 기행 문학들은 대체로 이와 같은 가정들로 가득 차 있었다. "지구 반대편에 있는 부족사회"가 "고대 유럽 사회와 놀랍도록 비슷한 모습을" 보여 준다는 주장은 매우 설득력 있는 주장처럼 보였다. 유럽인들의 정신과 문화가 크게 발달했듯이 이들의 생활 방식 또한 다른 이들의 생활 방식보다 훨씬 더 진보한 것으로 생각되었다. 서구 학자들은 "비교학적 방법론을 통해 사회 심리학적 진화를 살펴봤을 때 고대의 네안데르탈인이나 자바원인뿐 아니라 동시대를 살고 있는 '야만'인 집단 또한 열등한 정신 구조를 가진 것으로 볼 수 있다"고 결론지었다.[127]

---

125 Herbert Spencer, *First Principles*, New York: H. M. Caldwell, 1900, sec.134. Murray J. Leaf, *Man, Mind, and Science: A History of Anthropology*, New York: Columbia University Press, 1979, pp.76~77에서 재인용.

126 Kenneth E. Bock, "Theories of Progress and Evolution", eds. Werner J. Cahnman and Alvin Boskoff, *Sociology and History: Theory and Research*, New York: Free Press, 1964, p.24.

비록 문화적 가치에 내재한 장점을 훨씬 강조함으로써 노골적인 생물학적 결정론을 대체하긴 했지만, 미국의 근대화론자들 역시 진화론의 영향으로 이들이 파악한 권력과 부의 불평등을 자연스러운 것으로 치부하는 경향이 있었다. "명확하고 분석적인 진화론적 관점"의 중요성에 대한 파슨스의 강조나 "경제성장의 본질적으로 생물학적인 부분"에 대한 로스토의 언급은 사회 변화를 유기적이고 통합적인 과정으로 보았던 근대화론자들의 시각을 잘 보여 준다.[128] 또한 근대화론자들은 미국을 근대화가 도달해야 할 궁극적인 모델로 설정함으로써 단순히 미국의 본질적이고 진화론적인 우월한 위치와 얼마나 떨어져 있는지만을 기준으로 다른 국가들을 평가했고, 정책 결정자와 대중 모두에게 호소력을 지녔던 이러한 우월성을 구축하는 것을 촉진하기도 했다. 딘 팁스Dean Tipps가 지적했듯이 "선진"국과의 관계를 기준으로 "후진국"들을 분류하는 이러한 분류법은 근대화론자들에게 '근대' 시민의 경험에서 비롯되었고, 익숙하고 안정적인 카테고리로 구성된 인식론적 지도를 제공해 주었다. 근대화론자들은 이 지도에 따라 "상대적으로 근대화되지 않은 사회에 대한 데이터를 축적하고 분류하고 해석할 수 있다고 생각했다".[129] 이에 더해 많은 냉전기 이론가들은 앞선 연

---

127 George W. Stocking Jr., *Race, Culture, and Evolution: Essays in the History of Anthropology*, New York: Free Press, 1968, p.114, 131. 이 주제에 대해서는 Mary Louise Pratt, *Imperial Eyes: Travel Writing and Transculturation*(London: Routledge, 1992) 또한 참고할 수 있다.

128 Parsons, *Structure and Process*, p.163; Rostow, *Stages of Economic Growth*, p.36.

129 Dean C. Tipps, "Modernization Theory and the Comparative Study of Societies: A Critical Perspective", *Comparative Studies in Society and History*, vol.15, March 1973, p.207.

구자들처럼 "신생"국들의 구체적인 역사나 문화를 연구해야 할 책임을 회피하게 해주는 일련의 목적론적 자연법을 주장하였다. 이들은 외국 사회 또한 보편적인 연속선상에 위치한 통합된 유기체라고 인식하였기 때문에 이의 평가를 위해 필요한 것은 오직 서양이나 미국의 정체성을 기준으로 그려진 고정된 지표뿐이라고 생각하였다. 근대화론자들은 세계에는 "다양한 연쇄적 시간대의 모습"이 반영되어 있으며, 이러한 맥락에서 발전이 덜 된 지역의 사람들은 "동시대의 조상" 또는 반대로 "원시적인primitive 동시대인"이라 할 수 있다고 주장했다.[130]

　　미국은 이미 근대화의 정점에 도달했고 아직 발전을 이루지 못한 국가들은 반드시 미국이 거친 경로를 따를 것이라 예상되었으므로 미국의 역사는 대단히 유용한 것으로 인식되었다. 근대화론자들은 다른 나라들이 따라야 할 "교훈"을 찾기 위해 미국의 역사 자료를 발굴하는 과정에서, 미국의 현재 제도들을 오염되지 않은 기원과 열망에서 비롯된 성취물처럼 보이게 하는 감상적이고 듣기 좋은 해석을 덧붙였다. 미국혁명은 오늘날 발전을 위해 분투하는 국가들을 위한 모델에 특히 적합한 역사적 사례로 여겨졌다. 정치학자 윌리엄 니스벳 체임버스 William Nisbet Chambers는 다른 나라들에서도 미국혁명이 똑같이 재현되어야 한다고까지 주장하지는 않았지만, 혁명기 미국의 정치발전은 전 세계에 "온건하면서도 실용적인 접근이 갖는 가치", "지도자들을 배출하고 훈련시키기 위한 폭넓고 전문적인 교육"의 중요성, "책임 있는 반대 의견"이 갖는 가치, 그리고 "다원적인 세력을 유지하면서도 대중 정책

130　Robert A. Nisbet, *Social Change and History: Aspects of the Western Theory of Development*, New York: Oxford University Press, 1969, p.205.

에 일관성을 낳는" 정당 기능 등을 보여 주었다고 주장했다. 혁명기 미국에서 발생했던 이데올로기적 갈등이나 계급 간 반목, 그리고 폭력은 근대화론이라는 틀을 거치는 과정에서 소멸되었다. 남은 것은 "신생" 사회의 "발전"을 위해서는 자유롭고 합의에 기초한 평형상태에 도달할 필요가 있다는 대단히 모호하고 포괄적인 일반론뿐이었다.[131]

　　사회학자 시모어 마틴 립셋Seymour Martin Lipset은 이보다 한발 더 나아간 주장을 펼쳤다. 그는 신생국들이 "미국혁명 전통에 기원을 두고 있는" 평등이나 성취 같은 "핵심 가치"들을 갖추기 위해 노력한다면 훨씬 더 많은 점들을 배우게 될 것이라고 주장했다. 미국은 "식민 지배에 성공적으로 저항한 첫 번째 주요 식민지"로서 "전통적인 정통성" 개념과 극적으로 단절하고 민주적 정치조직 내에서 "주권의 소재와 이로부터 권력을 위임받은 권력의 대리인"을 구분했다. 립셋은 이러한 전환이 항상 쉽지만은 않다는 것을 인정하면서도 "모든 서구권 세계가 미국의 방향을 따라 발전해 왔다. … 산업화 이전부터 민주적이고 평등주의적이었던 미국은 단지 앞장서서 이러한 패턴을 따랐을 뿐이다"라는 낙관적인 결론을 내렸다.[132] 근대화론자들은 미국의 과거 경험을 통해 전환을 향해 가는 과정이 급진적이고 분열을 초래하는 과정이 아니라 자유주의적이고 합의에 기초한 과정임을 증명할 수 있다고 생각했다. 이들은 미국 사회를 바탕으로 창조해 낸 이상적인 이미지에 따라 "만들어진 유토피아"를 향유했다. 근대화론자들의 설명에 따르면

131　William Nisbet Chambers, *Political Parties in a New Nation: The American Experience, 1776-1809*, New York: Oxford University Press, 1963. p.13.

132　Seymour Martin Lipset, *The First New Nation: The United States in Historical and Comparative Perspective*, New York: Basic Books, 1963, p.2, 11, 130.

근대화된 사회는 자연적이고 완벽한 과정을 통해 이루어진 결점 없는 성과물이었다.[133]

미국의 근대화론자들은 이처럼 "서양"과 "나머지 세계"의 결정적인 차이점과 변화 과정을 분석하는 데서 한발 더 나아가 그들의 지적 선조들처럼 "선진"국과 "신생"국 간의 상호작용이 초래하는 영향에 대해서도 연구했다. 사회과학 연구가 아시아, 아프리카 사회의 정치, 경제구조 및 종교적 믿음에 대한 지식을 제공함으로써 유럽 식민지 자본의 진출과 확대를 촉진한 방식에 대해서는 지금까지 많은 학자들이 설득력 있는 설명을 제공해 주었다.[134] 하지만 제국주의 시대 사회과학의 역할은 단순히 정책 결정자들에게 유용한 자료를 제공해 주는 데 그치지 않았다. 이는 또한 니콜라스 더크스Nicholas Dirks 등이 지적한 바와 같이 "권력과 지식, 그리고 문화와 통제 사이의 미묘한 관계"가 반영된 일종의 "문화적 프로젝트" 수립에 기여했다.[135] 미국의 근대화론자들은 식민지 확장을 정당화하기 위해 이용되었던 과거 제국주의 시대의 가정들을 그들의 주장 속에 그대로 되풀이하면서 미국과의 접촉이 "정체된" 사회의 변화를 위한 훌륭한 기폭제가 될 수 있으며 서양식 방식을 통해 더딘 발전 과정을 가속화시킬 수 있다고 주장했다. 자유주의적 성향의 근대화론자들은 법적·공식적 식민주의의 종결에 진

---

133 Lauer, "Scientific Legitimation of Fallacy", p.885.

134 예를 들어 Asad, *Anthropology and the Colonial Encounter*; Renato Rosaldo, *Culture and Truth: The Remaking of Social Analysis*, Boston: Beacon Press, 1989, pp.68~87 참조. 이 저작은 또한 미국의 필리핀 식민 지배에서 사회과학 연구가 수행한 역할에 대해 다루고 있다.

135 Nicholas B. Dirks, Introduction to *Colonialism and Culture*, Ann Arbor: University of Michigan Press, 1992, p.3, 11.

심으로 갈채를 보내면서도 과학과 사회의 진보라는 미명하에 식민주의 정당화에 이용되었던 이데올로기에 의지했다. 로스토는 식민지 권력이 "항상 도약을 위한 전제 조건 형성에 최적화된 환경을 제공한 것은 아니었다"는 점을 인정했다. 그러나 그는 "식민지 권력은 불가피하게 식민지인의 사고, 지식, 제도 등에 변화를 초래했고 … 이러한 변화는 식민지 사회를 이행의 길로 이끌었다"고 설명했다.[136] 그는 서양과의 접촉이 종종 서양식 방식이나 가치를 대외적으로 노출시킴으로써 정체되고 토착적인 제도들을 변화시키고 전통적인 문화를 진보로 이끄는 "전시 효과"를 일으킨다고 설명했다. 「미국의 소리」를 통해 전 세계에 방송된 강연에 따르면 개발도상국들은 "근대화 과정을 예측"하기 위해 서양의 사례를 참고할 수 있다. "발전의 길을 걷고 있는 국가들"은 "오늘날 일명 '선진'사회들의 생활 조건을 연구해 눈앞의 미래를 기획하기만 하면 된다".[137] 몇 년 후, 한 통찰력 있는 학자가 지적했듯 근대화론자들은 "경쟁에서 뒤처진 이들이라 할지라도 적어도 모방 능력은 갖추고 있으므로 인간의 진보는 가능하다"라고 믿었다.[138] 이들은 모방을 통해 근대성을 촉진할 수 있다고 주장했다.

그러나 다수의 근대화론자들은 미국이 다른 국가들이 자신을 모방하기를 기대하며 마냥 기다리기만 할 필요는 없다고 생각했다. 예를 들어 "근대"사회는 "신생"사회에 영향을 미칠 수 있는 제도들을 적극

---

136 Rostow, *Stages of Economic Growth*, p.27.

137 Robert C. Wood, "The Future of Modernization", ed. Myron Weiner, *Modernization: The Dynamics of Growth*, New York: Basic Books, 1966, p.41.

138 Ali A. Mazrui, "From Social Darwinism to Current Theories of Modernization: A Tradition in Analysis", *World Politics*, vol.21, October 1968, p.76.

적으로 수립함으로써 이들의 모방을 촉진할 수 있다. 또한 "선진"국은 대외투자를 제공할 수 있고, 과학기술과 교육을 보급하고 민주주의 시스템이 갖는 가치를 지도할 수 있으며, 보다 효과적인 사업체를 설립할 수 있도록 돕고 심지어 합리성을 고취시킬 수도 있다는 것이다. 이에 대해 "선진"국의 도움을 받는 수혜국들은 선택의 여지를 거의 갖지 못했다. 대니얼 러너 등의 학자들은 "전통적인" 관습과 종교들이 서양과의 접촉에 거의 "저항력을 갖지 못한다"고 보았지만, 로스토는 이러한 논의를 한 단계 더 발전시켰다. 그는 서양의 침입에 대한 토착민들의 반대와 저항이 실질적으로 근대화를 촉진시킬 수 있다고 주장했다. 그는 "반응적 민족주의reactive nationalism는 결과적으로 이행을 위한 가장 중요하고도 막강한 동기로서 기능해 왔다. … 사회에서 실질적인 권위 또는 영향력을 가진 이들은 더 많은 부를 축적하기 위해서가 아니라 전통사회가 외국인들이 주는 수모로부터 이들을 보호해 주는 데 실패했기 때문에—혹은 실패할 위험에 처했기 때문에—기꺼이 전통사회를 변화시키고자 노력해 왔다"고 설명했다.[139] 그러므로 근대화는 단순히 세계를 바라보는 방식 이상의 의미를 가졌다. 근대화는 역사의 흐름을 자신의 편으로 돌리게 하는 힘이자 "정체된" 사회의 변화를 이끌어 낼 가장 중요한 자극제이기도 했다. 이처럼 진정한 자극은 서양에서 비롯된 것이었기 때문에 "제3세계" 민족주의는 결코 완전히 토착적이거나 고유한 것이라 할 수 없었다. "전통주의자"들은 근대성에 저항할 수는 있겠지만 이를 완전히 거부할 수는 없다. 이들은 또한 근대성을 모방할 수는 있지만 창조할 수는 없으며, 근대성에 반응할 수는

---

139 Rostow, *Stages of Economic Growth*, pp.26~27.

있지만 이에 대해 적극적인 행동을 취할 수는 없다. 세계는 서양이 이미 먼저 도달함으로써 밝혀진 보편적인 종착점을 향해 발전하도록 예정되어 있는 것처럼 보였다.

냉전기 근대화론자들은 이전 시기 사회과학자들처럼 성공적인 발전을 위해 오직 단 하나의 경로만이 존재한다고 믿었다. 이러한 단 하나의 경로에 대한 믿음은 그들 자신의 국가적·문화적 우월주의에서 비롯되는 것이기도 했다. 서양 문명 고유의 핵심적인 성격들이 서구 사회의 거대한 진보를 낳았으며 다른 사회들은 이를 따르기 위해 이러한 서양의 역사에서 교훈을 찾을 수 있었다. 근대화론자들의 시각에 따르면 정해진 경로에서의 일탈은 오직 필연적이고 필수적인 변화를 지연시킬 뿐이므로 일부 개발도상국에서 발생하는 민족주의적 저항은 배타적이고 비이성적인 것이었다. 또한 모든 발전 과정이 보편적이라 하더라도 변화를 가져오는 촉매제는 어디까지나 서양이며, 따라서 서양만이 궁극적으로 이러한 불가피한 과정을 가속화시킬 수 있는 힘을 가졌다. 더불어 근대화론자들은 추상적인 추론이나 현학적인 문헌 연구를 통해 이러한 결론을 제시하지 않았다. 대신 이들의 주장은 객관적인 과학적 분석의 형태로 제시되었고 동시에 학문적인 목적과 국가적 사명, 애국적이고 윤리적인 의무 등의 요소 또한 충족시켰다.

근대화론은 이처럼 객관적 분석과 국가적 정체성을 융합한 일종의 이데올로기적 혼합물로서, '근대화'라는 개념이 케네디 정부의 대외 개발 정책과 냉전기 미국의 국가 정체성 형성 과정에서 커다란 역할을 하는 데 기여했다. 근대화론자들은 방법론적 엄격함과 과학적 순수성을 내세워 특정한 하나의 사회 변화 패턴을 자연적인 법칙이라 주장했고 이러한 변화를 가속화시키기 위해 이들이 제시한 방법에 담긴 정치색을 은폐했다. 이들은 또한 미국의 힘을 강조하며 빈곤, 압제, 그리고 운명론과 싸우는 이들을 돕는 진보적 국가 미국이라는 매력적인 국가 정체성을 만들어 냈다. 루시안 파이가 언급한 바와 같이 미국인들은 "좋든 싫든 민주주의 사회로 가는 과도기에 있는 국가의 국민들을 돕고 강화시켜야 할" 소명을 가진 이들이었다. 그는 "이들과 이들의 문제에 대한 우리의 진심 어린 관심과 존중을 보여 줌으로써 우리는 보다 근본적인 문제에 함께 맞설 수 있는 의미 있는 관계를 구축할 수 있다"고 설명했다.[140] 이러한 일종의 선교사적 충동을 담은 근대화론자들의 발언 속에서 "우리"$_{we}$라는 집합적 개념은 서로 다른 두 가지 의미로 사용되었다. 첫 번째로 "우리"라는 개념은 근대화론자들의 미국인 청자들을 구체적이고 명확한 민족 공동체$_{nation}$로 정의하는 데 사용되었다. 이에 따르면 미국인들은 세계를 개선시키기 위한 헌신으로 뭉친 근대적 시민들로 구성된 우월한 공동체로 정의되었다. 두 번째로 "우리"라는 개념은 근대성을 기반으로 이들의 도움을 필요로 하는 사회들과 함께 인식하고 이해하며 해결해 나가야 할 보편적인 과제와 과정을 언급하기 위해서도 사용되었다.[141]

1960년대 초반, 근대화론은 미국의 전략적 과제와 미국의 역할을 도덕적이고 자애로운 세계 지도자로 상정하는 시각 간의 연계성을 강화시켰다. 근대화론자들의 동기가 진정한 이타주의에서 비롯된 것인지 아니면 단지 국가 이익을 추구하는 과정에서 비롯된 것인지를 묻는

---

140 Pye, *Politics, Personality, and Nation Building*, p.300.

141 관련 주제에 대해서는 David A. Hollinger, "How Wide the Circle of the 'We?'"(*American Historical Review*, vol.98, April 1993)를 참조.

것은 일종의 거짓 딜레마에 해당하는 질문이라 할 수 있다. 근대화론이 이데올로기로서 작동했다는 증거를 찾아내기 위해 굳이 음모나 속임수의 징후를 찾아내야 할 필요는 없다. 대부분의 근대화론자들은 미국의 지원을 통해 빈곤을 퇴치하고 민주적인 정부 설립에 기여하며 전세계적 생활수준을 향상시키고 개인의 자유를 옹호하는 국가 건설 작업이 실제로 가능하리라 낙관했으며, "해방 전쟁"을 예방함으로써 "발전"을 촉진시킬 수 있을 것이라고 진심으로 믿었다.

물론 모든 근대화론자가 미국 정부의 정책에 영향을 미치려고 노력한 것은 아니었다는 점 또한 분명한 사실이다. 근대화론자들 중 일부는 실제로 미국의 대외 정책에 구체적인 영향을 미쳤다. 그러나 이들을 제외한다면 대부분 정책 기획 과정에 참여하지 않은 채 학계에 남았고 심지어 이러한 과정에 참여하기 위해 노력하지도 않았다. 그러나 진보를 위한 동맹, 평화봉사단, 그리고 베트남에서 전개되었던 전략촌 프로그램을 분석해 본다면 근대화에 대한 개념과 가정이 미국의 대외 정책에서 커다란 역할을 수행했다는 것을 알 수 있다. 근대화론이 주로 구사했던 수사법과 가정들 또한 냉전기 미국 문화 속에 확고히 뿌리내렸다. 이처럼 제도 및 정책 관련 분야뿐 아니라 대중 담론 속에서도 근대화론이라는 이데올로기는 제국주의적 이상을 재구성하고, 미국인의 정체성을 규정하며, 미국의 국력을 통해 무엇을 달성할 수 있는지를 정의하는 역할을 수행했다.

3장 근대성, 반공주의, 그리고 진보를 위한 동맹*

1961년 3월 2일, 월트 로스토는 존 F. 케네디 대통령에게 서한을 보냈다. 근대화 이론가이자 국가안보 보좌관이던 로스토는 케네디의 라틴아메리카 태스크포스가 작성한 제안서를 동봉하면서, 대통령에게 지금이 바로 새로운 "경제개발의 연대"에 돌입할 때라고 이야기했다. 로스토는 다음과 같이 말했다. "큰 이변이 없는 한, 1960년대 저개발 지역의 상당수 국가들은 도약 단계를 완료하거나 그보다 훨씬 더 나아갈 수 있을 것입니다. 도약을 마쳤을 때 어떤 국가는 여전히 가난할 수도 있지만, 보통은 외부의 민간 상업자본을 끌어들일 수 있는 적당한 상태가 될 것입니다." 로스토는 자신이 소위 "국제 실업수당"이라 부른 것을 아르헨티나·브라질·콜롬비아·베네수엘라가 완전히 끊을 수 있다고 주장했다. 미국이 대량의 대외 원조를 투입함으로써, 라틴아메

---

* 본 장의 일부는 원래 다음에 게재된 바 있다. "Ideology, Social Science, and Destiny: Modernization and the Kennedy-Era Alliance for Progress", *Diplomatic History*, vol.22, Spring 1998, pp.199~229.

리카의 "저개발" 인구 80퍼센트 이상을 "지속적인 성장"으로 이끌 수 있다는 것이다. 그는 원조 프로그램을 통해 사회적 불안과 정치적 불안정으로 이어지는 가난을 상당 부분 극복할 수 있으리라고 덧붙였다. 또한 그것은 "모든 나라의 대중적 상상력을 사로잡는 거대한 힘"을 가지며, 나아가 우리가 분쟁 지역에 개입하더라도 "저개발" 지역들이 "우리에게 위협이 되지 못하게" 할 것이다.[1]

1961년 3월 시작된 케네디 정부의 진보를 위한 동맹은 점점 심화되는 라틴아메리카의 가난과 정치적 억압을 경감하기 위한 긴급하며 포괄적인 시도였다. 동맹은 성장률 목표를 설정하고, 교육·건강보험·주택의 획기적 개선을 주창했으며, 산업화와 토지개혁, 소득 재분배를 요구했다. 케네디의 참모들은 민주적 제도를 위한 포괄적인 계획과 지원이 라틴아메리카에 전례 없는 규모의 평화적 혁명을 가져올 것이라고 약속했다. 라틴아메리카 국가들은 미 사회과학자들의 지원을 받아 세부적인 국가 발전 계획 및 프로젝트를 수립하고 미국의 검토를 받아야 했다. 승인이 떨어지면 미주개발은행Inter-American Development Bank과 국제통화기금 같은 주요 국제기구뿐 아니라 미국 정부가 직접 자금을 제공했다. 라틴아메리카는 또한 국내 경제에 더 많은 민간투자를 받는 정책을 추진해야 했다. 미주기구Organization of American States(OAS)가 비준한 공식 헌장은 각국의 전반적인 경제성장을 비롯한 목표를 다음과 같이 길게 적시했다. "더 평등한 소득분배", 수출의 다양화, 산업화 촉진, 더 높은 농업 생산성, 농지개혁, 기대 수명 증대, 낮은 주거비, 지역 경

---

1 Memorandum, Rostow to Kennedy, March 2, 1961, POF, box 64a, "Rostow, 3/61~5/61", JFKL.

제 통합, 성인 문맹 퇴치. 게다가 이러한 야심 찬 목표들은 "인간 존엄성과 정치적 자유라는 틀"을 헌신적으로 촉진하고자 하는 정부가 추진해야 했다.[2]

진보를 위한 동맹은 가장 인상적으로 널리 논의된 케네디 정부의 발전 계획 중 하나였다. 그것은 근대화가 특정한 제도적 장場과 정책적 맥락에서 작동한 두드러진 사례였다. 많은 경우 근대화론자들은 프로그램 목표를 정의하고 이를 달성하는 수단을 결정하는 데 영향을 주기 위해 자문관, 보좌관 혹은 정책 결정자 같은 공직에 자리 잡았다. 근대화론은 발전 과정이 가속화될 수 있는 방식에 대한 일련의 원칙이었고, 동맹의 노력, 즉 자유주의적·자본주의적 근대성으로 향하는 "이행 경로"를 따라 사회를 바꾸려는 노력이 최대 효과를 낳을 수 있는 구체적인 정책 선택지를 제안하기도 했다. 그런데 근대화는 사회과학적 논의와 정책 설계 사이의 직접적인 관련성을 넘어, 개념적이고 인지적인 틀로서도 강력한 기능을 발휘했다. 이런 의미에서 근대화는 단지 주어진 결과를 산출하기 위해 사용되는 일련의 분석적·도구적인 수단보다 훨씬 거대한 것이었다. 그것은 또한 상호보완적인 관념들의 연결 고리를 단단히 해주는 이데올로기이기도 했다. 근대화는 스스로를 객관적이고 과학적인 지식이라고 주장함으로써 국가 건설을 지도하는 미국의 능력에 관한 깊게 뿌리내린 문화적 가정들을 확실히 표현해 냈다. 근대화는 사회혁명을 야기한다고 여겨진 가난과 억압을 경감시킴으

---

2 "Charter of Punta del Este Establishing an Alliance for Progress within the Framework of Operation Pan America", House of Representatives U. S. Congress. Committee on Foreign Affairs, *Regional and Other Documents Concerning United States Relations with Latin America*, Washington, D.C.: U.S. Government Printing Office, 1966, pp.101~103.

로써, 전략적 요구를 충족시킬 뿐 아니라 자애로운 국가적 사명의 완수를 약속했다. 많은 미국인은 마르크스주의와 소련의 지원에 대항하는 자유주의적·민주적인 발전이라는 비전의 주창이 미국의 역사적 운명과 밀접히 관련되어 있다고 믿었다. 정부와 대중매체가 만든 공적 재현물이나 사적·공적인 소식통들에 묘사된 진보를 위한 동맹은 "개발도상국"에서 벌어진 냉전 경쟁에 딱 맞는 미국의 정체성을 보여 줬다. 진보를 위한 동맹은 소련과 쿠바가 선전하는 모델과 뜨거운 경쟁을 펼치는 가운데, 미국의 모범적인 혁신과 과거의 성취를 필사적으로 모방하려는 지역을 지원했고, 그럼으로써 미국을 선진적이면서도 매우 이타적인 국가, 즉 자국이 가진 가장 강력한 힘을 다시 발휘한 국가로 표상했다.

물론 이론과 정책 그리고 정체성 간의 관계가 진보를 위한 동맹의 모든 역사를 설명하거나 해명할 수는 없다. 광범한 다수의 문헌이 보여 주듯이, 이 프로그램은 라틴아메리카 자체의 요구와 전략적 불안, 과거의 발전 경험, 군사적 억압에 대한 우려, 반구半球의 경제적 연대를 형성하려는 노력 등을 모두 포함하는 포괄적 요인에 의한 결과물이었다.[3] 그러나 이번 장은 진보를 위한 동맹의 형성 과정과 주요한 실시 과

---

3 다음을 참조하라. William O. Walker III, "Mixing the Sweet with the Sour: Kennedy, Johnson, and Latin America", ed. Diane B. Kunz, *The Diplomacy of the Crucial Decade: American Foreign Relations during the 1960s*, New York: Columbia University Press, 1994; Joseph S. Tulchin, "The United States and Latin America in the 1960s", *Journal of Interamerican Studies and World Affairs*, vol.30, Spring 1988. 진보를 위한 동맹의 형성과 운명에 대한 전략적 불안과 영향에 관해서는 다음을 참조하라. Stephen G. Rabe, "Controlling Revolutions: Latin America, the Alliance for Progress, and Cold War Anti-Communism", ed. Thomas G. Paterson, *Kennedy's Quest for Victory: American Foreign Policy, 1961-1963*, New York: Oxford University Press, 1989. 다음의 연구는 경제 요인(economic

정, 그리고 관련 공보물을 통해 근대화의 전망을 추적하며 역사적 맥락에서 정치적·문화적 이데올로기가 어떻게 기능했는지 보여 주고자 한다. 먼저 이번 장은 진보를 위한 동맹의 목적을 구체화하는 데 근대화론이 수행한 역할을 검토하며, 쿠바혁명이 촉발한 국가 안보 위협이라는 정의에 "발전"이 통합되는 개념적 틀을 분석하고자 한다. 근대화론자들은 라틴아메리카가 위험한 "이행기"를 더 급속히 통과할 수 있도록 특정한 실천과 기술을 제안했는데, 이것은 사회혁명이 [근대화론에 의해] 이상화된 과정을 방해하기 전에 "전통"으로부터 "근대성"으로 라틴아메리카 국가들을 인도하기 위한 것들이었다. 이번 장은 이러한 주제를 공적 재현물을 통해 분석하여 근대화가 공식적인 자료나 매체에서 물질적 원조와 활동가적 가치의 공여자와 수혜자 모두에게 어떻게 국가 정체성으로 표현되었는지를 탐구할 것이다. 진보를 위한 동맹이 보여 주었듯이, 반공주의는 전략적·경제적 전장戰場일 뿐 아니라 문화적 전장이기도 했다.

마지막으로 이러한 해석은 진보를 위한 동맹이 스스로 선언한 목적들을 달성하는 데 무능하다는 것이 입증되었음에도, 근대화 이데올

---

forces)을 강조했다. Walter LaFeber, "The Alliances in Retrospect", eds. Andrew Maguire and Janet Welsh Brown, Bethesda, *Bordering on Trouble: Resources and Politics in Latin America*, Md.: Adler and Adler, 1986; Paul J. Dosal, "Accelerating Dependent Development and Revolution: Nicaragua and the Alliance for Progress", *Inter-American Economic Affairs*, vol.38, Spring 1985. 그리고 이전 발전 경험의 맥락에서 진보를 위한 동맹을 위치시킨 내용들을 포함하는 저서는 다음을 참고하라. Diane Kunz, *Butter and Guns: America's Cold War Economic Diplomacy*, New York: Free Press, 1997; Tony Smith, *America's Mission: The United States and the Worldwide Struggle for Democracy in the Twentieth Century*, Princeton: Princeton University Press, 1994. 라틴아메리카 관련 계획들(initiatives)에 대해서는 다음을 참조. Jerome Levinson and Juan de Onís, *The Alliance That Lost Its Way*, Chicago: Quadrangle Books, 1970.

로기가 그에 대한 반대와 비판을 봉쇄했다는 점을 검토할 것이다. 근대화라는 하나의 이데올로기는 특정 정책을 근원적인 국가 자의식과 연결시켰으며, 사실상 정책 실패의 명확한 증거를 인식하고 대응하는 고위 관료 및 참모들의 능력을 약화시켰다. 많은 이가 특정한 행정적 문제를 개탄하고, 프로그램의 명백한 실패를 라틴아메리카인들의 탓으로 돌렸으며, 민간투자에 더 큰 관심을 두어야 한다고 요구했다. 하지만 "근대적" 가치와 자원, 지도의 제공이 "저개발" 지역의 급격한 전환을 만들어 낼 수 있다는 근본적인 가정에 의문을 제기한 이들은 극소수에 불과했다. 진보를 위한 동맹의 경우, 근대화 이데올로기는 미국이 야심차게 널리 알린, 라틴아메리카의 발전과 공산주의 봉쇄를 결합한다는 노력을 구체화·정당화하는 역할을 했다. 근대화는 또한 사회의 변화를 분석할 때 하나의 특히나 엄격한 본보기만을 따르도록 강요했으며, 광범한 경제적·정치적 개혁이 단순한 의지의 문제라고 규정했다. 여기서 미국은 자신이야말로 허우적거리는 세계를 변화시킬 힘과 지식 그리고 권리를 갖고 있다는, 즉 그것은 미국의 역사적 운명이라는 뿌리 깊은 감각을 반복해서 드러냈다. 미국은 이베리아 식민주의의 저 낡은 유산을 "대체"하는 동시에 카스트로가 직전에 내놓은 혁명적인 제안에도 도전하겠다고 약속했지만, 결국 자기만의 제국주의적 이상을 만들어 내는 데 그쳤다.

몇몇 학자들은 제1차 세계대전 이후 라틴아메리카가 자체적으로 반구 차원의 발전 프로그램을 요구했다는 점을 지적했다. 1930년대 초반부터 1950년대 초까지 이 지역의 경제 상황은 크게 요동쳤다. 불황으로 라틴아메리카의 미국과 유럽 수출시장은 메말라 버렸고, 광범한 가난이 내수를 위축시켰다. 제2차 세계대전이 발발하자, 라틴아메리카 국가가 보유한 원료의 수출이 다시 늘어났다. 또한 미국 정부의 비군사기구들은 전 세계 총 지출액 44억 달러 중 거의 24억 달러를 라틴아메리카 상품들을 구매하는 데 사용했다. 귀금속과 석유 그리고 육류는 라틴아메리카를 역사학자 스티븐 G. 레이브Stephen G. Rabe가 명명한 대로 "미국과 유엔을 위한 무기고"로 만들었다.[4] 그러나 1940년대 후반 호황은 사라졌으며, 이 지역의 밀·커피·주석·구리 같은 주요 생산품이 벌어들이는 외화 수익은 공산품 수입 비용에 미치지 못했다. 공중 보건 분야의 발전은 사망률을 낮추었지만, 전체 인구가 증가했기 때문에 실업률도 함께 솟구쳤다. 라틴아메리카 국가들은 투자를 위한 국내 저축이 거의 없었으며, 정통 [경제학]은 무역을 통한 "비교 우위"를 활용해야 한다고 주장했지만 이러한 비교 우위론은 종종 빈곤을 늘리거나 엘리트들이 통제하는 수출 부문만이 발전하는 결과를 낳았다. 그러나 그러한 수출 부문들은 대중의 빈곤을 거의 줄이지 못했다. 또한 수입 대체 공업화 전략은 자본집약적 제조업—주로 해외에서 투자받은—이 고가 제품 소비가 가능할 정도의 국내 시장을 창출해 낼 일자리와 국민소득 제공에 실패하면서 난관에 부딪쳤다. 모든 라틴아메리카 국가가 이러한 경향에 동일한 영향을 받은 것은 아니었지만, 상당수 국가의 생활수준과 교육 수준은 끔찍할 정도로 낮아졌다.[5]

미래 전망은 훨씬 더 어두웠다. 1948년 유엔 산하 지역 기구로 설립된 라틴아메리카 경제위원회는 양적 연구를 통해 1880년대 후반부

---

4 Stephen G. Rabe, *Eisenhower and Latin America: The Foreign Policy of Anticommunism*, Chapel Hill: University of North Carolina Press, 1988, pp.8~9.

5 Thomas E. Skidmore and Peter H. Smith, *Modern Latin America*, New York: Oxford University Press, 1984, pp.60~61; LaFeber, "Alliances in Retrospect", pp.342~343.

터 세계무역 관계가 1차 산품 수출국들에게 구조적으로 불리하게 작동했음을 증명하고자 했다. 아르헨티나 경제학자 라울 프레비시가 경고했듯이 "교역 조건" 또한 이전보다 훨씬 빠른 속도로 악화되고 있었다. 주요 농산물과 광물의 물가지수는 완제품에 비해 상대적으로 폭락했다. 라틴아메리카 국가들은 공업 제품을 수입하는 과정에서 더 깊은 빚의 나락에 빠졌고, 수출을 통한 수입은 이를 해소해 주지 못했다. 프레비시와 그의 동료들은 라틴아메리카에 이미 만연한 가난이 "중심부"와 "주변부"의 "불평등한 교환" 때문에 계속 심화될 것이라고 주장했다. 이것은 1950년대 초 1인당 연간 국민소득이 평균 250달러 미만이며 기대 수명도 당시 미국보다 25년이나 낮은 43세였던 이 지역에는 그야말로 암울한 소식이었다. 게다가 상당수 문제는 분명히 국내적 역동성과 관련되었다. 많은 라틴아메리카 국가에서 소수의 과두 집권층이 엄청난 양의 토지와 부를 통제했다. 페루에서는 인구의 1.1퍼센트가 국토의 82퍼센트를 소유했다. 브라질에서는 상위 1퍼센트 부유층이 전체 소득의 19퍼센트를 차지했다. 많은 경제학자와 관료들은 극적인 조치가 없다면 이 지역에 어떠한 진보도 불가능하리라고 확신했다.[6]

이 지역의 깊은 가난과 라틴아메리카 경제위원회 같은 기관들의 예측은 라틴아메리카인들이 미국 및 다른 산업화된 국가들에게 경제적 원조를 호소하는 물결을 불러일으켰다. 그러나 그들의 요구는 한동안 군사 우선주의를 앞세운 미국 정부의 주목을 받지 못했다. 1945년

---

6 Skidmore and Smith, *Modern Latin America*, pp.340~341; Rabe, *Eisenhower and Latin America*, pp.74~75. 프레비시의 이론적 입장의 배경에 대해서는 다음을 참조. Joseph L. Love, "Raúl Prebisch and the Origins of the Doctrine of Unequal Exchange", *Latin American Research Review*, vol.15, no.3, 1980.

초 멕시코 차풀테펙에서 열린 국제회의에서 라틴아메리카 지도자들은 미주대륙의 어떤 국가에 대한 공격도 자신들 전체에 대한 공격으로 간주할 것이며 나아가 침략을 당했을 때 적절한 대응 방안을 결정하기 위해 상호 협력할 것이라는 공동성명을 채택하여 미국과 연대할 것을 맹세했다. 또한 냉전의 긴장이 고조된 상황에서, 1947년 8월 라틴아메리카 국가들은 리우데자네이루에서 공식 조약[7]을 비준함으로써 미국의 안보 우려에 동참했다. 세계를 두 개의 이데올로기 진영으로 나누며 "다른 삶의 방식"을 선택해야 한다고 선언했던 그 유명한 트루먼 독트린이 선포된 후 불과 몇 달 만에, 해리 S. 트루먼 대통령은 라틴아메리카 회의를 위해 리우로 떠났다. 트루먼은 제2차 세계대전에서 일본의 항복을 받았던 미주리호를 타고 장엄한 모습으로 도착한 후, "강력하고도 효과적인 새로운 세계 평화협정"을 자랑스럽게 축하했다. 그는 "우리는 범아메리카 연대라는 이상을 현실로 바꾸었습니다. 이것이야말로 암흑 세계에 비친 한 줄기 빛입니다"라고 선포했다.[8] 1년 후 콜롬비아 보고타에서 만들어진 미주기구는 미주 대륙 간의 협력을 위한 공식적인 법적 틀을 만듦으로써 공산주의 전복에 대항하는 연합 전선을 강화했다. 트루먼 정부는 미주대륙 국가들은 내정에 상호 간섭하지 않는다는 요구 사항에 동의했음에도 불구하고, 이후 몇 년간 주저 없이 라틴아메리카 10개국과 상호방위조약을 체결했다. 라틴아메리카 국가

---

7 미주상호원조조약(Inter-American Treaty of Reciprocal Assistance)을 말한다. 이 조약은 일국에 대한 공격은 미주 국가 전체에 대한 공격으로 보고, 개별적 또는 집단적 자위권을 행사한다는 것을 규정하고 있다.—옮긴이

8 이것은 다음에서 인용했다. Gaddis Smith, *The Last Years of the Monroe Doctrine, 1945-1993*, New York: Hill and Wang, 1994, p.59.

들은 미국으로부터 군사 장비·서비스를 제공받는 대가로 자국의 방위 능력을 확장하고, 전략물자를 직접 미국에 보내며, 소련 진영과의 무역을 제한받는 것에 동의했다.[9]

이러한 상황은 1950년대 초까지 라틴아메리카 관료들의 사회적·경제적 관심과 미국의 안보적 필요성 사이에 존재한 깊은 간극을 일정 정도 반영한다고 할 수 있다. 아르투로 에스코바르Arturo Escobar가 주장했듯이, 라틴아메리카의 지도자들은 차풀테펙 회의 때부터 "민주주의의 공고화에서 산업화가 차지하는 중요성을 명시적으로 밝혔고, 미국이 경제적 이행 프로그램으로 이를 도와주기를 요청했다".[10] 그러나 미국의 정책 결정자들은 보통 그런 요청들을 무시하거나 공산주의에 대한 지속적인 경계의 필요성을 강조하는 훈계를 늘어놓을 뿐이었다. 1948년 보고타 회의에서 라틴아메리카인들이 다시 한번 원조 문제를 거론했을 때, 조지 마셜George Marshall 국무부 장관은 유럽의 안보가 우선이라고 짧게 통보했다. 마셜은 미국이 이미 유럽 재건의 책무를 지고 있기 때문에 라틴아메리카인들은 기다려야만 한다고 주장했다. 1945년부터 1950년까지 트루먼 정부는 유럽에 190억 달러를 쏟아부었지만, 라틴아메리카 지도자들에게는 추후 고려해 보겠다는 애매모호한 약속만 함으로써 그들을 좌절시켰다. 개디스 스미스Gaddis Smith에 따르면 "위기가 전 세계에 만연한다는 감각은 미국 정부의 고위 관료들이 라틴아메리카를 개별 국가나 지역의 문제, 또는 다른 아메리카

---

9 Skidmore and Smith, *Modern Latin America*, pp.334~337; Smith, *Last Years of the Monroe Doctrine*, pp.41~62.

10 Arturo Escobar, *Encountering Development: The Making and Unmaking of the Third World*, Princeton: Princeton University Press, 1995, p.29.

공화국들과 미국 사이의 해묵은 문제라는 관점이 아니라 세계 전략의 관점에서 사고하게 했다".[11]

미국의 주요 전략가들이 지닌 지배적인 태도는 이러한 관점을 더욱 강화시켰다. 트루먼의 참모 대부분은 라틴아메리카에서 시간을 보낸 경험[거주하거나 체류한 경험]이 없었고, 라틴아메리카인들이 감정적이고 비이성적이며 미국의 진지한 고려 대상이 아니라고 판단했다. 미 국무부 정책기획위원회 위원장 조지 F. 케넌은 1950년 중앙아메리카와 남아메리카를 여행하면서 멕시코시티, 카라카스, 리우, 상파울루, 몬테비데오, 부에노스아이레스, 파나마시티 등을 방문했다. 케넌은 지역의 극단적인 빈부 격차에 충격받았고, 자신을 향한 라틴아메리카 좌익의 공격에 불쾌감을 느꼈으며, 무기력하고 권위주의적인 라틴아메리카 지도자들의 문제를 절감했다. 따라서 케넌은 공산주의의 침투와 전복의 위험이 상당히 실재한다는 결론을 내렸다. 그러나 그가 보기에 라틴아메리카인들은 구제불능이었다. 그는 그들이 민주주의를 실천할 준비가 되어 있지 않으며, 진정한 경제적 진보를 이룰 능력이 본질적으로 결여되어 있다고 믿었다. 케넌이 회고록에 남겼듯이, 그 지역의 결함들은 "라틴아메리카인들의 혈통과 지리적 흔적 안에 기입되어" 있었다. "그리고 어느 경우든 그러한 결함들은 쉽게 없애 버릴 수 없다. … 따라서 사람들이 그들에게 제시한 해법들은 매우 불충분하며 실현 가능성이 없는 것이었다."[12] 많은 주요 분석가들은 미국이 라틴아메리

---

11 Gaddis Smith, *The Last Years of the Monroe Doctrine, 1945-1993*, New York: Hill and Wang, 1994, p.66; Levinson and.de Onís, *Alliance That Lost Its Way*, p.37.

12 George F. Kennan, *Memoirs: 1925–1950*, Boston: Little, Brown, 1967, p.476. 다음에서 인용했다. Smith, *Last Years of the Monroe Doctrine*, p.68. 라틴아메리카와 공산주의 위협

카의 안보 문제를 무시해서는 안 된다는 견해를 제시했다. 그러나 전면적인 정치적·사회 경제적 진보를 촉진하려는 노력은 결국 물거품이 될 것이다.

1954년 후반 미주기구의 미주경제사회이사회Inter-American Economic and Social Council 회의에서 라틴아메리카인들은 또다시 미국의 원조를 요청했다. 이때 그들은 경제개발을 위한 포괄적이고 장기적인 프로그램을 제안했다. 프레비시와 라틴아메리카 경제위원회의 주도로 칠레 대통령 에두아르도 프레이Eduardo Frei는 라틴아메리카의 경제 발전은 상품 가격을 안정화하며 신생 산업을 촉진하고 지역경제 통합을 도우며 보편적인 생활수준을 향상시키기 위한 원조가 있어야만 가능하다고 주장했다. 라틴아메리카 경제학자들은 미주은행Inter-American Bank의 설치를 요구했으며 또한 이후 10년간 라틴아메리카에 적어도 연간 10억 달러의 공공 원조가 필요할 것으로 추산했다. 그들은 경제성장을 촉진하고 지역경제를 다양화하기 위해 대규모 자본을 투입하여 국내 저축을 증대시켜야만 한다고 주장했다. 나아가 미국이 그러한 원조 대부분을 제공해야 했다.[13]

아이젠하워 정부는 재정적으로 보수적이었고 반공주의에만 몰두했으며, 전임 정부들과 마찬가지로 편견 어린 시각으로 라틴아메리카를 바라봤기 때문에 이러한 계획을 즉각 거부했다. 아이젠하워와 참모들은 경제성장은 자유시장 자본주의의 작동 및 사기업의 활동을 통

그리고 "강압적 조치들"의 필요성에 대한 케넌의 관점은 다음을 참조. Anders Stephanson, *Kennan and the Art of Foreign Policy*, Cambridge: Harvard University Press, 1989, pp.162~165.

13 Rabe, *Eisenhower and Latin America*, p.75; Kunz, *Butter and Guns*, p.122.

해 달성해야 한다고 주장했다. 이들은 국가 주도 프로그램이 거대한 원조 관료주의를 만들고 기업의 이익을 해치기만 할 것이라고 역설했다. 아이젠하워는 진보적인 개혁을 촉진하기보다 현상 유지에 더 관심을 기울였다. 또한 미국 정부가 지지하는 라틴아메리카의 독재자들을 약화시킬 수 있는 사회적·경제적 프로그램들을 굳이 도입할 필요가 없다고 생각했다. 아이젠하워 정부는 라틴아메리카 지도자들을 인권과 시민권 문제로 압박하지 않았을 뿐 아니라, 페루의 마누엘 오드리아Manuel Odría와 베네수엘라의 마르코스 페레스 히메네스Marcos Pérez Jiménez에게 공로훈장을 수여했다. 또한 미국 대사들은 도미니카공화국의 라파엘 트루히요Rafael Trujillo와 쿠바의 풀헨시오 바티스타Fulgencio Batista가 이끄는 악랄한 정권들을 미국의 충실한 동맹국이자 자유의 수호자라고 칭송했다. 나아가 아이젠하워 정부는 라틴아메리카 지역에서 미국의 지배력을 유지하기 위해 필요하다고 생각되는 곳에 곧바로 비밀 병력을 사용했다. 1954년 프레이와 측근들이 미국의 원조를 호소하기 불과 몇 달 전, 아이젠하워의 CIA는 과테말라 민족주의자 하코보 아르벤스에 대항하는 쿠데타를 은밀히 조직했다. 헌법에 따라 선출된 지도자 아르벤스는 자신의 정부에서 공산주의자들의 추방을 거부했으며 미국 소유 유나이티드 프루트 컴퍼니United Fruit Company의 일부 지분을 몰수하는 진보적인 토지개혁 조치를 시행했다. 아이젠하워 정부는 라틴아메리카의 발전 제안을 단호히 거부하는 한편, 경제적이고 정치적으로 독자적인 길을 가겠다는 아르벤스의 도전을 무력으로 억압함으로써 미국이 라틴아메리카에서 사회 경제적 급진주의보다 현상 유지를 훨씬 더 선호한다는 강력한 메시지를 보냈다. 아이젠하워가 취한 조치들의 성격은 분명해졌고, 이제 미국이 전면적인 변화를 추구하는 제안들을 지지하지 않으리라는 점도 명백해졌다. 기존의 질서를 벗어나는 국가들은 위험을 각오해야 했다.[14]

그러나 1950년대 후반 발생한 몇몇 사건들이 정책상의 부분적인 변화를 촉발했다. 1958년 라틴아메리카 "친선 순방"을 나섰던 닉슨 부통령은 리마의 산마르코스대학에서 성난 대학생 시위대와 마주했으며, 카라카스로 이동하려고 할 때 돌을 던지는 시위 군중 때문에 타고 있던 자동차가 거의 전복될 뻔한 경험을 했다. 이러한 사건들은 미국의 정책에 대한 라틴아메리카의 분노의 물결이 커져 간다는 것을 보여주었다. 그러나 정말로 충격적인 사건은 1958년과 1959년에 발생했다. 카스트로의 게릴라군이 시에라마드레 산맥에서 출현하여 바티스타 정부를 쳐부순 후 아바나 거리에서 승리의 행진을 펼친 것이다. 새로운 쿠바 정부가 혁명을 위한 노력을 심화시키고 소련과 협력하자 미국이 우려했던 최악의 악몽이 현실화되었다. 아이젠하워 정부의 전략가들이 우려했던 혁명적 민족주의는 쿠바로부터 남미 전역의 가난하고 소외된 주민들에게 빠르게 퍼져 나갔다. 바티스타 정부가 사실상 취약한 정권이었다면, 도미니카공화국의 트루히요 혹은 니카라과의 소모사Somoza 가문 같은 정권들에겐 어떤 일이 일어날 것인가? 마이크 맨스

---

14 Levinson and de Onís, *Alliance That Lost Its Way*, pp.38~42; Kunz, *Butter and Guns*, p.122; Rabe, *Eisenhower and Latin America*, pp.86~87. 과테말라 쿠데타의 역사에 대해서는 다음을 참조. Piero Gleijeses, *Shattered Hope: The Guatemalan Revolution and the United States, 1944-1954*, Princeton: Princeton University Press, 1991; Richard H. Immerman, *The CIA in Guatemala: The Foreign Policy of Intervention*, Austin: University of Texas Press, 1982; Stephen C. Schlesinger and Stephen Kinzer, *Bitter Fruit: The Untold Story of the American Coup in Guatemala*, Garden City, N.Y.: Doubleday, 1982.

필드_Mike Mansfield_와 휴버트 험프리_Hubert Humphrey_, 웨인 모스_Wayne Morse_, 프랭크 처치_Frank Church_, 윌리엄 풀브라이트_J. William Fulbright_ 그리고 정치적 야망을 지닌 케네디가 포함된 강력한 상원 외교위원회 위원들도 비슷한 질문을 던지며 아이젠하워 정부의 정책을 지속적으로 공개 비판하기 시작했다. 또한 독재 정권에 대한 미국의 지지는 콜롬비아의 로물로 베탕쿠르_Rómulo Betancourt_나 코스타리카 대통령 호세 피게레스_José Figueres_ 같은 라틴아메리카 자유주의자들의 분노를 야기했다. 국내외의 거센 비판에 압박을 느낀 아이젠하워 정부는 쿠바에서 카스트로에 반대하는 "제3세력"을 지원하려 했지만 좌절을 맛보았고, 라틴아메리카의 문제에 주목하고 이를 해결하기 위한 사회 경제적 힘과 필요를 진지하게 고민하는 정책을 처음으로 고려하기 시작했다.[15]

이러한 맥락에서 미국의 전략 기획자들은 1958년 브라질의 주셀리노 쿠비체크_Juscelino Kubitschek_ 대통령이 대규모 정부 재정을 투입하는 경제 발전 프로그램인 "범아메리카 작전"_Operation Pan-America_을 제안하자 놀랍도록 [기존과] 다른 반응을 보였다.[16] 쿠비체크는 혁명적 봉기의 근원은 공산주의 음모가 아니라 대중의 빈곤과 절망에 있다고 주장했는데, 그의 분석은 워싱턴 정계에서 전례 없는 관심을 받았다. 마침내 1960년 9월 보고타에서 아이젠하워 정부는 농업 개혁을 촉진하고 주택을 건설하며 공중 보건 및 교육을 개선하기 위한 5억 달러 규모의

---

15 Rabe, *Eisenhower and Latin America*, pp.3~4, p.97; Thomas G. Paterson, *Contesting Castro: The United States and the Triumph of the Cuban Revolution*, New York: Oxford University Press, 1994, pp.135~136, 244~245.

16 Rabe, *Eisenhower and Latin America*, pp.107~129; Levinson and de Onís, *Alliance That Lost Its Way*, pp.44~48.

사회발전 신탁기금Social Progress Trust Fund을 설립하기로 합의했다. 미국이 이 조치를 승인함에 따라 C. 더글러스 딜런C. Douglas Dillon 재무부 장관과 정부의 전략가들은 사회개혁을 공동의 전략적 목표 달성과 결부시켰다. 여전히 반공주의의 승리는 필수적인 목표였다. 그러나 이제 미국은 반공 달성을 위한 중요한 방법으로서 경제성장 및 대중적 고통의 경감을 추가했다. 역사학자 라스 슐츠Lars Schoultz는 개혁적이고 발전 지향적인 라틴아메리카 지도자들이 마침내 공산주의가 위험한 "침투 세력"이긴 하지만 유일한 "문제의 근원"은 아니라는 것을 미국이 인식할 수 있게 만들었다고 지적했다.[17] 1960년 가을, 아이젠하워 정부는 원조가 카스트로 혁명 정권이 촉발한 위협에 대항하는 무기라는 점을 받아들이기 시작했다.

한 가지 지적할 점은, 그렇다고 미국 관료들이 힘과 강압에 기반한 전략을 포기한 것은 결코 아니었다는 점이다. 카스트로 정부가 소련 석유를 받기로 합의하고 그 석유의 정제를 거부한 미국 기업을 국유화하자, 미국 정부는 쿠바 설탕 수입 할당량을 줄이고 무역 금지 조치를 실시하는 것으로 맞대응했다. 1960년 3월경, CIA는 결국 불행하게 끝맺은 피그스만 침공 계획을 세우기 시작했다. 1954년 과테말라에서 무력 개입이 효과를 봤다고 확신한 전략가들은 다시금 무력을 사용하는 것을 주저하지 않았다. 그러나 이 시점부터 라틴아메리카 정책은 서로 교차하는 두 경로를 계속 왔다갔다 했다. 라틴아메리카에서 미국

---

17 Lars Schoultz, *Beneath the United States: A History of U.S. Policy toward Latin America*, Cambridge: Harvard University Press, 1998, p.353. 보고타 법안의 내용은 다음을 참조. House of Representatives, *Regional and Other Documents*, pp.92~97.

의 전략적 사고의 핵심은 군사적 조치와 대반란전에 더해, 대외 원조와 발전이 되었다.

따라서 1961년 1월 케네디가 취임할 무렵, 라틴아메리카는 냉전이데올로기 투쟁의 주요 경기장이 되었다. 일군의 활동가들은 아이젠하워의 경직성이 공산주의자들에게 큰 이득을 주었다고 확신했으며, 케네디의 참모들도 두 번째 쿠바를 만들지 않기 위한 지역적 변환을 설계하기로 했다. 그들은 보고타 법안에 기반하여 미국의 대외 원조 규모와 목적을 근본적으로 확대했다. 빈곤이 초래한 최악의 불안정한 사례들을 수습하는 것만으로는 충분하지 않았다. 공산주의의 침투는 이 지역의 발전 과정을 근본적으로 바꾸는 프로그램으로만 봉쇄할 수 있었다. 아이젠하워 정부가 제한된 경제 발전 및 공공복지 프로그램을 구상했던 지점에서, 케네디와 그의 참모들은 정치 개혁, 경제적 번영 그리고 심지어 새로운 문화적 가치 창출이라는 목표를 결합한 거대한 10년짜리 장기 계획을 시작했다. 아이젠하워와 측근들이 최후에 마지못해 "성장"으로 돌아선 지점에서, 케네디 팀은 확고한 자신감을 갖고 "근대화"를 주장했다.

신임 정부는 처음부터 거대한 구상을 갖고 라틴아메리카 계획을 시작했다. 새 정부는 하버드의 경제학자 링컨 고든, 뉴딜에 참여했던 아돌프 벌리Adolf Berle, 럿거스대학 경제학자 로버트 알렉산더Robert Alexander, 펜실베이니아대학 역사학자 아서 휘터커Arthur Whitaker, 푸에르토리코 개발 전문가인 테오도로 모스코소Teodoro Moscoso와 아르투로 모랄레스 카리온Arturo Morales Carrión 등을 포함하는 라틴아메리카 태스크포스에게 구체적 조치를 위한 권고안 작성을 지시했다. 이 태스크포스는 다음과 같이 분석했다. 1950년대 미국은 "민간 기업과 미국인의 투자를 위한 좋은 환경이야말로 모든 필수적인 사회적·경제적 발전을 성취해 낼 것이라고 주장"했다. 그러나 이제 이 지역의 만성적인 불안은 이러한 가정이 잘못되었음을 증명했다. 태스크포스는 라틴아메리카가 "대륙 외부의 간섭"이라는 심각한 위험에 직면했다고 확신하면서 다음과 같은 논리를 폈다. "현재 라틴아메리카에서 발생 중인 소요는 공산주의 침투를 촉진하며, 이는 미국이 저지할 수도, 저지해서도 안 되는 사회적·정치적 변화의 조류를 보여 주는 외적 징후이다." 그들은 혁명을 예방하는 열쇠는 바로 그러한 힘들을 "관련된 사람들에게 유익할 뿐 아니라 수용 가능하고, 현재 존재하거나 존재해야만 하는 경로들로 그들을" 이끌기 위한 체계적이고 장기적인 계획이라고 주장했다.[18]

케네디 정부의 기획자들에 따르면, 이 문제는 포괄적인 접근 방식을 필요로 했다. 초창기 라틴아메리카의 제안들이 무역 및 산업의 세부 사항들에 집중됐으며 보고타 법안이 특정 사회 발전 프로젝트의 필요성을 강조했던 반면, 케네디의 참모들은 이제 경제적·사회적·정치적 변화를 한꺼번에 다룰 수 있는 좀 더 통합적인 플랫폼을 모색했다. 그들은 다음과 같이 지적했다. 소련과 중국은 모두 널리 알려지고 설득력 있는 혁명적 교리를 가졌으며, 나아가 빈곤 완화와 사회정의를 달성하고 정치적 억압을 종식시킬 방법을 모색하는 라틴아메리카인들의 흥미를 당길 마르크스주의 원칙들을 주장할 수 있었다. 태스크포스는 "미국은 그 자체로 명확한 철학을 밝히지 못했으며 그러한 철학

---

18 Task Force Report, January 4, 1961, Moscoso Papers, box 9, "Report of the Task Force on Immediate Latin American Problems, Winter, 1960", JFKL.

을 퍼뜨릴 효과적인 수단도 없다"고 한탄했다.[19] 그들은 라틴아메리카 인들의 열망을 전달하고 이 지역의 미래를 이끌기 위해서는 새로운 정책 설계가 필요하며, 나아가 더 필요한 것은 이에 수반되는 새롭고 매력적인 이데올로기라고 주장했다.

진보를 위한 동맹은 이러한 모든 요구를 충족시키기 위해 근대화론을 적용했다. 근대성을 향한 이행과 사회적·경제적·정치적 변화의 상호 의존성, 진보로 가는 단선적 경로, 미국의 지식·가치·투자로 가속화되는 근대화의 가능성 등에 대한 이론적·사회과학적 주장들이 이 새로운 프로그램의 설계 안에 모두 포함되었다. 진보를 위한 동맹은 자본의 효과적인 투입과 새로운 가치의 촉진을 위한 방법들을 규명했으며, 나아가 사회 프로그램과 경제성장, 정치개혁을 동시에 추진함으로써 "전통적" 사회들을 "근대성"을 향해 이동시킬 것을 제안했다. 공산주의는 불안정하고 빈곤에 처한 절망적인 사람들에게 매력적인데, 케네디의 기획자들은 대규모의 일치된 노력이 그러한 상황으로부터 라틴아메리카를 벗어나게 할 것이라고 믿었다. 사람들이 전통적인 신념에서 멀어짐에 따라 "이행기"는 필연적으로 오래된 가치들을 침식시켰다. 그러나 미국처럼 "선진화된" 사회는 근대화를 통해 새로운 의미 체계를 제공하며, 공산당이 "자연 발생적인" 일련의 사건들을 방해하기 전에 국가가 "도약" 단계에 이를 수 있도록 그 진행 과정을 가속화할 수 있다.

더욱이 근대화 과정의 가속화는 라틴아메리카 국가들과 미국 모두의 이익을 증진시킬 수 있었다. 하버드대학의 경제학자이자 라틴아

---

19 Ibid.

메리카 태스크포스 위원인 링컨 고든은 후에 다음과 같이 회상했다. "'선행조건'과 '지속적인 성장을 향한 도약 단계'라는 개념이 담긴 로스토의 『경제성장의 제 단계』는 학계와 관료 사회 전체의 사고에 깊은 영향을 주었다. "그 기저에 깔린 생각은 … 자유, 책임 있는 정부, 기회 평등이라는 미국적 가치들이 미국의 경제적 번영과 함께 해외에 널리 공유된다면 미국이 국내적으로도 더욱 번창할 것이라는 확신이었다. 우리는 유럽과 일본의 부흥으로부터 이득을 얻었고, 저개발 세계의 근대화로부터도 비슷한 이득을 얻을 것이다."[20] 마셜 플랜의 수립을 도왔던 고든과 로스토 같은 참모들은 이제 훨씬 더 극적인 성취를 꿈꾸었다. 그들은 미국이 서유럽 경제를 재건했다면, 지금 미국이 속한 아메리카 지역 다른 국가들의 정치·경제·사회생활도 왜 근본적으로 바꿀 수 없겠는가? 하고 판단했다. 그러나 여러 면에서 마셜 플랜은 좋은 비유가 아니었다. 다이앤 쿤츠는 전략가들이 "경제적 해결책이 쉽게 통할 수 있는 경제 문제들에 그들의 경제적 무기를 겨누었기 때문에" 마셜 플랜의 성공이 가능했다고 주장했다. "서유럽은 미국식 접근 방식에 이상적인 환경을 제공"했으며 … "그곳에는 행정 구조와 사회기반시설 그리고 이용 가능한 노동력이 이전부터 존재했다"는 것이다.[21] 라틴아메리카에 제시된 과업은 훨씬 더 복잡했다. 그러나 케네디 정부의 기획자들은 의연했다. 이들이 볼 때 근대화란 분리 가능한 정치적 선택지들이 있거나 경합하는 의제 중에서 하나를 선택하는 문제가 아니

20 Lincoln Gordon, "The Alliance at Birth: Hopes and Fears", ed. L. Ronald Scheman, *The Alliance for Progress: A Retrospective*, New York: Praeger, 1988, p.74.
21 Kunz, *Butter and Guns*, p.55.

었다. 즉 자유민주주의라는 이상이야말로 모두에게 호혜적 이익을 제공해 주는 것이며, 이는 그러한 세계를 만들려는 미국적 사명의 자연스러운 확장이었다.

게다가 라틴아메리카는 이 프로젝트에 가장 적합해 보였기에, 케네디의 많은 참모는 "이 지역의 발전을 가속화할 특별한 기회"가 왔다고 확신했다. 고든이 강조했듯이 "우리는 그 지역의 대부분, 특히 남미의 대규모 국가들과 멕시코는 로스토가 말한 도약 단계의 문턱에 왔다고 믿었다". 물론 "제도적·사회적 장애물이 있었지만 동양적 운명론이나 신성한 소, 카스트제도 같은 문화적 장애물은 없었다". 라틴아메리카 대다수 지역에선 중산층과 산업 기반, 그리고 민주적 열망이 확대됨으로써 발전에 필요한 많은 요구 사항을 충족했으며 나아가 역사적 가능성이라는 하나의 지점에 도달했다. "이 모든 것은 도약을 위한 선행조건들을 여전히 충족하지 못한 아프리카 대부분과 고대적인 문화적 장애물을 극복해야만 하는 남아시아 및 동남아시아와 뚜렷이 대비되었다." 전임 정책 결정자들보다 라틴아메리카에 더 친숙했던 많은 케네디의 참모들도 이 지역의 잠재력에 더 낙관적이었다. 이들은 라틴아메리카가 지리적·경제적·사회적으로 미국에 더 가깝다고 인식했기에 "빅 푸시"가 일어날 조건이 성숙해졌다고 생각했다.[22]

하버드대학의 역사학자이자 백악관 보좌관 아서 슐레진저 주니어도 이러한 관찰에 동의했다. 그가 라틴아메리카 지역을 여행한 후 케네디에게 보고했던 것처럼, "라틴아메리카는 그야말로 근대화를 위해 전념하고 있었다". 미국은 라틴아메리카의 성공을 위해 "여전히 사

---

22 Gordon, "Alliance at Birth", pp.74~75.

회에 만연한 반¼봉건적 농업 구조를 급격히 변화시키는" 작업을 도와야 하며 동시에 토지에 기반한 과두정치와 카스트로의 지원을 받는 혁명 세력에 모두 대처해야만 한다. 이러한 장애물들은 만만하지는 않지만 극복할 수 있다. 산업 투자, 곡물 생산을 위한 안정화 협정, 토지개혁 지원, 사회 프로그램에 대한 자금 지원, 독재에 대한 지속적인 반대를 통해 미국은 이 전투에서 승리할 수 있다. 케네디 정부는 여러 전선에서 싸우겠다고 공약하면서 "경제적 근대화 과정을 통해 새로운 도시 중산층에게 권력을 이전시키고, 입헌정치와 투명한 공공 행정, 책임 있는 정당 체제, 합리적인 토지제도, 효율적인 조세제도 같은 전문화된 근대사회의 필수품들을 생산하는" "중산층 혁명"을 이끌어 내겠다고 약속했다.[23] 슐레진저는 사회 이론가 막스 베버가 자본주의에 필수적이라고 강조했던 특질들을 상기시키면서, 힘든 도전이겠지만 경제적·정치적·사회적 영역을 포괄하는 근본적인 이행은 확실히 가능하다고 주장했다.

로스토와 슐레진저, 고든 같은 참모들이 모두 미국이 "경제성장, 사회적 평등, 사회의 민주적 발전이 함께 진행될 수 있음을 이 지역에서 증명할 수 있다"고 주장하는 가운데 케네디는 다음과 같은 공개 성명을 통해 미국 정부의 입장을 표명했다.[24] 1961년 3월 13일, 미국 대통령은 소집된 라틴아메리카 외교관들에게 '진보를 위한 동맹'은 "그 전체 규모와 목적의 고귀함에 있어 유례가 없는, 하나의 거대한 협력"이

---

23 Memorandum, Schlesinger to Kennedy, March 10, 1961, Schlesinger Papers, box WH-14, "Latin America, Report 3/10/61", JFKL.

24 Memorandum, Lincoln Gordon to Richard Goodwin, March 6, 1961, NSF, box 290, "Alliance for Progress, 1/61-12/61", JFKL.

될 것이라고 말했다. 케네디는 10년 후에는 다음과 같이 될 것이라고 예언했다. "모든 아메리카 가정의 생활수준이 높아지고 모든 사람이 기본 교육을 받을 수 있으며, 기아는 잊힌 경험이 되고, 대규모 외부 지원의 필요성이 사라질 것입니다. 대부분의 국가들은 스스로 지속 가능한 성장 단계에 진입할 것이며, 그리고 여전히 해야 할 일은 많겠지만 모든 아메리카의 공화국은 스스로 혁명·희망·진보의 주인이 될 것입니다."[25] 케네디는 근대화가 기적 같은 변화를 현실로 만들어 낼 것이라고 약속했다.

더욱이 피그스만에서의 실패는 진보를 위한 동맹에 추진력을 더했다. 케네디가 진보를 위한 동맹에 대해 발표한 지 불과 한 달 만에, CIA가 마이애미·뉴올리언스·니카라과·과테말라의 캠프에서 훈련시킨 반反카스트로 망명자들은 쿠바혁명에 반대하는 전국적인 규모의 저항을 촉진하고자 쿠바 해변에 상륙했다. 1961년 4월 17일 시작된 피그스만 침공은 완전한 대실패로 끝났다. CIA 조종사는 착륙 전에 카스트로의 소규모 공군 일부를 파괴했지만, 쿠바 비행기는 중요한 통신 장비와 탄약을 실은 배를 침몰시켰다. 1500명의 특공대 중 일부는 작은 보트가 연안의 산호초에 부닥치는 바람에 좌초됐다. 다른 대원들은 해변에 도착했지만 결국 기대했던 미국의 항공 지원을 전혀 받지 못했다. 지원이 이루어졌다 하더라도 아마 별 차이는 없었을 것이다. 망명자들은 탄약을 빠르게 소진했고, 방어용 해안 교두보를 구축하지 못했

---

25 John F. Kennedy, *Public Papers of the Presidents of the United States: John F. Kennedy, 1961–1963*, Washington, D.C.: U.S. Government Printing Office, 1962~1964, Book 1, p.172.

으며, 압도적으로 우세한 쿠바 민병대와의 싸움에서 막대한 손실을 입었다. 살아남은 침입자들은 주변 늪으로 우회해서 입산 후 긴 투쟁을 이어 가고자 했다. 그러나 이들 대부분은 빠르게 체포됐다. 케네디 정부는 침략군을 통해 카스트로를 몰아내려는 시도가 실패하자, 이제 쿠바 경제를 파괴하고 혁명 지도자를 암살하려는 은밀한 시도로 노선을 선회했다. 또한 미국은 라틴아메리카 전역에서 쿠바혁명의 호소력을 약화하기 위한 장기적이고 공적인 활동에 훨씬 더 힘을 기울이게 되었다. 많은 전략가는 진보를 위한 동맹을 통해 카스트로에게 당한 굴욕에 관심이 쏠리는 것을 방지하고, 혁명적 조치가 아닌 미국의 원조를 통해서만 진정한 발전이 가능하다는 것을 라틴아메리카인들이 납득하기를 바랐다.[26]

프로그램이 공개되고 1961년 8월 라틴아메리카 각국 대표들에게 공식 발표될 때까지의 몇 달간, 케네디 정부의 기획자들은 진보를 위한 동맹이 반향과 이데올로기적 호소를 불러일으킬 수 있는 헌장을 마련하고자 했다. 케네디 정부는 쿠바 공격 실패에 대한 항의를 막고 위협적인 공산주의 혁명에 대한 진보적인 대안을 제시하기 위해, 라틴아메리카의 열망들을 자유주의적·자본주의적인 방향으로 이끄는 헌장

---

26 실패한 피그스만 침공과 그 의미에 대한 배경지식은 다음을 참조. Thomas G. Paterson, "Fixation with Cuba: The Bay of Pigs, Missile Crisis, and Covert War against Castro", ed. Thomas G. Paterson, *Kennedy's Quest for Victory: American Foreign Policy, 1961–1963*, New York: Oxford University Press, 1989; James N. Giglio, *The Presidency of John F. Kennedy*, Lawrence: University Press of Kansas, 1991, pp.48~63; 다음은 워싱턴 D.C. 국가안보문서고(National Security Archive)[1985년 설립된 독립적인 비영리 기관으로 조지워싱턴대학에 위치하고 있다]에 정보공개 요청을 통해 CIA로부터 확보했다. Lyman B. Kirkpatrick, "Inspector General's Survey of the Cuban Operation", February 16, 1962.

을 고안해 내고자 했다. 1961년 여름, 로스토와 슐레진저, 백악관 보좌관 리처드 굿윈Richard Goodwin, 푸에르토리코 정책 보좌관 아르투로 모랄레스 카리온이 모두 초안 작성에 참여했다. 로스토는 초안에 날인하면서, 헌장이 진보를 위한 동맹의 책무에서 다음과 같은 내용을 강조해야 한다고 주장했다. "진보를 위한 동맹은 아메리카의 국민과 정부들이 스스로 선택한 방침에 따라, 사회적·경제적 삶의 근대화를 수행하기 위한 모든 에너지를 동원할 것을 요청해야 한다. 이를 위해서는 경제적·사회적 발전을 위한 포괄적이고 훌륭한 국가 계획들을 민주적 원칙에 따라 만들고 수행해야 한다."[27] 슐레진저도 비슷한 표현을 제안했다. 슐레진저는 라틴아메리카인들을 대변하는 권리에 대한 문구에 그 지역의 모든 사람이 "시민의 자유와 대의제도라는 틀 안에서" 움직일 것을 서약해야 하고, "빠르고 효과적인 혜택을 위해서는 근대화 과정을 촉진하는 급격하고도 중대한 변화들이 우리 사회구조 안에서 만들어져야 한다고 선언"해야 한다고 썼다.[28]

1961년 우루과이 푼타 델 에스테에서 완성된 헌장의 최종판에는 로스토와 슐레진저가 제안했던 문구가 그대로 담기지는 않았다. 그러나 이 헌장은 "라틴아메리카 국가들이 자신의 필요와 욕구에 맞게 조정된 민주적인 사회에서 모두가 동등한 기회를 가지며 최고 수준의 안녕을 누릴 수 있도록 참가국들의 경제적·사회적 발전을 가속화할 것"이라는 근본적인 목적을 제시함으로써 근대화를 최우선 목표로 설정

---

27 Memorandum, Rostow to Richard Goodwin, June 20, 1961, NSF, box 290, "Alliance for Progress, 1/61-12/61", JFKL.

28 Memorandum, Schlesinger to Arturo Morales Carrión, July 19, 1961, Schlesinger Papers, box W-1, "Alliance for Progress, General Memoranda", JFKL.

했다. 미국이 첫해에 10억 달러에 이르는 공적 자금을 기부하고 10년 동안 민간 투자와 국제 대출을 통해 200억 달러의 원조를 확보하겠다고 서약하자, 쿠바를 제외한 모든 미주기구 회원국 대표는 크게 감명을 받고 협정에 서명했다. 이 헌장은 라틴아메리카 국가의 최소 성장률 목표를 연간 2.5퍼센트로 설정했으며, 각 국가가 "사회적·경제적 진화 단계에 비추어" 산업화 및 공공복지의 목표들을 수립하도록 장려했다. 헌장은 사회적·경제적 영역과 정치적 발전의 목표들을 확고히 연결했고 "민주적 원칙"하에서 포괄적인 국가 계획을 통해 개혁이 이루어져야만 한다고 명시했다.[29]

근대화 과정을 지원하기 위해 미국은 자본 할당과 사회과학적 기술 공급을 일치시켰다. 케네디 정부는 포괄적인 계획을 촉진하고자 "농업개혁·농촌 개발·의료·협동조합·주택·교육·직업훈련·과세"에서 투자 계획과 현지 조사, 프로그램을 준비하기 위해 "각국 정부와 계약을 맺고 지시를 받아 일할 전문가들"을 공급했다.[30] 미국의 고문들은 근본적인 변화를 이끌 행위자로서 사회 전체를 통합된 단위로 분석하고, 빠른 발전을 위해 필요한 선행조건들을 파악해야 했다. 발전 프로젝트에 대한 제안들이 신청 국가의 국제개발처 사절단에게 제출된 후, 미국의 분석가들은 그 국가의 전반적인 발전 계획에 미치는 영향과 관련성을 판단하기 위해 이 제안들을 검토했다. 지역의 "프로젝트 책임자"는 재정 요건들을 평가했으며 산업·농업·교육 및 여타 분야의 전문가들은 제안의 특정 조항들을 조사했다. 워싱턴 국제개발처의

---

29 House of Representatives, *Regional and Other Documents*, pp.101~103.
30 *Ibid.*, pp.106~107.

재정 및 통화위원회의 승인이 떨어지면 차관협정이 체결되었다.[31]

경제학자 앨버트 O. 허시먼은 1950년대 중반 콜롬비아 정부를 위해 일하는 동안 사회 기획자들이 그 멋진 신세계에서 무엇을 이뤄 내기를 기대했는지 알게 되었다. 몇 년 후 회상한 바에 따르면, 그는 현지에서 발생한 구체적인 정책 문제 해결에 흥미를 가지고 라틴아메리카에 갔다. 그렇지만 막상 그가 맡게 된 임무는 [생각과는] 좀 달랐다.

세계은행 본부는 가능한 한 빨리 향후 몇 년 동안 콜롬비아 경제와 관련하여 투자, 국내 저축, 성장, 그리고 해외 원조 목표가 적시된 야심 찬 경제개발계획을 수립하는 데 주도적 역할을 맡아 주었으면 좋겠다며 내게 연락을 취해 왔다. 이 모든 것은 새로운 프로그래밍 기술에 통달한 전문가에게 매우 간단한 것이라고들 했다. 저축과 자본-산출 비율 예상 범위에 대한 분명히 충분한 지식이 있는 상태이며—심지어 이는 지역 환경에 대한 면밀한 연구 없이 이루어진 것이었다—, 이러한 추정치를 국가의 최신 국민소득 및 지불수지 계정과 결합시켜 필요한 모든 주요 수치를 산출할 수 있다는 것이었다.[32]

또한 발전 전문가들은 진보를 위한 동맹을 위해 일하면서, 사회변혁을 위한 핵심 요소가 무엇인지 찾아내고, 자본과 기술 투입을 지휘

---

31 Roberto De Oliveira Campos, *Reflections on Latin American Development*, Austin: University of Texas Press, 1967, pp.132~134.

32 Albert O. Hirschman, "A Dissenter's Confession: The Strategy of Economic Development Revisited", eds. Gerald M. Meier and Dudley Seers, *Pioneers in Development*, New York: Oxford University Press, 1984, pp.90~91.

하게 될 것으로 보였다. 진보를 위한 동맹의 조정관인 모스코소가 상원세출위원회에 밝혔듯이, "제도 구축"을 강조하는 새로운 경향은 단순히 특정 기술을 전수하는 것 이상을 요구했다. 예를 들어 농업 같은 분야에서 진보를 위한 동맹 프로그램은 "미국 국제개발처 현지 사절단의 완전한 재조직"을 요구했다. 국제개발처는 "장비 전문가, 농업경제학자, 축산 전문가 및 농업 확장 기술자"를 대신하여 "농촌 개발 책임자, 협동조합 자문관, 수석 엔지니어 … 경제 자문가, 기획 관료 및 프로그램 지원 사무소"를 계획했다.[33] 일반 사회과학자들이 기술 전문가들을 대체함에 따라 직위[의 임무]는 더욱 모호해졌으며 포괄적이고 통합된 사회공학에 대한 열망은 더욱 높아졌다.

또한 사회과학적 지식은 미국이 수원국의 특정한 발전 단계에 대한 지원을 조정하는 데도 도움을 줄 수 있다고 생각되었다. 모든 사회는 근대성을 향한 동일한 수준의 진전을 이루지 못했기 때문에 동일한 형태와 규모의 원조를 사용할 수 없다. 그러나 사회들의 발전 정도를 도표화하고 어디에 미국 세금을 쓸지 결정하는 것은 주관적 문제가 아니었다. 동맹이 출범하기 몇 달 전에 케네디의 대외 경제정책 담당 태스크포스는 "폴 로즌스타인 로단에게 국가별 총 원조 요구 사항에 대한 새로운 추정치를 포함하는 논문을 작성"해 달라고 권고했다.[34] MIT 국제학연구소의 구성원이자 이후 진보를 위한 동맹에서 국가발전 계획 검토를 담당한 9명의 전문가 패널 중 하나였던 로즌스타인 로단은

---

33 Statement of Teodoro Moscoso before the Senate Appropriations Committee, May 17, 1963, Moscoso Papers, box 11, "Senate Appropriations Committee, 5/17/63", JFKL.

34 Task Force Report, not dated, Millikan Papers, box 1, "Task Force Recommendations, 1960", JFKL.

「저개발국을 위한 국제원조」International Aid for Underdeveloped Countries라는 논문을 정식 게재 몇 달 전에 먼저 케네디의 백악관으로 보냈다. 그의 견해에 따르면 외부 원조에서는 "수원국의 생활수준을 직접 높이는 것이 아니라 그들이 경제적 정체 상태에서 자기 지속적인 경제성장 단계로 이행하도록 해주는 것"이 중요했다. 궁극적으로는 수원국 시민들이 이 과정을 완수해야 하지만, 원조는 "국가적 노력을 극대화하기 위한 긍정적인 인센티브"를 제공할 수 있었다. 이는 원조를 "최대 촉매 효과"를 위해 사용해야 한다는 생각으로 이어졌다. 다른 말로 하면 대외원조는 "국내 자본 형성 속도를 증대시키고" 한 국가를 도약 지점으로 끌어올리기 위한 방식으로 전달되어야 한다는 것이다.[35]

로즌스타인 로단은 국가가 받아야 하는 원조의 양은 "흡수 능력"을 기준으로 계산 가능하다고 설명했다. 외국 자본과 "노하우"는 한 국가의 생산량을 증대시키며 이전에 가능했던 것보다 더 높은 저축률을 가능하게 한다. 한계 저축률이 평균보다 높아질 수 있기 때문에, 더 많은 자원을 투자 목적으로 사용할 수 있고, 따라서 발전이 가속될 수 있다. 그러므로 이제 문제는 특정 국가가 생산과 투자를 늘리기 위해 외국 자본을 사용할 수 있는 능력을 지녔는지 판단하는 것이었다. 그는 "낮은 발전 단계일수록 더 많은 자본을 흡수할 수 있는 능력이 제한적이며, 거대 자본 유입에 앞서 더 많은 규모의 기술원조가 있어야 하기" 때문에, 원조 공여국들은 수원국들이 발전 단계에서 종합적으로 어디

---

35 P. N. Rosenstein-Rodan, "International Aid for Underdeveloped Countries", *Review of Economics and Statistics*, vol.43, May 1961, p.107. 또한 다음을 참조. Rosenstein-Rodan's draft in NSF, box 324, "Staff Memoranda, Walt W. Rostow, Foreign Aid, 1/61", JFKL.

에 위치하는지에 따라 그들을 범주화할 필요가 있다고 주장했다. 그는 대외 원조 계획의 성공은 포괄적인 국가 발전 계획에 대한 평가와 함께, "도약"을 향해 밀어부칠 준비가 되어 있는 사회와 "선행조건들"의 충족이 여전히 필요한 사회를 판별해 내는 데 달려 있다고 주장했다. 로즌스타인 로단은 "발전 프로그램을 구성하는 다양한 프로젝트들은 상호 관련되어 있고 서로를 강화하며", 일부 국가들은 다른 국가들보다 높은 수준의 원조를 더 잘 수용할 수 있다고 설명했다. 그러나 심지어 사회 경제적 사다리의 더 낮은 단계에 있는 국가들도 "장기적으로는 교육, 단기적으로는 습관의 혁명"을 통해 "원조를 받는 범위를 넓힐" 수 있었다.[36]

이러한 인식 틀로 무장한 로즌스타인 로단은 미국이 다음 세 가지의 다른 지수를 통해 수원국의 흡수 능력을 추정할 수 있다고 주장했다. 첫째는 투자 증가율이고 둘째는 평균 저축률과 한계 저축률의 편차, 셋째는 수원국의 "전반적인 행정적·발전적 구조"이다. 로즌스타인 로단은 이들 중 처음 두 개는 "입증 가능한 사실"이라고 언급하면서, 세 번째는 "대강의 상식적인 경험 규칙"에 의존하며 "자의적인" 것처럼 보이지만, 결코 그렇지 않다고 주장했다. 그는 "근대적인" 관찰자들은 발전에 여전히 어려움을 겪고 있는 국가들의 성공 가능성에 대한 합리적인 견해를 쉽게 개진할 수 있다고 보았다. 다른 국가들의 "잠재력"을 평가하고 이 국가들을 "중요도 서열"에 따라 배치해 보면 결국 "기업인, 경제학자 또는 심지어 일반 관광객들도" 거의 의견이 일치된다는 것이다. 로즌스타인 로단은 계획 작업을 더 쉽게 진행하기 위해

---

36 Rosenstein-Rodan, "International Aid for Underdeveloped Countries", p.108.

향후 15년 동안 국가들의 성장이 고정적일지, 낮을지 혹은 높을지에 대한 예측을 기준으로 전 세계 86개국을 분류하는 표를 작성했다. 그는 객관적인 사회과학이 미국적 상식의 타당성을 증명할 수 있다고 주장했다. "도약"의 시기가 무르익은 국가들에서, 자본집약적인 외국 원조는 자기 지속적인 성장을 향한 중요한 추진력을 줄 수 있다. 여전히 낮은 단계들에서 서서히 움직이는 국가에서는 기술원조가 최소한 "다른 국가들의 생산 방법을 모방하고 흡수"하게끔 해줄 것이다.[37]

미 정부의 기획자들은 이러한 주장들을 마음 깊이 새겼다. 경제학자 홀리스 체너리Hollis Chenery는 스탠포드대학에서 하버드대학으로 옮겨 가기 전에 국제개발처의 기획 담당관으로 근무했다. 그는 대외 원조가 "동의에 기초한 정치 시스템을 구축하고 경제적 복지와 사회적 정의를 진전시키면서도, 공동 관심사에 협력하는 자유국가들의 공동체를" 만들 수 있다는 데 동의했다. 수원국들은 선진 사회와의 접촉을 통해 이익을 얻고 "대서양 공동체를 특징짓는 위신과 진보의 감각"을 획득함에 따라 "종종 현존하는 자원과 기술들의 효과적인 사용을 차단하는" "전통적인 가치와 권위적인 명령"을 극복할 수 있을 것이다. 로즌스타인 로단의 관점에 따라, 체너리는 국제개발처가 각 수원국의 "현 발전 단계"에 맞는 노력을 기울일 수 있다고 주장했다. 초기 단계에서 기술원조 및 인력 훈련은 행정 프로그램을 개발하고 교육을 제공하며 신용조합 및 무역조합을 설립하는 데 가장 중요한 역할을 할 것이다. 국가들이 "선행조건들"을 충족시키고 가용 자원의 사용 능력을 확보함에 따라 더 많은 기반시설이 설치될 수 있으며, 나아가 국제개

---

37 Ibid., pp.113~115.

발처는 국내 저축을 늘리고 "병목현상"을 없애기 위해 "제도 구축"에 집중할 것이다.[38]

미국의 대외 원조는 서구에 가장 명확히 반영된 "근대적" 형태를 향해 "전통적인" 사회의 이동을 촉진할 것이기 때문에 케네디 정부의 많은 기획자는 진보를 위한 동맹이 "기대 상승의 혁명"revolution of rising expectations[39]을 자유주의적·민주적·자본주의적인 방향으로 이끌 것이라고 크게 기대했다. 그러나 문제는 미국이 변혁의 능력을 독점하지 못했다는 것이다. 로스토와 다른 전략가들이 주장했듯이, 세계의 근본적인 위험 중 하나는 소련이 무역과 원조, 게릴라전과 함께 "공산주의가 저개발 지역들을 근대화하는 가장 효율적인 방법이자 느릿느릿한 선두주자 미국을 빠르게 따라잡는 시스템이라는 이미지를 투영하는 데 성공할 가능성"이었다. 발전 단계에서 아래에 위치한 국가들일수록 더욱더 선진국들을 열렬히 모방하고자 하기 때문에, 미국과 같은 근대적 사회가 극적인 변화를 이끌어 낼 수 있다. 불행히도 이러한 사실은 로스토가 "근대화 과정의 결실을 노리는 하이에나"라고 규정한 공산주의자들에게도 활동할 수 있는 공간을 열어 주었다.[40] 로스토

---

38 Memorandum, Hollis Chenery, "Policy Guidance for Foreign Assistance", 1963, AID Historical Collection, AIDC. 양적 처리(quantitative treatment)에 대해서는 다음을 참조. Hollis Chenery, "Foreign Assistance and Economic Development", *American Economic Review*, vol.56, September 1966.

39 혁명은 장기적이며 광범한 억압의 혹독한 상황에서 발생하는 것이 아니라 오려 사회·경제·정치적 조건들이 초기보다 상대적으로 좋아질 때 사람들의 기대가 높아지기 때문에 발생한다고 보는 이론을 의미한다.―옮긴이

40 W. W. Rostow, *View from the Seventh Floor*, New York: Harper and Row, 1964, p.7, 106. 또한 다음을 참조. Rostow, *The Two Major Communist Offensives*, Washington, D.C.: U.S. Government Printing Office, 1964; Rostow, *The Great Transition: Tasks of the First and Second Post-War Generations*, Cambridge, England: Leeds University Press, 1967.

는 1960년 다트머스대학 연설에서 다음과 같이 설명했다. 미국의 노력은 개발도상국이 "미국 및 서방과의 협조하에 민주적 진화의 가능성을 열어 주는 후원을 통해 성공적으로 근대화할 수 있는지, 아니면 좌절과 절망에 빠져서 지속적으로 그들에게 손을 뻗고 있는 공산주의라는 대안으로 향할지"에 따라 달라질 것이다.[41] 근대화라는 렌즈를 통해 세계를 바라보는 사람들에게, 냉전은 확실히 개발도상국들의 마음과 정신을 얻기 위한 투쟁이 되었다. 나아가 개발도상국들의 마음과 정신은 좋다가도 쉬이 험악하게 바뀌기도 하는 변화무쌍한 것이었다.

따라서 근대화는 프로그램과 정책을 둘러싼 전투인 만큼 이미지와 정체성의 싸움이기도 했다. 게다가 라틴아메리카에 걸린 판돈은 매우 컸다. 아돌프 벌리가 동료 태스크포스 구성원들에게 보낸 편지에서 주장했듯이, "미국은 라틴아메리카라는 전장에서 수행된 거대한 냉전에서 결정적인 승리를 거둘 수 없을 것 같았고 오히려 명백히 실패할 것 같았다. 그러한 상황은 나와 대부분의 위원회 구성원들에게 매우 위험한 것처럼 보인다".[42] 쿠바는 로스토와 동료들이 가장 우려했던 유형의 이데올로기적 경쟁자였다. 컬럼비아대학 법학 교수이자 경제학자인 리처드 가드너Richard Gardner 같은 분석가들이 제시한 견해는 카스트로의 승리가 갖는 중요성을 해석하는 케네디 정부의 근본적인 인식틀을 주조했다. 소련은 불과 40년 만에 "후진 농민 사회에서 세계 두 번째의 산업 강국"으로 국가를 변모시키는 데 성공한 듯 보였다. 미국의

---

41 Rostow, speech at Dartmouth College, February 29, 1960, Rostow Papers (not indexed), LBJL.

42 Berle to Latin American Task Force Members, January 10, 1961, Moscoso Papers, box 4, "Correspondence, 12/60-4/61", JFKL.

국민총생산보다 두 배나 **빠르게** 성장한 소련 경제는 "생산력 부분에서 소련에 대한 미국의 우위가 절대적·상대적 측면 모두에서 역사상 가장 낮은 지점으로 하락"하는 수준까지 발전했다. 소련은 자원을 소비재에 투여하지 않았고, 상당한 규모의 시장도 갖지 못했으며 제한된 수익만을 내는 비상업적 부문을 강조했기 때문에, 가드너는 소련의 성장 드라이브가 지속될 수 있을지 강하게 의심했다. 그러나 단기적으로 [미국은] 국제적[으로] 상당한 피해를 입을 수 있었다. 가드너는 다음과 같이 설명했다. "소련의 갈수록 높아지는 성장률은 엄청난 심리적 의미를 가지고 있다. 우리 국민, 소련 국민, 그리고 아마도 가장 중요하게도 전 세계 저개발국의 수많은 이들이 그 효과를 느끼고 있다."[43] 미국의 전략 기획자에게 카스트로의 쿠바는 게릴라전과 전복의 거점 그 이상이었다. 쿠바는 소련의 지원을 받는 서반구의 마르크스주의 국가였고, 빈곤과 억압에 대한 혁명적인 접근 방식을 명확히 제시했다. 위험할 정도로 매혹적이고 일탈적인 사례로 간주된 쿠바는 라틴아메리카 국가들을 이론상 자유주의적·비혁명적인 노선을 따라야만 진정으로 추구될 수 있는 근대화 작업으로부터 멀어지게끔 위협했다.

미국의 정책 결정자들은 카스트로의 도전에 대응하기 위해 두 가지의 상호 연관된 방법으로 진보를 위한 동맹의 활동을 고쳐했다. 첫 번째는 미주기구에서 쿠바의 자리를 없애고 다른 라틴아메리카 국가들로부터 쿠바 모델 포기 의사를 공개적으로 얻어 내는 것이었다. 1962년 1월 다시 푼타 델 에스테로 돌아온 딘 러스크Dean Rusk 국무부

---

43 Richard Gardner, *New Directions in U.S. Foreign Economic Policy*, New York: Foreign Policy Association, 1959, pp.14~18.

장관, 백악관 보좌진 굿윈·로스토·슐레진저로 구성된 미국 대표단은 일련의 미주기구 결의안을 통과시키기 위해 노력했다. 쿠바가 지속적으로 반대하는 가운데 21개 회원국 중 20개 국가는 쿠바 정부가 "미주 체제"와 어울리지 않는다고 선언하는 결의안에 찬성표를 던졌다. 또한 19개국은 카스트로의 파괴적인 행위들을 조사하는 데 동의했으며, 17개국이 쿠바와 무기 거래를 하지 않겠다고 약속했고, 14개국은 미주기구에서 쿠바를 추방하는 데 찬성표를 던졌다. 미국은 필요한 다수표를 확보하는 데는 성공했지만, 카스트로 정부에게 실질적인 제재를 가하는 단체협약 마련에는 실패했으며, 쿠바를 추방하자는 투표에서는 아르헨티나·브라질·칠레·멕시코·볼리비아·에콰도르 모두가 기권표를 던졌다.[44] 회의 석상에서 미 동맹국들의 도움이 있었음에도, 라틴아메리카의 모든 국가가 러스크가 일컫는 "우리가 힘들게 건설하고 있는 자유의 틀을 파괴하려는 강력한 적"에 맞서기 위해 미국의 지도를 따르지는 않는다는 것이 명확해졌다.[45] 그러나 국무부는 어떻게든 미국의 승리를 관철하기 위해 이 회의가 "의심할 여지없이 미주 체제로부터 쿠바의 정치적·사회적·경제적 격리를 명확히 했다"고 발표했다. 그리고 진보를 위한 동맹이야말로 "이 지역에서 대의제 민주주의를 강화하기 위해 필수적인 경제적·사회적 발전을 성취하는 최고의

---

44 Wayne Morse and Bourke B. Hickenlooper, *Report of the Second Punta del Este Conference, January 22–31, 1962*, Washington, D.C.: U.S. Government Printing Office, 1962. 결의안 내용 및 표결 결과에 대해서는 다음을 참조. House of Representatives, *Regional and Other Documents*, pp.115~122.

45 Dean Rusk, "The Alliance in the context of World Affairs", ed. Jim Dreier, *The Alliance for Progress: Problems and Perspectives*, Baltimore: Johns Hopkins University Press, 1962, p.103.

수단으로서" "훨씬 더 많은 승인"을 받았다고 선언했다.[46]

"또 다른 쿠바"를 예방하기 위한 훨씬 더 포괄적인 두 번째 접근 방식은 진보를 위한 동맹이 발전의 사다리를 오르려는 모든 사회에게 필요한 필수적·변혁적인 이상들을 구현한다는 점을 라틴아메리카인 들에게 보여 주는 것이었다. 1961년 국가안전보장회의[NSC] 전략가들이 경고했듯이 "라틴아메리카 전역에 만연한 혁명적 조류는 더욱 활발해 지고 있다. … 그리고 어떤 사람도 정부도 그것을 봉쇄하려는 것 같지 않다. 살아남아서 라틴아메리카를 건설적인 경로로 인도하고자 하는 사람들은 그 흐름에 맞서기보다는 흐름과 함께 일할 준비를 해야만 할 것이다". 미국은 "자신의 프로그램이 이 지역 내에서 근대적인 사회들 을 만들려는 모험"이라는 것을 명확히 하기 위해, 공산주의를 "외래 이 데올로기"로서, 즉 무력과 전복을 통해서만 도입되는 외국 체제로 묘 사할 필요가 있었다. 또한 미국은 진보를 위한 동맹을 "우리 국가 생 활과 정치 체제에서 가장 최초이자 가장 근본적인 책무"에 그 뿌리를 둔 것이자 "어느 단일 국가나 한 집단에 국한되지 않은" 보편적이고도 "기초적인 진리"에서 유래된 것으로서 묘사해야만 했다.[47] 케네디 정 부 기획자들의 눈에 혁명적 에너지로 가득 찬 라틴아메리카 사회들은 위험할 정도로 예측 불가능해 보였다. 그러나 미국의 정책 결정자들은 근대화 모델의 보편타당성을 강조하고 "전통적인" 국가들에 일련의

---

46 Telegram, Department of State to U.S. Delegation at Punta del Este, January 30, 1962, NSF, box 244, "Secretary of State, Punta del Este, 1/62, General, 4/61-1/62", JFKL.
47 Memorandum, "A Doctrine to Preserve the Independence of the Latin American Revolution", not dated, Vice-Presidenfs Security File, box 4, "National Security Council—1961, 2 of 2", LBJL.

이상·목표·열망을 제공함으로써 쿠바의 도전을 이겨 낼 수 있다고 믿었다.

케네디 정부는 근대화 이론가들이 주장한 가능성을 따라 이행기 사회들을 앞으로 나아가게 할, 역사적으로 확인된 "근대적" 가치들을 "증명"하는 데 착수했다. 한 국무부 관리가 설명했듯이 단순한 반공주의만으로는 충분하지 않았다. 즉 미국은 자신만의 매혹적인 이데올로기를 제시할 필요가 있었다. 투쟁에서 승리하기 위해 미국은 "진실하고 민주적이며 효과적인 발전 과정에 적극적으로 참여하고 있음을 라틴아메리카 대중에게 확신시켜야만" 했다.[48] 로스토는 이행기에는 "수동성"과 "장기 숙명론"이라는 "전통적인" 가치들이 침식된다고 주장했다. 진보를 위한 동맹은 이데올로기적 공백을 메우는 데서 더 나아가 새로운 일련의 문화적 목표를 위한 원천이 되어야 했다. 이 프로그램은 이 지역의 사람들을 이론가들이 "공감"이라는 근대적 특성과 연결지은 활동적·참여적인 정신으로 이끌고자 했다. 따라서 이 프로그램은 라틴아메리카인들이 미국의 역사·제도·사회에서 가장 완전히 실현된 구체적인 공동 목표들을 받아들이게끔 설득해야만 했다.

케네디 정부의 주요 관심은 라틴아메리카 대중에게 이데올로기적으로 강력한 반응을 이끌어 내는 것이었다. 1963년 중반 미 해외공보처U.S. Information Agency(USIA)는 라틴아메리카 7개국을 대상으로 한 연구에서 진보를 위한 동맹과 그 목표들에 대한 인식 수준이 "널리 논의된 기대 상승의 혁명에" 부응할 만큼 높았다며 의기양양하게 보고했

---

48 Memorandum, State Department, "The Inter-American System and Cuba", NSF, box 244, "Secretary of State, Punta del Este 1/62, General, 4/61-1/62", JFKL.

다. 상당한 비율의 도시 인구가 프로그램에 대해 알고 있었다. 그리고 진보를 위한 동맹을 알고 있는 사람들의 "압도적 다수"가 프로그램을 찬성했다. 더욱이 인터뷰에 응한 대부분의 사람들은 "미래에 상당한 진전"이 성취되리라 기대했으며 "평범한 사람들이 혜택을 누릴" 것으로 믿고 있었다. 아마도 동맹 기획자들을 가장 크게 고무시킨 것은 대부분의 응답자들이 심지어 "프로그램이 생활수준 향상이라는 목표를 달성하지 못한다면, 그 주된 책임은 미국이 아니라 자국 정부에 있다는 점"에도 동의했다는 사실일 것이다.[49]

이러한 결과는 확실히 미국의 정책 결정자들을 고무했지만, 그중 많은 이들이 근대화를 위해서는 라틴아메리카인들의 인정 이상의 것이 필요하다고 보았다. 진보를 위한 동맹이 강력한 촉매제 역할을 하기 위해서는, "각국의 국가적 이상과 융합"되어야만 했다. 푸에르토리코 주지사 루이스 무뇨스 마린Luis Muñoz Marín에 따르면, 진보를 위한 동맹은 "400년 동안 반+봉건주의에 잠들어 있던 대륙의 대부분을 건설적으로 일깨우며" "프랑스와 미국의 혁명, 산업혁명 그리고 20세기의 사회혁명들을 하나의 과정으로 단축하는" 복잡한 과제에 직면했다. 주지사는 이 엄청난 도전에 맞서기 위해 진보를 위한 동맹이 단순한 "경제적 수행이나 자본과 기술의 수혈"에 그쳐선 안 된다고 주장했다. "성공하려면 사람들의 마음을 흔들어야 하고, 꿈과 희망을 불러일으켜야 한다. … 강력한 이데올로기적 내용이 있어야만 한다." 라틴아메리카

---

49 Report, U.S. Information Agency, "The Economic and Political Climate of Opinion in Latin America and Attitudes toward the Alliance for Progress", June 1963, POF, box 91, "USIA Alianza Opinion Survey", JFKL.

인들은 "머나먼 워싱턴에서 자신들을 위해 어떤 것이 행해졌다기보다" 진보를 위한 동맹이 "우리들의 필요에 따라 스스로 진화했다"고 믿어야 할 필요가 있었다.[50]

무뇨스 마린의 외교 고문이자 케네디의 라틴아메리카 태스크포스 위원인 카리온도 이에 동의했다. 이 동맹은 "메이드 인 유에스에이"made in the USA이자 경제적 · 기술적 언어로 표현된, 단순히 돈을 빌려주는 활동으로만 이해되어서는 안 된다는 것이다. 진보를 위한 동맹은 "정치적 행동으로 이어질 감정과 슬로건을 제공"하는 "라틴아메리카 민족주의와 결합"되어야만 했다. 라틴아메리카가 진보를 위한 동맹에 구현된 변혁적이고 근대적인 가치를 자신의 것으로 받아들이도록 하기 위해, 미국은 이 지역의 혁명적 잠재력을 활용하여 중요한 변화를 이끌어야만 했다. 민족주의의 힘은 외부 영향에 가변적인 것으로 인식되었기 때문에, 동맹의 본질적 원칙은 라틴아메리카의 정서적 열망에 초점을 맞춰야 할 필요가 있었다. 카리온은 케네디 정부가 근대화 의제를 라틴아메리카의 이제 막 태동하기 시작한 혁명적 열정과 연결하는 데 실패한다면 "심리적 공백"에 자원을 쏟아붓는 격이 될 것이라고 경고했다.[51]

케네디 정부는 이 문제를 다른 방식으로 해결하려고 노력했다. 케네디는 국가안보 보좌관 맥조지 번디에게 진보를 위한 동맹을 다루는 회의를 격월로 열라고 지시했으며, 프로그램의 "지적이고 심리적인 효

---

50 Speech, Muñoz Marín to the AFL-CIO National Conference on Community Services, May 3, 1962, Moscoso Papers, box 10, "Speech Materials, 5/62-6/62", JFKL.

51 Memorandum, Morales Carrión to McGeorge Bundy, NSF, box 290, "Alliance for Progress, 4/62-6/62", JFKL.

과"를 강조하기 위해 카리온을 이 회의에 참석시키라고 지시했다.[52] 미주개발은행의 T. 그레이든 업턴T. Graydon Upton 부사장도 케네디에게 진보를 위한 동맹이 직면한 가장 심각한 문제 중 하나는 "라틴아메리카 시민 정신의 동원"이자 프로그램에 "진정한 국가적 신비감"을 주입하는 것이라고 조언했다. 업턴은 미국-라틴아메리카 양자 관계에서 해외공보처가 수행한 노력을 호평하면서, 미국이 라틴아메리카 각국에 별도의 국가위원회를 설립하려는 미주기구의 계획을 재정적으로 지원하는 한편, 라틴아메리카 언론을 이용해 각국에서 동맹이 이룩한 성취를 홍보할 것을 제안했다.[53]

자유주의적·자본주의적인 근대성으로의 이행은 어려운 과정이었으며, 진보를 위한 동맹의 헌장에서 언급됐듯이 성공을 위해서는 라틴아메리카인들의 "자조"自助 또한 필요했다. 라틴아메리카인들은 발전 계획을 준비하고, 자금 조달이 필요한 프로젝트를 판별하며, 토지 소유권을 개혁하면서 자신들의 사회를 재구성해야 했다. 케네디 정부는 또한 10년 이내에 전면적인 변화를 달성할 수 있다고 주장하며 의식 변화의 중요성을 강조했고, 이러한 문제들을 라틴아메리카의 권력 배분 차원의 문제라기보다 결단력과 의지의 문제로 규정했다. 케네디 정부가 말한 빈곤은 정치적인 것이 아니라 마음의 상태였다. 전략가들은 미국이 진보를 위한 동맹의 이상들을 표현할 올바른 방식을 찾을 수 있다면, 라틴아메리카의 빈곤한 대중과 공고한 과두제 집권층이 공

---

52 Memorandum, Kennedy to Bundy, April 23, 1962, POF, box 62a, "Bundy, McGeorge, 1962", JFKL.

53 Upton to Kennedy, March 16, 1962, POF, box 95, "Alliance for Progress", JFKL.

동의 장기적 이익을 위해 필요한 집단적 조치를 추구하도록 동기를 부여할 수 있을 것이라고 믿었다. [푼타 델 에스테] 헌장은 민주적 정부를 지원할 필요성을 강조했지만 그렇다고 라틴아메리카의 근대화가 자원을 경쟁해야 하는 문제는 아니었다. 대신 그것은 미국의 안보라는 목표를 달성하고 계급·민족·인종·종교에 관계없이 모든 라틴아메리카인의 요구를 조화롭게 충족시키는 자연스럽고 진화적인 과정이었다. 이론가들과 정책 결정자들이 주장했듯이, 중심 과제는 이 지역을 공산주의의 영향으로부터 자유롭게 하고 진정으로 근대적 제도들의 가치를 입증할 적절한 수단을 찾는 것이었다. "도약"이라는 압도적인 동력은 그 과정을 보다 진전시킬 수 있었다.

그러나 진보를 위한 동맹은 자신의 정책 목표와 실행에 근대화론의 중심 아이디어를 구현하는 것 이상을 수행했다. 동맹은 또한 미국은 자신의 경험을 통해 개척된 길을 따라가고자 노력하는 사회를 지원하는 선진국이라는 정체성을 투사했다. 제국주의와 '명백한 운명'이라는 오래된 이데올로기와 마찬가지로 "뉴프런티어"New Frontier[54] 에서 근대화는 미국이 계층적·문화적·발전적 범주의 낮은 위치에 갇힌 사람들을 지원하는 능력을 가졌다는 점에서 자애로운 미덕을 가진 국가로 정의했다. 근대화 이데올로기와 결합한 진보를 위한 동맹은 미국의 변혁적 힘을 강조했고, 라틴아메리카 국가에 대한 직접 개입을 합법화했으며, 나아가 미국의 정책 결정자와 더 광범위한 대중이 스스로를 심오한 이타적·인도주의적·선교적 노력의 일부로 상상할 수 있도록 했

---

54 1960년 케네디가 민주당의 대통령 후보 수락 연설에서 언급한 방침으로, 개척자 정신의 상징인 프런티어에 새로운 의미를 부여하자는 일련의 새로운 개혁 정책을 의미한다.—옮긴이

다. 냉전의 맥락에서 진보를 위한 동맹은 진보를 향해 고군분투하는 지역을 이끄는 데 필요한 강인한 의지와 깊은 이해를 가진 국가라는 미국의 자기 인식을 투영했다.

케네디 정부는 처음부터 근대화 시도가 갖는 타당성을 공개적으로 설명하려고 노력했으며, 진보를 위한 동맹이 단순한 재정 이전 이상의 것을 포함한다고 계속해서 주장했다. 로스토가 대통령에게 말했듯이, 대외 원조로 "대중적 상상력"을 사로잡으려면 미국이 각 사회를 "도약" 단계로 이동시켜 달성한 결과를 극적으로 보여 줄 필요가 있었다.[55] 록펠러 재단 회장을 지낸 딘 러스크 국무부 장관도 이 견해에 동의했다. 그는 비록 새로운 라틴아메리카 프로그램이 "보통 '원조'라고 불리는 것을 상당한 규모로" 필요로 하겠지만, 국무부는 이 문제를 "원조의 문제"라기보다 "발전을 가속하는 문제"로 바라본다고 언론에 설명했다.[56] 케네디는 이러한 생각에 대한 정부의 열의를 강조하면서, 이 계획을 "새로운 제도"와 "새로운 계획"의 창설을 통해 라틴아메리카가 "근대화를 향한 추진력"을 달성하도록 도와주려는 시도라고 설명했다. "질서와 혼돈 사이에 놓였으며" "새로운 기대라는 격동적인 이행 과정"을 겪고 있는 사회들이 "자유를 위한 길고도 불확실한 투쟁"에서 승리하려면 미국의 도움이 필요하다는 것이다.[57] 대외 원조는 트루먼 시대 이후 미국 정책의 일부였기 때문에 전혀 새로운 것은 아니

55 Memorandum, Rostow to Kennedy, March 2, 1961, POF, box 64a, "Rostow, 3/61-5/61", JFKL.

56 Dean Rusk, "Secretary Rusk's News Conference of February 6", *Department of State Bulletin*, vol.44, February 27, 1961, p.298.

57 Kennedy, *Public Papers*, Book 2, p.217.

었다. 그러나 진보를 위한 동맹 같은 프로그램들은 훨씬 더 야심 찬 의제를 내세웠다.

뉴프런티어 정신의 제창자들은 또한 미국이 민주주의, 지속적인 개발 및 번영을 성취할 수 있었던 동력을 분석하여 라틴아메리카인들에게 귀중한 교훈을 제공하고자 했다. 로스토는 멕시코시티에서 열린 상공회의소 회의에서 라틴아메리카인들은 그들의 북아메리카 이웃들이 근대성의 정상에 오르기 위해 사용한 전략을 연구하는 것이 좋을 것이라고 말했다. 그는 "국가의 발전은 인간의 발전과 비슷하다"고 설명했다. 근대화의 "유년기"에 해당하는 사회는 세계의 더 발전된 국가들을 모방할 수 있다. "9개월의 유아, 5세 아동, 14세 청소년, 21세 청년 등이 필연적으로 직면해야 하는 문제의 종류들을 개괄적으로 설명하는 것이 가능한 것처럼" "경제 발전에 대한 연구는 거의 과학이라고 불릴 수 있을 정도로 주로 각각 다른 시기, 다른 국가에서 나타날 수 있는 극복해야 할 문제점들을 발견하고, 이러한 문제점 해결에 성공하거나 또는 실패한 노력들을 파악하는 작업으로 이루어져 있다."[58] 로스토의 주장은 명백한 운명이라는 오랜 표현뿐 아니라 20세기 초의 제국주의적 확장을 옹호하는 논의와 공명했다. 로스토는 성숙하고 진보된 사회가 버릇없는 어린애 같은 사람들의 손을 잡고 그들을 근대성의 성년기로 인도할 수 있다고 제안했다.

뿐만 아니라 케네디 정부의 관료들은 미국이 발전 과정에서 보편

---

58 Rostow, "Economic Development", speech to the American Chamber of Commerce, Mexico City, August 19, 1963, Moscoso Papers, box 11, "Speech Materials, 6/63-9/63", JFKL.

적으로 부딪히는 도전에 성공적으로 대처한 국가라고 반복하여 설명했다. 멕시코 주재 미국 대사인 토머스 만Thomas Mann은 "문화·상황·문제는 국가마다 다르다는 것"을 인정했지만, 그럼에도 불구하고 "실제로 200년 이상 시험을 거친 광범위한 경제 원칙"을 미국의 경험으로부터 도출할 수 있다고 주장했다. 만은 타의 추종을 불허하는 지속적인 장기 성장과 임금 상승 그리고 국내 구매력 상승 등 미국이 세운 놀라운 기록을 인용하면서, 멕시코 청중에게 미국의 독립선언과 헌법이 "자본재와 노동의 자유로운 이동"으로 특징지어지는 시장을 어떻게 "보장"했는지 주목하라고 조언했다. 만은 미국의 역사 전체에서 사유재산권, 혁신의 자유, "경쟁적 경제" 등의 모든 것을 통해 "개인별 인센티브"가 "진보의 원천"으로 작동했다고 강조했다.[59] 만은 라틴아메리카 국가들이 지속적인 성장을 달성하려면 미국을 이끈 이러한 원동력을 활용하는 제도를 설계하는 것이 좋을 것이라고도 조언했다.

미국 관료들은 교육적 목적을 위해 다른 역사적 사례를 택하기도 했는데, 특히 뉴딜에 매우 유익한 교훈들이 담겨 있다고 보았다. 링컨 고든은 루스벨트의 노력을 통해 국가 계획이 자유 기업의 효율적 기능에 필요한 보호 장치를 제공할 때, 경제적 확장과 성장을 가장 효과적으로 추구할 수 있다는 것이 증명되었다고 주장했다. 즉 뉴딜은 주식 시장을 규제하고, 주택 및 농장 보험을 제공하고, 사회보장 시스템을 구축하고, 수많은 실업자를 정부 프로젝트에 투입함으로써 미국이 경

---

59 Thomas Mann, "The Experience of the United States in Economic Development: Its Relevance for Latin America", *Department of State Bulletin*, vol.47, November 19, 1962, pp.772~775.

제적 충격에서 벗어나 더욱 안정적이고 지속적인 발전을 달성하기 위한 체계를 제공했다. 고든은 "이전까지는 잊힌 집단이었던 흑인, 이주 농장 노동자, 남부의 극빈 농가들, 그리고 아직 노동조합으로 조직되지 않은 도시 노동자들을 국가 사회에 온전히 포함시키려는 열정"을 칭송하면서 루스벨트가 사회정의와 경제 발전이 함께 추구될 수 있다는 것을 입증했다고 선언했다. 뉴딜은 자본주의의 위기에 대한 실험적 대응이라기보다는 대담하고 영웅적인 혁신으로서 진보적이고 자유주의적인 틀 안에서 자신의 사회 경제적 개혁들을 추진하려는 라틴아메리카인들의 모범이 되었다.[60]

고든은 무엇보다도 뉴딜이 엄격하고 과학적으로 계획된 사회공학이 놀라운 결과를 생산할 수 있음을 증명했다며 논의를 이어 갔다. 그는 많은 라틴아메리카인들이 여전히 국가적 계획을 "비전문가" 수준의 분야, 즉 "시간 강사part-time professors가 가르치는 법학과 경제학을 배운 비정규 학생part-time student"이 참여하는 스포츠 분야 정도로 생각하고 있다고 한탄했다. 라틴아메리카인들은 "구두 표현"이 "확실한 사실과 엄밀하고 객관적인 사고에 대한 존경"을 "적절히 대체할" 수 있다고 믿었기 때문에, 체계적인 분석이 아니라 철학적인 웅변을 어린아이처럼 찬양한다는 것이었다. 라틴아메리카인들이 북아메리카 사람들만큼 자기 문제들을 마주할 때 현실적이고 이성적이고 냉정하다면, "외국 투자자나 탐욕스러운 투기꾼과 같이 공산주의의 희생양들에 대한 자신의 감정적 폭발"을 멈출 것이다.[61] 고든과 동료들은 세계에서

---

60 Lincoln Gordon, *A New Deal for Latin America: The Alliance for Progress*, Cambridge: Harvard University Press, 1963, pp.105~108.

가장 근대적인 국가[미국]의 과거야말로 근대적·자유주의적인 자본주의의 틀 안에서 이뤄진 냉철하고 진보적인 혁신을 위한 청사진이자 모델이라고 주장했다. 직접 언급하지는 않았지만 확실히 고든의 견해에는 "발전"이 여러 면에서 의지의 문제라는 주장이 암시되어 있었다. 고든은 라틴아메리카인들이 그 "감정"을 통제하고, "희생양" 찾기를 멈추고, 절제력 있는 북아메리카 이웃의 모범을 따른다면 많은 문제를 극복할 수 있으리라 주장했다. 그는 모든 라틴아메리카인이 자신의 문화적 결함을 인식하고, 객관적인 사회과학적 분석 도구를 수용하여 주어진 과제에 착수할 것을 제안했다. 고든은 문화적으로나 물질적으로도 빈곤한 라틴아메리카라는 이미지를 구축한 반면, 미국에 대해서는 자신의 합리적인 기술과 결단력만으로 근대성의 정상에 등극했다고 묘사했다.

만과 고든의 견해는 진보를 위한 동맹을 비롯한 다른 사회들도 미국의 성공이 주는 교훈에 기반하여 계획을 수립할 필요가 있다는 케네디 정부의 공개 성명들과 전적으로 궤를 같이했다. 케네디는 니카라과·콜롬비아·브라질 지역에 농촌 협동조합을 통해 전력을 공급하는 계획의 시작을 알리는 출범식에서 농촌전력화사업청의 유산을 언급하며 "우리가 저개발 국가들에게 해줄 수 있는 가장 중요한 기여 중 하나는 우리나라에서 성공적으로 개발하고 사용한 기술을 전달해 주는 것"이라고 말했다. 국제개발처의 초대 처장인 파울러 해밀턴Fowler Hamilton도 대통령의 발언에 동의했다. 해밀턴은 미국 자문관들이 "몇몇 저개발국가에서 그 일을 하면 … 그 사례는 전염성을 갖고 널리 퍼질

---

61 *Ibid.*, p.109.

것이다. 왜냐하면 이 신사, 숙녀들이 머리에 담아 라틴아메리카에 전해 주려는 것들은 관료들이 주머니에 담아 전달해 주는 물질적인 도움보다 훨씬 중요할 것이기 때문"이라고 했다.[62] 딘 러스크는 테네시강 유역 개발공사와 민간자원보존단Civilian Conservation Corps을 기념하면서 미국의 과거가 "국민의 경제성장을 이끌기 위해 노력하는 여러 국가의 지도자에게 큰 가치를 지닌 교훈"을 제공하는 중요한 원천이라고 주장했다.[63] 근대로의 이행은 어렵지만, 개발도상국들은 미국의 위대한 혁신가들이 수십 년 전에 생각해 냈던 성공적인 프로그램의 역사적 기록을 되돌아보며 모방할 수 있을 것이다.

또한 케네디 정부는 "전통적인" 라틴아메리카 사회의 "무관심"과 무기력한 "숙명론"을 강력하고 활동적인 세계관으로 바꿀 수 있는 미국의 잠재력을 강조했다. 진보를 위한 동맹의 조정관 모스코소는 탤컷 파슨스와 매리언 레비의 사회 이론을 연상시키는 표현을 사용하여 근대화가 일상적인 사회생활의 핵심에 침투할 것이라고 주장했다. 그는 "대가족은 근대적 경제의 압력하에서 시골 지역 또는 도시 인근 지역의 단일 마을에 그대로 남아 있을 수 없다"고 주장했다. 부모는 "근대 세계를 자신들보다 더 잘 아는 아이들에게 계속해서 존경을 받지 못하는 어려움을 겪을 것"이며 "남성은 자신만큼 많은 수입을 올리는 여성이 전통적인 남성 권위에 도전하는 것을 좋아하지 않을 것이다". 모스코소는 사람들이 점점 "행복한 내일, 영원한 내일을 기다리는 데 지쳤"

---

62 케네디와 해밀턴의 발언은 다음에서 인용했다. Kennedy, *Public Papers*, Book 2, pp.818~820.

63 Dean Rusk, "America's Destiny in the Building of a World Community", *Department of State Bulletin*, vol.46, December 10, 1962, pp.898~899.

으며 "더 나은 오늘의 삶"을 요구하기 때문에 도시지역으로 이동하여 전통적인 방식을 거부할 것이라고 말했다.[64]

러너, 파이, 로스토 및 기타 이론가들은 "근대"사회와의 접촉은 삶에 대한 "전통적인" 이해를 변화시킬 것이라고 주장했다. 즉 규율, 성취 지위에 대한 존중, 사회적 이동성, 인간의 공감 능력 등의 외래 가치들이 뒤떨어진 사회를 숙명론적인 정체에서 벗어나 진보를 향해 가도록 이끈다는 것이다. 케네디 정부의 관료들은 라틴아메리카를 바라보면서 미국이 기획의 기술과 물적 자원 이상의 것을 공급해야만 한다고 설명했다. 국무부 차관보 에드윈 마틴Edwin Martin은 서던캘리포니아대학 회의에서 다음과 같이 말했다. "진보를 위한 동맹은 수백만 명의 사람들에게 새로운 기회를 열어 주고, 그들이 근대적 과학과 기술에 의한 모든 새로운 가능성을 활용하도록 준비시켜야 합니다." 마틴은 "벽돌과 박격포, 기계는 명백히 수단일 뿐"이며, "사람들의 태도와 가치, 열정이 바로 그 프로그램의 핵심 요소"라는 논의를 전개했다. 라틴아메리카를 근대화하기 위해 미국은 결핍되어 있고 수동적이며 정체된 문화에 갇혀 있는 사람들 사이에 급진적인 변화를 만들어 내겠다고 약속했다. 에드윈 마틴은 라틴아메리카인들이 세상을 보는 완전히 새로운 방식을 개발하기 위해 미국의 도움을 필요로 한다고 주장했다.

무엇보다도 변화를 좋은 것, 더 나쁜 것이 아닌 더 나은 것을 가져다주

---

64 Moscoso, "Social Change and the Alliance for Progress", speech, April 18, 1962, Moscoso Papers, box 10, "School of Advanced International Studies, Johns Hopkins University, Lectures on Alliance for Progress", JFKL.

는 것으로 받아들일 필요가 있습니다. 두 번째로 양적 정밀도, 작업 및 생산 일정을 정확히 지키는 것, 비용 우위에 대한 신중한 계산 같은 것들이 근대적 사회가 갖추어야 할 두 번째 천성이 되어야만 합니다. 문제에 대한 전통적 혹은 정서적 접근과는 대비되는 과학적 또는 합리적 사고 습관도 필수적이며, 깔끔함과 청결, 질서라는 반낭만주의적인 덕목들도 마찬가지입니다. … 제가 좋은 삶을 위한 처방전을 교부하는 것은 아닙니다. 저는 다만 물질적 복리의 20세기적 기준에 따른 근대사회의 필요, 모든 국가가 원하는 그것에 대해 말하고 있을 뿐입니다.[65]

마틴이 설명했듯이 진보를 위한 동맹 프로그램은 오래전 테일러주의 공장과 시카고 사회복지관[66]이 수행했던 역할과 비슷한 역할을 했다. 그는 라틴아메리카인들이 숙명론적이고 "전통적인" 관점의 한계 안에서 투쟁해 왔다고 주장했다. 그들이 근대적 제도 안에서 살아남으며 근대적인 생활수준을 획득하기 위해서는 근대적 가치 시스템 또한 받아들여야만 했다.

진보를 위한 동맹의 기획자들은 교육과 기술 훈련이 "합리적인" 윤리를 생산하는 데 도움이 될 것이라고 믿으면서도, 또한 라틴아메리카인들을 미국 제도와 직접 만나게 할 필요가 있다고 강조했다. 미국은 W. 윌러드 워츠w. Willard Wirtz 노동부 장관을 라틴아메리카 노동 지도자

---

65 Martin, speech to the University of Southern California World Affairs Institute, December 4, 1962, Moscoso Papers, box 10, "Speech Materials, 11/62-12/62", JFKL.

66 1889년 시카고에 인보관(隣保館) 운동의 일환으로 최초로 세워진 '헐 하우스'(Hull House)를 비롯한 일련의 기관을 일컫는다. 인보관 운동이란 빈민 지역에서 함께 생활하며 지역사회의 환경과 생활을 개선하는 것을 목표로 하는 사회개혁 운동을 말한다.——옮긴이

회의에 파견하여 "자유롭고 민주적인" 노조가 어떻게 임금을 인상하고, 경제를 성장시키며, 자유주의적 정치를 통해 노동자들에게 적극적인 역할을 부여할 수 있는지를 보여 주고자 했다.[67] 또한 케네디 정부는 여성유권자연맹League of Women Voters과의 계약을 통해 라틴아메리카 여성들에게 "시민교육"을 제공하고자 했다. 모스코소는 이 프로그램이 성공하기 위해서는 진보를 위한 동맹의 정치적 목표에 대한 더 큰 공감이 필수적이라고 주장했다. 개인들 간의 접촉은 사회 경제적 문제를 해결하는 데 민주적인 제도가 지니는 가치를 두드러지게 보여 줄 것이다.[68] 또한 진보를 위한 동맹은 라틴아메리카인들을 미국으로 데려와 어떻게 지역사회가 산업 성장을 촉진할 수 있는지를 보여 주었다. 어느 국제개발처 간행물에 따르면, 엘살바도르 출신의 사업가들은 디트로이트와 피츠버그의 대규모 공장을 방문하고 감탄했지만, 미주리주 마르셀린의 가정에서 만든 수제품들에서 자신들에게 가장 적합한 교훈을 발견했다. 사업가들이 한 작은 마을의 산업 단지를 방문했을 때, 이들은 투자금이 평균 약 50달러밖에 되지 않을 정도로 낮고 수백 명의 노동자가 주식을 소유하고 있다는 사실에 큰 감명을 받았다. 사업가들은 방문을 마치고 고국에 돌아온 지 30일 만에 북아메리카인들을 모방하여 지역개발 회사를 차렸다.[69]

---

67 Archie W. Robinson, "Now the U.S. Is Exporting Union Ideas to Latin America", *U.S. News and World Report*, May 20, 1963, p.86, pp.88~89.

68 Moscoso, speech to the American Council of Voluntary Associations for Foreign Service, November 26, 1962, Moscoso Papers, box 10, "American Council of Voluntary Associations for Foreign Service", JFKL.

69 Agency for International Development, "Putting PEP in AID", *Area Digest*, vol.2, Fall 1963, p.7.

진보를 위한 동맹의 추진자들은 라틴아메리카인들을 미국 문화에 노출시키면 "전통적인" 관성과 무관심을 극복하는 데 도움이 될 것이라고 주장했다. 한 호의적인 잡지 편집자는 미국은 "라틴아메리카의 방대한 국내 자원을 활성화하고 해외에서 민간 투자를 유치하며, 지방 정부가 건전하고 민주적이며 '자조 지원형' 발전 프로그램들을 시작 및 지원하도록 장려하는 촉매제 역할을 할 수 있다"라고 말했다.[70] 모스코소는 언론에 다음과 같이 설명했다. 미국이 진보를 위한 동맹을 해외 원조 프로그램이라기보다 일종의 "십자군 운동"으로 다룬다면, 동맹은 라틴아메리카인들이 자국에서 적극적인 역할을 하게 하고 개혁을 추진하도록 고무시킬 수 있을 것이다. 미국은 자신의 가치들을 퍼뜨리고 남쪽의 대륙을 "복음화"함으로써, 미국적 혁명이라는 보편적으로 유효한 원칙들을 수출할 수 있으며 라틴아메리카인들이 개인의 존엄성을 보호하도록 동기를 부여하고 나아가 그 지역을 진보의 길에 올려놓을 수 있다고 생각했다.[71]

이러한 용어들로 제시된 진보를 위한 동맹은 모든 미국 시민이 라틴아메리카 투쟁에 크게 기여할 수 있는 프로그램이자 국가적 사명의 상징이 되었다. 스탠포드 연구소 소속의 두 분석가는 많은 정부 관료가 구사했던 것과 같은 수사를 동원해 "저개발 세계"의 사람들에게는 미국의 자본과 전문가의 조언 그 이상이 필요하다고 주장했다. 또한

---

70 Akira Iriye, "Is the Alliance for Progress Progressing?", *Christian Century*, March 28, 1962, p.380.

71 Tad Szulc, "Selling a Revolution in Latin America", *New York Times Magazine*, December 17, 1961, p.10; "Evangelist for Progress", *Newsweek*, February 19, 1962, pp.54~55.

그들은 "공감적인 이해" 그리고 저개발국 사람들이 "개발 프로그램의 전체 영역에 걸쳐 도움을 구할 수 있는 선진국의 기관들과 지속적으로 접촉할 기회"가 필요하다고 했다. 분석가들은 미국이 주 정부와 지방 도시, 개별 시민들까지 포괄하도록 개발원조 메커니즘을 확대함으로써 근대화시키는 힘을 확장할 수 있다고 주장했다. 더 단순한 경제와 더 적은 예산을 가진 미국의 주 정부들은 농업·교육·제조 분야의 경험을 개발도상국들과 공유할 수 있었다. 인적 교류와 늘어난 언론 보도 그리고 새로운 업무 협약들은 모두 "실체적이고 의미 있고 설득력 있는 일련의 관계에 양측의 사람들과 기관들을 함께 참여시킨다는" 약속을 담았다.[72]

백악관의 참모 굿윈은 이러한 아이디어들을 실행하기로 결심했고, 케네디에게 미국 각 주와 라틴아메리카 국가들 간의 협력 프로그램이 "대외 원조에 대한 우리의 전체적인 접근 방식을 상당히 수정할 수 있다"고 말했다.[73] 몇 달 안에 미국은 캘리포니아주와 칠레 간의 농업 문제에 대한 협정, 미시간주 오클랜드 카운티와 콜롬비아 카우카 밸리 간의 전문가 교류, 플로리다 펜서콜라의 페루 침보테 의료사절단 파견 등을 위한 협정을 체결하며 "진보를 위한 동맹의 파트너" 프로그램을 자랑스럽게 시작했다. 모스코소의 보좌관인 짐 보렌Jim Boren은 "프로그램은 저절로 순항할 것"이라고 선언하면서 프로그램에 대한

---

72 Memorandum, W. B. Dale and D. C. Fulton, "Do the States Have a Role to Play in Foreign Aid?", January, 1961, Eugene Staley Papers, box 23, "Development: Misc. Material", HLA; W. B. Dale and D. C. Fulton, "On Statesmanship", *Saturday Review*, November 4, 1961, p.52.

73 Memorandum, Goodwin to Kennedy, February 2, 1961, POF, box 63, "Goodwin, R.", JFKL.

"열정의 전염"을 환영했다. 그는 "'이러한 프로그램은 진보를 위한 동맹은 과연 무엇인가에 대한 핵심을 건드린다.' 사람들은 서로 돕고자 하며, 필요할 경우 정부를 통해 그렇게 하지만 가능하다면 직접 상대방을 돕고자 한다. 이러한 프로그램은 바로 그러한 느낌"을 주기 때문에 미국 시민들은 라틴아메리카인들에게 직접 닿을 수 있다고 설명했다.[74] 평화봉사단의 경우와 마찬가지로 정부 관료들은 개별 시민의 공헌을 보다 거시적인 맥락에서 국가적 사명감의 상징으로 묘사했다.

또한 이론가와 정책 결정자들은 미국 자신의 제국적 과거를 은폐한 채 미국을 세계의 가장 성공적인 반식민지 국가로 묘사하기 위해 진보를 위한 동맹을 활용했다. 로스토는 진보를 위한 동맹은 뉴프런티어 프로그램 중 하나라고 설명했다. 그에 따르면 뉴프런티어 프로그램은 "남미와 북미 시민들의 마음속에" 다음과 같은 인식을 확고히 심어주었다. "과거 식민지에 대한 기억이 아무리 고통스러울지라도 주요하고도 항구적인 공통 관심 영역들이 성장 과정의 다른 단계에 처한 국가들 사이에서 등장하고 있다."[75] 미국은 라틴아메리카에 최고의 근대적 가치와 기술, 제도를 가져다주면서 이베리아의 식민주의 역사가 제공하지 못했던 변혁을 창출하겠다고 약속했다. 진보를 위한 동맹의 조정관 모스코소가 하원외교위원회에서 설명했듯이, 스페인과 포르투갈의 식민지 개척자들은 "정복과 착취를 위해 라틴아메리카로 갔지만 미국은 종교적 박해를 피해 탈출한 사람들이 "살아갈 나라를 세우고, 국

---

74 Alliance for Progress Information Team, Weekly Newsletter, December 23, 1963, Moscoso Papers, box 3, "Partners of the Alliance", JFKL.

75 Rostow, "American Strategy on the World Scene", *Department of State Bulletin*, vol.46 April 16, 1962, p.628.

가를 건설하기 위해" 정착했던 곳이었다.[76] 모스크소는 미국을 자국의 제국주의적 기업들과는 일정한 거리를 두는 수사를 사용하며, 미국이야말로 남부의 이웃들이 장기적인 성공이라는 어려운 과정을 헤쳐나가는 데 필요한 자본과 가치 모두를 기꺼이 공유하려는 예외적인 국가라고 설명했다. 라틴아메리카가 이베리아 식민지의 멍에에 휩싸인 지 500년 만에, 반식민지 혁명의 산물인 미국은 라틴아메리카가 진보를 향한 자신의 추진력을 완수할 수 있도록 국가 건설의 정신을 전파할 것이다. 공산주의 침략은 여전히 심각한 도전으로 남아 있지만, 진보를 위한 동맹은 미국이 한물간 선두주자이거나 빈곤 완화에 반동적인 장애물이 아니라는 점을 세계에 증명할 것이다. 여전히 "언덕 위의 도시"City on a Hill[77]인 미국은 모두의 상호 이익을 위해 자신의 경험이라는 교훈을 전파할 것이다.

미국 언론은 이 프로그램이 엄청난 잠재력을 가지고 있다는 데 동의했다. 프로그램이 미국의 이상이라는 마르지 않는 원천을 활용하고, 다른 사회가 미국의 과거로부터 배울 수 있도록 하며, 오랜 인도주의 정신을 확고히 보여 줌으로써 라틴아메리카를 변화시키고, 그 과정에서 미국이 지닌 최고의 것들을 이끌어 내겠다고 약속했다는 것이다. 『타임』지는 케네디의 1961년 3월 연설을 열렬히 찬양하는 한 보도에서 진보를 위한 동맹을 "달성해야 할 사명, 실현해야 할 꿈"이라 불렀

---

76 House of Representatives, U.S. Congress. Committee on Foreign Affairs, *Foreign Assistance Act of 1962*, 87th Cong., 2d sess, Washington, D.C.: U.S. Government Printing Office, 1962, p.468.

77 성경에 나오는 구절로서, 여기서는 미국이 선택받은 특별한 국가라는 인식, 즉 미국 예외주의를 상징하는 의미로 사용되었다. ─ 옮긴이

으며, "오늘날 라틴아메리카의 경향, 압력, 요구에 대한" 대통령의 "예민한 감각"을 칭송했다. 『타임』지는 푼타 델 에스테 회의에 이어 "미국이 자신의 마음이 가는 곳에 돈을 투자할 것이라는 설득력 있는 증거"를 보여 주기 위해 9억 7300만 달러의 원조를 빠르게 방출하기로 했으며, 나아가 독자들에게 딜런 재무부 장관이 "직접 차관 신청서가 관료주의라는 폐해 속에서 지체되지 않게 확인"했다고 알려 주었다. 한 미국 관리가 딜런에게 [차관] 요청을 처리할 준비가 되지 않았다고 말하자, 딜런은 "'좋습니다 … 제가 그냥 앉아서 기다리지요'라고 대답했다. 그러자 '처리', 즉 승인은 약 60초 만에 완료되었다". 뉴프런티어는 관료주의적 형식주의를 타파하고 조직의 장벽을 허물었는데, 이는 라틴아메리카가 제기한 거대한 도전들에 대해서도 동일하게 나타났다. 『뉴스위크』지는 케네디의 계획을 환영하며 진보를 위한 동맹을 "미국이 가난과 불만으로부터 남쪽의 이웃을 구하기 위해 지금까지 착수했던 계획 중 가장 희망적인 것"이라고 불렀다.[78]

다른 매체들은 진보를 위한 동맹을 훨씬 더 화려하게 묘사했다. 『라이프』지는 몇 주간의 보도를 통해, 진보를 위한 동맹은 "그 규모 면에서 역사적"이며 교육·건강·농업·주택 분야의 대규모 발전을 위해 "동맹이 합의한 목표 면에서 혁명적"이었다고 선언했다. 이 프로그램은 "단지 또 하나의 냉전적 관계 개선 시도"가 아니라, 쿠바의 낭만적인 혁명가 체 게바라조차도 흔들 수 없는, 라틴아메리카와 미국 간의 깊은 상호 공약을 상징했다. 『라이프』지는 푼타 델 에스테에서 가는 세

---

78 "Progreso, Sí", *Time*, March 24, 1961, p.29; "Help on the Way", *Time*, September 22, 1961, p.46; "Alliance Progresses", *Newsweek*, August 21, 1961, p.44.

로줄 무늬 정장을 입은 백만장자 사업가 딜런 장관이 베레모를 쓴 쿠바인 게바라에게 "욕설과 조롱을 받아야만 했다"고 보도했다. "그런데 무례한 체 게바라는 결국 딜런에게 도움을 주었다. 딜런의 연설이 끝날 때 체 게바라는 성큼 걸어 나갔다. 그러나 그는 문을 잘못 골라, 권총을 차고 자신을 수행하는 '비서'들과 함께 여자 화장실로 들어갔다." 미국 언론은 진보를 위한 동맹을 활기차고 남성적인 월스트리트의 지혜와 계몽된 인도주의의 결합으로 재현하면서 비합리적인 공산주의자들이 미국의 성취를 가로막을 가능성은 거의 없다고 주장했다.[79]

그러나 약속된 기적이 나타나지 않자, 진보를 위한 동맹은 얼마 지나지 않아 초기의 추진력을 잃어 갔다. 라틴아메리카 지도자들이 현장에 서명한 지 불과 1년 만에『룩』*Look*지의 수석 편집자는 "최근 몇몇 훌륭한 프로젝트가 매우 희망차게 착수되었지만 진보를 위한 동맹처럼 매우 급속히 비난을 받게 되었다"고 논평했다.『유에스 뉴스 앤드 월드리포트』*U.S. News and World Report*는 이 프로그램이 약 10억 달러를 라틴아메리카의 다른 19개국에 전달했지만 "여러 면에서 세계에서 매우 중요한 위상을 지닌 이 지역의 상황은 1년 전보다 더 나빠졌다"고 밝혔다. 이 보도에 따르면 미국 기업들은 여전히 이 지역을 투자 위험지로 인식했으며, 라틴아메리카 과두정치는 법정 세금이나 토지개혁과 관련된 조치를 취하지 못했다. 또 대부분의 라틴아메리카인들은 이 프로그램에 대해 냉담하고 회의적이었으며 또는 전혀 알지도 못했다.『뉴스위크』지는 진보를 위한 동맹의 첫해에 라틴아메리카 국가들은 1인

---

79 "Fresh Breeze from the South", *Life*, August 25, 1961, p.46; "Yanquis Open a New World Series against the Reds", *Life*, August 18, 1961, p.40.

당 2.5퍼센트라는 목표 성장률도 달성하지 못했다고 보도했다. 4개국은 2퍼센트만 그럭저럭 달성했으며, 2개국은 1퍼센트 정도만 달성할 수 있었고, 5개국은 "그대로였으며", 7개국은 오히려 성장률이 감소했다. 농업 생산은 인구 증가를 따라가지 못했으며, 수입 비용이 수출 총액을 넘어 계속 상승했고, 미래에 대한 전망도 전혀 밝아 보이지 않았다. 심지어 『라이프』지 사설조차 케네디의 연설로부터 1년이 지나고 10억 달러가 지출되었지만, 프로그램이 "이미 심각한 문제에 빠졌다"고 썼다.[80]

약간 더 낙관적이긴 했지만, 미주기구 또한 동맹에 대해 혼합된 평가만을 내놓았을 따름이었다. 미주기구의 진보를 위한 동맹 1년차 보고서에 따르면 외부 자금이 더 많이 제공되었고, 중앙계획기구가 설립되었으며 국제 커피 협정으로 지역의 소득이 증가했고, 지역 경제통합을 위한 조치가 취해졌다. 그러나 동시에 미주기구는 라틴아메리카의 경제성장률이 "소폭 향상되었을 뿐이지 진보를 위한 동맹이 설정한 장기 목표보다는 여전히 낮다"고 경고했다. 조세와 토지개혁 관련 조치들은 여전히 불충분했으며, 발전 계획에는 "실현 가능한 목표라는 틀"이 없었고, 자본 유입은 "지역 경제에 필요한 활발한 추진력을 제공"하기에는 불충분했다.[81] 2년차 평가에서 미주기구는 현재 10개국이 헌장에 명시된 목표 성장률을 달성했다고 언급했다. 그러나 또한 다음

---

80 Leonard Gross, "Has the Alliance for Progress a Chance?", *Look*, August 28, 1962, p.80; "How Much Progress in the Alliance for Progress?", *U.S. News and World Report*, October 20, 1962, pp.42~44; "Quasi Stagnation", *Newsweek*, October 15, 1962, p.44; "For 'Alianza' a Warning", *Life*, March 16, 1962, p.4.

81 Organization of American States, "The Alliance for Progress: Its First Year, 1961~1962", NSF, box 290, JFKL.

과 같이 논평하기도 했다. "여러 장애물이 동맹을 살아 있는 실재實在로 만들기 위해 필요한 제도·정책·내부 구조의 변화를 가로막고 있다. 그런데 많은 국가들이 이러한 장애물을 극복하는 과정이 매우 느리다는 점을 우려할 수밖에 없다."[82] 금융 지원은 경제성장을 촉진하는 것처럼 보였지만, 부와 정치적 권력의 보다 공평한 배분은 여전히 요원한 것처럼 보였다.

비판의 강도가 높아짐에 따라 진보를 위한 동맹은 케네디 정부의 커져 가는 근심의 씨앗이 되었다. 1962년 4월 모스코소는 라틴아메리카의 문제가 매우 심각하여 미국이 첫해에 제공한 10억 달러 중 7500만 달러만 개발 차관에 쓰였으며, 그중 500만 달러만 산업에 사용되었다고 보고했다. 즉각적인 경제적·정치적 위기가 발생했을 뿐만 아니라 라틴아메리카 측에서 프로젝트 제안을 하지 않은 탓에 나머지 금액은 상품 수입 자금과 국제수지상의 대변을 제공하고 잉여농산물을 공급하는 데 사용되었다. 이러한 동맹의 활동은 이 지역을 위한 장기 목표 추구와 아무런 관련이 없었다.[83] 1963년 10월 모스코소는 더 나쁜 소식을 전했다. 현재 회계 연도에서 미국의 지출은 전년도의 70퍼센트 수준에 불과하며, 라틴아메리카 지역에 대한 미국의 새로운 민간투자는 1961년 4억 2800만 달러에서 1962년 2억 5500만 달러로 감소했다는 것이었다.[84] 백악관의 내부 비망록은 대통령에게 다음

---

82 Organization of American States, "The Alliance for Progress: Its Second Year, 1962–1963", Moscoso Papers, box 3, JFKL.

83 Memorandum, Moscoso to Kennedy, April 27, 1962, NSF, box 291, "Alliance for Progress Reports, 3/62–4/62", JFKL.

84 Memorandum, Moscoso to Kennedy, October 2, 1963, NSF, box 291, "Alliance for Progress Reports, 8/63–10/63", JFKL.

과 같이 설명했다. "우리는 라틴아메리카에서 진정한 발전을 시작할 수 없었습니다. 이를 위한 계획과 프로그램들이 준비되어 있지 않았습니다. 우리가 취한 조치 또한 느리고도 번잡했습니다. 우리는 가진 돈조차 사용할 수 없으며 의회에 지출 승인 요청을 정당화하는 데도 어려움을 겪을 것입니다. 게다가 우리의 계획은 점차 지연되고 있습니다. … 더 정확히 말하면 라틴아메리카에서 현재 기준으로 진보를 위한 동맹에 따라 발전 프로그램을 착수한 나라는 단 하나도 없습니다."[85] 낮은 성장률에 시달리고 장기 프로그램을 착수할 수 없었던 "개발의 연대"Decade of Development는 힘들고도 느리게 시작되었다.

비록 진보를 위한 동맹은 곤경에 처했지만, 그 배후의 이데올로기는 그렇지 않았다. 공개된 자료, 그리고 내부 자료 모두 이 프로그램이 계획된 목표 달성에 실패했다고 지적했음에도, 동맹을 둘러싼 갈등이나 동맹의 문제점에 대한 설명은 동맹의 핵심에 놓인 생각을 거의 건드리지 못했다. 여러 정당이 워싱턴 내 관료주의적 구조를 비난하고 더 높은 수준의 외국인 투자가 필요하다고 언급하거나, 사회적·정치적 개혁에 대한 라틴아메리카의 저항을 비판했지만, 미국이 라틴아메리카 근대화의 촉매제 역할을 할 수 있다는 근본적인 가정에 도전한 사람은 거의 없었다. 몇 가지 중요한 예외를 제외한다면 동맹에 대한 비판은 근본적인 목적을 고찰하기보다는 근대화의 틀 안에 머물러 제기되었으며, 행정 문제, 원조 제공의 기술 또는 라틴아메리카 국가들이 반드시 달성해야 하는 "도약"의 실질적인 준비 정도에 대한 비판에 그

---

85 Memorandum, unknown author to Kennedy, undated, POF, box 95, "Alliance for Progress", JFKL.

쳤다. 구체적인 수단은 비판의 대상이 되었지만 전체적인 목표는 대체로 도전받지 않았으며, 진보를 위한 동맹 같은 1960년대 초반의 프로그램들에는 미국이 세계를 재건할 수 있으며 동시에 그러한 부름을 받았다는 널리 퍼진 믿음이 계속 반영되었다.

진보를 위한 동맹이 성과를 거두지 못한 이유로 정부 대외 원조기구의 복잡성과 해당 기구의 관료주의적 인력 구조가 갖는 약점이 자주 거론되었다. 모스코소는 보고서를 작성하면서, 이 프로그램의 1주년은 주목은 받아야 하지만 축하를 받아서는 안 된다고 선언했다. 이에 대해 『타임』지는 라틴아메리카의 원조 요청들은 "정부 기관이라는 장애물 코스"를 통과해야만 했다고 논평했다. 극심한 빈곤 속에서도 온두라스와 같은 국가는 아직도 미국으로부터 약속된 도움을 받지 못했다. 온두라스의 신청서들이 "워싱턴의 서류함에 먼지를 뒤집어쓴 채 수북이 쌓여 있었기" 때문이었다.[86] 케네디 정부는 행정적인 문제가 있다는 점도 알게 되었다. 1962년 3월 백악관의 문제 해결사 빌 아다드 Bill Haddad는 케네디에게 이 프로그램이 "체계적이지 못하며 파편화되어" 있다고 말했다. "동맹 프로그램[의 책임]은 농림부, 재무부, 몇몇 주정부, 그리고 국제개발처, 미주기구, 수출입은행, 국제개발은행의 몇몇 지점 등에 파편적으로 분산되어 있습니다." "왼손은 오른손이 하는 일을 모릅니다. 다르게 보면 이것들은 개발차관기금과 국제협조처를 통해 확립된 관행이자 절차입니다. 번거로운 이 절차는 누구도 위험을 감수하지 않기 위해 고안된 것입니다."[87] 모스코소는 몇 달 후 유사한

---

86 "Troubled Alliance", *Time*, October 10, 1962, p.22.

87 Memorandum, Haddad to Kennedy, March 9, 1962, POF, box 95, "Alliance for Progress",

문제를 지적하면서 차관 실행이 "국제개발처의 행정적인 문제"와 주요 건설 사업의 긴 "소요 시간" 때문에 느려졌다고 설명했다.[88] 예산국의 연구는 워싱턴에서의 어려움이 현장에서도 반복되고 있음을 밝혔다. 컨트리팀들Country teams[89]은 "보고하고 대변하는 전통적 외교의 기능을 주로 수행하는 정치적 관찰자의 위치로부터, 하룻밤 사이에 충돌하는 정치적·사회적 세력들에 적극적으로 개입하는 역할로 이동"하라는 갑작스러운 요구를 받았다. 새로운 프로그램의 요구에 느릿느릿 반응하던 관료들은 "신중하게 적용된 시범 사업들에 대해 기술협력적으로 접근하고 조심스러운 자문 역할을 하는 데에서 벗어나서 적극적으로 행정적·사법적 활동을 하는 것에" 어려움을 겪었다. 그들은 또한 "국가 주권, 즉 사법, 토지의 소유·분배, 세금 정책, 군사 노선, 경비 지출과 같은 가장 민감한 영역에서 악착같이 협상하는 역할"을 수행할 준비가 되어 있지 않았다.[90]

각각의 분석은 진보를 위한 동맹에 심각한 문제점이 있다는 점을 드러냈음에도 동맹이 별개의 장애물에 의해 어려움을 겪고 있는 것처럼 묘사했다. 그리고 그러한 장애물을 제거한다면, 동맹이 근대화를 위한 진정한 잠재력을 드러낼 수 있다고 보았다. 아다드가 케네디에게

JFKL.

88 Memorandum, Moscoso to Kennedy, May 18, 1962, NSF, box 291, "Alliance for Progress Reports, 5/62-7/62", JFKL.

89 미국은 국무부, 국방부, 농무부, 상무부, 경제협조처 등 정부기관 소속의 기관원들을 지역 또는 개별국가 단위로 파견했다. 그런데 미국이 파견한 기관들이 확대되면서 이들을 조정하고 총괄하는 조정기구가 필요했다. 이에 따라 미국은 현지 미국 대사관(대사)을 중심으로 하는 조정기구를 만들었는데 이를 컨트리팀이라 불렀다.—옮긴이

90 Bureau of the Budget, "Survey of the Alliance for Progress Program in Brazil, Argentina, Chile, and Bolivia", NSF, box 290, "Alliance for Progress, 7/1962", JFKL.

말했듯이, 대통령은 "그의 이름을 서명함으로써 모든 관료가 그가 원하는 일을 하게" 할 수 있으며, 진보를 위한 동맹에 다른 미국의 대외원조 프로그램과 "차별화된 이미지"를 부여함으로써 더 강한 내적 동력을 가지게 할 수 있었다. "이 작업을 수행하려면 모스코소 주변에 몇몇 우직한 사람들"이 필요하겠지만, 아다드는 그것을 "할 수 있다, 쉽게 할 수 있다"고 확신했다.[91] 비슷한 방식으로 모스코소는 진보를 위한 동맹이 국제개발처가 탄생한 첫 "과도기 해"에 시작함으로써 어려움을 겪었지만, 그러한 어려움들은 곧 사라질 것이라고 보았다.[92] 예산국도 이 문제를 목표가 아니라 실행 차원에서 나타난 문제로 해석했기 때문에 유사한 시각을 피력했다. 컨트리팀의 급격한 기능 변화에 대한 핵심적 질문은 "그것이 적절한지 아닌지가 아니라 얼마나 잘 수행되고 있는지"였다.[93]

케네디 정부는 인사 문제로 초점을 돌리며, 계속해서 진보를 위한 동맹의 이데올로기적 기반에 대한 재평가를 배제하는 방식으로 개별 문제를 분석할 뿐이었다. 굿윈은 1963년 9월 작성된 비망록에서 "개념적으로 훌륭하고 역사적으로 올바른 프로그램이 약 절반의 효과밖에 내지 못하며 운영된다"는 실망감을 표출했다. 아이러니하게도 굿윈은 미국 관료들이 라틴아메리카 정부를 묘사하며 사용했던 용어를 가지고 워싱턴 관료들을 비난했다. 그는 관료들 사이에 나타나는 "상상력,

91 Memorandum, Haddad to Kennedy, March 9, 1962, POF, box 95, "Alliance for Progress", JFKL.

92 Memorandum, Moscoso to Kennedy, May 18, 1962, NSF, box 291, "Alliance for Progress Reports, 5/62-7/62", JFKL.

93 Bureau of the Budget, "Survey of the Alliance for Progress Program in Brazil, Argentina, Chile, and Bolivia", NSF, box 290, "Alliance for Progress, 7/1962", JFKL.

대담성, 그리고 행정적 효율성 부족"이라는 해로운 "경향"을 한탄했다. 그는 진보를 위한 동맹이 "좋은 인재를 채용하려는 노력이 전적으로 부족하며, 구제불능의 인사 절차, 개인의 주도권과 책임을 저해하는 구조, 출세주의적 사고방식", 그리고 "가시화된 평범함도 인식하지 못하는 무능"으로 고통받았다고 주장했다. 이처럼 프로그램이 "정체"한 이유가 행정적인 차원의 것으로 인식됐기 때문에, 동맹을 교정하기 위해 근본적인 목표를 분석할 필요는 없는 것처럼 보였다. 케네디는 단지 진보를 위한 동맹을 수행하는 개개인을 교체하면 그만이었다. 굿윈은 평화봉사단의 대중적 성공에 감탄했으며 진보를 위한 동맹이 다른 뉴프런티어 프로그램보다 "본질적으로 더 흥미롭고 더 거대하고 더 매력적이라"고 확신했다. 이러한 확신을 가진 그는 케네디가 "사전트 슈라이버Sargent Shriver에게 적어도 1년 동안 동맹의 운영을 맡게 하여 궤도에 올려놓은 후, 후임자에게 넘기라고" 말해야 한다고 주장했다. 굿윈은 만약 평화봉사단장으로 역동적 활동을 한 슈라이버에게 "조직과 인력을 근본적으로 바꾸는" 자유가 주어진다면 진보를 위한 동맹을 구원할 수 있다고 확신했다.[94]

동맹을 위한 민간 투자를 확보하는 문제도 상당히 대중적이며 공식적인 논쟁 주제였다. 많은 라틴아메리카 정부가 경제성장을 촉진하기 위해 외국 자본을 원하긴 했지만, 미국 사업가들이 운영하는 다국적기업에 의존함으로써 주권을 침해받길 원하지는 않았다. 진보를 위한 동맹의 헌장은 해외투자를 장려하는 발전 계획을 권고했지만, 사회

---

94 Memorandum, Goodwin to Kennedy, September 10, 1963, POF, box 63, "Goodwin, R.",
    JFKL.

정의와 토지개혁, 그리고 소득재분배에 대한 요구가 미국의 사업적 모험을 위해 라틴아메리카를 개방하려는 움직임을 억제했다. 케네디 정부는 라틴아메리카의 개혁 지향적인 "민주 좌파"의 지지를 얻고 아이젠하워 시대의 정책이 야기했던 분노를 피하고자 했기 때문에 라틴아메리카인들의 관점에서 진보를 위한 동맹을 "미국 투자의 새로운 확장을 위한 진입의 쐐기"로 바꾸어 버릴 수도 있었던 세금 감면이나 보증 조치를 시행하지 않았다.[95] 아서 슐레진저 주니어가 1962년 비망록에서 언급했듯이 아이젠하워의 정책은 "50년대와 마찬가지로 오늘날에도 틀렸다. 사실 오늘날에는 더욱 그러하다. 왜냐하면 그 사이 정치적 감정이 들끓었기 때문이다. … 만약 우리가 아이젠하워의 정책으로 돌아가서 투자를 위한 '적절한' 분위기를 만드는 것을 라틴아메리카에 대한 주요 목표로 삼는다면, 진보를 위한 동맹—그리고 그 지역—과 작별 인사를 하는 것이 좋을 것이다".[96]

라틴아메리카에 대한 미국의 해외투자 수준은 쿠바혁명 이후 감소하기 시작했는데, 진보를 위한 동맹 초기 2년 내내 이러한 감소세가 계속됐다. 그러나 정부가 사업적 인센티브를 제공해 주지 못했다는 논쟁조차도 동맹 그 자체를 정당화하는 이데올로기적 틀 내에서 이루어졌다. 체이스 맨해튼 은행의 데이비드 록펠러David Rockefeller 회장은 라틴아메리카 국가들에게 미국이 인도하는 대로 따라오라고 강요할 수 없다는 사실을 인정했다. 그러나 록펠러는 "미국은 정부가 보완해 주

---

95 Levinson and de Onís, *Alliance That Lost Its Way*, pp.71~73.
96 Memorandum, Schlesinger to Ralph Dungan, Schlesinger Papers, box WH 2, "Alliance for Progress, 9/28/62~10/18/62", JFKL.

는 자유기업 체제하에서 운영되며 번창했고, 이러한 우리의 사례는 전 세계 소외된 사람들에게 평화혁명이라는 영감을 불어넣을 수 있다"고 보았다.[97] 『모건 개런티 서베이』*Morgan Guaranty Survey*는 [미국의 사례는] 역사적으로 입증되었다는 록펠러의 강조와 공명하며, 라틴아메리카인들은 그것이 갖는 장점들을 무시했다고 비난했다. 이들은 "계획을 수행하는 라틴아메리카인 사이에 자유기업에 대한 열정이 거의 없고—그들은 자유기업 시스템을 미국에서의 성공보다는 라틴아메리카 지역에서의 실패와 연관 짓는 경향이 있다—… 전통적으로 경제에서 급속한 생산 설비 구축은 불균등한 소득분배에 기반했으며, 이는 높은 저축률 성장을 낳았기 때문에" 미국이 민간 부문을 촉진하는 작업에 주도적으로 나서야 한다고 강조했다.[98] 또한 머크 앤드 컴퍼니Merck and Company 사장 존 T. 코너John T. Connor는 민간 부문의 촉진과 라틴아메리카인들이 결여한 가치를 연관 짓고자 했다. 그는 민간투자는 "노동과 저축의 산물이며 무책임과 낭비, 오용을 싫어한다. … 라틴아메리카는 현재 혼란의 한복판에 있지만, 미국 기업은 마치 포커 게임의 비숍[99]만큼이나 편안하다"고 말했다.[100] 이러한 논자들에 따르면 성공적인 근대화는 활발한 민간 기업 활동에 달려 있었다. 진보를 위한 동맹이 단지 또 하나의 대외 원조 프로그램이 아닌 그 이상이 되고자 한다면, 동맹

---

97 David Rockefeller, "Development in Latin America: The Role of the United States", speech to the Economic Club of Chicago, April 23, 1963, Moscoso Papers, box 11, "Speech Materials, 54/63-5/63", JFKL.

98 "A Progress Report on the Alliance", *Morgan Guaranty Survey*, February 1963, p.10.

99 비숍은 체스 게임의 말이다. 따라서 포커 게임에서는 당사자가 아니므로 편안하다는 의미로 사용한 것으로 보인다.—옮긴이

100 "Troubles and Remedies", *Time*, May 3, 1963, p.26.

은 라틴아메리카인들에게 미국 사례의 타당성을 교육하며 나아가 이 지역의 전통적인 사회를 합리적·생산적인 기업들에게 더 매력적인 상대로 만들어야만 했다. 문제는 미국이 라틴아메리카를 근대화할 수 있느냐 또는 근대화시켜야만 하느냐가 아닌 것처럼 보였다. 문제는 단순히 근대화를 위한 최선의 전략이 무엇인가에 달려 있었다.

사회적·정치적·경제적 구조 조정 요구에 대한 라틴아메리카 정부의 저항도 진보를 위한 동맹과 그것의 명백한 침체를 문제 삼는 또 다른 빌미를 제공했다. 알래스카 상원의원 어니스트 그루닝Ernest Gruening은 『뉴 리퍼블릭』지에 다음과 같이 논평했다. "진보를 위한 동맹이라는 고귀한 개념은 실패하기 직전에 있다. 라틴아메리카의 기득권층이 대부분의 경우 필요한 개혁들을 시작하거나 수행하지 않았기 때문이다."[101] 많은 평론가는 라틴아메리카의 과두정치와 취약한 민주주의가 공공복지 프로그램을 지원하겠다는 약속을 지키지 않고 정치적 반대 세력을 계속 억압했기 때문에, 진보를 위한 동맹을 통해 제공된 자금이 사회정의를 촉진한 것이 아니라 장기 집권한 엘리트층으로의 권력 집중을 강화시켰을 뿐이라고 주장했다. 『타임』지는 다음과 같이 보도했다. "진보를 위한 동맹은 일방적으로 진행되고 있을 뿐이다. 라틴아메리카인들이 꾸물거리고 있는 동안, 사실상 비용은 미국이 지불하고 있다." 이 프로그램의 첫해에 미국은 10억 달러를 뿌렸지만, 라틴아메리카 국가 중 3분의 1만이 "사회 재건에 필수적이지만 고통스러운 토지·세금·기타 영역에서의 일종의 개혁에 착수했다". 몇몇 국가들은 "개혁을 말하고" 있는 것처럼 보였지만, "오직 소수의 국가들

---

101 Ernest Gruening, "Why the Alianza May Fail", *New Republic*, March 30, 1963, p.11.

만이 도약 지점 근처에 도달했다."[102]

여기서도 마찬가지로, 케네디 정부와 미국 매체는 문제를 라틴아메리카인들에게 근대화가 가져올 혜택을 교육하는 차원의 사안으로 다루었다. 체스터 볼스Chester Bowles 국무부 차관은 라틴아메리카 빈곤의 "깊이와 범위"를 강조하며 진보를 위한 동맹이 희망이라는 감각을 불러일으키지 못할 때 이러한 빈곤에서 "무관심"이 자라날 수도 있다는 점을 걱정했다.[103] 『뉴스위크』지는 다음과 같이 논평했다. "개혁의 지지부진함과 전반적인 계획의 부재는 많은 라틴아메리카인이 진보를 위한 동맹이 무엇인지를 전혀 이해하지 못하고 있다는 점을 보여준다."[104] 비슷한 맥락에서 『유에스 뉴스 앤드 월드 리포트』지는 과테말라의 지도자들이 동맹이 제안한 내용에 대해 "최소한의 이해"도 하지 못했기 때문에 개혁이 실패했다는 미국 관료의 주장을 다음과 같이 인용했다. "문제는 당신이 이곳에서 서구 문명과 정반대되는 인류에 대한 개념을 가진 사회를 다루고 있다는 것이다. 과테말라에서 교육받은 계층, 자산가들, 그리고 그들의 자녀들은 오직 자신과 가족을 위해 가능한 한 많이 축적하는 것에만 관심이 있다. 그들은 자신과 가족 이외의 사회에 대한 책임의식을 전혀 가지고 있지 않다."[105]

문제는 심각해 보였다. 그러나 미국의 기획자들은 자원 경쟁이나 계급 구조보다 문화적 가치에만 초점을 맞추었기 때문에 라틴아메리

---

102 "Alianza, Sí, Progreso, No", *Time*, March 16, 1962, p.33.

103 Bowles memorandum "Setting the Pace in the Alliance for Progress in Colombia", August 7, 1962, POF, box 28, "Chester Bowles", JFKL.

104 "Alliance for Progress: The Big Need Is Deeds", *Newsweek*, August 27, 1962, p.50.

105 "Where the Reds May Take Over Next in Latin America", *U.S. News and World Report*, March 18, 1963, p.50.

카인들에게 근대화를 통해 모두가 누릴 혜택에 대해 가르치려고 시도하기만 했다. 볼스는 콜롬비아를 진보를 위한 동맹의 쇼케이스로 만들면 문제를 해결할 수 있다고 주장했다. 알베르토 예라스 카마르고Alberto Lleras Camargo 대통령의 민주적 지도하에서 콜롬비아는 이 지역의 다른 대부분의 국가들보다 더 발전한 것처럼 보였다. 만약 미국이 성공을 "보장"할 수 있는 충분한 자원을 제공한다면, "강력한 미국의 지원을 통해 단호하고 유능하며 개혁을 지향하는 정부가 꽤 짧은 기간 내에 진보를 위한 동맹이 약속한 희망을 실현할 수 있음을 모든 라틴아메리카에 증명할 수 있을 것이다".[106] 다른 참모들은 좀 더 직접적인 방법으로 진보를 위한 동맹을 "판매"할 계획을 모색했다. 한 미국 관료는 다음과 같이 설명했다. 트랜지스터 라디오는 "최악의 빈민가"에서도 흔하다. "나는 많은 라틴아메리카 아나운서가 축구 경기를 중계하면서 비누와 맥주를 판매한다는 이야기를 들었다. 그들은 열정과 흥분을 갖고 그렇게 한다는 것이다. 나는 진보를 위한 동맹도 전반적으로 이와 같은 치료법을 필요로 하는 시기에 이르렀다고 생각한다."[107] 몇몇 관찰자들은 미국의 지시를 따르지 않은 정부들에 대해 더 강력하고 더욱 개입주의적인 조치를 취하자는 입장을 옹호했다. 『라이프』지는 케네디에게 "우리는 개혁을 주장할 권리가 있으며 이러한 개혁은 우리와 라틴아메리카인들 모두가 원하는 진보를 위해 필수적이라는 점을" 명확히 하라고 요청했다. "고통이 없이는 발전도 없다. 그러나 정직한 세

---

106 Chester Bowles memorandum "Setting the Pace for the Alliance for Progress in Colombia", August 7, 1962, POF, box 28, "Chester Bowles", JKFL.

107 Attorney General's Assistant Jim Symington memorandum to Arthur M. Schlesinger Jr., March 15, 1963, *FRUS*, 1961~1963, vol.12, p.134.

금과 건전한 돈, 공정한 토지 분배는 다른 종류의 혁명보다 고통을 줄여 주면서도 (더 많은 발전을) 가져다준다. 케네디가 자신의 원조에 대한 합리적인 조건들을 엄격히 적용한다면, 남아메리카와 북아메리카 양쪽의 진보적인 사업가·시민·정부들이 연합하여 진정한 동맹을 맺을 수 있으며 나아가 번영과 민주주의가 상호 의존적임을 입증할 수 있다."[108]

다른 논자들도 이에 동의하면서 미국이 무기력한 라틴아메리카 지도력의 "정치적 역량"을 높이기 위해 노력해야 한다고 권고했다. 예일대학 경제학 교수인 찰스 E. 린드블롬Charles E. Lindblom은 다음과 같이 설명했다. 라틴아메리카 지도자들은 자국의 상황에 대한 불충분한 정보라는 "근본적 장애물"을 가진 채 통치했으며, 충돌하는 요구들을 처리하는 경험이 부족했고, 자신의 기본적인 욕망이 무엇인지 여전히 잘 모르는 대중을 다루었다. 그는 "라틴아메리카에서 적절한 정치적 기술을 개발하는 문제"를 탐구함으로써, 미국이 "새로운 방식"과 "창조성"을 촉진할 수 있다고 제안했다. 린드블럼은 다음과 같은 논리를 폈다. "우리는 미국에서 한때는 새로웠지만 이제는 평범해진 농촌지도요원이란 아이디어를 라틴아메리카 시골의 젊은 신진 정치인들에게 적용할 수 있다. … 미국에서 한 무리의 농촌지도요원들이 밀 수확량을 높힐 수 있다면, 마찬가지로 농부가 아니라 한 무리의 정치인이 라틴아메리카 풀뿌리 정치인들의 생산성도 높일 수 있지 않을까?" 미국의 훈련가들은 "라틴아메리카 정치인들에게 미국의 정치인을 관찰할 수 있는 기회를 확대해 줌으로써, 그들이 어떤 유용한 태도, 성향, 행동, 습관

---

108 "For 'Alianza' a Warning", p.4.

을 갖고 있는지 살펴볼 수 있게" 해줄 것이다.[109] 이러한 해석들에서 진보를 위한 동맹이라는 개념 그 자체는 건전했다. 라틴아메리카의 과두정 통치자들은 진보를 위한 동맹이 제시한 가치와 목표를 거부하지 않았다. 그들은 단지 그 가치와 목표를 전혀 인식하지 못했으며, 중요성을 오해했거나, 이것들을 실행하는 기술을 아직 개발하지 못했을 뿐이다. 문제는 권력관계에 있는 것이 아니라 교육에 있었기 때문에, 미국은 단지 책임감 있고 민주적인 지도자들을 훈련시키기만 하면 됐다. 긴밀히 통합된 근대화 과정은 여기서부터 시작될 것이다.

물론 미 국내에서는 진보를 위한 동맹의 주요 가정과 자유주의적 이상의 핵심을 공격하는 반론들도 제기되었다. 『내셔널 리뷰』지는 "라틴아메리카 20여 국가들의 400년 된 문제를 진보를 위한 동맹의 간단한 계획으로 해결할 수 있다"는 정부의 기대를 조롱했다. 페루·에콰도르·도미니카공화국·온두라스·과테말라·아르헨티나에서 발생한 쿠데타는 "카스트로보다 먼저 이 지역을 변화시키려던 워싱턴의 계획"이 민주적인 발전이 아니라 불안정성을 높였음을 입증했을 뿐이다.[110] 『뉴 리퍼블릭』지는 진보를 위한 동맹이 구체적이고 즉각적인 요구들을 충족시키는 것과 무관한 사회공학을 촉진하려 했다며 비판했다. 『뉴 리퍼블릭』지 편집자는 미국이 멕시코에서 저렴한 의류·의료·사회보장·임대주택을 제공하는 기존 프로그램에 대해 자금 지원을 거부하는 대신, 멕시코인들은 생각해 본 적도 없는 "새로운 제도들을 자극"

---

109 Charles E. Lindblom, "A New Look at Latin America", *Atlantic*, October 1962, pp.81~86.
110 "Back to the Drawing Board", *National Review*, October 22, 1963, pp.334~335.

하고자, "즉 미국이 돈을 지불하지 않으면 멕시코인들이 하지 않을 일들을 하게 하고자 노력"했다고 지적했다.[111]

학계 및 지식인들 사이에서도 근대화라는 이데올로기와 그것이 진보를 위한 동맹에 적용되는 방식에 대한 비판의 목소리가 나왔다. 시카고대학의 외교 전문가 한스 모겐소는 "돈과 서비스의 전달"을 통해 민주주의와 경제 발전을 촉진할 수 있다는 생각에 이의를 제기하면서 미국이 "가공架空의 정책"에 참여하고 있다고 주장했다. 공여국의 위신을 높이거나 수혜국이 특정 조치를 취하도록 뇌물을 제공하는 것만이 원조의 진실로 실현 가능한 목표이기 때문에, 발전이라는 수사는 공여국과 수혜국 모두에게 잘못된 기대만을 불러일으킨다는 것이다.[112] 또 다른 관점에서 경제학자인 허시먼은 라틴아메리카에서 사회 정의를 수립했다는 미국의 주장이 "라틴아메리카인들에게 무언가 불쾌감을 주지 않을지" 의문을 품었다. 그는 "선물을 받는 것은 항상 감정적인 긴장을 유발"하지만, "독립과 사회적 진보, 문화적 발전과 같은 무형의 귀중한 업적을 위해 미국의 신세를 지는 위험을 감수하는 것보다 '세계에서 가장 잘사는 국가'의 음식과 기계를 받아들이는 것이 자부심과 존엄성을 훨씬 덜 해친다"고 지적했다.[113]

그러나 미국이 근대화를 통해 세계를 자신의 모습을 닮은 형태로 발전시킬 것이라는 강력한 합의는 진보를 위한 동맹의 위상을 상당

---

111 "Mexico: No Aid for the Competent", *New Republic*, November 2, 1963, p.9.

112 Hans J. Morgenthau, "A Political Theory of Foreign Aid", *American Political Science Review*, vol.56, June 1962, p.302.

113 Albert O. Hirschman, "Second Thoughts on the Alliance for Progress", *Reporter*, May 25, 1961, p.21.

히 강화해 주었다. 몇몇 통찰력 있는 논자들은 봉쇄와 발전 사이의 긴장을 지적했으며 미국의 경험을 라틴아메리카에 적용하는 것에 의문을 제기했지만, 지정학적 권력이 절정에 달한 미국이 "발전 중인" 세계를 변화시키기 위해 호명됐다는 뿌리 깊은 대중적 신념이 대부분의 반대 의견을 막아 버렸다. 근대화론자들은 모든 형태의 변화를 미국이 지나온 궤적을 향한 자연스럽고 과학적으로 검증된 진보이거나 그것으로부터의 이탈이라는 둘 중 하나로서 규정했고, 구체적인 필요와 지역적 상황, 문화적 맥락보다는 미·소 간 중대한 힘의 균형에 대한 자신들의 시각에 훨씬 더 관심을 기울였다. 진보를 위한 동맹은 미국의 과거를 보편적으로 유효한 모델로 제시하면서도 논의에서 벗어난 대안들을 전복의 산물로 묵살하면서, 사회적 변화라는 총체적 문제를 진실하고도 합법적인 성장과 적대적 외국의 침략 사이의 이분법적인 경쟁으로 묘사했다. 1960년대 말까지 라틴아메리카에서 지속된 폭력과 베트남의 재앙은 이러한 세계관의 한계를 명확히 보여 주었다. 그러나 1960년대 초에는 미국의 국가 건설이 세계의 미래를 정의하고 지도할 수 있다는 주장에 대해 비판적인 질문을 던진 지식인과 정치적 자문가가 거의 없었다.

근대화론만으로 진보를 위한 동맹이 "만들어진" 것은 아니었다. 그러나 그것은 위험을 인식하고 전략을 합법화하며 국가 정체성을 투영하는 이데올로기로 기능했다. 유럽 식민주의가 제공하지 못한 진보를 확보하려는 새롭고도 계몽적인 시도로서 진보를 위한 동맹이 선포되었음에도, 동맹은 미국의 역할을 그들만의 제국주의 담론을 통해 제시했다. 진보를 위한 동맹은 미국을 변화의 촉매제로 규정하면서 이전의 서부 팽창과 해외 제국 건설의 역사를 떠올리게 하는 이데올로기를 재구성했다. 미국인들은 그들이 과거 프런티어에서 그랬던 것처럼 뉴 프런티어에서도 진보를 향해 나아갔던 그들의 역사적 경로와 이러한 경로를 따라 진행되는 운동을 정의하고 촉진하는 자신들의 힘을 강조했다. 이전의 [서부] 팽창주의자들이 신Providence이 대륙을 지배할 명백한 운명을 부여했다고 주장했던 지점에서, 정책 결정자들은 이제 사회과학으로 눈을 돌려 지구적 차원의 비전을 명확히 표현하고자 했다.

진보를 위한 동맹의 배후에 존재한 이데올로기는 "정체된" 문화와 국가들을 새롭게 하겠다고 약속했고, 뉴프런티어의 영향을 받은 평화봉사단과 베트남의 "발전"을 통해 대반란전을 촉진하려는 케네디 정부의 시도와도 강한 유사점을 공유했다. 각각의 경우에서 미국 지원하의 국가 건설 작업은 전략적 목표와 자유주의적 자본주의, 인도주의적 사명을 세계의 "저발전" 지역의 경로를 계획하는 미국의 능력·권리·의무를 재건하는 작업과 연결했다. 그러나 1960년대 초 미국에서 이 이데올로기가 지닌 오만함은 거의 논쟁거리가 되지 못했다.

4장 평화를 위한 근대화
평화봉사단, 지역사회개발 그리고 미국의 임무

케네디 정부의 여러 프로그램 가운데 평화봉사단만큼 비상한 관심과 광범위하고 지속적인 열정을 불러 모았던 사업은 아마 없을 것이다. 미국 청년들을 봉사 목적으로 해외에 파견한다는 아이디어가 처음 제기되었을 때부터, 당국자들은 이 사업이 놀랄 만치 순수한 열정의 파도를 불러올 것을 예감했다. 정부 내부의 정책 검토 및 공식 발표 과정 내내 케네디 정부는 평화봉사단을 정치적·전략적 이해관계를 넘어 미국 문화의 저변에 깔려 있는 열정적 이상주의를 포용하는 유일무이한 기관이라고 설명했다. 존 F. 케네디 대통령과 평화봉사단 관계자들은 해외로 나간 단원들이 그들이 봉사하게 될 가난한 사람들과 동일한 어려운 환경에서 2년간 지낼 것이라고 설명했다. 단원들은 미국적인 삶의 경험을 토대로 도움이 필요한 나라들을 위해 풍족한 사회에서 누렸던 편안함을 기꺼이 희생할 것이다. 그들은 필요한 노동력과 숙련 기술을 제공하고 미국과 아프리카, 중동, 라틴아메리카, 아시아 사이에 우정의 다리를 놓을 것이다. 초창기 평화봉사단의 한 회의록에 따르면 단원들은 "미국의 대외 정책이나 냉전의 도구 또는 대리인"이 아니며,

대신 "자유세계의 산물인 자유로운 남성과 여성으로서 해외에 나가 주어진 일을 헌신적으로 수행할 것이다. 초청국들은 이를 통해 이러한 단원들을 키워 낸 자유세계의 본질적 성격을 되돌아보게 될 것이다".[1] 국제개발처나 진보를 위한 동맹이 대규모 기반시설 건설 자금을 제공하거나 발전 계획을 평가하기 위해 전문가를 파견했던 바로 그곳에서 미국인들은 이제 스스로 도구를 짊어지고 초청국과 함께 일할 것이다. 미 군사 고문관들이 파견국 군인들에게 공산주의를 무력으로 격퇴하는 기술을 훈련시켰던 그곳에서 단원들은 인도적 행동과 민주적 가치를 통해 미국 사회의 미덕을 보여 줘야 할 것이다. 모집 안내 책자에 따르면 평화봉사단은 윌리엄 제임스William James가 말했던 "일종의 도덕적 전쟁"이었다. 그것은 "미국 시민들이 타국 국민들과 직접 머리를 맞대고 일하면서 사회·경제 및 교육적 원조를 제공하고, 나아가 사적 친분 관계와 상호 이해의 증진을 통해 평화적 요소를 늘려 갈 기회"를 제공하는 전쟁이었다.[2]

대중매체들은 이 같은 정부 구상을 그대로 보도했고, 평화봉사단을 미국의 과거로부터 자신들이 개척할 미래의 지침을 찾고자 하는 사회를 돕는 열정적이고 대담한 조직이라고 평가했다. 매체들은 개인적·인류애적인 노력을 바치고자 하는 단원들의 의지를 추켜세우며 평화봉사단에 요란한 찬사를 보냈다. 그들은 미국 청년들의 진실한 이상주의, 강인함, 헌신을 강조하면서 평화봉사단을 미국이 지닌 깊은 이타

---

1 Minutes of meeting, Bradley Patterson, December 6, 1961, Bush Papers, box 2, "Director's Staff Meeting Records, 10/2/61–1/8/62", JFKL.

2 Peace Corps, *The Peace Corps Fact Book*, Washington, D.C.: U.S. Government Printing Office, 1961, p.3.

주의와 근본적인 자애로움을 보여 주는 조직으로 묘사했다. 『뉴욕타임스』필진은 평화봉사단이 "지금껏 세계 각국에서 수행되었던 여러 프로젝트 가운데서도 가장 주목할 만하다는 것이 확실"하다고 단언하기도 했다.[3]

영웅적 이미지 뒤에는 일부 진실이 존재했다. 평화봉사단 계획을 발표하고 처음 몇 달간 워싱턴의 사무실에는 예비 단원들의 편지가 2만 5000장 넘게 날아들었다. "국가를 위해 무엇을 할 수 있을 것인가"를 물었던 대통령의 언변과 카리스마에 고무된 많은 사람이 구체적이고, 또 개인적으로 의미 있는 방법을 통해 자신의 인류애적 영감을 실천하고자 평화봉사단에 합류했다. 에티오피아에 파견되었던 한 단원은 다른 동료들과 마찬가지로 "막 우리나라의 지도자가 된 열정적인 한 젊은이"로 인해 평화봉사단에 참가하지 않을 수 없었으며, "대통령은 진실을 이야기하고 있을 뿐만 아니라 나에게 직접 말하고 있는 것 같았고, 나는 그에 응답하고자 했다"고 회상했다.[4] 평화봉사단은 처음 몇 년간 가나, 탄자니아, 이란, 콜롬비아, 필리핀, 카메룬, 볼리비아, 그리고 다른 몇몇 국가들에서의 활동 계획을 수립했고 빈곤에 맞서기 위한 조사관, 교사, 농부, 기술자, 간호사 수천 명을 파견했다. 몇몇 경우, 결과는 매우 극적으로 나타났다. 일례로 평화봉사단은 1961~1991년간 가나의 심각한 숙련 교사 부족 상황에 잘 대처할 수 있었다. 이 기간 동안 단원들은 가나 인구의 약 5퍼센트에 달하는 67만 5000명을 교육

3 "The 'Peace Corps' Starts", *New York Times*, March 2, 1961, p.26.

4 Gary May, "Passing the Torch and Lighting Fires: The Peace Corps", ed. Thomas G. Paterson, *Kennedy's Quest for Victory: American Foreign Policy, 1961–1963*, New York: Oxford University Press, 1989, p.294.

했고 문맹률을 대폭 개선했다.[5] 한편 단원들은 봉사 경험이 그들의 삶을 더 풍요롭게 한다는 것을 깨달았고 외국의 언어와 문화를 더 깊이 이해한 채 미국으로 돌아왔다. 역사학자 율리우스 아민은 다음과 같이 설명했다. "카메룬과 기타 아프리카 국가에서 봉사한 단원들은 검은 대륙이라 불리던 아프리카에 대한 신화들을 타파하는 데 도움이 되었다. 귀국한 평화봉사단 단원들은 할리우드 영화 제작사와 선교용 슬라이드 쇼가 아프리카 역사를 희화화해 전달하는 것을 비난하기 시작했다. 그들은 미국인들에게 아프리카를 알리고자 일련의 학회, 협회, 강좌를 기획하고 조직했다."[6] 또한 단원들은 여러 국가에서 그들이 도왔던 사람들과 지속적인 우애를 쌓았다.

그런데 나는 이데올로기 차원에서 평화봉사단을 분석하며 지금까지 언급한 것과는 근본적으로 다른 성격의 문제에 관심을 갖게 되었다. 나는 개별 단원들의 동기나 경험, 기여보다는 이 조직의 지적 근간과 사명감, 공식 목표를 구성하는 아이디어에 흥미를 느꼈다. 단 이 같은 접근 방법을 취함으로써 해외에 파견되었던 단원들을 폄하한다든지 또는 그들의 경험을 낮춰 보고, 그들이 품었던 이상주의를 문제 삼으려는 것은 아니다. 엘리자베스 호프먼Elizabeth Cobbs Hoffman이 평화봉사단의 역사를 쓰면서 적절히 지적했듯이 단원들은 "분명 어느 누구도 CIA 요원이 아니었고, 반대로 순진한 애송이들도 아니었다".[7] 따라서

---

5 Elizabeth Cobbs Hoffman, *All You Need Is Love: The Peace Corps and the Spirit of the 1960s*, Cambridge: Harvard University Press, 1998, pp.179~180.

6 Julius A. Amin, *The Peace Corps in Cameroon*, Kent, Ohio: Kent State University Press, 1992, p.177.

7 Cobbs Hoffman, *All You Need Is Love*, p.4.

평화봉사단이 조직적 토대의 차원에서 케네디 시기의 여타 정책 구상들과 거의 같다는 것을 단원들이 발견했어야 한다고 주장할 필요는 없다. 유일무이하지도 선례가 없지도 않았던 평화봉사단의 정책적 목표와 대중적 수사는 진보를 위한 동맹이나 베트남에서 수행되었던 대반란전 프로그램과 명백히 조응했다. 평화봉사단 단장 R. 사전트 슈라이버는 단원들이 "미국의 공식 견해를 대변"하지 않는다고 말했지만, 이러한 그의 발언은 이 조직의 임무나 이미지에 엄청난 가치를 부여했던 전략가나 언론인들의 시각에 아무런 영향을 미치지 않았다. 대부분의 단원들은 분명 빈곤을 완화하는 데 도움을 주고자 하는 진정한 열망에서 평화봉사단에 합류했고, 그들 중 일부는 아마도 그 목적을 달성했을 것이다. 더불어 많은 단원이 해외 봉사를 마치고 귀국한 후 시민권운동에 참여했으며 미국의 베트남전 개입을 강하게 반대했다. 그렇지만 그들의 동기와 활동은 정부와 매체를 통해 그들이 통제할 수 없는, 심지어 분개할 만한 방식으로 대중에게 전달되었다. 그들의 경험이 어떻게 취급되었는지에 대해서는 이미 상당한 선행 연구[8]가 있으므로 여기서는 다른 문제를 다루고자 한다. 나는 정책과 대중적 수사에 초점을 맞추어, 미국이 다른 사회들을 그 스스로 가장 잘 체화한 근대성으로 인도하도록 요청받았다는 문화적 합의를 평화봉사단이 어떻게 담아내고 있는지를 분석하려고 했다. 이러한 관점에서 검토했을 때 평화봉사단은 두드러진 별종 또는 예외가 아니다. 그것은 아직은 열악한

---

8 예를 들어 다음을 참조. Fritz Fischer, *Making Them Like Us: Peace Corps Volunteers in the 1960s*, Washginton, D.C.: Smithsonian Institution Press, 1998; Karen Schwarz, *What You Can Do for Your Country: An Oral History of the Peace Corps*, New York: Morrow, 1991.

"개발도상"의 세계를 미국의 힘으로 근대화할 수 있다는 공유된 신념에 근거하고 있었다.

이 장에서는 평화봉사단의 공식적이고 대중적인 담론 뒤에 감춰진 실상을 밝히려고 하기보다는 그 자체로 진지하게 검토할 만한 주제인 문화적 이미지와 수사를 다루고자 한다. 이데올로기가 거대한 역할을 수행했던 냉전 시대의 압력과 요구 속에서, 케네디 정부의 평화봉사단은 미국을 예외적이며, 자신은 이미 오래 전에 겪었던 도전을 "신생국"들이 극복할 수 있도록 도울 준비가 된 국가로 간주했다. 평화봉사단은 단원들을 "발전"을 촉진하는 국가적 능력의 화신으로 형상화했고, 이를 통해 미국인들이 스스로를 특별히 열정적이고 뛰어난 국가 공동체의 일부로 상상할 것을 부추겼다. 또한 평화봉사단은 미국 고유의 뿌리인 도덕적 가치를 다시 일깨울 것을 촉구했다. 관계자가 지적했듯, 국가 건설을 위한 문화적 잠재력이 부족한 사회를 보살피는 것은 미국 스스로를 재발견하는 데 유익했다. 케네디 정부기 대외 정책의 다른 요소들과 마찬가지로 평화봉사단은 공식적인 탈식민 시대에 미국이 가진 힘을 새롭게 설명할 필요와 수단을 규정했다.

이 장에서는 평화봉사단에 개재된 이데올로기를 몇 가지 방법으로 살펴보겠다. 첫째 평화봉사단 구상과 실천 과정에서 근대화론이 어떤 역할을 했는지 평가할 것이다. 사회과학자들은 케네디 정부의 다른 발전 프로그램에서 했던 것과 마찬가지로 평화봉사단의 목적과 가능성을 규정하는 일을 맡았다. 덧붙이자면 "전통"사회 개혁에 특별히 적극적이었던 "지역사회개발"community development은 이론과 정책의 관계라는 측면에서 가장 주목할 만한 사례 중 하나다. 또 평화봉사단이 미국과 여타 세계의 관계를 공공연하게 대변하고 문화적 참조점으로 기능하는 방식에 대해서도 검토할 것이다. 당국자들과 대중매체가 주장하듯, 평화봉사단 단원들과 그들이 수행한 과업의 성격은 강한 결의가 혼재된 국가적 이타주의의 감각을 보여 준다. 이 과업의 지지자들은 평화봉사단이 해외 저개발 지역을 근대화하면서 역으로 미국 사회에 생기를 불어넣을 수 있다고 주장했다. 마지막으로 이러한 분석을 통해 평화봉사단을 냉전의 맥락에 확고히 자리매김하고자 한다. 케네디 정부에게 평화봉사단은 공산 진영 라이벌의 도전으로부터 미국의 신뢰성을 지킬 수 있는 이상적 수단이었다. 라틴아메리카의 진보를 위한 동맹과 베트남의 전략촌 프로그램과 같이 평화봉사단은 제국주의의 유산을 거부할 것을 약속했다. 더불어 진보를 위한 동맹과 전략촌 프로그램이 그랬듯이, 근대화 이데올로기는 평화봉사단의 핵심 가치들에서도 반복적으로 등장했다.

연방 정부가 지원하는 해외 파견 봉사단에 대한 케네디의 유명한 제안은 당시 워싱턴 정가에서 이미 유통되던 구상에 기초했다. 1957년, 위스콘신 하원의원 헨리 S. 루스Henry S. Reuss는 동남아시아 방문에서 돌아온 후 미국의 대외적 이미지라는 문제를 제기했다. 그는 봉사단을 파견해 탈식민 국가들에게 미국의 선의를 보여 주자고 제안했다. 이것은 프랑스나 영국, 네덜란드 같은 유럽 동맹국과의 마찰을 우려해 탈식민지의 민족주의적 노력에 대한 지원을 머뭇거려 입었던 타격을 만회하는 데도 도움이 될 수 있었다. 아이젠하워의 대외정책에 점차 비판적으로 변한 의회 그룹의 일원이었던 루스는 "포인트 포 청년단"Point Four Youth Corps[9] 구상을 옹호했고, 이 구상의 타당성을

---

9 포인트 포 계획의 일부로서 미국 청년들로 구성된 공공 및 민간 기술원조단을 해외에 파견한

평가하기 위한 법안을 통과시켰다. 의회는 콜로라도주립대학에 고작 1만 달러를 배정하여 제안서를 작성하게 했지만, 루스의 생각은 점점 더 관심과 신뢰를 얻었다. 그와 오레곤 상원의원 리처드 뉴버거_{Richard Neuberger}는 그간 미국의 대규모 대외 원조 프로그램들이 보통 사람들의 삶을 개선시키는 데 종종 실패했다는 점을 지적하며 미국 청년들이 해외 파견 경험을 통해 뭔가를 얻을 수 있다고 주장했다.[10]

미네소타 상원의원이던 휴버트 험프리 역시 국제봉사기구 설립 캠페인을 펼쳤고, 자유주의적인 민주당원들이 "진짜 '피플 투 피플'people to people[11] 프로그램"으로 정의한 "미국 평화봉사단" 법안을 제안했다. 그는 "재능 있고, 헌신적인 미국 청년들"이 "아시아, 아프리카, 라틴아메리카에서 기본적인 농업 및 산업 기술, 영어 … 공공 위생"을 가르침으로써 빈곤을 완화하고, 평화를 촉진할 수 있다고 설명했다. 루스와 마찬가지로 험프리 역시 대규모 기반시설 원조와 대인관계 지원을 구분했다. 그는 후자를 세계적 차원의 "발전"을 가속화하고 미국의 속 깊은 이타주의를 보여 주기 위해 가장 필요한 것이라고 믿었다. 그는 1960년, 짧은 대선후보 경선 기간 중 평화봉사단을 자신의 공약으로 발전시켰고, 6월에 경선에서 탈락한 후에는 이 구상이 담긴 서류철을 같은 민주당 동료 케네디에게 넘겼다.[12]

다는 구상이다.—옮긴이

10 Henry S. Reuss, "A Point Four Youth Corps", *Commonweal*, May 5, 1960; Amin, *Peace Corps in Cameroon*, p.18.

11 1956년 아이젠하워 대통령에 의해 시작된 국제민간교류 프로그램이다.—옮긴이

12 이 초기 구상에 대해서는 다음을 참조. Gerard T. Rice, *The Bold Experiment: JFK's Peace Corps*, Notre Dame, Ind.: University of Notre Dame Press, 1985, pp.10~11; May, "Passing the Torch", p.285. 또 다음을 참조. Congress, Senate, Senator Humphrey of Minnesota

탈식민화와 이에 대한 미국인들의 무관심을 염려했던 케네디는 평화봉사단 구상이 매력적이라고 느꼈다. 그는 미국의 취약성을 강조하는 수사에서 자주 미국이 "저개발" 국가의 전략적 중요성을 경시한다며 한탄하곤 했다. 1952년 하원에서의 논쟁 당시 언급되었듯이, 그는 동남아시아 여행을 통해 이 지역에 존재하는 위험한 위협에 눈을 뜨게 되었다. 그는 이 지역의 인구 문제와 빈곤, 점증하는 정치적 혼란상을 목도하면서 미국이 "서유럽에 지나치게 많은 관심을 집중"하고 있다는 결론에 도달했다고 설명했다. 그는 물었다. "공산주의자들이 향후 5~6년 내에 아시아 전역을 장악할 가능성이 있다. 우리는 그들을 막기 위해 어떠한 무기를 갖고 있는가?"[13] 1957년 케네디는 프랑스의 알제리 침략을 비판하지 못한 아이젠하워를 공격하며 "제국주의의 도전"이 냉전의 중요한 문제라고 강조했다. 그는 다음과 같이 주장했다. "미국은 다른 무엇보다 바로 이 문제에서 우리를 지지하지 않는 수백만 아시아·아프리카인들의 평가를 받게 될 것입니다. 동시에 철의 장막 뒤에서 여전히 포기하지 않고 자유를 갈망하고 있는 사람들의 걱정스러운 시선도 받게 될 것입니다. 만약 우리가 소련이나 서유럽 제국주의, 어느 쪽의 도전이든 맞서지 못한다면 대규모 원조, 군사력 강화, 새로운 조약이나 독트린, 또는 고위급 협의체 등을 통해서도 우리의 장래와 안전을 완전히 보장하지는 못할 것입니다."[14]

---

　　speaking for the Establishment of Peace Corps, 86th Cong., 2d sess., *Congressional Record* (June 15, 1960), vol.106, pt.10, pp.12634~12638.

13　Theodore Sorenson ed., *"Let the Word Go Forth": The Statements, Speeches, and Writings of John F. Kennedy, 1947~1963*, New York: Dell, 1988, p.330에 전재된 Debate, Technical Appropriations Bill, House of Representatives, June 28, 1952.

14　Sorenson, *"Let the Word Go Forth"*, p.331에 전재된 Senate speech, July 2, 1957.

대선 기간 중 케네디는 그의 반공주의에 대한 강조와 청년들의 이상주의에 대한 호소를 결합하는 데 평화봉사단이 유용한 수단이 된다는 사실을 깨달았다. 1960년 10월 14일 오전 2시, 민주당 대선후보였던 그는 리처드 닉슨과의 마지막 텔레비전 토론을 끝내고 앤아버 소재 미시간대학에 도착했다. 만 명의 열정적인 학생들을 만난 케네디는 학생회관 계단에 올라 냉전이라는 투쟁에 맞서기 위해 보다 직접적이고 개인적인 희생을 무릅써 달라고 요청했다. 그는 학생들에게 말했다. "여러분 중 미국과 자유를 위해 일하며 아프리카나 아시아, 라틴아메리카에서 10여 년을 기꺼이 바치고자 하는 사람은 몇 명이나 됩니까? 여기에 있는 예비 의사 가운데 가나에서 일하고자 하는 사람은 몇 명이나 됩니까? 전 세계를 돌아다니며 해외 기관에서 일하고자 하는 기술자나 엔지니어는 몇 명이나 됩니까? 우리가 자유국가로서 경쟁할 수 있을지의 여부는 우리 자신의 삶 일부분을 국가를 위해 바치고자 하는 의지에 달려 있습니다."[15] 이 같은 호소는 1960년 11월 2일, 샌프란시스코의 카우 팰리스 홀 연설에서 미 외교관들을 비판하는 것으로 이어졌다. 그는 아이젠하워 정부의 해외 공관에는 자격 미달의 형편없는 대사들과 부유하기만 할 뿐 아마추어인 자들만 가득하다고 주장했다. 케네디는 외국의 언어·문화에 대한 그들의 무지를 비난하면서, "공산주의의 전 세계 확산을 위해 자신의 삶을 해외에서 바칠 준비가 된" 소련의 숙련된 기술자, 의사, 그리고 교사들로 인해 공화당이 임명한 사람들과 국무부 관계자들은 설 자리를 잃었다고 단언했다. 그는 대개 "재

15　Coates Redmon, *Come As You Are: The Peace Corps Story*, San Diego: Harcourt Brace Jovanovich, 1986, p.4에서 인용.

능 있는 젊은 청년들"로 구성되지만 "조국과 자유를 위해 복무하고자 하는 마음만 있다면 나이에 상관없이 누구에게나 문이 열려 있는 평화 봉사단"과 함께 미국 시민의 특징이기도 한 기술과 결의, 그리고 자애 로운 마음으로 소련의 공세에 맞서야 한다고 주장했다.[16]

케네디 정부는 평화봉사단과 그 임무를 규정하기 위해 여러 저명 한 사회과학자의 조언을 구했고 그들의 제안을 수합했다. MIT 교수진 과 대학 당국자들은 1951년 작성한 보고서의 부록에서 "철의 장막" 뒤 의 시민들과 소통하는 방법을 다루며 국무부가 "사람과 사람이 직접 대면"하는 국제 프로그램을 개시해야 한다고 제안한 적이 있었다. MIT 연구에 참여했던 록펠러 재단 이사 로버트 S. 모리슨Robert S. Morison도 "2년 또는 4년간 아시아 촌민들과 어울리면서 그들과 친밀한 사적 관 계를 형성할 의지와 능력이 있는 미국 청년 집단을 모집해야 한다"고 권고한 바 있다. 그는 "만약 그들이 미국인을 적절히 대변할 수 있다면 그 역할을 활용해 같은 분야에서의 협력, 개인의 존엄성 존중, 개인의 주도성 발휘와 같은 미국인의 사고방식을 아시아인들에게 자연스럽 게 전달할 수 있을 것"이라고 설명했다.[17] 이후 대통령에 당선된 케네 디는 직접 주요 전문가들과 협의했다. 그는 월트 로스토에게 보낸 편 지에서 MIT 동료인 막스 밀리컨과 이야기해서 "1961년 겨울에 실행에 옮길 수 있도록 평화봉사단 구상을 검토하는 책임을 맡아" 달라고 요

---

16 Sorenson, *"Let the Word Go Forth"*, pp.119~121에 전재된 Campaign speech, November 2, 1960.

17 Allan A. Needell, "Truth Is Our Weapon: Project TROY, Political Warfare, and Government-Academic Relations in the National Security State", *Diplomatic History*, vol.17, Summer 1993, p.412.

청했다.[18] 또한 케네디 대통령의 인수위원회는 전 상호안전보장국Mutual Security Agency 간부이자 정부 의뢰하에 사회 조사를 수행하는 조직인 미시간대학 인간행동연구재단Foundation for Research in Human Behavior 이사장 새뮤얼 P. 아예스 교수에게 관련 보고서의 작성을 부탁했다.[19] 그밖에도 앞서 로이스의 입법으로 확보된 재원을 토대로 콜로라도주립대학 연구재단의 모리스 L. 알버트슨Maurice L. Albertson, 폴린 버키Pauline Birky, 그리고 앤드루 E. 라이스Andrew E. Rice 등이 평화봉사단의 성공 가능성과 잠재적 기여 여부에 대한 예비 보고서를 작성했다.

비록 제안에 응한 여러 기관에서 작성한 보고서의 세부 내용이 각기 달랐고 미국이 유엔과 협조해야 하는지의 문제를 두고 의견이 나뉘긴 했지만, 밀리컨과 아예스, 알버트슨 연구 용역팀 모두 평화봉사단의 핵심적인 목적을 규정하기 위해 근대화론을 이용했다. 각각의 보고서에서 사회과학자들은 미국의 역사적 성취를 본받고자 노력하는 사람들을 도와 "발전"을 가속화할 필요성을 강조했다. 다양한 용역 참여자들은 또한 "저개발국"들에 평화봉사단이 개선시켜야 할 공통적이고 중대한 결점이 있음을 인정했다. 여러 문제 가운데 반복적으로 지적된 첫 번째는 숙련된 기술 인력의 부재였다. 밀리컨의 주장대로 그 같은 숙련 인력 수요를 충족시키는 것은 전략적으로 중요했다. 그는 다음과 같이 설명했다. "정치 경제 및 사회적 근대화 프로그램에 열성적인 저개발국들은 대개 앞으로 20~30년간 잘 교육 받은 숙련 인력의 부족 사

---

18 Kennedy to Rostow, November 16, 1960, Millikan Papers, box 1, "Correspondence, 1959-1961", JFKL.

19 Hayes to George Sullivan, Hayes Papers, box 2, "International Peace Corps, Correspondence, S-Z", JFKL.

태에 직면할 것이다. … 이들 사회가 선진국에서 온 상당수의 인력을 활용할 수 있다면 이러한 숙련 노동력 부족 문제는 적어도 부분적으로 해결될 수 있고, 사회 안정에 결정적인 근대화 또한 가속화될 수 있다. … 평화적이고 질서 있는 국제사회에 대한 기여가 현재 미국 대외 정책의 기본 전제이기 때문에 이는 미국의 핵심적인 이해관계에 해당한다."[20] 기술적으로 잘 훈련된 인력을 제공함으로써 "저개발국"들이 추가적인 성장을 위해 결정적인 "병목 지대"를 통과해 "도약"에 한 걸음 가까이 다가서도록 도울 수 있다. 만약 평화봉사단이 "전통"사회의 붕괴가 야기하는 불안정한 기간을 단축할 수 있다면 공산주의자들의 전복 가능성을 줄이는 데 도움이 될 것이다. 미국의 다른 정책 수단들과 마찬가지로 평화봉사단은 대중적 요구를 충족시키면서 동시에 미국의 전략적 이해관계와도 양립할 수 있는 자유민주주의 세계를 출현시키고 강화하는 데 도움이 될 것이라고 기대되었다.

콜로라도주립대학 팀의 예비 보고서는 밀리컨의 분석과 동일하면서도 한 걸음 더 나아간 주장을 했다. 평화봉사단 단원들은 선진적인 기술과 노동 양태의 가치를 보여 줌으로써 초청국을 계몽시킬 수 있다고 생각했다. 밀리컨과 마찬가지로 알버트슨과 공동 연구자들은 "평화봉사단의 주된 목표는 저개발 지역의 사회경제 발전 추세를 가속화하도록 돕는 것"이라고 강조했다. 더욱이 이들은 "미국 청년들의 실질적인 참여를 통해 고도의 정책 및 기술 수준에 바탕을 둔 기술적 정보와 숙련 기술을 제공할 수 있다"고 덧붙였다.[21] 로스토는 『경제성장

---

20 Max F. Millikan, "International Youth Service", January 9, 1961, Bush Papers, box 1, "Beginnings and Background", JFKL.

의 제 단계』에서 농업 생산 문제를 검토하며 농촌 사회에 들어가 새로운 기술·방법의 이점을 참을성 있게 보여 줄 만한 의지와 능력을 갖춘 기술 인력의 규모와 역량이 부족하다는 점이 주로 "이행기 국가"의 발전을 제약한다고 지적한 바 있었다.[22] 콜로라도주립대학 팀은 평화봉사단이 바로 이와 같은 문제를 해결하는 데 도움을 줄 수 있다고 주장했다.

기술 지식의 부족은 평화봉사단이 극복할 수 있는, 근대화를 가로막는 장벽들 중 하나에 불과했다. 사회과학자들이 주장했듯이 미국의 자원봉사자들은 근대 세계의 도전에 대한 개인적 지식과 문제해결 경험을 이를 결핍하고 있는 이들에게 전수해 줄 수 있었다. 아예스는 "저개발국들은 이후 그들의 근대화·산업화·도시화 과정에서 미국이 이미 맞닥뜨렸던 여러 사회적 필요를 마주할 가능성이 높다. 아시아와 라틴아메리카의 대도시들, 그리고 그보다는 덜하지만 아프리카의 도시들 역시 이 같은 필요를 그들 스스로 체감하는 중이다"라고 설명했다.[23] 유엔이 후원하는 국제청년봉사단의 강력한 옹호자이기도 했던 아예스는 모든 국가로부터 참여자를 받아 "선진국"과 "저개발국" 모두에 파견해야 한다고 제안했다. 그렇지만 그 제안은 "근대"화된 국가의 자원봉사자들이 다른 국가 국민들에게는 부족한 통찰력과 적절한 경험을 갖고 있다는 점을 암묵적으로 이야기하고 있었다.

---

21 Albertson, Birky and Rice, "Preliminary Report: A Youth Corps for Service Abroad", February 1961, Hayes Papers, box 2, "Colorado State University, 1960~1961", JFKL.

22 W. W. Rostow, *The Stages of Economic Growth: A Non-Communist Manifesto*, Cambridge: Cambridge University Press, 1960, pp.142~143.

23 Samuel P. Hayes, "International Youth Service: The Promise and the Problems", January 1961, White House Central Files, box 670, "PC 5, PC Prog, 1/24/61~3/7/61", JFKL.

몇 달 후 완성된 콜로라도주립대학 팀의 최종 보고서는 미국의 자원봉사자들이 "저개발 지역"에 특별히 강력한 영향을 미칠 수 있다고 주장했다. 자원봉사자들은 생산기술뿐만 아니라 "보다 효율적인 조치를 위한 문제 조직 방법을 아는 미국인들의 전형적인 자질도 전수"할 수 있었다. 즉 미국인들에게 "'스스로 하라'do-it-yourself에 대한 강조"는 "오랫동안 뿌리내린 삶의 신조"였기 때문에 단원들은 그러한 요소가 결핍된 외국 문화를 개선할 수 있다. 알버트슨과 그의 동료들은 빈곤에 빠진 숙명론적 사회에는 특정 산업이나 농업기술에 대한 교육 이상의 것이 필요하다고 설명했다.

우리 국민들은 상황을 평가하고 그에 대처하기 위해 문제를 효과적으로 조직하는 "자발적 행동 주체"로서의 전통을 갖고 있다. 우리는 학교와 지역사회를 통해 이 같은 "조직 능력"을 흡수했으며 젊은 청년들조차 대개 일을 스스로 조직하고 처리한 경험이 있다. 그렇지만 다른 문화양식과 가부장적인 외부 규율 속에서 자란 사람들은 종종 이러한 자질을 결여하고 있는 경우가 있다. 변화의 결실을 바라는 마음은 있지만 상황을 마주하고 분석하며 어떻게 행동할지 계획하고 그것을 실행하는 능력은 저조하다. 이러한 능력은 성공적인 기구 수립, 즉 새로운 사회로 꾸준히 나아가기 위해 필수적인 행정·교육·산업 기관의 수립에 핵심적인 역할을 한다.[24]

---

24 Albertson et al., "Final Report: The Peace Corps, May, 1962", Peace Corps Agency Microfilm, roll6, JFKL.

이들이 미국 사회를 초청국이 갖고 있는 문화적 결핍의 대척점에 있는 것으로 규정했듯, 정부의 학계 자문들도 근대화론에 입각한 주요 가정들을 되풀이했다. 미국과 산업화된 서구는 단순히 역사적 상황의 수혜자가 아니라 앞선 지위와 천부적인 우월함을 향유하는 사회였다. 침체된 사회의 수렁에 빠진 이들은 "근대적"인 문화와의 접촉을 통해 그들을 도와주는 이들이 보여 주는 계몽된 세계로 성장할 수 있을 것이다.

케네디는 백악관에 들어간 직후, 그의 매제이기도 한 슈라이버에게 평화봉사단 태스크포스의 팀장이 되어 달라고 요청했다. 예일대 졸업생이자 제2차 세계대전 참전 용사였던 슈라이버는 케네디의 부친인 케네디 시니어Joseph Kennedy Sr.가 운영했던 소규모 도매상점을 대기업으로 발전시켰고, 시카고 교육위원회 위원장을 역임했으며, 새 정부의 인사에서 중요한 역할을 수행했다. 케네디는 그가 평화봉사단 단장으로 적임자라고 생각했고, 그에게 사업 계획에 필요한 학술 보고서들을 전달했다. 평화봉사단 계획을 가속화하기 위해 슈라이버는 대선에서 케네디 캠프의 시민권 담당 자문이었던 해리스 워포드Harris Wofford 및 국제협조처 극동국 소속 워런 위긴스Warren Wiggins와 윌리엄 조지프슨 William Josephson을 선발해 그를 돕도록 했다. 그들은 평화봉사단 계획을 소규모 시범 사업으로 시작하기보다 큰 규모의 파급효과를 목표하는 사업으로 추진하기로 했다. 마셜 플랜의 운영 업무를 맡았던 위긴스는 조지프슨과 더불어 대규모 자원봉사단의 주도적 활동만이 국내외 대중의 상상력을 사로잡을 수 있으리라 확신했다. 그들은 평화봉사단이 첫 12~18개월 동안 수천 명의 미국인 해외 파견을 검토해야 한다는 데 동의했다.[25]

슈라이버와 그의 동료들은 새로운 조직을 만들면서 그전까지 거론되었던 다양한 학술적 가정을 반영한 방안을 내놓았다. 사회과학자들과 마찬가지로 이 뉴프런티어 정신의 제창자들은 평화봉사단이 초청국의 구조적·문화적 결점에 대처할 수 있을 것이라는 믿음을 공유했다. 평화봉사단 단원들은 "숙련된 인력 부족" 문제에 대한 "기술 자문"을 공급해 주는 역할에 더해, 말라리아 근절, 개인위생 증진, 관개시설 개선과 깨끗한 물 공급, 저렴한 가격의 주택 공급 등의 프로젝트에서 초청국과 "개인적 친분 관계"를 갖고 일하게 될 것으로 기대되었다. 단원들은 또한 학교의 교사 수요를 충족시키고, 직업 및 기술 교육을 수행할 수 있었다. 그렇지만 그들이 기여하는 바는 숙련된 인력을 제공하는 것 이상이어야 했다. 케네디에게 제출한 보고서 초안에서 슈라이버와 그의 동료들은 단원들이 "자립할 수 있는 국가"를 건설하는 데 도움을 주어야 한다고 주장했다. 그들은 "정체된 사회를 자극해 자조 프로그램을 실천에 옮길 수 있도록 해야" 했다. "미국의 청년들이 시골 지역에서 일하고 있다는 것이 주는 심리적 효과"로는 도시 엘리트들이 도전거리를 찾아 시골로 떠나고, 나아가 그곳에서 일하게끔 동기를 부여해 줄 수 있다는 점이 상정되었다. 단원들은 초청국의 전통적인 세계관을 변화시키는 과정에 참여해 올바른 발전의 길에서 벗어날 위험성이 있는 국가들에게 새로운 목적의식을 부여해야 했다. 슈라이버와 그의 동료들은 "독립 후 통일된 힘을 제공해 왔던 민족주의는 안정적이고 자립적인 가족 집단의 형성, 근대적 삶의 스트레스를 견딜 수 있

25 Amin, *Peace Corps in Cameroon*, pp.25~27; Cobbs Hoffman, *All You Need Is Love*, pp.41~44; May, "Passing the Torch", pp.286~287.

는 공동체, 미래 지향적이고 사회의식을 갖춘 근대 민주사회의 정부와 같은 가치를 추구하는 노력들로 대체"되어야 한다고 주장했다. 라틴아메리카에서 단원들은 "현실 참여가 가진, 보이지 않지만 필수적인 요소와 미래에 대한 희망"을 제공해야 했다. 그것은 또한 정치적 안정성을 이루는 주된 요소들이기도 했다. 한편 아시아에서 단원들은 "민주적 절차를 통한 발전의 속도가 해당 국민들의 열망을 만족시키고 20세기 안에 그 국가를 부유하게 할 수 있는지, 아니면 중국과 같은 공산주의로 귀결될 것인지"라는 "중대한 질문"에 답하는 역할을 해야 했다. 미국은 실용적인 지식과 민주주의 이상을 공유하면서 "저개발국"들에 부족한 비전과 경험을 제공하고자 했다. 슈라이버와 그의 동료들은 단원들이 진실하고 자유로운 진보를 막는 전복적 이데올로기에 맞서 이들 국가의 근대화에 도움이 될 수 있을 것이라고 생각했다.[26]

슈라이버가 그의 제안서를 전달한 지 며칠 지나지 않은 1961년 3월 1일, 케네디 대통령은 행정명령으로 평화봉사단을 설치했고 자신의 판공비에서 150만 달러를 지원했다. 그는 이 새로운 조직이 "세계 평화와 인류의 발전을 위해 자신의 시간과 에너지, 그리고 노고를 기꺼이 바치고자 하는 수많은 미국 청년들"을 끌어들일 것이라고 선언했다.[27] 참가 신청 서류가 빠르게 쇄도했고, 대중적 열광도 고조되었다. 3월 6일까지 평화봉사단은 4500여 통의 문의 편지를 받았고, 여론조사

26 Shriver, Draft Report on the Peace Corps, February 20, 1961, POF, box 85, "Shriver Report", JFKL.

27 John F. Kennedy, *Public Papers of the Presidents of the United States: John F. Kennedy, 1961-1963*, Washington, D.C.: U.S. Government Printing Office, 1962-64, Book 1, pp.134~135.

는 대중의 압도적인 지지 의사를 확인해 줬다.[28] 또한 슈라이버는 개인 일정으로 버마, 카메룬, 가나, 기니, 인도, 말레이시아, 나이지리아, 파키스탄, 필리핀을 방문해 평화봉사단을 홍보하고 해당 국가 지도자들과 평화봉사단 파견을 위한 관련 협정 체결을 준비했다. 그는 부단장 빌 모이어스Bill Moyers[29]와 함께 마치 워싱턴의 적극적인 로비스트처럼 뛰어다녔고, 평화봉사단을 보다 항구적 기반 위에 세우기 위한 입법안이 통과되도록 거의 모든 의원을 만났다. 가나 대통령 콰메 은크루마의 초청으로 첫 번째 평화봉사단원들이 8월 말 가나에 도착했다. 9월 중순에 의회는 압도적 표로 「평화봉사단법」Peace Corps Act을 공식 승인했고, 4000만 달러의 예산을 책정했다.[30]

평화봉사단은 출범할 때부터 단원들이 근대화 임무를 수행할 수 있도록 준비시켜 두고자 했다. 1961년 중반까지 1만 2000명의 지원자들이 교육 및 취업 경력, 자신이 가진 구체적 기술을 기재하는 긴 설문지를 작성했다. 평화봉사단 직원들은 IBM의 중앙컴퓨터를 이용하여 늘어나는 지원자에 대한 420만 건의 개별 정보들을 정리한 후, 해당 정보를 검토하고 선별된 후보자들에 대한 5종의 참고 서류를 체크하기 위해 8개의 심사위원회를 조직했다.[31] 지원자들은 여러 종류의 표준화

---

28 Amin, *Peace Corps in Cameroon*, pp.29~30.

29 언론인 겸 정치평론가. 평화봉사단 부단장에 이어 1963년부터 1967년까지 존슨 정부에 참여해 백악관 공보비서 등을 지냈다.―옮긴이

30 *Ibid.*, pp.35~42.

31 Memorandum, "Survey of Peace Corps Activities since the Beginning of the Administration", Bush Papers, box 4, "Organization Folder: 6 of 6", JFKL; Redmon, *Come As You Are; Robert G. Carey, The Peace Corps*(New York: Praeger, 1970) 둘 다 성인전(聖人傳)과 같은 서술 방식에도 불구하고 초기 평화봉사단의 선발 계획과 선별 과정을 상세히 보여준다.

된 시험을 치렀고, 개인 면담을 받았으며, 대학 캠퍼스에서 두 달간 초청국의 언어, 문화, 세계적 차원의 "발전" 추세에 대한 수업을 수강했다. 평화봉사단 교육훈련국의 설명에 따르면 "지역연구" 과정은 단원들에게 "지속적인 학습을 위한 전제 조건인 공감 능력"을 제공하도록 고안되었고, 단원들은 종종 "독립적인 정치 시스템의 필요성"과 "신생국들의 열망"을 강조하는 "세계 정세" 과정을 학습하기도 했다. 강사들은 스탠포드대학 경제학자인 유진 스테일리의 『저개발국들의 미래』*The Future of Underdeveloped Countries*와 로스토의 『경제성장의 제 단계』, MIT 국제학연구소에서 발행한 에세이 시리즈인 『신생국들』*The Emerging Nations* 등을 교재로 사용하였다. 개정된 「평화봉사단법」은 지원자들이 근대화 임무의 중요성을 잘못 이해하지 않도록 그들에게 "공산주의 철학, 전술 전략, 위협"에 맞서는 법을 가르치도록 했다.[32]

정부가 후원한 "평화봉사단과 행동과학" 컨퍼런스에서 평화봉사단은 교육 내용을 검토하기 위해 학계 이론가들을 초대했다. 국무부 강당에 모인 청중 앞에서 뉴욕시립대학의 A. A. 카스타뇨A. A. Castagno 는 "평화봉사단처럼 개발도상국에서 자신의 능력을 극대화하고자 하는 사람들이 정치학을 활용해야 한다"고 제안했다. 카스타뇨에 따르면

---

32 Memorandum, Peace Corps Division of Training, September 1, 1962, White House Aides Files-Moyers, box 41, "Middle Level Manpower Conference", LBJL. [교육과정 중] "정치 경제 개발 이론"(Theory of Political and Economic Development) 단원에서 제시된 용어들은 "용어 설명"(terminology) 제하에 "자본주의, 사회주의, 공산주의, 저개발 및 개발, 경제성장의 제 단계, 정치 및 경제개발의 관계, 저개발국들의 정치 경제 조직·제도 및 행동 양상"이 포함되었다. 다음을 참조. Gerald Bush, handwritten notes on Peace Corps Training Program, Bush Papers, box 3, "Organization File", JFKL. 반공 교육의 필요성에 대해서는 다음을 참조. Amin, *Peace Corps in Cameroon*, p.39.

"아프리카, 아시아, 라틴아메리카, 중동의 역동적인 정치적 변화를 분석하기 위해 통일된 이론적 범주를 제공하고자 하는 최근의 학문적 시도들"은 세계 정치 시스템을 분류할 수 있게 해주었다. 그는 "개발도상지역의 문화적 파편화, 보편이 아닌 특수를 지향하는 사회화, 헌법적 의도와 실제 관행의 괴리, 두터운 중간층의 부재" 현상은 "서구의 방식에 따라 국가를 새롭게 통합"하고자 하는 이들에게 심각한 문제를 야기한다고 설명했다. 그렇지만 가브리엘 아몬드와 제임스 콜먼의 『개발도상지역의 정치학』*The Politics of Developing Areas*과 같은 문헌들은 이러한 상황에 대한 답을 제시할 수 있었다. 설령 단원들이 "자신들의 사회와는 전혀 다른 사회"에 "심리적으로 적응"해야 하는 문제에 직면하더라도 새로운 "정치학의 기능 이론"을 통해 초청국과 "변화의 매개자"로서 자신의 역할을 이해하는 객관적 틀을 제공받을 수 있었다. 과학적 분석은 또한 단원들이 초청국에서 맞닥뜨리게 될 개인적이고 주관적인 상황들을 이해하도록 할 수 있었다. 나아가 단원들이 초청국 국민들은 미처 자각하지 못하는 필요와 해결책을 인지하도록 도울 수도 있었다.[33]

샌프란시스코주립대학의 제임스 H. 스톤James H. Stone은 카스타뇨의 논지와 비슷한 보고서에서 과학적인 비교연구 방법론은 단원들이 "아무 생각 없이 또는 관습적으로" 사용해 왔던, 그렇지만 "기껏해야 표본을 축적하는 정도이고 최악의 경우는 파편적"일 뿐인 "현상 기술적 방법"을 넘어서게 할 수 있다고 지적했다. 그는 "전통적인 인문주의

---

33 A. A. Castagno, "Political Science, the Developing Areas, and the Peace Corps", 1963, photocopied, PCL.

적 접근 대신 행동주의적 개념 범주를 분석 도구로 선택한 이유는 평화봉사단 임무의 성격 때문"이라고 주장했다. 비교 연구로부터 끌어낸 "가치중립적인 개념 체계"는 "면밀한 외부 관찰자가 상대적으로 이국적이거나 또는 원시적인 사회를 조사할 때 제기되는 여러 문제와 마주하면서 기술적으로 정제되어 왔다". 엄밀한 개념 체계로 무장한 단원들은 "저개발 지역을 오늘날의 미국 또는 유럽과 비교할 수 있을 뿐 아니라 과거의 또 다른 미국, 즉 저개발 상태였고, 식민 통치하에 있었거나 식민지에서 벗어난 이후의 미국과도 비교"할 수 있었다.[34] 스톤에 따르면 단원들은 그들이 도움을 주기 위해 파견된 지역에 비해 의문의 여지 없이 우월한 사회의 출신이었다. 그렇지만 근대화론은 미국인들이 이러한 문화적 차이를 극복하게 한다. 근대화론은 외국인들을 이해하고 나아가 그들과 미국의 진화론적 차이를 이해하는 객관적이고 과학적인 방법을 제공할 수 있었다. 현상 기술적 범주를 분석적이고 기능적인 것으로 대체한다면 이를 통해 단원들은 비로소 역사적으로 정적이고 토착적인 사회를 미국을 목표로 하는 긴 여행을 시작한 국가로서 바라볼 수 있을 것이다.

평화봉사단원 교육에서는 단원들이 대변하는 미국의 본질적인 가치들도 규정했다. 미국학 과정의 지침은 강사에게 "미국이 직면한 주요 사회문제들"을 고려할 것을 권장했고, 교육생들에게 "비행, 가족 해체, 정신 건강, 빈민가와 범죄" 등과 함께 "시민권, 흑백 통합 교육, 주택 차별" 등과 같은 문제들에 대해서도 토론해야 한다고 권고했다.

---

34 James H. Stone, "The Role of Interdisciplinary, Intercultural Studies in Peace Corps Training Programs", 1963, photocopied, PCL.

그러나 훈련 매뉴얼들은 이 같은 문제들이 있음에도 불구하고 여전히 미국을 특별히 성공한 나라로 표상했다. "저개발국"들을 기술할 때 무관심, 숙명론, 독재, 분열 등의 표현들이 반복적으로 언급된 것과 달리 "미국인들의 고유한 자질"에는 "민주주의, 평등, 자유, 실용주의, 지방분권, 물질주의, 연대, 개인주의"가 포함되었다. 이러한 지침이 보여 주듯, 미국학 과정의 목적은 단원들에게 "미국인의 대표로서 자기 자신에 대한 보다 명료한 개념"을 제공하기 위한 것이었다. 단원들 스스로 초청국을 변화시킬 가치를 갖고 있는지 확신하지 못하는 경우, 평화봉사단이 명료한 답을 제시해 줄 수 있었다. 봉사단은 그들이 근대화의 촉매자로 봉사하기 위해서는 무엇보다 자기 이해가 필요하다고 주장한 것이다.[35]

평화봉사단 교육생들은 다양한 임무를 부여받았다. 첫 4개월 동안 봉사단은 지질학자, 측량사, 토목공학자들을 탄자니아에 보내 도로를 건설하는 프로젝트, 필리핀 공립학교에 영어 교사를 파견하는 프로젝트, 가나에 고등학교 과학 교사를 배치하는 프로젝트, 서인도제도 세인트루시아 섬에 건강 클리닉을 운영할 직원을 파견하는 프로젝트 등을 발표했다. 평화봉사단은 1964년까지 대략 7000명의 교육생을 훈련시켰고, 그들을 전 세계 44개국에 파견했다. 단원들은 학교 건설, 새로운 가축 사육 방법 소개, 다수확품종 시연, 보건 의료 서비스 제공, 농부들 대상의 농업기계 사용법 지도 등을 포함한 여러 일에 종사했다.[36] 이처

---

35 Memorandum, Peace Corps Division of Training, September 1, 1962, White House Aides Files-Moyers, box 41, "Middle Level Manpower Conference", LBJL.

36 Gerard T. Rice, *Twenty Years of the Peace Corps*, Washington, D.C.: U.S. Government Printing Office, 1982, p.24.

럼 광범한 층위의 임무를 포괄했기 때문에 평화봉사단의 실제 활동 양상을 간단히 일반화하기는 어렵다.

그렇지만 각기 다른 여러 임무 가운데서도 "지역사회개발"은 초청국에서 극적이고 제도적인 변화를 이끌어 내고자 한 평화봉사단의 방향을 가장 명확히 보여 준다. 지역사회개발 분야에서 일하는 단원들에게는 빈곤 지역의 긴급하고 구체적인 필요를 충족시키는 것 이상의 역할이 기대되었다. 그들에게는 지역사회의 삶을 변화시키고 마을 단위에서 근대화를 가속화할 과업이 주어졌다. 이러한 점에서 지역사회개발 사업은 봉사단의 다른 여러 프로그램보다 야심 찬 계획이었다. 또한, 지역사회개발 사업은 평화봉사단이 어떻게 초청국 문화의 결함을 범주화하고 이를 교정하기 위한 미국의 개입을 정당화했는지를 분석할 수 있는 좋은 사례였다.

지역사회개발 사업은 평화봉사단 기획국에 특히 유용한 임무이기도 했다. 평화봉사단의 목적에 대한 초기 선언은 "개발도상국들"에서 "중견 인력"의 공백을 메워야 할 필요가 있다는 점을 강조한 바 있다. 단원들은 기술적으로 숙련되지 않은 토착민들과 과학적 전문가들 사이의 가운데서 일할 것이라고 예상되었다. 평화봉사단을 요청한 대부분의 국가들은 단원들과 함께 숙련 전문가도 파견해 달라고 요청했다. 예를 들어 나이지리아와 인도는 농업, 의학, 산업 분야에서 숙련된 경력직 노동자들을 요구했다. 봉사단 관계자들은 간호, 농업, 공학 분야에서 일한 경험이 있는 지원자들을 모집하고자 했고, 관련 업계 간행물과 농업 저널에 광고를 냈다. 하지만 이러한 노력은 별다른 성과를 내지 못했다. 평화봉사단과 전미자동차노조United Auto Workers의 1만 5000달러 계약에도 겨우 6명의 지원자가 나왔을 뿐이었다. 봉사단은 기술 분야의 연륜 있는 전문가들이 대개 부양해야 할 자녀가 있거나 봉사를 할 수 없는 재정적인 부담이 있다고 판단했다. 대부분 고등학교를 갓 졸업한, 일정한 기술 교육을 받은 젊은 지원자들은 봉사단 관계자들이 필수적이라고 생각한 숙련도가 부족했다. 따라서 후보자로 선발된 대부분은 봉사단이 "일반 전공 학사"로 지칭한 이들, 즉 학사 학위는 있지만 초청국에서 요구하는 특수한 교육 경험이나 전문적인 직업 경력이 부족한 사람들이었다. 이들은 1965년까지 평화봉사단 교육 대상자로 선정된 전체 지원자의 70퍼센트를 상회할 만큼 다른 지원자들을 수적으로 압도했다.[37]

상황은 이러했지만 평화봉사단은 규모나 목표의 축소 조정을 고려하지 않았다. 훗날 한 고위 간부가 상기했듯이 조직은 신속하게, 또 "비록 비공식적이긴 했지만 단호하게" 평화봉사단 프로그램 대부분을 교양학부[38] 졸업생 위주로 편성한다는 방침을 세웠다.[39] 일반 전공자 다수를 영어나 그 외 기초 과목들을 가르치는 데 배정했고, 다시 이들 중 많은 이를 특정한 기술을 필요로 하진 않지만 "지도력, 실용적인 경험, 인간의 가치에 대한 예민함"을 요구하는 지역사회개발 임무에 투입했다.[40] 흥미롭게도 당국자들은 이들 일반 전공자들이 거둘 성과를 크게 기대했다. 케네디가 단언했듯 모든 단원은 "저개발"국들에 "사회 건

---

37 Brent Ashabranner, *A Moment in History: The First Ten Years of the Peace Corps*, Garden City, N.Y.: Doubleday, 1971, pp.142~145; Memorandum, Gail Switzer to R. E. Nolan, March 5, 1965, "Peace Corps-History, 1961-1966(Shriver), Folder #1", PCL.

38 학부 교육에 집중하며 적어도 절반 이상의 학위를 인문학 분야에 수여하는 학부 중심 대학을 일컫는다.—옮긴이

39 Ashabranner, *Moment in History*, p.145.

40 *Ibid.*, p.161; Peace Corps, "Liberal Arts Students and the Peace Corps", PCL.

설에 필요한 일손"을 보탤 수 있었고, "미국이 갖고 있는 최고의 것들을 짧게나마 보여 줄" 수 있었다.[41] 일반 전공자들은 미국 사회의 참여 정신과 주위 환경 개선 능력에 대한 믿음을 체화했다고 생각되었으며, 따라서 평화봉사단의 『제2차년도 연차 보고서』에 기술된 "사람들에게 진보의 가능성을 일깨우는" 임무에 완벽히 들어맞는 것처럼 보였다.[42] 일반 전공자들은 단지 미국인이라는 가치만으로 "전통적인" 세계관을 쉽게 변화시킬 수 있다고 생각되었다.

1961년에서 1965년간 평화봉사단원의 약 30퍼센트가 지역사회개발 임무를 맡아 활동했다.[43] 종종 "CD"로도 약칭된 지역사회개발은 거의 대부분 라틴아메리카 국가에 집중되었지만 아프리카와 중동의 몇몇 국가에서도 홍보되었다. 실질적인 활동 양상은 다양했지만 모두 농촌에 파견된 단원들과 때로는 도시지역에서 실시된 지역사회개발 사업을 통해 토착적인 세계관의 변화를 고취할 수 있다는 공통의 전제에 입각하고 있었다. 봉사단의 한 안내 책자는 지역사회개발 사업이 "지역사회 수준에서 민주주의를 교육하며, 그들 자신의 문제를 해결하기 위해 힘을 합칠 것을 장려한다. 이것은 지역민들 대부분에게는 새로운 발상이다. … 눈에 보이는 결과들은 학교, 도로, 우물, 정원, 수로, 화장실의 형태로 나타나지만 … 눈에 보이지 않는 결과가 더 중요하다. 즉 지역사회의 자조·자력 인식이 더 중요한 것이다"라고 설명했다.[44] 슈

41 Kennedy, *Public Papers*, Book 2, p.12.
42 Peace Corps, *Second Annual Report*, Washington, D.C.: U.S. Government Printing Office, 1962 – 66, p.39.
43 Cobbs Hoffman, *All You Need Is Love*, p.133.
44 Rice, *Twenty Years of the Peace Corps*, p.24; Peace Corps, *Who's Working Where: A Catalogue of Peace Corps Volunteer Skills*, Washington, D.C.: U.S. Government Printing

라이버가 주재한 초기 직원회의 회의록에 따르면 지역사회개발은 "작은 공공사업 프로그램" 이상이었다. 그것은 "단지 하나의 또는 일련의 특정한 위생 문제나 농업 문제를 해결하는 것이 아니라, 더 중요하게도 민주적인 협동 공동체 또는 하나의 지역사회로서 해당 지역의 발전을 일깨우고 지속하게 하는 프로그램이었다".[45] 평화봉사단 교관들은 지역사회개발 분야 단원들이 새로운 참여 윤리를 자극하고, 공동의 필요에 대한 감각을 불러일으키며, 집단행동을 조직하고, 농민들의 "자조" 계획 수행을 돕도록 교육했다. 지역사회개발 프로그램을 시작할 때는 먼저 해당 지역의 자원을 이용해 현지에 적합한 계획을 세우도록 했다. 단원들이 지역 주민들을 훈련시킨 후, 지역사회는 공공기관에 필요한 물자와 서비스를 신청할 수 있었다.

평화봉사단을 통한 지역사회개발 사업은 국가 건설에 필요한 사회공학 체계의 구축을 촉진했다. 자유민주주의 체제를 향해 나아가기 위해서는 물질적인 조건만큼이나 사고방식 및 문화와 관련된 "전제 조건"의 충족 여부가 중요하다. 게다가 "저개발사회들"이 발전시켜야 할 인지적 틀은 전문적인 기술과 마찬가지로 "시범"을 통해 설명해야만 전수될 수 있었다. 단원들은 지역사회개발을 촉진함으로써 마을 단위로 고립된 주민들이 스스로를 더 큰 국가 단위의 일부로 생각하도록 고무할 수 있었다. 단원들은 자포자기하고 무기력한 사람들이 "전통적인" 현지 문화가 쇠락해 가는 격동적인 시기를 무사히 통과할 수

Office, 1964, p.11.

45 Bradley Patterson, Meeting Minutes, November 29, 1961, Bush Papers, box 2, "Director's Staff Meeting Records, 10/2/61-1/8/62", JFKL.

있도록 안내하고, 이들에게 진취적이고 활동적인 민족주의란 감각을 불어넣을 수 있었다. 뉴멕시코대학 평화봉사단교육 센터의 "지역사회 개발 기획관" 리처드 W. 포스턴Richard W. Poston은 지역사회개발이 "자기 결단력, 사회적·정치적 책임감, 시민 주도 활동, 협력, 그리고 문제 해결을 위한 지역사회 공동의 노력과 같은 요소들이 대중의 행동 유형을 만들고 결정지을 수 있는 주요한 가치가 될 수 있게끔 사회를 주조하는 과제"라고 설명했다. 지역 수준에서 이 같은 진전이 이뤄진 다음에는 더 거시적 목적을 추구할 수 있었다. 포스턴의 공식화에 따르면 "지역 주민들에 의한 지역사회개발 노력과 중앙정부의 전국적인 발전 계획이 상호 연계될 때 정치적 안정성과 국가적 통합이 증진될 수 있다".[46] 단원들은 새로운 일련의 가치 체계를 제공하고 빈민들에게 보다 큰 정치 구조와의 동질감을 불어넣어 줌으로써 "기대 상승의 혁명"을 전체주의의 길로 일탈시키지 않고, 합의된 민주주의하에서 장기적인 목표에 기여할 수 있는 참여적·민족주의적인 형태로 유도할 수 있을 것이다.

평화봉사단은 이 같은 시도를 문화적 기획 차원에서 규정하기 위해 "전통적인" 농민이나 하층 도시 노동자들의 수동성과 순응성을 강조하는 이미지를 구축하기도 했다. 하버드대학 경영학 교수이자 전 국무부 차관보 조지 로지George C. Lodge는 평화봉사단이 교육 목적으로 의뢰한 보고서에서 지역사회개발이 오랜 문화적 장애와 결함을 치유할 수 있다고 주장했다. 그는 파나마 베라과스주를 사례연구로 활용하면

---

46 Poston, "Community Development: An Instrument of Foreign Aid", 1963, photocopied, PCL.

서 이 지역이 직면한 빈곤의 주된 원인을 엘리트들의 과두지배에 의한 착취나 국제적이고 구조적인 힘의 영향으로 돌리지 않았다. 그는 문제의 근원은 "이 지역 캄페시노campesino[47]의 정신 구조에 있으며 이들의 정신 구조에서 발전을 가로막는 많은 장애가 발견된다"고 주장했다. 그는 "농업기술적인 측면뿐만 아니라 의사 결정 측면에서도 이들은 미숙한 모습을 보이는데, 이들이 수집한 정보, 그것을 개념화하는 체계, 판단을 내리는 기술, 여러 선택지 중 하나를 결정하는 가치 체계 등에서 이러한 미숙함이 드러난다"고 설명했다. 로지는 이 지역 캄페시노들은 "사람은 오직 자신의 운명에 따라 살 뿐 존재하는 모든 것은" 신이 결정한다고 믿는데, 바로 그와 같은 "전적인 무관심"이 그들을 괴롭히고 자신을 "사회 정치적 공백 상태에 놓인 불행한 방랑자"로 특징짓는다고 설명했다. 평화봉사단의 임무를 규정하기 위해 근대화론을 꺼내 든 다른 이들과 마찬가지로 로지는 지역의 정치 경제 및 역사에 대한 사려 깊고 면밀한 조사를 불필요하게 하는 접근법을 제안했다. 그는 맥락적인 요소 분석을 배제하고 "캄페시노"라는 포괄적인 범주만을 채택함으로써 단지 분석 대상자들이 "근대" 이상이라는 추상적인 기준에서 얼마나 멀리 떨어져 있는지만을 측정했다. 로지가 만들어 낸 "텅 빈" 공간에서 구체성을 상실한 "캄페시노"들은 그 자신의 진정한 문화와 사회를 갖지 못했다. 평화봉사단과 미국이 제공해야 하는 것이 바로 그것이었다.[48]

평화봉사단 임무에 관한 다른 분석들도 물질적 빈곤이나 조직적인 착취 구조보다는 "캄페시노"들이 지적, 윤리적, 인식적으로 뒤떨어

---

47 라틴아메리카의 농부·농장 노동자를 말한다.——옮긴이

졌다는 가정에 방점을 둔 농민·도시 이주자 이미지를 만들어 냈다. 평화봉사단 페루 지역 대표로 이후 라틴아메리카 지역국장이 되는 프랭크 맹키위츠Frank Mankiewicz는 지역사회개발을 주제로 한 직원 세미나에서 단원들은 대개 "자기 마을의 정치 경제 및 사회 시스템이 어떻게 작동하고 있는지 말해 줄 현지인이 한 명도 없는" 지역에서 활동한다고 말했다. 맹키위츠는 계속해서 이 같은 만연한 무관심은 해당 지역 주민들에게 깊이 내면화되어 있다고 말했다. "라틴아메리카의 하층민을 대상으로 한 로르샤흐 테스트[49] 결과는 … 피검사자들이 손이나 발이 없는 사람을 본다는 것을 보여 준다. 심리학자들의 분석에 의하면 이는 피검사자들이 그와 이웃들이 주변 환경을 바꾸기 위해 무언가를 할 수 있는 힘이 없다고 믿는다는 것을 의미한다. 그들은 스스로를 버려지거나 잊힌 존재로 이야기한다. … 그들은 자신의 힘으로 무언가를 성취할 수 있다는 믿음을 상실했다. 그들은 누군가가 무언가 해주기를 무기력하게 기다리며 그들을 **버리고 '잊은'** 사람들이 다시 돌아와 자신들을 기억해 주길 바란다. 그렇지만 그들이 기다리는 누군가는 결코 존재하지 않는다."[50] 시민권에 대한 강한 신념을 지닌 캘리포니아 언론인 출신인 맹키위츠는 평화봉사단에 합류하기 전, 농장 노동자들의 조직화를 도왔고, 인종 분리 교육에 반대했으며, 전미흑인지위향상협회

---

48 George C. Lodge, *The Case for the Generalist in Rural Development*, Washington, D.C.: Peace Corps Office of Public Affairs, 1969, p.4, 6.

49 인격 진단 검사법의 하나로 좌우 대칭의 잉크 얼룩이 있는 그림을 피험자에게 보여 주어 성격을 진단하는 검사다.—옮긴이

50 Mankiewicz, "The Peace Corps: A revolutionary Force", 1964, photocopied, PCL(강조는 원문).

NAACP와 반명예훼손연맹Anti-Defamation League[51]에서 일했다.[52] 그렇지만 근대화 임무에 합류했을 때 그 역시 평화봉사단의 가정을 수용했고, 평화봉사단이 구사했던 경멸적인 수사법을 채택했다. 맹키위츠는 "장기적인 숙명론"에 시달리는 "전통적인" 사람들이라는 로스토의 기술을 되풀이하면서, 심리학적 분석을 끌어들여 평화봉사단의 도움을 받는 사람들의 특성을 지적으로 무력하며 자기 주도의 희망이 전혀 없는 상태로 파악했다. 그는 라틴아메리카의 "하층민"들은 수세기 동안 정체된 사회에서 살았기 때문에 삶의 질을 향상시키기 위해 독자적인 조치를 취할 만한 능력이 부족하다고 간주했다. 그는 희망이 전혀 없고 극빈한 이들 개개인을 오직 자기기만 속에서 헤맬 뿐 자신의 상황에 대한 책임은 거부하는 존재들로 묘사했다.

이와 같은 "전통적"인 사람들의 근대화 여정을 준비시키기 위해 평화봉사단 관계자들은 지역사회개발 프로그램이 개개인과 지역사회 정신의 뿌리까지 관통해야 한다고 주장했다. 그들은 봉사단의 라틴아메리카 지역국 행정관이었던 커비 존스Kirby Jones가 "사람들 마음속의 빈곤"이라고 불렀던 것을 극복할 방법을 찾아야 했다. 존스와 다른 이들은 봉사단 단원들이 이 임무를 수행하기 위한 훌륭한 도구가 될 수 있다고 믿었다. 일종의 본보기로서 단원들은 초청국과는 전혀 다른 사회를 대표했다. 그들은 또한 목적의식적이고 계획된 행동의 힘을 "입

---

51 1913년, 살인 혐의를 받으며 논란이 된 리오 프랭크(Leo Frank) 사건을 계기로 유대인 단체 (B'nai B'rith)에서 분리된 국제 유대인 민간단체. 유대인, 나아가 모든 인류에 대한 차별 반대를 모토로 했으며 반혐오(anti-hate) 단체로 현재까지 이어지고 있다.—옮긴이

52 Ashabranner, *Moment in History*, pp.166~167; Cobbs Hoffman, *All You Need Is Love*, pp.67~68.

증"하는 문화를 전달하는 이들이었다. 존스는 다음과 같이 설명했다. "미국인들은 자기 주도적이고 법을 존중하며 인간의 무한한 가능성을 믿는 반면, 라틴아메리카인들은 미국과 정반대다. 그들은 권위를 존중하지 않고, 그들의 미래를 운명적이라 생각하며, 운명을 통제할 수 있는 그들의 능력에 회의적이고, 이웃을 의심하며, 자신의 것이라면 어떤 힘과 지위라도 바라지만 새로운 것을 시도하는 데는 주저하며, 누군가가 자신들을 현 상황에서 구해 줄 것이라고 맹목적으로 기대하는 경향이 있다." 단원들은 지역사회를 조직함으로써 단지 물질적 빈곤과 싸우기만 하는 것은 아니었다. 그들은 "태도의 변화"를 자극하고, 쇠약한 사회에 "조직적인 행동 역량"을 가르치며, 스스로의 "필요와 욕구"를 충족시킬 수 있도록 주민들을 도와야 했다.[53] 맹키위츠처럼 존스도 긍정적 변화를 약속했던 평화봉사단에 입단했다. 23세의 평화봉사단원으로서 그는 미국의 침략을 받고 있던 도미니카공화국에서 의사들을 보조하는 일을 맡았다. 베트남전에 대한 미국의 개입이 심화되었을 때는 활동가 앨러드 로언스타인Allard Lowenstein의 반전 편지 쓰기 캠페인에 참여했고, 800명의 전직 평화봉사단 단원의 서명을 담은 청원서를 존슨 대통령에게 보내기도 했다.[54] 그렇지만 그런 그조차 근대화 이데올로기가 제시한 "전통적 사회"라는 모욕적인 시각을 받아들였다.

지역사회개발 방법론을 확립하기 위해 평화봉사단은 구조기능주의 분석에 주로 의존해 지역사회의 문화적 결점과 변화 수단을 파악

---

53 Kirby Jones, "The Peace Corps Volunteer in the Field: Community Development", *Annals of the American Academy of Political and Social Science*, vol.365, May 1966, pp.64~65.

54 Cobbs Hoffman, *All You Need Is Love*, pp.203~204.

하고자 했다. 또한, 봉사단은 사회공학적 접근을 위한 단계적 절차를 구체화했다. 첫째, 단원들은 담당한 지역사회의 인구와 물적 자산, 권위 체계, 가족 구조, 경제 관계를 조사해야 했다. 평화봉사단은 미시간 주립대학 자문위원들이 개발한 "전체론적인 접근" 방법에 기초해 지역사회를 개개인의 집합체로 보기보다는 "자원의 조달·준비·배분·활용 수단을 제공하는 각각의 요소와 기능들이 서로 연관되어 만들어진 시스템"으로 봐야 한다고 강조했다. 단원들은 담당 지역의 제도·기술·행동 양식·천연자원을 분석함으로써 "물질과 에너지, 사람, 정보의 관계와 흐름"을 파악할 수 있으리라고 기대했다. 강사들은 교육생들에게 지역사회를 조사할 때 마을의 개개인과 물질적 구조를 범주화하면서 혈연관계, 교육, 경제, 정치, 종교, 여가, 건강과 같은 요소들을 고려할 것을 권고했다. 지역사회개발 분야의 단원들은 비록 처음에는 어려움을 겪었지만 "체계와 체계 간의 관계"를 인지하는 데 효과적인 사회학적 기술을 습득할 수 있었다.[55] 몇 달간의 실습을 거친 후 "일반 전공 학사"들은 지역의 문제 및 사회적 삶을 객관적이고 종합적으로 분석하고 이를 진단하는 시각을 발전시키기 위해 그들이 익힌 사회과학적 훈련을 활용하리라는 기대를 받았다.

단원들은 마을의 삶을 평가하고 모델링한 후에는 그들이 파악한 "결함"을 치료하기 위해 개입했다. 앞서 이루어진 지역 실태 조사와 마찬가지로 이 두 번째 단계 또한 체계적인 사회과학적 접근법을 필요로

---

55 Memorandum, "Community Development Training: Jack Donoghue and Jeremy Taylor, Escondido Peace Corps Training Center", not dated, "Peace Corps Community Development", PCL.

했다. 단원들은 우선 거주자들을 한데 불러 모으고 그들의 필요와 문제들을 집단 토론케 함으로써 "민주적인 체제"의 효과를 보여 주었다. 주민 다수는 한자리에 모여 자유로운 대화를 권장 받는 상황을 낯설고 불편해했기 때문에 이 단계에서 단원들은 "발화된 요구 사항이 진정 필요하고 그들이 원하는 것인지를" 극히 신중히 "판단"해야 했다. 평화봉사단 관계자들은 현지인들이 단순히 미국인이 듣고자 하는 답이라 생각되는 것을 말할 가능성이 있다고 경고했다. 그렇지만 단원들은 첫 번째 단계의 지역 조사로부터 얻은 객관적인 자료와 지역 주민들의 의사 표현을 상호 연결하여 주민들 스스로 정말 필요한 것이 무엇인지 파악할 수 있었다.[56] 평화봉사단 근동 및 남아시아 행정관이었던 제임스 무디James Moody는 단원들이 이 단계에서 "새로운 생각을 주입"하여 "주민들이 변화의 가능성을 깨우치도록" 돕는다고 주장했다. "선진적이고 기계화된 사회에 사는 덕택에 여러 가치 있는 지식을 갖고 있다고 인식되는" 미국인들은 그들에게 저절로 따라오는 존경심을 이용해 지역사회를 하나로 통합하고 수 세기에 걸쳐 지속된 수동성과 파편성을 돌파할 수 있을 것으로 기대되었다.[57] 평화봉사단 자문위원 로지가 지적했듯이 단원들은 이 같은 일종의 "선동"을 통해 "캄페시노"들이 "공포, 의심, 조건반사적인 무기력과 무관심에 앞서는 자신의 요구를 명확히 인식"하게 할 수 있었다.[58]

일단 한 집단이 그들의 진정한 욕구를 인식하면 단원들은 이 "수

---

56 Jones, "Peace Corps Volunteer in the Field", pp.66~67.

57 James P. Moody, Memorandum "Community Development and the Peace Corps", August 21, 1964, "Peace Corps-Community Development", PCL.

58 Lodge, *Case for the Generalist*, pp.8~9.

동적인" 사람들을 동원하기 위한 조직 결성을 촉구했다. 예를 들어 콜롬비아에서 현지 국가개발기구 측과 일한 자원봉사자들은 "드문드문 흩어져 있는 거주지나 마을로 들어가 지역 사람들과 토의하고, 회의를 제안했으며, 도로·학교·수로 등과 같은 문제 중 가장 긴급한 문제가 무엇인지 결정하기 위해 시민회의_{junta}를 조직하는 것을 도왔다. … 다음 단계는 12개 또는 그 이상의 마을의 지역 시민 회의 대표들을 통합해 중앙 시민 회의를 조직하는 것이었다".[59] 풀뿌리 민주주의를 가르치도록 교육받은 단원들은 지역사회 관료를 선출하는 선거를 조직하며, "적절한 형태의 조직과 시민 의식"을 구축하기 위해 노력했다.[60] 자문위원 로지가 흥미로운 단어들을 사용해 묘사했듯이 이러한 종류의 조직은 "캄페시노"들을 "물질적·기술적 투입을 수용할 수 있는 유용한 그릇"으로 변모시켰고, 새로운 집단 정체성에 대한 헌신을 촉진했다.[61] 평화봉사단 지도부에 따르면 세계에서 가장 민주적인 문화를 대변하는 단원들은 새로운 형태의 사회조직을 만들어 낼 수 있었다. 그들은 지역 주민들로 하여금 스스로가 마을과 같은 방식으로 조직된 국가 단위의 더 큰 공동체의 일부임을 인식케 함으로써 국가 건설을 촉진할 수 있었다.

이처럼 새로운 형태의 민주적인 지방기구가 자리 잡게 되면 단원들은 마지막으로 지역사회에 "분야별 전문가"를 끌어들였고, 협력 조

59 Report on Community development in Colombia, Bush Papers, box 4, "Peace Corps News", JFKL.
60 Peace Corps, "Colombia: Accion Comunal", *Peace Corps Volunteer*, November 1962, pp.8~9.
61 Lodge, *Case for the Generalist*, pp.8~9.

치들을 강구하기 시작했다. 단원들은 새로 만들어진 마을 정부가 평화
봉사단이나 국제개발처, 또는 중앙정부가 파견한 보건 의료 종사자, 토
지 측량사, 농업 보조원 등과 접촉하는 것을 도우면서 주민들이 완전
히 새로운 시각으로 세상을 바라볼 수 있도록 고무하였다. 평화봉사단
의 한 관계자는 콜롬비아에 파견된 단원들이 "마을 주민들이 서로 협
력해 학교 건물을 짓고, 닭을 키우고, 과수원을 만들고, 새로운 우물을
파고" "마을 길을 낼 수 있도록 돕고 있다"고 설명했다. 이러한 결과들
도 인상적이기는 했지만 가장 중요한 성과는 물질적이거나 재정적인
것이 아니었다. 미국인들은 이곳에 그전까지는 존재하지 않았던 "근면
함, 자기 주도성, 상상력"을 자극했다.[62] 단원들은 일종의 문화적 촉매
로서 스스로 변화를 성취하려는 태도나 그것을 중시하는 가치가 결여
된 사람들에게 발전된 서구사회의 혜택을 나눠 주었다. 그들은 미국의
대변자로서 근대화 과정을 가속화했다.

더욱이 몇몇 평화봉사단 관계자들이 묘사했듯이 그 결과는 기적
적이었다. 평화봉사단 초대 라틴아메리카 지역국장이자 슈라이버의
뒤를 이어 평화봉사단의 단장이 된 잭 후드 본Jack Hood Vaughn은 매우
극적인 개인적 일화를 들려주었다. 자칭 "1938년부터 라틴아메리카를
사랑해 온 사람"이었던 본은 미시간대학에서 라틴아메리카 지역학으
로 학위를 받았고 미국 공보원과 국제협조처에서 일했다. 평화봉사단
직원들에게 설명했듯이 그는 1950년대 볼리비아에 머물렀고, 그곳에
서 1958년까지 업무를 수행했다. 볼리비아에서의 마지막 6개월 동안

---

62 Moody, Memorandum "Community Development and the Peace Corps", August 21,
   1964, "Peace Corps-Community Development", PCL.

그는 "인디오[63]들의 위협적이고 적대적인 태도 때문에 낚시와 사냥을 하러 티티카카 호수 근처의 고원에 올라가기를 주저하는" 자신의 모습을 발견했다. "그들은 모두 무장한 상태였고, 화가 난 것처럼 보였으며, 스페인어를 하지 못했고 거리낌이 없었다." 그러나 1965년에 같은 지역의 마을 다섯 곳을 방문하고 난 후 그는 자신이 겪은 일들에 완전히 매료되었다. 그는 모든 마을에서 "자신들이 사람답게 살고 있음을 보여 주려는 인디오들의 안내를 받았다. 그들은 천 년 만에 처음으로 학교를 신축했고, 역시 천 년 만에 출산을 위한 진료소를 갖추었다. 그들은 수도관을 연결해 마실 수 있는 물을 확보했고 이를 스스로의 힘으로 해냈다. 그들은 겨우 몇 년 만에 지난 천 년간 이루어진 진보를 뛰어넘는 물질적 진보를 성취했다. 그러나 보다 중요한 것은 그들의 태도와 개방성, 그리고 자신들이 누구이며 무엇을 이뤘는지 보여 주고 말하고자 하는 의지, 시민으로서의 자부심과 자기 존중이었다". 본은 평화봉사단 단원들의 역할이 놀라운 변화를 만들어 냈다고 단언했다. "지난 천 년간 스페인 정복자들과 잉카인들, 서구의 광부 및 외교관, 그리고 국제개발처가 하지 못했던 일을 평화봉사단은 근 3년 만에 할 수 있도록 도왔다. 이것이야말로 진정한 혁명이다."[64] 한때 외세의 침략자로 여겨졌던 미국인은 위대한 영웅이 되었다.

성공적인 근대화에 대한 본의 주장은 일화적인 것이지만, 사회과학자들 역시 지역사회개발 사업의 영향을 객관적으로 입증할 수 있다고 주장했다. 평화봉사단은 사회학자 알렉스 인켈스와 데이비드 스미

---

63 본 문단에서는 Indians을 인디오로 번역했다.──옮긴이
64 Ashabranner, *Moment in History*, pp.163~164.

스가 "종합 근대성" 지표를 만들기 위해 했던 것과 거의 같은 방식으로, 양적 지표를 활용해 자신들의 사회공학적 입장을 뒷받침했다. 한 소책자는 지역사회개발 사업에 대한 봉사단의 직관적인 믿음이 "근래 과학을 통해 뒷받침되었다"고 주장했다. 코넬대학의 인류학자들은 2년여에 걸쳐 이루어진 페루 지역 마을 조사를 통해 "대학을 갓 졸업하고 단지 3개월의 훈련을 받았을 뿐인 미국 청년들이 사회 발전에 중대하고 지속적인 영향을 미칠 수 있다"고 판단했다. 인류학자들은 정치 및 사회적 서비스, 여가 활동의 형태, 지역공동체 내에서의 상업 활동 등을 평가하는 "발전 척도"를 사용하여 수도 리마에 100점 만점을 부여하고, 시골 지역 공동체들과 리마의 상대적인 격차를 측정했다. 이 연구는 자원봉사자들이 파견된 15개 마을과 파견되지 않은 5개 마을을 분석한 결과, 평화봉사단이 "전통적인" 세계를 변화시켰다고 결론 내렸다. 거듭되는 범람으로 농민들이 호숫가에 위치한 집을 떠나 이주한, "상당 부분 단원들에 의해 새로 건설된" 치나야 마을의 경우, 0점에서 시작했지만 최종적으로는 21점을 기록했다. 도시지역 마을들에서는 이처럼 발전 척도가 증가한 경우가 보이지 않지만 그런 곳 역시 "단원들의 노력으로 기존의 행정제도가 상당히 강화되었다". 평화봉사단은 "도시지역을 제외한다면 단원들이 파견된 지역공동체는 그렇지 않는 공동체에 비해 3.47배 빠르게 발전"했다고 주장했다.[65] "진보"와 "근대성"이란 개념을 어떻게 정의할 것인지에 대한 보다 심도 깊은 문제는 변화에 대한 양적 분석 밑으로 사라진 후, 결코 수면 위로 다시 떠오

---

65 Peace Corps, *What Can I Do in the Peace Corps?*, Washington, D.C.: U.S. Government Printing Office, n.d., p.21.

르지 않았다.

또한 평화봉사단은 지역사회개발의 특정 사업이 가져온 변화와 충격의 정도를 측정하는 방법을 개발했다. 봉사단은 단원들과 접촉이 없었던 "통제 집단"을 활용해 평화봉사단 프로젝트 전후 농민들 간 "의사소통의 상대적 효율성"과 같은 요소를 양적으로 측정하는 방법을 제안했다. 예를 들어 어떤 단원이 마을 주간 회의를 열기 시작한 것의 효과를 측정하고자 한다면, 회의에서 의제를 통보받은 사람 수와 회의 이후 그에 대해 의견을 개진한 사람 수를 곱한다. 다음으로 그 숫자를 회의 전에 의제를 알았을 것으로 생각되는 사람 수와 그 즉시 의견을 개진한 사람 수의 곱으로 나눈다. 회의 전에 의제를 알고 의견을 개진한 사람보다 회의에서 의제를 알고 이후 의견을 개진한 사람이 더 많다면 수치가 높게 나올 것이며, 만족한 단원은 지역사회개발 노력이 성공적이었다고 확신할 수 있을 것이다. 또 봉사단 교육 프로그램은 "조직화"된 마을의 비율, "새로 등장한 지도자"의 수, "지역공동체 활동을 인지하고 있는 사람"의 수, "지역공동체 구성원에 의해 제기된 다양한 문제들"의 수 등에 미친 마을 회의의 영향력을 측정할 것을 제안했다. 그 밖에 수입의 상대적인 배분 정도, 자본 투자 수준, 총 경제 생산, 사망률, 전염병 발생률, 문맹률, 지도 시간, 독서량, 미국에 대한 태도 등을 제시하기 위해 평화봉사단 프로젝트 "이전과 이후"를 비교하는 방법을 활용할 수 있었다.[66]

평화봉사단은 지역사회개발 프로그램의 특정한 효과를 평가하

---

66 Memorandum "Community Development-P.C.-Training", not dated, "Peace Corps-Community Development", PCL.

는 데 사용되는 "경험적" 데이터에 거듭 주목하면서 "지역사회개발 작업"이 본질적으로 주관적인 목표에 대한 질문들을 객관적이고 과학적이라고 생각되는 방법론으로 전환할 수 있다는 것을 입증하고자 노력했다. 그렇지만 미국인들이 과연 한 사회를 변화시켜 자국을 닮은 사회를 향한 자유로운 이행의 길로 안내할 수 있을까 하는 의문이나 가능성 자체는 봉사단이 사용한 일련의 지표 뒤에 숨어 문제시되거나 검토되지 못했다. 이는 근대화라는 보다 근본적인 개념이 그랬던 것과 마찬가지였다. 초청국에서 "발전"을 이뤄 내는 데 성공했다는 징후는 아무런 이의 없이 미국과 초청국 모두에게 필연적이자 본질적으로 매력적인 결과로만 받아들여졌으며, 힘 있고 자애로운 미국이 상호 이익을 위해 다른 사회의 삶과 문화에 직접 개입할 수 있다는 대중적인 기대를 재확인시켜 주었을 뿐이었다.

진보를 위한 동맹 때와 마찬가지로 정책 기획자들은 미국이 다른 국가들을 근대화할 수 있다는 뿌리 깊은 자신감으로 인해 실패의 징후 및 프로그램에 심각한 문제가 있다는 증거를 보지 못했다. 많은 지역에서 단원들은 모호한 업무 지시와 추상적인 지역사회개발 이론을 특정한 상황과 맥락에 적용하는 방법의 불명확함으로 인해 좌절을 겪어야 했다. 전 평화봉사단 부단장 브렌트 아샤브래너Brent Ashabranner에 따르면 단원들은 극적인 사회 변화를 일으키라는 지시를 받았지만, 가치 있는 프로젝트를 시작하거나 의미 있는 서비스를 제공하기에는 명백히 무능력했기 때문에 종종 절망에 빠지곤 했다. 더욱이 평화봉사단 업무의 평가자들은 "특정 국가에서 지역사회개발 사업의 실패 가능성이 75퍼센트 정도에 달할 것"으로 예측했다. 낙심한 일부 단원들은 결국 활동을 그만두기도 했다. 아샤브래너는 다음과 같은 점을 상기시켰다. "많은 경우 단원들은 마을과 촌락, 도시 슬럼가에 단순히 내던져져 지역공동체의 단결과 행동을 끌어낼 촉매가 되라는 지시를 받았다. 그렇지만 설령 단원들이 주민들에게 동기를 부여해 시민 회의를 조직하는 법이나 주민 공동의 필요를 이끌어 내는 법, 자립을 위해 또는 주민들 몫의 재화와 서비스를 공정하게 배분하도록 정부에 압력을 넣기 위해 연대하는 법 등에 관한 지역사회개발 이론을 알고 있었다 하더라도 이를 실행에 옮기는 것은 전적으로 그들에게 달려 있었다. 단원들의 임무는 사람들이 이해할 수 있을 만큼 명확히 규정되지 않았고, 이들에게는 필요할 때 적용할 수 있는 기술 또한 부재했다. … 이렇게 자유 계약된 봉사단원들의 사상자 비율은 다른 평화봉사단원들과 비교할 때 매우 높았다."[67] 이러한 문제들은 주로 라틴아메리카 지역에서 가장 흔히 보고되었지만 다른 지역 또한 사정은 비슷했다. 역사학자 율리우스 아민은 다음과 같이 결론 내렸다. 카메룬에서의 지역사회개발은 "실패했다. … 자원봉사자들은 12주 교육 기간 동안 개발이론에 관한 굉장히 풍부한 기록을 남겼고, 측량과 건축 관련 기술도 습득했다. 그렇지만 막상 현장에 나갔을 때, 그들은 장비가 불충분하고 그들의 업무 숙지 정도도 부족한 편이라는 것을 깨달았다. 그들은 카메룬의 지형과 마을 환경을 충분히 이해하지 못했다. 그들은 숙련된 측량가도, 제도사도, 건축가도 아니었다. 그들은 지역사회개발 관련 경험이 전무한 일반 전공 학사들일 뿐이었고, 스스로 어중간한 존재라는 사실을 깨달았다."[68]

---

67 Ashabranner, *Moment in History*, p.161.

68 Amin, *Peace Corps in Cameroon*, p.136.

다수의 단원은 결국 지역사회개발 접근법을 단호히 거부할 때에만 그들의 역할이 의미를 가질 수 있다는 사실을 깨달았다. 프리츠 피셔Fritz Fischer가 저술한 평화봉사단사史의 지적처럼 일반 전공 학사들은 종종 현지인들이 이미 많은 집단·조직을 갖추었으며 자신들의 사회적 관습을 개조하려는 시도에 저항한다는 것을 발견했다. 단원들은 주민들과 같이 지내고 새로운 친구를 만들었을지언정 지역사회개발의 공식 목표가 요구하는 "혁명적인" 진보를 만들어 내는 데는 실패했다. 복잡한 지역 문화는 쉽게 이해되거나 변화시킬 수 있는 게 아니라는 것을 깨달은 많은 단원은 결국 그들이 가진 구체적이고 실용적인 기술을 활용한 특정한 직무를 수행하고자 사회 개조라는 거대한 목표를 포기했다. 그들은 "운명론적" 전통에서 벗어나 근대의 힘을 자각하도록 지도하는 대신 음악을 가르치거나 작물 재배를 돕는 일을 선택했다. 또한 자신의 주변에서부터 할 수 있는 것을 찾기 위해 사회를 재구성하는 책무를 거부했다. 피셔의 말에 따르면 "지역사회개발에서 진짜 발전한 것은 초청국이라기보다는 단원들이었다".[69]

이와 같은 결과에도 불구하고, 평화봉사단 관계자들은 지역사회개발 사업이 자주 보낸, 그들의 기대를 배반하는 신호에 느리게 반응했다. 그들은 자신들의 가정을 재검토하는 대신 단원들이 미국식 가치와 제도로 초청국을 변화시키는 매개자라는 생각을 더욱 확고히 했다. 아샤브래너에 따르면 "평화봉사단의 지역사회개발 프로그램이 난관에 봉착했다는 증거는 많았다. 하지만 봉사단은 어떤 일이 벌어지고 있는지 파악하고, 과제들을 보다 주의 깊게 배정하기 위해 사업 속도

---

69 Fischer, *Making Them Like Us*, p.144.

를 늦추지 않았다. 대신 폭풍우 치는 상륙 거점으로 돌격하는 보병들처럼 수천 명의 일반 전공 학사 단원을 불분명하고 잘못 정의된 그들의 지역사회개발 비전을 향해 몰아붙였다."[70] 지역사회개발 사업의 실행에 문제를 제기하기 위해 평화봉사단 운영자들은 경험과 기술이 부족한 미국인들이 다른 사회를 완전하고 심지어 혁명적인 방법으로 급격히 변화시키는 것은 어려울 수 있다는 것을 인정해야만 했다. 그들은 또 근대화 자체가 타당한 것인지를 물어야 했다. 그렇지만 1960년대 초 대부분의 미국인들과 마찬가지로 그들은 그러지 못했다.

냉전기 이데올로기 대결 속에서 평화봉사단 활동은 심대한 전략적 중요성을 갖는 것으로 여겨지기도 했다. 미국인들이 갖는 개성이나 독특한 자질을 구현한 일종의 화신으로 묘사된 평화봉사단 단원들은 "개발도상국들"과 냉전의 상대국, 그리고 미국 국민들 모두에게 미국이 자애로운 강대국임을 보여 줄 것이라는 기대를 받았다. 또 시련을 감내하고 희생을 무릅쓰며, 국가의 근간이 되는 가치를 담지한 것으로 특징지어진 단원들은 대외 정책의 명백한 좌초나 사회적 병폐들에도 불구하고 미국이 다른 세계에 대해 여전히 이상적 모델임을 증명해 주는 존재로 거론되었다. 공식적 담론과 대중적 담론 모두에서 평화봉사단은 자신감 있는 비전, 즉, 강인함과 예리함, 활력과 같은 특징들로 규정된 미국인의 정체성을 제시했다.

미국의 많은 고위 관료는 평화봉사단을 케네디가 말한 "길고도 불확실한 투쟁"long twilight struggle에서 쓰일 귀중한 무기로 바라보았다. 대통령은 딘 러스크 국무부 장관에게 기니의 세쿠 투레Sékou Touré[71]가 슈

---

70 Ashabranner, *Moment in History*, p.162.

라이버에게 "전적으로 열광적인" 환영 행사를 베풀어 주었다고 말했다. 케네디는 "가나가 이미 50명에서 70명의 평화봉사단 단원들을 받아들였고" "기니는 40명에서 60명의 도로 건설 노동자 및 기술자들을 요청"했다는 사실에 고무되어 다음과 같이 예상했다. "우리가 가나와 기니의 문제에 성공적으로 대처할 수 있다면, 말리도 서방으로 돌아설 것이다. 그렇게 된다면 말리는 모스크바로부터 우리 편으로 돌아선 첫 번째 공산주의 국가가 될 것이다."[72] 슈라이버는 단원들을 오로지 초청받은 국가에만 파견하기로 결정했지만, 케네디가 말한 것과 비슷한 차원에서 평화봉사단의 전략적 중요성을 이해했다. 라틴아메리카의 지역사회개발 사업에 배정된 단원들과 면담한 후 그는 케네디에게 "콜롬비아의 한 저명한 공산주의자가 280명의 자국 학생들과 함께 3개월 간의 소비에트 러시아 여행을 마친 후 열흘 전 모스크바로부터 돌아왔다"고 알렸다. 그는 "그러므로 콜롬비아의 상황에 실질적인 반전을 만들기 위해서는 500명의 단원 파견 계획을 수립해야 한다"고 주장했다.[73] 냉전의 전장에서 평화봉사단은 그 자체로 강력한 기여를 할 것으로 기대되었다.

　미국 정부의 수사와 대중 선전 또한 단원 개개인을 활력 있고 우

---

71 기니의 정치인(1922~1984). 사회주의 독립운동가로서 기니의 독립(1958)과 동시에 초대 대통령으로 선출되었고, 이후 종신 집권했다.— 옮긴이

72 Memorandum, Kennedy to Rusk, POF, box 85, "Peace Corps, 1/61-6/61", JFKL.

73 Shriver to Kennedy, not dated, POF, box 85, "Peace Corps, 1/61-6/61", JFKL. 평화봉사단을 CIA의 영향에서 떼어 내고 요청이 있는 곳에만 자원봉사자들을 파견하고자 했던 슈라이버의 노력에 대해서는 다음을 참조. Robert D. Dean, "Masculinity as Ideology: John F. Kennedy and the Domestic Politics of Foreign Policy", *Diplomatic History*, vol.22, Winter 1998, pp.60~61.

월한 사회를 반영하는 이들로 묘사하여 평화봉사단을 일종의 국가적 상징으로 만들었다. 1961년 5월 1일, 평화봉사단 국가자문협의회에서 행한 연설에서 케네디는 다음과 같이 말했다. 8000명의 지원자들은 "우리가 가진 문화와 기술 범주 모두를 망라하고 있다. 의사, 농부, 정비공, 타이피스트, 교사, 기술자, 학생… 이들 모두가 가난과 질병, 역경에 맞서 동료들과 함께 일하게 해달라고 요청해 왔다". 1963년 의회에 보낸 서한에서 대통령은 동일한 주제를 언급하며, 단원들은 "따뜻한 환대를 받는다. 왜냐하면 그들은 자유롭고 민주적인 사회, 즉, 아프리카, 아시아, 라틴아메리카 사람들이 혁명의 궁극적인 목표로서 갈망하는 사회가 지닌 최고의 전통을 대표하기 때문이다"라고 설명했다.[74] 단원들은 각자의 배경이나 전문성과 무관하게 모두 미국을 절실히 모방하고자 하는 사람들에게 자신이 체화하고 있는 최상의 문화적 가치를 나눠 주는 임무를 부여받았다.

　평화봉사단의 자체적인 수사 역시 단원들이 미국인의 대표로서 가진 경험만으로 초청국 사회를 재구성할 것이라고 강조했다. 평화봉사단의 『제1차년도 연차 보고서』는 "단원들은 모든 미국인의 삶이 교차하는 지점에 서 있다. 그들은 모든 인종, 신념, 종교를 포괄한다. … 평화봉사단에 참여하기 전, 그들은 미국의 각 주와 푸에르토리코에 거주했다. … 그들 가운데는 전직 트럭 운전사도 있고 대학교수도 있다. … 나이가 많은 이들도 있고 적은 이들도 있다"고 밝혔다. 평화봉사단 단장 슈라이버 또한 다음과 같이 비슷한 지적을 했다. "우리는 우리의 기술로 기여하기 위해 모였다. … 그리고 우리가 이 같은 일을 한다는

---

74 Kennedy, *Public Papers*, Book 1, pp.391~392; Book 3, p.556.

사실은 미국이라는 국가에 대해 무언가를 말해 준다. 이는 미국인들의 기본적인 특성에 대한 단서를 제공해 준다."[75] 슈라이버와 그 밖의 많은 평화봉사단 운영자에게 이 "특성"의 핵심은 미국 문명의 혜택을 나눌 준비가 된 이타적이고 열정적인 시민들이었다. 단원들은 빈곤한 국가들이 미국이 이미 오래전에 발견한 근대화와 진보를 향한 열쇠를 찾을 수 있도록 도울 것이다.

평화봉사단의 홍보물 또한 잠재적인 지원자들에게 해외 봉사 경험이 미국인의 성격을 구성하는 태도와 통찰력을 증명할 기회를 제공한다는 점을 내세웠다. 초기의 한 평화봉사단 광고는 "당신은 건설하고, 측정하며, 치료하고, 가르치며, 당신이 알고 있는 성과를 제공할 것입니다. 당신은 초청국의 우정을 얻을 것이며, 다른 문화와의 교분에서 생기는 풍요로움을 누릴 것입니다. 당신은 그간 미국을 만들었고 이제는 국제 문제에서 미국이 나아가는 방향을 안내하고 있는 도덕적 모범으로서 전 세계의 주목을 받게 될 것입니다"라고 자랑스럽게 주장했다. 기술 전수보다는 근본적인 미국식 태도에 대한 선전이 단원들이 가장 공헌할 수 있는 부분으로 강조되었다. 또 다른 홍보 책자는 단원들이 자국에 어떤 기여를 했는지에 대한 "인도인 관료들"의 평가를 인용하면서 "독창성, 자기 주도, 헌신"의 중요성을 강조했다. 이는 "단원들이 그러한 가치들을 충분히 갖추고 있다는 사실뿐만 아니라 그러한 가치들이야말로 오늘날의 미국을 만드는 데 기여했다는 전제가 바탕에 깔려 있었기 때문"이기도 했다.[76] 미국의 과거를 모델로 하는 미래

---

75 Peace Corps, *First Annual Report*, p.69; Peace Corps, "Tubman Sees Object Lesson in Peace Corps", *Peace Corps Volunteer*, May 1963, p.5.

로 여타 세계를 이끌 책임을 떠안은 평화봉사단 단원들은 미국의 혁신적인 이상 대부분을 본능적이고 직관적으로 파악할 수 있는 존재로 상정되었다.

미국의 우월한 가치는 평화봉사단을 다룬 매체 보도에서도 언급되었다. 대중지 『사이언스 뉴스레터』는 평화봉사단 단원들은 단지 미국의 기본적인 제도와 문화에 대한 경험이 있다는 이유만으로도 빈곤국에게 소중한 존재라고 주장했다. "필요한 자질들을 단 몇 주 만에 가르칠 수는 없다. 그것은 우리의 전 국토에서 우리의 부모와 가정, 학교를 통해 길러지는 것이다." "저개발" 세계의 문제를 해결하기 위해 미국인들에게 필요한 것은 기술 훈련이나 고학력이 아닌 듯했다. 그들에게 필요한 것은 단지 삶을 바라보는 자신들의 시각과 태도를 미개발 지역에 전달하는 것이었다. 대니얼 러너는 사회학적 관점에서 "공감"을 가장 "근대적"인 자질로 정의했는데, 이는 분명 단원들이 자신들의 문화에 기초하여 "모든 사람이 갖고 있는 공통의 희망과 신조에 대한 깊은 감정"을 일깨운다는 슈라이버의 설명과 유사했다.[77]

전 지구적인 열망을 충족시켜 줄 강력한 사회의 상징이었던 평화봉사단은 미국과 여전히 이행기의 수렁 속에 빠져 있는 국가들 사이에 거리가 있다는 생각을 더욱 고착화했다. 많은 근대화 이론가처럼 케네디는 서구 전통에 특별한 장점이 있다고 강조했다. 평화봉사단은 기술

---

76 Brochure, "What You Can Do for Your Country", 1961, "Peace Corps-History, 1961-1966 (Shriver), Folder #1", PCL; Brochure, "The Peace Corps Generalist: Practitioner of an Uncertain Science", not dated, "Peace Corps-BA Generalist", PCL.

77 Watson Davis, "Peace Corps Volunteer an American Image", *Science Newsletter*, March 16, 1963, p.165; R. Sargent Shriver Jr., *Point of the Lance*, New York: Harper and Row, 1964, p.55.

자 및 간호사와 함께 영어 교사 또한 외국으로 파견했는데 영어는 "**앵글로-색슨 세계**와 동일시되는 위대한 문화·역사·사법 제 영역에 대한 접근을 가능케 하는, 이 복잡한 시기에 필수적인" 언어로 생각되었다. 비슷한 차원에서 슈라이버는 조지 마셜 장군을 인용해 "삶에 무엇이 있는지, 그리고 그들이 그간 무엇을 놓치고 살았는지 이제 막 배우기 시작한" "세계 각지의 작은 사람들"이 만든 혁명에 대해 언급했다. 경제적·물질적 능력 양 측면에서 발전이라는 사다리의 맨 위에 있는 이들은 노블리스 오블리제의 의무를 이행해야 하며 그들이 갖는 문화적 혜택을 사다리 아래에 매달려 있는 이들과 공유해야 했다.[78]

평화봉사단에 대한 이와 같은 표현들은, 1958년에 출판된 베스트셀러 소설 『어글리 아메리칸』*The Ugly American*과 같은 작품들을 통해 대중화된 문화적·인종적 차이에 대한 일반적인 생각을 더욱 강화시켰다. 해군 장교 윌리엄 레더러와 캘리포니아 버클리대학의 정치학자인 유진 버딕은 이 소설에서 가공의 동남아시아 국가 "사칸"을 무대로, 소련의 영향력과 선전전에 맞서 지역 주민들의 마음과 정신을 얻기 위해 벌어지는 치열한 외교전을 묘사했다. 그들은 "사실적인 결말"을 채택하며, 칵테일을 든 부유하고 거만한 외교관들을 비판했고, "잘 훈련되고 선별된, 열심히 일하며 헌신적인 소규모 전문가 집단"이 필요하다고 주장했다. 소설은 20쇄를 찍을 정도로 인기를 끌었고 추후 문고본 표지에는 "케네디 대통령의 평화봉사단은 이 책에서 제기된 문제들에 대한 답"이라는 문구가 붙었다.[79] 소설 속의 영웅 호머 앳킨스는 벼농

---

78 Kennedy, *Public Papers*, Book 1, p.554(강조는 지은이 추가); Shriver, *Point of the Lance*, p.9.
79 William J. Lederer and Eugene Burdick, *The Ugly American*, New York: Norton, 1958,

사 관개시설을 만들기 위해 자전거용 펌프를 사용했고, 미국인들의 소박한 재간을 발휘해 오랫동안 사칸 사람들을 당혹스럽게 했던 문제를 해결했다. 앳킨스의 논리적 추론과 문제 해결 능력은 토착민들의 원시적인 문화와 현저한 대조를 이룬다. 미국의 방첩 전문가이자 CIA 요원이었던 에드워드 랜스데일Edward Lansdale을 모델로 한 명민한 육군 대령 에드윈 힐랜데일은 작중 "아시아인들의 사고방식"이 가진 기괴함을 설명하면서 양자의 차이를 명백히 했다. 그는 "사칸 및 동남아시아 다른 몇몇 국가들에서 중요한 것은 손금 보기와 점성술"이라고 단정지었다. "그저 이곳의 거리를 따라 걸으며 온갖 주술적인 건축물들을 보는 것만으로도 이러한 사실을 알 수 있다. 주술적인 건축물들을 관장하는 사람들은 박사로 불리며 존경받는다. 사칸의 모든 대학에는 수상학과 점성학 교수직이 있으며 심지어 총리 자신이 주술 과학의 박사학위자이다."[80] 초자연적 힘에 대한 복종과 미신으로 이루어진 아시아인들의 건축물 속에서 미국인들의 실용성, 과학적 추론 능력과 노하우는 단연 두드러졌다. 근대화론이 그랬던 것처럼 초기 평화봉사단의 공식적인 설명과 대중적인 선전은 감정적이고 숙명론적이며 "전통적인" 것과 대비되는 이성과 "근대"를 강조했다. 이러한 문화적 구분은 누가 보아도 명백했기 때문에 미국인들은 도움을 필요로 하는 "저개발 세계"와의 명확한 대조를 통해 자신들이 지닌 미덕을 쉽게 식별할 수 있었다.[81]

---

p.284; Rice, *Bold Experiment*, p.29.

80 Lederer and Burdick, *Ugly American*, p.181.

81 레더러와 버딕의 허구적 묘사는 평화봉사단이 실제 자신들의 사명을 어떻게 이해했는지와 매우 긴밀히 관련된다. 이는 평화봉사단이 이들 두 명의 소설가에게 프로그램 평가를 맡겼던 데서 엿볼 수 있다. 레더러는 평화봉사단 초기 프로젝트들을 점검하기 위해 필리핀을 방문했고, 단원들에게 아시아에서 공산주의와 어떻게 맞설지 전망을 보여 주기 위해 하와이의 힐로를 여

한편 평화봉사단의 이미지는 국내에서 제기되는 사회 비판에 대처하는 데도 유익했다. 미국은 전후의 풍요를 통해 세계 최고의 생활 수준을 성취했지만 1950년대 말과 60년대 초 많은 평론가와 지식인들이 관료주의적 조직과 쾌락적 소비가 가져온 부정적 영향을 지적하기 시작했다. 윌리엄 화이트William H. Whyte와 폴 굿맨은 책에서 자본주의적 삶의 물질적 안락에 빠져 미국인들의 독립심과 남성성이 사라지고 있음을 한탄하며, 미국의 청년들이 참된 도전과 의미 있는 경험을 거의 제공하지 못하는 사회에서 성장하게 될 것이라고 주장했다. 비슷한 시각에서 사회학자 데이비드 리스먼David Riesman이 쓴 『고독한 군중』 The Lonely Crowd은 "사치스럽고 '낭비적'이라 할 정도로 여가를 즐기고 잉여 생산물을 소비하고자 하는 풍요의 심리"가 등장하고 있음을 지적했고, 심리적으로 과도한 인정 욕구로 인해 사회적 기준에 맞추고자 하는 "타율적"이고 불안한 심성이 출현하고 있음을 비판했다. 존 갤브레이스의 『풍요로운 사회』The Affluent Society는 관련된 문제를 경제적 측면에서 분석했다. 그에 따르면 광고의 증가, 필요 이상의 부, 인공적으로 만들어진 욕구들 속에서 문제는 "굶주림에 시달리는 이들을 위한 음식, 추위에 떠는 이들을 위한 의복, 무주택자들을 위한 주택"을 더 많이 생산하는 것에서 단지 "더 세련된 자동차와 더 화려한 여가, 사실상 모든 현대적인 교양과 치명적인 욕구에 대한 열망들"을 만족시키기 위한 것으로 변화했다. 갤브레이스가 비꼬는 투로 지적했듯이 "좋은 사회의

행하기도 했다. 다음을 참조. Deans, "Masculinity as Ideology", pp.58~59; R. J. Donovan, "Peace Corps to Hire State Dept.'s Foremost Critics?", *New York Herald Tribune*, April 28, 1962, p.2.

모델로 다람쥐 쳇바퀴를 거론한 이는 아무도 없었다". 프로테스탄트 윤리의 쇠락과 "견고한 개인주의"의 약화에 따른 여러 문제가 등장하면서 미국의 저명인사들은 물질적 번영이 미국인들의 성격에 중대한 해를 끼치고 있다고 주장했다.[82]

카뮈나 사르트르 같은 철학자들의 저작에 더해 위에서 언급한 저작들의 영향을 받은 다수의 진지한 미국 청년은 교외에 거주하는 미국 주류 중산층의 삶이 주는 허전함을 채워 줄 대안으로 평화봉사단을 바라보았다. 많은 단원은 해외 봉사가 그들에게 독립심과 만족감을 심어 주는 도전이자 그들의 존재 가치를 확인하는 기회가 될 것이라고 믿었다. 인도주의적 대의를 좇고자 한 많은 지원자는 평화봉사단 활동이 개인적으로 의미 있는 경험이 될 것으로 기대했다.[83] 하지만 평화봉사단 관계자들과 매체들은 이 문제에 다른 의미를 부여했다. 정부와 매체는 단원들을 상대적으로 가난한 상황 속에서 기꺼이 생활하며, "미개한 사람들"에 공감하고, 최종적으로는 모국으로 돌아와 그들 자신의 사회에 활력을 불어넣는 이미지로 묘사했다. 이는 단원들의 개인적이고 사적인 헌신성을 훨씬 넘어선 것이었다. 그들은 평화봉사단에 보다 거시적인 이미지를 투영했다. 많은 개개인이 평화봉사단 활동을 통해 그들 자신을 규정하고자 했던 반면, 미국 정부와 매체는 평화봉사단을

---

82 William H. Whyte Jr., *The Organization Man*, New York: Simon and Schuster, 1956; Paul Goodman, *Growing Up Absurd: Problems of Youth in the Organized System*, New York: Random House, 1956; David Riesman, with Nathan Glazier and Reuel Denney, *The Lonely Crowd: A Study of the Changing American Character*, Abridged ed., New Haven: Yale University Press, 1961, p.18; John Kenneth Galbraith, *The Affluent Society*, Boston: Houghton Mifflin, 1958, p.140, 159.

83 Cobbs Hoffman, *All You Need Is Love*, pp.22~38.

이용해 냉전기 미국을 하나의 전체로 규정했다.

케네디와 슈라이버, 그리고 평화봉사단 지도부는 강인하고 굳세며 의지가 결연한 미국의 이미지를 만들기 위해 단원들의 희생을 강조했다. 대통령은 평화봉사단을 창설하는 행정명령에 서명하면서 "단원으로서의 삶은 쉽지 않을 것이다. 공식적인 월급은 없으며 그저 건강과 기본적인 필요를 충족시키는 정도의 용돈 정도만 지급될 것"이라고 언급했다.[84] 『내셔널 지오그래픽』에 실린 기사에서 슈라이버는 이러한 사실을 바탕으로 보다 큰 결론을 이끌어 냈다. 케네디와 마찬가지로 그는 단원들이 "국내에서 편안하게 살 수 있는 모든 기회를 포기했다. 그들은 먼 타국에서 힘들고 때로는 위험하기까지 한 상황에 맞서며 겨우 최저 수준의 임금으로 봉사했다. 그들은 편안한 삶보다 봉사를 통해 더 많은 의미를 발견했다"며 칭찬했다. 게다가 그들의 활동은 전 세계에 미국에 대한 강렬한 인상을 남겼다. "자신들의 삶을 나누기 위해 … 미국을 떠날 것을 선택한 청년들만큼 전 세계 사람들을 놀라게 한 것은 없다. … 단원들의 첫 번째 신조는 '더 힘들수록 더 좋다'인 것처럼 보인다. 그들의 주요한 불평은 이와는 반대로 '너무 쉽다'가 될 것이다."[85] 단원들이 안락한 집과 경력을 뒤로한 채 스스로 질병에 노출되고 가난 속에서 생활한 것은 경의의 대상이 되었다. 이러한 단원들의 삶은 미국을 위협으로부터 살아남고, 가치 있는 기회들을 포착하며 냉전의 도전에 맞설 능력이 있는 국가로 규정하는 데 활용되었다. 『평화

---

84 Kennedy, *Public Papers*, Book 1, pp.134~135.
85 R. Sargent Shriver Jr., "Ambassadors of Goodwill: The Peace Corps", *National Geographic*, vol.126, September 1964, p.302.

봉사단 단원_Peace Corps Volunteer_이라는 출판물은 영국의 한 참전용사 출신 지질학자의 말을 빌려 "이 청년들은 진정한 미국인이 어떤 사람인지를 아프리카 사람들에게 제대로 보여 주고 있다. 그들은 우리가 흔히 '배짱'이라고 부르는 것을 가지고 있다. 그들은 덤불을 헤치는 강인한 업무 수행자들이다"라고 기록했다.[86] 대중 담론에서 평화봉사단은 위태로운 탈식민 세계에서 공산주의자들의 도전에 맞설 수 있는 결연하고 강인한 국가를 상징했다.

때때로 평화봉사단에 대한 대중적인 묘사들은 냉전이라는 전장에 선 단원들의 강인함을 보다 상세하고 낭만적으로 다루었다. 케네디 대통령이 암살되고 불과 며칠 후인 1963년 11월 28일, 슈라이버는 미시간주 디트로이트에서 있었던 내셔널풋볼리그 경기의 하프타임에 경기장을 방문했다. 일반적인 미식축구 영웅들을 대신해 강인한 평화봉사단 단원들을 기리는 이 행사에서 악단은 "평화봉사단"이라는 글자 모양으로 행진했고, 선발된 150명의 여학생들은 평화봉사단이 파견된 국가의 국기들을 게양했다. 최종적으로 연주자들은 「평화봉사단가」를 연주했다. 이 곡은 웨인주립대학 교수 그레이엄 T. 오버가드 Graham T. Overgard가 "봉사를 통해 평화를 구축하고 이를 모든 이들과 공유한" "충직한 이들"에게 경의를 표하며 작곡한 곡이었다.[87] 『타임』지는 푸에르토리코 소재 평화봉사단 훈련센터에 대한 르포 기사에서 단원들이 "나이에 상관없이 밧줄에 의지해 가파른 경사면을 내려가고,

---

86 John Leyden, "British Scientist Salutes Tanganyika Project", *Peace Corps Volunteer*, November 1962, p.2.

87 행사 프로그램과 "평화봉사단가"의 가사에 대해서는 다음을 참조. "Peace Corps History, 1961-1966 (Shriver), Folder #2", PCL.

손을 뒤로 결박당한 채 물 위에 떠 있는 법을 배우고, 3마일씩 구보하며" "열대 우림 속에서 밤새 야영하기도 한다"는 소식을 전했다. 한 훈련생은 취재진에게 "우리가 쿠바 공격을 위해 훈련받고 있다고 생각하는 푸에르토리코 사람들이 있을 정도"라고 말했다. 이처럼 그들의 훈련 강도는 다른 냉전의 전사들에 비해 결코 덜하지 않았다. 독자들은 단원들이 거주지에서 시골 오지의 학교까지 8마일이나 걸어가거나 가나의 비포장도로 18마일을 11시간에 걸쳐 여행하거나 또는 현지인들이 "악령을 부른다는" 이유로 과학자들을 살해한 곳에서 광물 조사를 수행한다는 등의 내용을 접했다. 단원들은 안데스산맥에 위치한 마을에서 추위를 막기 위해 옷을 껴입고, "중앙아메리카 살모사의 맹독에 대비한 해독제가 들어 있는" 키트를 소지한 채 그들이, 나아가 그들이 대변하는 미국이 냉전의 도전에 충분히 대처할 만큼 강인하다는 점을 확인시켜 주었다. "저개발" 세계에서도 미국은 기꺼이 도전에 맞설 것이다.[88]

　　도움을 준 이들에 대한 원주민들의 감사는 근대화에 대한 미국의 사명감을 강화했다. 레더러와 버딕의 『어글리 아메리칸』에서 주인공의 아내인 엠마 앳킨스는 특유의 실용성을 발휘해 갈대를 엮어 빗자루 손잡이를 늘림으로써 요통을 예방하는 방법을 보여 주었다. 이는 사칸의 원시적 소농들이 여러 세기 동안 해결하지 못했던 문제였고 마을의 촌장은 엠마에게 다음과 같이 그녀를 칭송하는 편지를 보냈다. "당신은 우리에게 새로운 청소법을 보여 줬습니다. 이것은 작은 일이지만

88　"Report on the Peace Corps", *Time*, December 29, 1961, pp.10~11; "Corpsmen in Ghana", *Time*, November 17, 1961, pp.20~21.

우리 노인들의 생활을 완전히 변화시켰습니다. ··· 우리는 당신을 기억하기 위해 작은 사당을 만들었습니다. 당신에게 감사하며 당신을 기억할 것입니다."[89] 엠마의 통찰력은 사칸 사람들의 삶을 변화시키는 것을 넘어 그녀를 숭배의 대상으로 만들었다.

많은 미국인이 평화봉사단을 이와 비슷한 맥락에서 이해했다. 1962년 2월, 아서 슐레진저 주니어는 케네디에게 마드라스 남부 마을의 학교를 방문했을 때 미국 대통령의 사진이 "간디의 사진 바로 아래에 모셔진 것"을 목격했다고 전했다. "나는 이것이 우리의 방문을 의식한 겉치레였다고 생각하지 않는다. 그러기엔 사진이 너무 낡아 보였다."[90] 슈라이버도 이와 비슷한 일화를 남겼다. 그는 평화봉사단 단장으로서 근무한 마지막 날에 "미국에서 멀리 떨어진 이란의 곤바데카부스라는 지역에 사는 주민들이 그곳에 최초의 공공도서관을 지어 준 바클리 무어Barkley Moore라는 단원의 기념비를 세웠다는 것"을 알게 되었다. "지난 5년간 그와 같은 일들이 일어나길 기대하긴 했지만 여전히 놀랍다. 소련 국경에서 불과 32마일 떨어진 아시아의 중심에 평화봉사단 단원을 위한 기념비가 있는 것이다."[91] 인도의 한 농촌 지역에서는 학교 교사로 일한 한 단원에 대해 "평화봉사단으로 자주 얼굴을 비쳤던 젊고 의욕적인 미국인들 중 하나였어요. 우리 스스로를 좋은 사람이라고 느끼게 만들어 준 사람이지요."라고 설명했다. 이러한 설명은

---

89 Lederer and Burdick, *Ugly American*, p.235.

90 Memorandum, Schlesinger to kennedy, February 15, 1962, POF, box 65a, "Schlesinger, January-March, 1962", JFKL.

91 Shriver, "Five Years with the Peace Corps", ed. the Peace Corps, *The Peace Corps Reader*, Washington, D.C.: U.S. Government Printing Office, 1967, p.26.

미국이 극히 자애로운 사회라는 이미지를 더욱 굳혔다.[92] 이처럼 도움을 받은 사람들의 감사 표시는 미국에 대한 긍정적 인상을 강화했다. 도미니카공화국에서 온 한 노동자는 슈라이버와 미국 대중을 상대로 "지난 10개월간 단원들과 같이 일하며 배운 것이 30년간 배운 것보다 많다"[93]고 고백했는데, 이것은 정확히 그들이 듣고자 했던 말이었다. 관료들과 관련 매체들은 평화봉사단 활동의 혜택을 입은 사람들이 하나같이, 또한 당연하게도 근대화에 대한 미국의 기여를 감사히 생각한다고 말했다. 슈라이버가 상원 대외관계위원회에 참석했을 때, 앨버트 고어Albert Gore 상원의원은 그에게 "평화봉사단의 구상 및 이상에 대한 반응이 갖는 커다란 가치 중 하나는 이러한 반응이 우리 자신과 세계에 우리 미국인들이 이타적이며 남을 돕는 일에 매우 적극적으로 응하는 사람들이라는 사실을 다시 한번 보여 준다는 것이다"라고 말했다.[94]

더욱이 미국의 용기와 공감 능력에 대한 설명은 철저히 반공주의적 공포의 맥락에서 제시되었다. 일레인 타일러 메이가 지적했듯이 냉전기 미국의 관료와 매체는 소련을 "미국인들이 유약해지면 어떤 일이 일어날지 보여 주는 추상적인 상징"으로 자주 거론했다. "반공주의 십자군들은 미국인들에게 자유와 안전을 지키기 위해 도덕적 강단을 다질 것을 요구했다." 소련의 빠른 원자력 기술 확보와 스푸트니크 발사,

92 Seth Tilman, *The Peace Corps: From Enthusiasm to Disciplined Idealism*, Washington, D.C.: Peace Corps Office of Public Affairs, 1969, p.15.

93 Peace Corps, "I Learned More in Ten Months with Volunteer Than I Have Learned in Thirty Years, Co-Worker", *Peace Corps Volunteer*, April 1963, p.4.

94 Senate. U.S. Congress. Committee on Foreign Relations, *Nomination of R. Sargent Shriver, Jr. to Be Director of the Peace Corps*, 87th Cong., ist sess, Washington, D.C.: U.S. Government Printing Office, 1961, p.50.

중국 "상실", 가까운 쿠바에서 벌어진 카스트로의 승리는 모두 소련의 도전에 맞선 미국의 역량 부족을 의미하는 것처럼 보였다. 매카시Joseph McCarthy 같은 정치인들은 봉쇄정책이 차질을 빚은 것은 해외 주둔 미군 전력이 부족해서라기보다는 미국의 국가적 결의가 약화되었기 때문이라고 주장했다.[95]

국내 여론, 동맹국들, 그리고 냉전의 적대국들 앞에서 케네디 정부는 그 같은 우려에 대처하기 위해 미국의 새로운 공약의 하나로 평화봉사단을 거듭 소환했다. 노터데임대학의 졸업식 축사에서 슈라이버는 평화봉사단을 미국에 대한 신뢰라는 중요한 이슈와 직접 연결했다. "공산주의자들은 미국이 유약해져 버렸다고 말합니다. 최근에만 해도 흐루쇼프는 미국의 젊은이들을 '아무런 쓸모없는 반정부 불평분자들'이라고 지칭했습니다. 나는 또 최근 세계 각지를 순방하면서 미국인들이 평화봉사단 또는 기타 해외 봉사 프로그램에 필수적인 자기희생을 감내할 수 있을까에 대한 진지한 의구심들과 맞닥뜨렸습니다. 여기서 제기된 가장 큰 문제는 '과연 미국이 자유세계를 이끌 자격이 있는가?'인 것처럼 보입니다."[96] 이에 대해 슈라이버와 참모들은 평화봉사단 단원들과 그들의 근대화 역량을 묘사하면서 극히 긍정적인 태도로 답했

---

95 Elaine Tyler May, *Homeward Bound: American Families in the Cold War Era*, New York: Basic Books, 1988, p.10. Stephen J. Whitfield, *The Culture of the Cold War*(Baltimore: Johns Hopkins University Press, 1991)도 1950년대와 1960년대, 매카시즘이 공적 영역과 사적 영역의 경계를 허물고 미국 문화를 정치화한 방식을 서술했다. 보이어(Paul Boyer)가 *By the Bomb's Early Light: American Thought and Culture at the Dawn of the Atomic Age*(New York: Pantheon, 1985)에서 지적했듯이 이러한 우려는 핵전쟁 공포가 재차 등장하면서 한층 강해졌다.

96 Shriver, Commencement Address, University of Notre Dame, June 4, 1961, NSF, box 284, "Peace Corps, General, 1961", JFKL.

다. 그들은 미국인들이 냉전에서 승리하기 위해 기꺼이 "어떠한 대가도 치를" 것이고 "어떠한 부담도 짊어질" 것이라고 주장했다.

강인하고 결연한 단원들은 또한 제3세계에서 공산주의의 확장을 위해 힘쓰는 공산주의자들의 끈질기고 금욕적인 공세에 맞서야 했다. 슈라이버는 남미 순방에서 돌아와 언론을 통해 이렇게 말했다. "베네수엘라의 고위 관료가 우리의 문제가 무엇인지를 압축적으로 보여 주었습니다. … 그는 공산주의자들에 대해 다음과 같이 말했습니다. '우리는 그들이 졸고 있다고 생각했습니다. 그러나 그들은 그렇지 않았습니다. 우리는 근사한 저녁을 먹고, 캐딜락을 모는 것을 좋아합니다. 하지만 그들은 그 같은 일은 신경 쓰지 않습니다. 그들은 오직 사람들과 일하는 것에만 집중합니다. 그들은 어떻게 말하고 행동해야 할지 알고 있으며 효율적… 매우 효율적입니다. 그들은 하루 종일 일합니다.'"[97] 단원들은 이 같은 위협에 대응하기 위해 주민들의 민주적 권리를 북돋는 작업을 촉진하고자 했다. 슈라이버를 보좌한 모이어스는 다음과 같이 설명했다. "단원들은 개발도상국들이 보기에 중요한 미국의 면모를 보여 줄 것입니다. 미국을 소비사회라고 하는 흐루쇼프의 비난에 아니라고 반박할 수 있는 에너지와 열정을 불러일으킬 것입니다. 단원들은 그들의 활동, 그리고 자신들의 삶의 방식을 초청국에 기꺼이 적응시키고자 하는 의지를 통해 미국의 물질적 풍요는 우리의 정신력에 뿌리를 두고 있다는 것을 보여 줄 것입니다. 그들은 우리의 본성을 보여 줄 것입니다."[98]

97 Press Statement, Sargent Shriver, November 18, 1961, Bush Papers, box 6, "Weekly Report to the President", JFKL.

초기 평화봉사단은 엄청난 인기를 누렸다. 평화봉사단 창설 직후, 미국노동총연맹-산별노조협의회AFL-CLO에서부터 해외참전용사협회 Veterans of Foreign Wars와 감리교선교위원회Methodist Board of Missions에 이르기까지 많은 단체가 평화봉사단을 공개적으로 지지했다. 상원은 「평화봉사단법」 원안을 거의 2대 1의 표차로 통과시켰고, 하원에서도 288대 97이라는 초당파적 지지가 이어졌다. 1962년에 상원은 평화봉사단 예산을 단 한 명의 반대 의견 없이 2배로 증액했고, 하원도 316대 70이라는 압도적 차이로 이에 동의했다. 배리 골드워터Barry Goldwater부터 험프리까지 여러 의원이 당파를 초월해 평화봉사단을 지지했고, 1962년 실시된 갤럽 여론조사는 미국인의 74퍼센트가 평화봉사단 활동을 호의적으로 보고 있음을 보여 주었다. 평화봉사단의 선전부장은 슈라이버에게 "평화봉사단 활동의 모든 측면에 대한 여론의 관심이 매우 높습니다. … 신문 기사들의 98퍼센트가 우호적"이라고 보고했다.[99]

물론 일부 반대의 목소리도 있었다. 미국혁명여성회The Daughters of the American Revolution는 그들 특유의 시각에서 "평화봉사단 이상주의"가 "경험이 부족한 청년들"을 "모국의 도덕 및 규율 학습·영향"으로부터

98 Draft memorandum, not dated, White House Aides Files-Moyers, box 18, "Congressional Presentation-1961", LBJL. 이 주장을 구성하고 있는 요소들에 대한 분석은 다음을 참조. Dean, "Masculinity as Ideology".

99 White House Aides Files-Moyers, box 40, "Endorsements", LBJL; Peter Braestrup, "Peace Corpsman No. 1-A Progress Report", *New York Times Magazine*, December 17, 1961, p.64; C. P. Trusell, "Peace Corps Rise Is Voted by House", *New York Times*, April 4, 1962, p.1; Memorandum, "A Pleasant View from Capitol Hill", POF, box 85, "Peace Corps, 1-3/62", JFKL; Memorandum, Bill Haddad to Pierre Salinger, November 20, 1962, White House Central Subject Files, box 670, "Peace Corps Program", JFKL; Memorandum, Edwin Bayley to Richard Maguire, August 4, 1961, Bayley Papers, box 1, "August 1961 Responses to July 27 Meeting on Information Activities", JFKL.

벗어나게 하여 "재앙으로 이어질 것"을 우려했다. 몇몇 비판자들은 평화봉사단이 그 효용성에 대한 면밀한 검토 없이 승인되었으며, "저개발국들"이 민간 기업을 필요로 한다는 사정을 무시했다거나 단원들을 충분한 훈련 없이 해외로 보낸다는 점을 비판했다.[100] 단원들 스스로도 근대화 교리는 물론 평화봉사단 지도부에 저항하며 평화봉사단의 실패를 지적했다. 그들은 업무 분장 기준의 불명확성, 단원들의 전문성 결여, "역경"과 "희생" 같은 과장된 주장들을 비판하는 동시에 평화봉사단이 그들을 위해 만들어 낸 이미지도 거부했다. 보르네오에서 간행된 단원 소식지에는 다음과 같은 내용의 사설이 실렸다. "그럴 듯한 포스터와 팸플릿, 소책자와 매거진에서 우리가 확인한 평화봉사단의 모습은 새로운 개척자 정신, 가공되지 않은 개인주의, 탕가니카[101]의 석양으로 성큼성큼 걸어가는 조사관의 실루엣 등과 같은 이미지로 묘사되었다. … 하지만 그런 것들이 평화봉사단의 전부는 아니다. … 그보다는 보르네오에서 버스를 타는 것이 미국 미들버그에서 버스를 타는 것과 크게 다르지 않다는 것을 지적하는 편이 나을 것이다." 평화봉사단 조사국에서 귀환한 단원 250명을 대상으로 실시한 조사에 따르면 그들은 "아득히 먼 지역에서 육체적 곤경을 이겨 내며 맨손으로 학교를

---

100 Elizabeth C. Barnes to Thomas E. Morgan, August 16, 1961, "Peace Corps History, 1961-1961 (Beginnings)", PCL; Eric Sevareid, "Writer Says Time Is Right to Evaluate Peace Corps", *Peace Corps Volunteer*, February 1963, p.2; Rex Karney, "Peace Corps a Farce, Says Editor of Illinois Newspaper", *Peace Corps Volunteer*, February 1962, p.2; Michael Belshaw, "Experts, Not Youths Needed", *Foreign Policy Bulletin*, January 15, 1961, p.68, 70.

101 1961~64년에 존재했던 아프리카의 옛 나라. 1961년 영연방의 일원으로 독립했고(탕가니카 공화국), 1964년 잔지바르 인민공화국과 연합해 탄자니아 연합공화국으로 통합되었다.—옮긴이

세운 영웅으로 비춰지길 바라지 않았다. … 그들은 그들의 일상, 지루함, 그리고 최대한의 효율을 위한 따분한 싸움과 같은 것이 조명받아야 한다고 주장했다".[102] 돌아온 단원들 중 일부는 곧 자신의 경험으로 인해 급진적으로 변하고, 베트남전 비판자로서 지도적인 역할을 하게 된다.[103]

그렇지만 대부분의 경우, 외국 사회를 근대화를 통해 개선시키는 것이 미국의 의무라는 보편적 이해에 바탕을 둔 평화봉사단의 대중적·제도적 이데올로기는 거의 도전받지 않은 채 유지되었다. 『이코노미스트』지는 1961년 사설에서 "「평화봉사단법」에 반대하는 투표는 미국 청년들과 이상주의에 반대하는 투표로 보일 것"이라고 지적했다. 『룩』의 선임 편집장 아이라 모스너Ira Mothner의 지적은 보다 통찰력 있었다. 그는 평화봉사단은 "성공적이었다. 왜냐하면 우리는 평화봉사단이 그렇게 되지 않는 것을 참을 수 없었기 때문이다"라고 설명했다. "평화봉사단은 우리 자신에 대한 우리의 꿈이다. 우리가 단원들에게서 스포츠형으로 짧게 깎은 머리와 말총머리, 소다수, 강인함과 명석함, 그리고 고결함, 미개한 초청국에 문명을 전파하는 사람 등과 같은 이미지를 떠올리듯 세계가 우리를 같은 시각으로 바라보길 바란다."[104]

게다가 이러한 매력적인 "우리 자신에 대한 꿈"은 미국의 역사를

---

102 Peace Corps, "The Volunteer Image", *Peace Corps Volunteer*, February 1963, p.4; David Barnett, "Volunteers Resent 'Hero' Role-Researcher", *Peace Corps Volunteer*, July 1963, p.2, 24.

103 격렬한 반대의 사례로는 다음을 참조. Paul Cowan, *The Making of an Un-American: A Dialogue with Experience*, New York: Viking, 1967.

104 "Peace Corps in Training", *Economist*, July 22, 1961, p.334; Ira Mothner, "The Peace Corps: Revolutions without Blood", *Look*, June 14, 1966, p.40.

통해 봐도 깊은 이데올로기적 울림을 갖는 것이었다. 유럽 제국주의의 유산을 대체할 것을 주장하고 미국 자신의 반식민지 혁명을 "신생국"들의 투쟁과 연결하면서, 평화봉사단에 대한 대중적 묘사들은 제국주의적 팽창을 거듭 사과하는 한편 평화봉사단의 활동을 이전 세기 선교활동의 맥락에 위치 지었다. 초기 평화봉사단은 또한 "저개발" 지역의 진보에 필요한 가치관과 사고방식을 제공하겠다고 약속하면서, 미국의 사회 개혁론자들이 오랫동안 규탄해 온 국내외 "일탈" 집단의 "빈곤의 문화"를 감별해 냈다. 역사학자 에릭 홉스봄Eric Hobsbawm의 설명처럼 "실재하는 공동체든 가상의 공동체든, 집단의 멤버십"을 규정하고자 하는 국가들은 자주 "적절한 역사적 과거를 이용해 연속성을 갖는" "전통을 발명해" 낸다.[105] 케네디 정부와 미국의 매체들에게 평화봉사단은 자국의 제국주의적 역사를 "재창조하는" 수단으로 기능했다. 또한 평화봉사단에 대한 대중적인 담론은 세계에서 가장 "근대화된" 국가 구성원들의 경계에 대한 문제를 제기했다.

평화봉사단 지지자들은 단체의 목적을 미국의 자애로운 대외 정책이라는 역사적 전통의 맥락에 위치시켰다. 제닝스 랜돌프Jennings Randolph 웨스트버지니아 상원의원은 1961년 여름, 「평화봉사단법」을 지지하는 연설에서 "미국 정부가 이 분야를 주도하는 것은 매우 적절합니다"라고 주장했다. 랜돌프는 계속해서 미국-스페인전쟁이 끝난 후 미국은 "약간의 실험에 착수"했었다고 말했다. 그때, 많은 미군 병

---

105 Eric Hobsbawm, "Introduction: Inventing Traditions", eds. Eric Hobsbawm and Terence Ranger, *The Invention of Tradition*, Cambridge: Cambridge University Press, 1983, p.1, 9.

사들이 필리핀에 남아 "현지 마을로 들어갔고… 그들이 가르치는 학교의 방 한 칸짜리 사택에 거주하기도 하면서" "미국과 필리핀 간의 유대"를 강화했다는 것이다.[106] 1962년, 평화봉사단은 필리핀에 영어 교사를 파견한다는 독자적 구상을 의회에 알렸다. 그들의 공식적인 설명에 따르면 이 프로젝트는 필리핀의 "문화, 상업, 정부"에서 쓰이는 언어인 영어[107] 구사자 수를 늘린다는 것 이상의 중요한 의미를 지녔다. 평화봉사단 보고서는 다음과 같이 설명했다. "미국과 필리핀의 특별한 관계는 필리핀이 민주주의 틀 안에서 빠르고 효율적으로 발전할 수 있도록 도울 추가적인 책임을 미국에 부여한다. 필리핀은 극동에서 미국의 활동과 조력을 보여 줄 수 있는 일종의 쇼케이스다."[108] 필리핀을 근대화하고 그들에게 "문화"의 언어로서 영어를 가르친다는 봉사단의 구상은 단지 인자한 미소를 띤 개입이라는 역사적으로 오래된 패턴의 연장일 뿐이었다.

또 다른 평화봉사단 지지자들은 단원들의 활동을 과거 기독교 선교 활동에서 확인할 수 있는 헌신과 희생의 정신에 비교했다. 1961년 펜실베이니아대학에서 행한 첫 번째 강연에서 영국의 역사학자 아널드 J. 토인비Arnold J. Toynbee는 평화봉사단을 "새로운 형태의 선교부대"로 칭하며, 결의에 찼던 19세기 선배들이 했던 것과 같은 방식으로 "미국에 대한 존경과 선의를 얻어 낼 것"을 단원들에게 요청했다.[109] 퍼듀

---

106 Congress, Senate, 87th Cong., 1st sess., *Congressional Record* (June 1, 1961), vol. 107, pt. 7, p.9302.

107 필리핀은 영어 외에 필리핀어(표준화된 타갈로그어)를 공용어로 사용하며, 그 외에 모국어로 사용되는 170여 개의 언어가 있다.─옮긴이

108 Peace Corps, "Presentation of FY 1962 Program to United states Congress", June 1, 1961, Bush Papers, box 5, "Policy File, 1 of 3", JFKL.

대학의 역사학 교수인 찰스 J. 웨츨Charles J. Wetzel 또한 토인비와 비슷한 주장을 했다. 웨츨은 평화봉사단이 "하나님의 종인 미국인들이 동심원이 확대되어 가듯 그들의 메시지를 각지로 전파하고, 각지의 사람들은 이를 통해 발전하는 미국인들의 지식과 기술을 습득"했던 전통의 일부라고 설명했다.[110] 프린스턴대학의 역사학자인 리처드 챌레너Richard Challener와 쇼 리버모어 주니어Shaw Livermore Jr.도 평화봉사단을 자원봉사와 선교 활동에 대한 미국인의 책무라는 맥락에서 파악했다. 그들은 평화봉사단이 "우리는 다른 국가 국민이 미국식 삶을 누릴 수 있게 해줄 의무가 있다"는 오래된 믿음을 반영한다고 설명했다. 이들은 또한 다음과 같이 주장했다. "봉사단의 근본적인 추동력이 되는 요소는 최후의 순간까지도 미국 대외 정책의 근저에 있는 전통은 이상주의일 것이라는 부인할 수 없는 사실이다."[111] 다수의 평화봉사단 지지자에 따르면 미국은 자국 시민들을 해외로 보내 자국의 모습에 따라 "개발도상" 세계를 개혁하면서 언제나 미국 정책의 동기로 작용했던 인도주의적이고 심지어 종교적인 사명에 따라 행동하고 있었다.

이 같은 논지의 주장에서 제국으로서 미국의 과거는 전혀 언급되지 않았다. 평화봉사단을 미국의 과거와 연결 짓는 시도는 대신 미국을 과거 식민 강대국으로서 수행했던 역할과 떼어 놓았고, 평화봉사단을 민족자결에 대한 변함없는 미국의 책임에 대한 증거로 제시했다.

109 Arnold J. Toynbee, "America's New Lay Army", ed. the Peace Corps, *The Peace Corps Reader*, Washington, D.C.: U.S. Government Printing Office, 1967, pp.10~11, p.15.

110 Charles J. Wetzel, "The Peace Corps in Our Past", *Annals of the American Academy of Political and Social Science*, vol.365, May 1966, p.2.

111 Richard D. Challener and Shaw Livermore Jr., "Challener, Livermore Recount Corps History", *Daily Princetonian*, January 19, 1962, p.3.

앞서 언급했듯 평화봉사단은 미국과 필리핀 관계의 역사를 식민주의적인 것이 아닌 "특별한" 것으로 묘사했다. 필리핀을 소유하고 그곳 거주민들을 "문명화"한다는 제국주의적 의무의 이행을 신이 부여한 거룩한 사명이라며 지지했던 복음주의의 역할도 마찬가지로 무시되었다. 인디애나 하노버칼리지에서 행한 연설에서 평화봉사단 부단장 위긴스는 다음과 같이 말했다.[112] "문화적 제국주의, 즉, 자기 사회의 가치를 다른 사회에 강제하는 것은 군사적인 강제만큼 나쁜 것입니다. 거기에 개재하는 것이 두 사람이든 또는 두 국가든 모욕적이며 자멸을 수반하는 것입니다." 하지만 그는 "가치를 강제"하는 것이 평화봉사단 지역사회개발 사업의 핵심 목표라는 점까지 언급하지는 않았다. 지지자들은 평화봉사단을 독창적인 기획으로 설명하면서 미국을 특히나 유럽의 식민주의적 유산과 떼어 놓았다. 유럽이 과거 한때 군사적 정복을 추구하거나 토착민들에게 이질적인 가치를 강제하고자 했다면 미국은 독립적인 "국가 건설"을 이룬 역사적 행위자이자 오직 국민의 동의에 따르는 통치 원칙에 끊임없이 헌신했던 반식민지 혁명의 산물로만 파악되었다. 케네디는 독립기념일인 7월 4일, 의회에 보낸 서신에서 평화봉사단은 "오늘날 우리가 기념하고 있는 독립혁명의 정신을 예증합니다. … 토머스 제퍼슨이 생각했던 것처럼 그것은 지리나 인종 또는 문화에 얽매이지 않는 혁명이었습니다. 그것은 인간의 정치적이고 정신적인 자유를 얻기 위한 운동이었습니다. 오늘날, 그로부터 2세기가 지나고 혁명의 발상지로부터 수천 마일 떨어진 곳에서 평화봉사

---

112 Wiggins, "A Question of Values", speech at Hanover College, Indiana, April 4, 1966, Bush Papers, box 5, "A Question of Values", JFKL.

단의 남녀 단원들은 혁명의 보편성을 다시금 확인하고 있습니다"라고 선언했다.[113] 미국의 행동은 다른 국가들이 제국주의적 개입에 힘썼던 것과는 근본적으로 다르다고 간주되었다. 평화봉사단 지지자들은 근대화가 식민주의와는 전적으로 다른 어떤 것임을 강조했다.

정부 및 대중매체는 "저개발"국들도 미국식 삶이 가진 독특한 미덕과 우월함을 인정하고 있다고 보고하여 자국의 사명이 무결하다는 점을 확인하고자 했다. 슈라이버는 간디의 동료로서 간디를 만나기 위해 며칠씩이나 여행하기도 했던 아샤데비Ashadevi와 나눈 대화를 언급한 바 있다. 슈라이버의 이야기는 인도의 여성이 미국인 남성에게 물질적으로 또 정신적으로 빈곤한 자국민들을 도와줄 것을 호소했다는 점에서 절박한 느낌을 자아낸다. "당신들이 미국에서 해낸 것은 첫 번째 혁명이었다. … 당신은 우리나라에 전해 줘야만 하는 그 혁명의 정신적 가치를 미국 청년들이 갖고 있다고 생각하는가? 전 세계적으로 거대한 몰가치성이 횡행하고 있고 인도에서도 마찬가지다. … 평화봉사단 단원들은 과학과 기술 이상의 것을 전해 주어야 한다. 그들은 미국식 이상주의를 다루어야 하고 그것을 우리에게 전달해 주어야 한다. 그들이 그렇게 할 수 있겠는가?"[114] 슈라이버는 그녀의 간청에 "우리의 신앙에 근거해 본다면 그렇다"라고 답하면서 평화봉사단 활동의 복음주의적이고 구원적인 성격을 강조했다. 다른 국가들이 외국인들을 무력으로 정복할 방법을 찾았던 반면, 이제 미국인들은 원조 심지어 구원을 바라는 이들의 절박한 요청에 응답하고자 했다. 미국 고유의 혁

113 Kennedy, *Public Papers*, Book 3, p.555.
114 Shriver, *Point of the Lance*, p.16.

명 유산을 바탕으로, 단원들은 미국의 도움을 필요로 하는 세계를 근대화하고자 자국의 원칙을 해외로 전파할 것으로 기대되었다.

덧붙여 자애로운 성격을 띤 세계로의 확장이라는 감각은 미국의 이미지대로 세계를 재구성하는 것이 국내적으로도 유익한 효과가 있다는 오래된 생각과 밀접히 관련되어 있었다. 윌리엄 애플먼 윌리엄스와 월터 라페버가 주장했듯이 미국의 지난 19세기 제국주의에는 전략적 이해를 추구하는 것에 더해, 대외 팽창을 통해 프레더릭 터너가 서부 개척과 관련지었던 활력의 회복을 영속화할 수 있다는 확신이 담겨 있었다.[115] 크리스토퍼 래시Christopher Lasch가 밝혔듯이, 시어도어 루스벨트와 헨리 로지Henry Cabot Lodge 역시 "불요불굴의 인생"the strenuous life[116]과 국가의 전체적·사회적 조건의 관계에 유념"했다. 루스벨트와 로지에게 제국주의는 단지 미국의 군사 및 경제력을 확대하기 위한 수단만은 아니었다. 그것은 "지배 계층이 도전받지 않는 통치를 펼치기 위해 필요한 용기와 냉혹함을 얻도록 하는 일종의 도덕적 쇄신 프로그램"이었다.[117]

---

115 William Appleman Williams, "The Frontier Thesis and American Foreign Policy", *Pacific Historical Review*, vol.24, no.4, 1955; Walter LaFeber, *The New Empire: An Interpretation of American Expansion, 1860-1898*, Ithaca, N.Y.: Cornell University Press, 1963. 다음 연구 역시 이 주제를 추적했다. Reginald Horsman, *Race and Manifest Destiny: The Origins of American Racial Anglo-Saxonism*, Cambridge: Harvard University Press, 1981, pp.298~303. 호스먼이 지적했듯이 미국의 영토적 팽창 옹호론자들은 다른 국가 국민들이 민주 정부를 구성할 능력이 부족하기 때문에 미국의 상업 발전이 기독교 문명화는 물론 안정적인 국제 질서의 형성에도 기여할 것이라는 생각을 바탕에 두었다.

116 1899년, 시어도어 루스벨트가 뉴욕주지사였을 때 시카고에서 행한 연설의 제목이다. 연설에서 그는 20세기 미국인들이 가져야 할 덕목으로 '불굴의 노력'을 언급했다. ─ 옮긴이

117 Christopher Lasch, *The World of Nations: Reflections on American History, Politics, and Culture*, New York: Alfred A. Knopf, 1973, pp.82~85; Richard Slotkin, *Gunfighter Nation: The Myth of the Frontier in Twentieth-Century America*, New York: Atheneum,

슈라이버와 케네디도 평화봉사단의 목적을 설계하면서 19세기 미국의 서부 개척에 대한 터너의 비전, 그리고 국력을 해외로 투사함으로써 국가의 활기를 되찾을 수 있다는 그의 주장을 활용했다. 케네디 정부는 "끊임없이 전진하는 변경邊境을 따라 원시적인 상태를 다시 마주하는 것" 그리고 "원시적인 사회의 순박함과 지속적으로 접촉하는 것"이 "지속적인 재생"을 가능케 하며 "미국인들의 성격"에 새로운 활력을 불어넣어 준다는 터너의 주장을 되풀이하며 그러한 오래된 문화적 양식을 재활용해 새로운 맥락에 적용했다.[118] 1961년 3월에 열린 기자회견에서 케네디는 단원들이 "파견될 국가의 주민들과 같은 수준으로 생활할 것입니다. … 같은 일을 하고, 같은 음식을 먹으며, 같은 언어로 이야기할 것"이라고 설명했다.[119] 단원들이 사치스러운 생활을 하는 것은 초청국을 불쾌하게 할 우려가 있기도 했지만, 외국인들과 그들의 "수준"에 맞춰 상호 교류하는 것은 그 자체로 중요한 가치를 전달했다. 슈라이버는 터너의 논지와 케네디 대통령의 선언 사이의 직접적인 유사점을 뽑아 다음과 같이 주장했다. "평화봉사단은 서부 개척으로 사라진 변경이 우리나라에 제공했던 자립과 독립적 행동이라는 도전거리를 안겨 준다는 점에서 진정 새로운 변경new frontier이라고 할 수 있다. 다른 국가들의 진보 과정을 공유하는 것은 국내적으로도 우리 자신을

1992, p.490. 슬롯킨은 래시가 루스벨트를 묘사한 것과 비슷한 이미지로 케네디를 묘사했다. 그에 따르면 케네디 역시 "대통령의 비전을 전투를 통해 힘을 시험받고 인정받으며 국가의 우려 사항에 대한 군사적 태세를 갖추는 영웅적 존재에 투사했다".

118 Frederick Jackson Turner, "The Significance of the Frontier in American History", ed. the American Historical Association, *Annual Report for 1893*, Washington, D.C.: American Historical Association, 1894, pp.199~200.

119 Kennedy, *Public Papers*, Book 1, p.136.

재발견하는 데 도움이 될 것이다."[120] 근대화를 가속화하고 "열악한" 조건에서 "미개한" 사회와 상호작용하는 것은 루스벨트 같은 이들이 추구했던 강인함이라는 "미덕"을 제공해 줄 것으로 기대되었다. 그것은 마르크스주의라는 위험한 이데올로기와 "비동맹" 국가들의 "반동적 국가주의"의 도전에 맞서 미국인들을 국가적 활력과 불굴의 의지라는 비전 앞에 한데 모이게 할 것으로 기대되었다. 제국주의 유산을 극복하고자 하는 신생국들을 돕기 위한 수단으로서 인식되었던 평화봉사단은 또한 미국의 도덕적 갱생을 촉진할 것을 주장했다. 냉전의 긴장이 높아지는 가운데 세계를 이끌 지도력은 바로 그것을 요구하고 있는 듯했다.[121]

평화봉사단이 미국의 의지력과 예리함을 재생시킬 것이라는 생각은 돌아온 단원들이 미국 사회에 어떻게 공헌할 것인지를 설명할 때마다 강조되었다. 단원들은 세계 각지의 "전통적인" 사람들을 근대화시킨 후 미국에 돌아와 냉전의 위협에 지나치게 안일해진 사회를 재충전시켜야 했다. 평화봉사단의 『제5차년도 연차 보고서』에 실린 축하 글에서 돌아온 단원들은 "기존의 미국인들과는 다르고 특별한, 새로운 유형의 미국인"을 상징했다. "한 관료의 말처럼 그들은 '풍족한 삶이라는 늪지'로 빠져 버릴 사람이 아니다. 그는 자부심을 갖고 있으며 헌신적이다. … 그는 행동을 선호한다. 그는 스스로 행동할 것이다.

---

120 Shriver, "Two Years of the Peace Corps", *Foreign Affairs*, vol.41, July 1963, pp.706~707.

121 Michael Rosenthal, *The Character Factory: Baden-Powell and the Origins of the BoyScout Movement*, New York: Pantheon, 1984, p.6은 흥미로운 유사점을 지적했다. 20세기 초 영국이 제국의 쇠락이라는 문제에 부딪쳤을 때 많은 사람은 "스카우트 훈련을 잘 이해하고 개방적으로 적용한다면 국가의 재생을 가져올 것"으로 기대했다.

… 교양 있고, 성숙하며, 강인하고, 자신감 넘치며, 독립적인 이들 귀환한 단원들은 틀에 박힌 삶을 거부할 것이다."[122] 세계를 근대화시킨 단원들은 이제 그들에게 미국이 마주한 도전에 대한 새로운 전망을 제공해 줄 통과의례를 거쳐야 했다. 그들은 생계에 대한 걱정에서 벗어나 "발전"을 향한 강도 높은 투쟁과 지속적으로 접촉하면서, 위험하고 전체주의적인 적과 마주한 공화국의 장래에 새로운 희망을 가져와야 했다. 귀환한 단원들은 활기로 가득 찬 시민으로서 "그들 눈에 비친 미국 사회의 '결함들', 즉 '상업주의' '인종주의' '편협성' '순응성', 그리고 그들 세대의 미성숙함에 날카롭게" 반응해야 했다.[123] 다수의 전직 단원은 결국 시민권 운동에서 결정적인 역할을 했고, 베트남전 반대 운동에서도 같은 역할을 했다. 그렇지만 공식 자료 및 미국의 매체들은 "미개한" 사회와의 접촉이 미국을 다시 세계적인 지도 국가로 불리게끔 했다고 공언했다. 1890년대의 제국주의자들이 '명백한 운명'이라는 그들의 사명을 "산업화라는 틀"로 설명했다면 1960년대 "새로운 개척자들"은 냉전 위협 인식에 맞춰 이러한 틀 자체를 '근대화'했다.

해외 개발과 국내 활력의 관계는 또한 미국 근대성의 경계라는 문제를 제기했다. 베네딕트 앤더슨은 민족주의에 대해 지배적인 문화와 언어로 완전히 동화된다면 "타자" 또한 포용할 수 있는 "상상된 정치 공동체"로 이해할 수 있다고 주장했다.[124] 19세기 서부 개척 시대 미국 인디언들에게 미국과 분리된 "국내 종속국" 주민들이란 딱지가 붙었

122 Peace Corps, *Fifth Annual Report*, p.70.

123 Peace Corps, *Third Annual Report*, p.87.

124 Benedict Anderson, *Imagined Communities: Reflections on the Origin and Spread of Nationalism*, London: Verso, 1983, p.6, 145.

듯이, 또 필리핀 병합을 둘러싼 논쟁 과정이 미국 시민권을 어떻게 정의할 것인지의 문제와 깊숙이 연관되어 있었듯이 평화봉사단의 이데올로기에도 미국 사회의 모든 영역이 전적으로 국가적 삶의 양상에 통합된 것은 아니라는 생각이 투영되어 있었다. 세계에서 가장 "근대적"인 국가의 화신으로서 봉사단 단원들은 자신에게 주어진 사명을 이행하기 위해 '새로운 변경'을 넘어야 했으며, 도덕적·구조적으로 "저개발" 상태에 있다고 생각되는 사회와 사람들을 돌봐야 했다. 동시에 그들은 미국 국내의 무관심하고 "미개한" 이들과 수동적이고 "전통적인" 이들을 돕는 일에도 파견되었다. 정부와 매체는 공동체 구성원을 지리보다는 "근대성"을 기준으로 판단했으며, 이러한 맥락에서 본다면 모든 미국인이 국가 공동체의 일원은 아닌 듯했다.[125]

이처럼 자국민들을 구분해서 바라보는 평화봉사단의 가정은 해외 봉사 업무의 활성화를 위해 봉사단이 실시한 조치에서 가장 두드러지게 나타난다. 예를 들어 지역사회개발 임무에 배치될 예정인 단원들은 먼저 미국 내의 소수민족·인종 집단을 돕도록 파견되었다. 이는 담당자들이 보기에 이러한 경험을 통해 단원들이 해외에서 마주하게 될 난관과 똑같은 상황을 미리 겪을 수 있기 때문이었다. 한 교육 계획이 제시한 바에 따르면 단원들은 "자신과는 다른 인종 집단, 예컨대 흑인이나 푸에르토리코인, 멕시코계 미국인, 또는 그 밖의 다른 인종 집단

---

125 역사적으로 미국 인디언들은 다른 구성원들의 발전 속도를 따라잡는 데 실패한 "원시적인 근대인들"로 간주되었다. 로진(Michael Rogin)이 *Fathers and Children: Andrew Jackson and the Subjugation of the American Indian*(New York: Alfred A. Knopf, 1985)에서 지적했듯이 "한 사회의 야만에서 문명으로의 진화는 개개인의 진화와 동일했다. 인디언들은 나이 많은 형이었지만 인류의 '유아기' 상태에 머물렀다"(p.6).

으로 구성된 지역"에 배치되어야 했다. 1주일에 10시간씩 그러한 상황에 놓인 훈련생들은 "공동체의 특징을 배우고 묘사"할 수 있게 되며, "적어도 3명의 (이질적인) 친구들을 사귀게 되고" "가능하다면 지역사회개발 사업에 착수할 수 있게 될 것이다".[126]

인디언 보호구역이나 "슬럼가", 또는 저소득층 주택단지에서 과제를 수행하도록 지시받은 훈련생들은 그들의 능력을 시험하기 위해 미국 각지로 파견되었다. 단원들은 그들이 해외에서 완화시켜야 할 숙명론이나 정체 상태paralysis와 같은 유형의 문제들을 그들이 파견된 지역에서도 맞닥뜨리게 될 것으로 여겨졌다. 남미로 파견될 예정인 훈련생들은 지역사회개발 업무 준비 차원에서 컬럼비아대학 사회복지학교를 거쳐 뉴욕시 주민협회 및 복지시설에서 일했다. 사회복지학교 부학장 미첼 긴스버그Mitchell Ginsberg는 단원들이 "개인 및 집단이 자조 프로그램에 참여하도록 동기를 부여하고 격려하며 그들이 직접 조직을 꾸리고 힘을 합쳐 일하도록 도울" 책임을 지고 있다고 설명했다. 근교 마을이나 시 관공서에 배치된 훈련생들은 "저소득 하위 계층에 속하며 스페인어를 사용하기도 하는 주민들과 의뢰인들"을 상대로 현지 조사를 거쳐 "가정방문"에 참여했고, "이들의 공동주택에 들어갔을 때, 이들의 주거 환경을 목격했을 때, 극도로 무관심한 분위기를 마주했을 때, 나름의 관계를 맺고자 노력했을 때, 우리 자신과 우리의 목표를 설명하려 했을 때 어떤 기분을 느꼈는지"에 대해 빈번히 보고했다.[127]

126 Memorandum, "Outline of Proposed Community Development Training for Peace Corps", American Institutes for Research, May 13, 1966, "CD-Peace Corps Training", PCL.
127 Peace Corps, "Peace Corps Trainees Work, Study in New York Slums", *Peace Corps*

피닉스 외곽 길라 강변에 있는 인디언 보호구역 피마와 매리코파에서 단원들은 "보호구역에서의 경험이 이후 해외의 다른 문화와 마주했을 때 빛을 발할 것이라는 기대하에" 단독으로 또는 짝을 지어 활동했다. 해외에 파견된 단원들처럼 국내에서 활동한 훈련생들도 지역의 곤경에 공감할 수 있었고, 그들이 야기한 가치 및 동기부여에 대해 인디언들에게 진심 어린 감사를 받았다고 보고되었다. 평화봉사단의 프로젝트 조정관은 다음과 같이 전했다. "나는 적의에 찬 보호구역을 상상했다. … 하지만 내가 알기로는 그 어떤 불미스러운 사건도 일어나지 않았다. … 훈련생들은 피마와 매리코파 주민들과 진실한 우정을 나눴다. 그러한 우정은 여러 경로로 표출되었다. 예를 들자면… 피마에 사는 나이 많은 한 여성은 아침 식사 전 감사 기도를 드리면서 훌륭한 평화봉사단 단원들을 보내 준 창조주께 감사드렸다. 이러한 기도에는 진심이 담겨 있었다." 단원들은 해외에서 "저개발된" 이들을 위해 활동할 때처럼 "많은 인디언의 사랑과 신뢰를 얻은" 그들의 능력을 칭찬받았다. "전통적인 사람들", 이 경우 토착 아메리카인들은 자신들 거주지 한복판에서 활동한 "근대적인 사람들"의 희생에 마땅한 감사를 표했다.[128]

훈련생들은 북캘리포니아 피츠버그 소재 마을 외곽의 공공 주택 건설 프로젝트에서도 주민들의 태도와 세계관의 근본적인 변화를 야기함으로써 칭찬을 받았다. 훈련생들은 대부분 정부 보조를 받는 컬럼

Volunteer, November 1962, p.1, 3; Mitchell Ginsberg, "Short-Term Training in Urban Community Development", paper presented at conference "The Peace Corps and the Behavioral Sciences", March 4-5, 1963, photocopied, PCL.

128 Peace Corps, "Journey to a Reservation", *Peace Corps News*, March 1962, p.1, 7.

비아-엘 푸에블로 공동체Columbia-El Pueblo community 구성원들과 함께 일하면서 공동체 회의에 참석하고, 침실에 페인트를 칠하고, 운동장과 모래 놀이 상자, 소프트볼 경기장을 만들고, 야구 백네트를 설치하며 주민들과 어울렸다. 프로젝트 감독관에 따르면 가장 중요한 결과 중 하나는 "매우 무관심했던 일부 주민들이 스스로 해낼 수 있고 상황을 개선할 수 있다는 사실을 인식하기 시작한 것이었다. … 스스로가 중요하다는 인식이 싹튼 것이다".[129] 그들은 외국의 "저개발된" 초청국들처럼 문화적 결핍으로 고통받고 있었기 때문에 평화봉사단의 고무적인 동기부여는 미국 내 많은 사람들에게 도움이 되었다.

세계에서 가장 근대화된 국가의 화신으로서 평화봉사단 단원들은 이처럼 소수민족·인종 집단을 돕기 위해 파견되기도 했다. 이들 소수집단은 이론가들이나 공식 자료, 그리고 대중매체가 상정했던 "상상의 공동체"의 완전한 구성원들은 아니었다. 해외의 "저개발된" 이들처럼 미국 내에서 도움을 받는 이들은 차별이란 장벽이나 자원의 결핍 또는 교육 기회의 부족보다는 숙명론과 의지 부족, 동화에 대한 거부로 특징지어지는 "빈곤의 문화"에 함몰된 것으로 여겨졌다. 한 학자에 따르면 "문화를 넘나드는 작업환경을 겪은 단원들의 경험은 예컨대 빈곤 계층이나 비행 청소년들과 같은 미국 내 하위문화 집단을 이해하고 그들과 일하는 방식에 도움을 줄 수 있었다".[130] 사회적으로 앞선 사람들과 진보의 척도에서 뒤처진 사람들 간의 접촉에서 만들어지

---

129 Frankie W. Jacobs, "Peace Corps Trainees Do Field Work at California Housing Project", *Journal of Housing*, vol.1, no.1, 1965, pp.41~42.

130 Serapio R. Zalba, "The Peace Corps—Its Historical Antecedents and Its Meaning for Social Work", *Duquesne Review*, Fall 1966, p.125, 135.

는 변혁적 힘에 대한 일반적인 기대를 되풀이하면서 평화봉사단의 임무는 이전에 실시되었던 인보관 운동settlement house movement 및 "미국화"Americanization 프로그램들[131]과 명백히 공명하는 방식으로 규정되었다.[132] 뿌리 깊은 수동성에 대항해 적극성과 활력을 불어넣을 필요성은 곧이어 슈라이버가 주도한 대규모 사업, "빈곤과의 전쟁"War on Poverty[133]의 수사에서 다시금 등장했다. 슈라이버는 미국 스스로 "위대한 사회를 건설"하겠다고 약속한다면, 귀환한 단원들은 평화봉사단이 제공했던 "모험심"과 "순수하고 거부할 수 없는 강렬함"을 지속적으로 찾게 될 것이라고 약속했다.[134]

　　평화봉사단에서 제도화된 근대화 이데올로기는 미국 정책 결정자들이 국내외 각 사회의 발전 과정을 진화론적 단계를 통해 가속할 수 있는 방식으로 세계를 배치했다. 과학적인 근대화 담론은 또한 미국의 개척주의 이상과 제국주의에 대한 사죄, 국내 개혁의 수사 등으로 가득찬 문화 형태의 역사적 깊이를 드러내면서 이를 냉전 세계의 변화하는 요구들에도 적용할 수 있음을 입증했다. 근대화는 전략적 목

131　미국화 프로그램은 이민자들에게 영어와 미국식 민주주의 등을 가르침으로써 이들이 미국 사회에 통합-동화될 것을 목표로 한 19세기 초 일련의 프로그램을 말한다.—옮긴이

132　Michael B. Katz, *In the Shadow of the Poorhouse: A Social History of Welfare in America*, New York: Basic Books, 1986, p.76은 이 같은 접근의 역사적 연원을 서술했다. 그에 따르면 19세기 "과학적 자선" 이론가들은 사회적으로 우월한 사람들과 가난한 사람들의 만남은 "부족한 자원에서 최대치를 끌어낼 수 있는 능력이나 기회"가 결여된 이들에게 큰 힘이 될 수 있는 "교육, 경험, 영향력, 삶의 일반적 지식 등을 가진 진정한 친구"를 만들어 줄 것이라고 믿었다.

133　존슨 정부의 '위대한 사회' 프로그램 속 하나의 정책이었다. 「경제기회법」(Economic Opportunity Act, 1964) 제정과 경제기회국(Office of Economic Opportunity) 창설로 이어졌다.—옮긴이

134　Shriver, speech at the University of Michigan, October 9, 1964, Bush Papers, box 5, "Shriver Speeches", JFKL.

표를 정의하는 유용한 이데올로기로서 "신생국들"의 "마음과 정신"을 얻기 위한 위태로운 경쟁 속에서 평화봉사단 같은 조직들이 미국의 우월함과 신뢰성을 장담하는 것을 허용했다.

더욱이 이러한 경쟁의 전장에서 근대화는 평화와는 거의 관련 없는 다른 조직들을 통해서도 추구되었다. 1965년 켄터키대학에서 행한 연설에서 존슨 대통령은 미국의 세계적 과업을 국가의 도덕적 목표를 정의하는 작업과 연결했다. 그는 이렇게 주장했다. "식민 지배에 맞선 우리의 투쟁은 지금도 각 대륙들을 변화시키고 있습니다. 우리가 거둔 성취들은 세계 모든 지역에서 사람들의 희망과 야망을 고조시켜 왔습니다. … 설령 이러한 영향력의 결과가 때때로 우리를 곤혹스럽게 하거나 위험에 처하게 한다 해도 실망하지 맙시다. 마음과 몸, 그리고 정신을 지배하는 모든 종류의 압제로부터 인류를 해방시키는 법을 보여주는 것이야말로 우리 미국이 추구하는 모든 것이기 때문입니다. 우리는 세계로부터 물러설 수 없으며 물러서지도 않을 것입니다. 우리는 매우 풍요롭고 강력하며 또한 매우 중요한 존재입니다. 그러나 가장 중요한 것은 우리가 세계를 매우 염려하고 있다는 것입니다."[135] 자만심과 "염려"가 뒤섞인 이러한 감정은 존슨의 연설 훨씬 이전부터 이미 베트남전에 대한 미국의 공약을 극적으로 확대하고 있었다. 참여자들의 동기는 각각 달랐을지 몰라도 이데올로기적 차원에서 본다면 평화봉사단이 추구한 "지역사회개발"과 미군이 선전한 "대민 활동"의 차이는 그리 크지 않았다. 같은 원칙에서 비롯된 두 종류의 활동은 순응적인 "전통"사회의 제도를 고쳐 미국의 냉전 투쟁과 조화를 이룰 수 있

---

135 Johnson, *Public Papers*, Book 1, p.212.

는 형태로 해당 사회의 "발전"을 이끌 것을 제안했다. 몇몇 경우, 근대화는 평화를 촉진할 수 있는 도구로 여겨졌다. 그렇지만 다른 한편으로 근대화는 전쟁을 위해 벼려진 무기이자 미국이 적절하다고 간주하는 형태의 "진보"를 추구하기 위한 특별히 강력한 수단이 되기도 했다.

5장 전쟁 중의 근대화
대반란전과 베트남의 전략촌 프로그램

1968년 하버드대학교의 정치학자이자 근대화 이론가인 새뮤얼 P. 헌팅턴은 『포린 어페어스』*Foreign Affairs*에 게재한 글에서 베트남전쟁의 진행 과정을 분석했다. 헌팅턴은 사회적·경제적·정치적 변화를 통합한 모델로 미국의 군사전략을 이끌어야 한다고 주장했다. "사회는 발전의 특정 단계에서만 혁명을 수용한다. … 미국은 베트남에서 '민족해방전쟁'에 대한 답을 내놓아야 하는 상황에 부딪혔다. 강제적인 도시화와 근대화를 통해 해당 국가가 농촌의 혁명 운동이 집권을 노릴 수 있을 만큼 힘을 발휘하는 단계를 벗어나도록 이끄는 것이 그에 대한 효과적인 대응이 될 것이다."[1] 헌팅턴은 미국이 전투병을 파병하고 전쟁을 심화시킬수록 베트콩Vietcong[2]에게 심대한 타격을 주는 것 이상을 할 수

---

1 Samuel P. Huntington, "The Bases of Accommodation", *Foreign Affairs*, vol.64, July 1968, p.652.

2 미국을 비롯한 남베트남측 연합군이 1960년에 조직된 남베트남 민족해방전선을 부르던 명칭으로, 해방전선 산하의 무장 조직 및 그 구성원을 가리키는 명칭으로도 광범위하게 쓰였다.─옮긴이

있다고 주장했다. 또한 폭력의 확대가 베트남 사회의 근본적인 변화를 이끌 것이라고 주장했다. 전쟁 난민들을 정부 통제하의 도시로 몰아넣어 번영하는 자본주의에서 얻을 수 있는 물질적 혜택을 깨닫게 하고, 남베트남 국가와 국민 사이에 근대적 가치, 충성심, 연대를 발전시킬 수 있다는 것이다. 한 역사학자의 언급대로, 미 공군의 커티스 르메이 Curtis LeMay 장군이 미국이 베트남을 폭격해 "석기시대로 돌려놓아야 한다"고 주장했다면, 헌팅턴은 다르게 생각했다. 그는 미국이 베트남을 폭격해 미래로 가게 해야 한다고 보았다.[3]

헌팅턴의 주장은 근대화 이데올로기가 사회적·정치적 발전의 촉진을 전쟁 전략과 어느 정도까지 연결 지었는지 보여 준다. 미국의 많은 정책 결정자와 사회과학자들은 베트남전쟁을 "신생국"에서 공산 침략을 격퇴하는 미국의 능력을 보여 줄 뚜렷한 "시범 사례"로 간주했으며, 근대화를 공산 침략에 대한 가장 효과적인 대응책으로 인식했다. 미국의 기획자들이 진보를 위한 동맹과 평화봉사단의 지역사회개발 프로그램에서 그랬던 것과 마찬가지로, 미국이 베트남에서 시행한 대반란전 정책을 설계한 이들은 탤컷 파슨스가 "합리적인 공학적 통제"라고 부른 것을 성취하고자 했다. 농촌을 '평정'하고 강력한 남베트남 국가를 수립하며, 베트남 민족해방전선과 그들의 동맹 북베트남을 격퇴하고자 했던 전략가들에게 근대화는 "전통 상태"에 놓인 사람들의 미래를 결정하는 이 전쟁에서 승리를 약속했다. 미국의 정책 결정자

---

3 르메이의 발언 및 헌팅턴의 시각에 대해서는 Richard Drinnon, *Facing West: The Metaphysics of Indian-Hating and Empire Building*, Minneapolis: University of Minnesota Press, 1980, pp.370~373을 참조. Noam Chomsky, *American Power and the New Mandarins*(New York: Random House, 1969) 또한 헌팅턴의 주장을 다룬다.

들은 자연스럽게 진행될 것으로 상정된 발전 과정이 공산주의 반란에 의해 왜곡되기 전에 위기에 빠진 동남아시아 사회의 열망을 자유주의적·자본주의적 방향으로 인도하여 사회혁명을 막으려고 했다.

이 장에서는 케네디 정부 기간 베트남에서 실시한 전략촌 프로그램에 초점을 맞추어 근대화론이 미국의 대반란전 정책을 주조한 몇 가지 방식을 살펴본다. 먼저 사회과학적 사고가 어떻게 구체적인 실천 행위들을 정의하고 그것에 정당성을 부여했는지 살펴본다. 정책 결정자들은 주민들의 세계관과 사회생활에 극적인 변화를 일으킬 목적의 프로그램을 고안할 때 종종 근대화론을 활용했다. 이 책에서 다루는 다른 사례와 마찬가지로 여기서도 이론과 정책의 관계는 항상 직접적이지는 않았다. 어떤 경우 사회 이론가들은 케네디 정부의 정책 결정 과정에서 개인적 차원의 역할을 했다. 또 어떤 경우 이들은 정책 결정 집단 외부에 머무르며 폭넓은 기대를 받았던 근대화론의 기본 전제와 발상을 선전하는 역할을 수행했다. 근대화는 독점적이거나 결정적인 힘으로 존재하기보다, 이데올로기적 차원에서 작동했다. 구체적인 역사적 맥락과 제도적 기반 속에서 개발 이론은 미국의 세계적 잠재력에 대해 기존에 넓게 퍼져 있던 문화적 가정을 더욱 강화했고, 미국의 역량이 현실화될 수 있는 실제적 방안을 제시했다.

또한, 이 장에서는 혁명의 도전에 맞서는 믿을 만한 세계 권력이라는 미국의 국가적 정체성이 전략촌 프로그램에 어떻게 투영되었는지 살펴본다. 미국의 베트남 개입이 심화될수록 관료들은 "수동적"이며 "전통적"인 농민들의 결점을 찾아내고 미국이 어떤 행동을 통해 그들을 치유할 수 있는지 설명하기 위해 근대화를 언급했다. 미 정부의 대변인들과 언론매체의 설명에 따르면 마을의 재배치와 사회공학 프로젝트는 미국의 자애로운 힘을 반영하는 것이었다. 그들의 해석에 따르면 전략촌 프로그램은 전쟁 중인 베트남 국민들의 절박한 필요와 희망을 만족시키려는 미국의 헌신적 태도를 증명해 줄 수 있었다. 미국의 관료와 관변 매체들은 베트남의 국가 건설 과정이 원시 상태에 놓인 주민들에게 영감을 주고 미국이 가진 최고의 것을 누릴 수 있게 해 줄 것이라고 주장했다. 전략촌 프로그램은 미국이 "제3세계"를 둘러싼 경합에서 공산주의와 싸울 의지나 준비를 결여했다는 주장을 반박하게 될 것이다.

결국 이러한 해석은 전략촌 프로그램과 잠재적 반란 세력에 대한 "수용"과 "개발"을 골자로 하는 제국주의적 전략의 역사 사이에 강한 연속성이 존재한다는 사실을 보여 준다. 미국이 근대화의 전망에 따라 베트남에서 추진한 대반란전 정책은 "진보"와 폭력이 밀접한 연관을 맺었던 과거의 유형과 잘 부합한다. 전략촌 프로그램은 전시에 진행되었다는 점에서 차별성을 갖긴 하지만, 이것을 케네디 정부가 실시한 각종 발전 계획의 한 변칙으로 취급해서는 안 된다. 진보를 위한 동맹 및 평화봉사단과 마찬가지로 전략촌 프로그램도 제국주의 및 명백한 운명이라는 과거의 이데올로기를 냉전의 요구에 맞게 변형했다. 케네디 정부의 다른 프로그램과 마찬가지로 전략촌 프로그램은 미국의 세계적 역할과 자긍심을 만들어 냈으며, 전략가들과 사회과학자들은 정책의 실패가 분명해지는 와중에서도 계속해서 이를 촉진했다.

케네디의 기획가들과 미국의 매체는 특정 시각에 입각하지 않은 "합리적"인 베트남전쟁 분석을 미국의 국가적 의무, 가치, 이타주의 유산에 대한 반복적 강조와 결합했다. 이들은 전쟁을 하나의 과학적 프로젝트처럼 묘사했다. 또 다른 한편으로 전쟁은 완전히 도덕적 의무인 것처럼 그려졌다. 베트남전쟁 개입 지지자들은 미국인들을 이상적인 냉전의 전사로 규정했다. 지도자와 시민들이 "침착한 정신 상태"와 "냉철하고 신중한 분석 능력", 공정하고 객관적이며 "침착한 자기 훈련과 자기 절제"를 갖춘 만큼 미국이 마르크스주의의 도전에 충분히 맞설 수 있다는 것이다.[4] 동시에 이론가, 정책 결정자, 매체들은 놈 촘스키의 표현을 빌리자면 "제국주의 관료"와 같은 정신세계를 보이기도 했다. 이들은 "조국이 지닌 박애 정신과 조국이 가진 세계 질서에 대한 전망을 확신"하였고, 그들 자신이야말로 "후진 국민들의 진정한 필요"가 무엇인지 잘 알고 있다고 믿었다.[5] 사회 분석을 계몽에 대한 미국 자신의 과거 경험과 결합한 이 논의들 속에서 남베트남을 구하는 일은 객관적·과학적인 차원의 일이자 이타적·국가적 사명이 되었다.

1962년 초부터 1963년 11월 미국이 지원한 쿠데타로 응오딘지엠 정권이 전복될 때까지 케네디 정부의 베트남 정책 핵심에 전략촌 프로그램이 있었다. 미국은 프랑스 식민 통치의 관행, 남베트남 스스로가 수행한 사회적 실험, 영국이 말라야 식민지에서 채택한 전술 등에 의거해 농민들을 이곳저곳 분산된 마을로부터 집단 거주지로 이주시키려는 지엠 정권의 전략을 지지·후원·조언했다. 남베트남군과 미국 고문관들은 남베트남의 농촌으로부터 반란군을 "정리"한 후 설득과 무력을 병행, 군사적 통제와 사회공학적 조치를 용이하게 취할 수 있는 방어 기지인 "전략촌"에 주민들을 정착시키려 했다. 미 국제개발처와

---

4 Hilsman, speech to the Conference on Cold War Education, Tampa, Fla, June 14, 1963, Thomson Papers, box 9, "Speeches – R, Hilsman", JFKL.

5 Chomsky, *American Power and the New Mandarins*, p.41.

베트남군사원조사령부U.S.Army's Military Assistance Command는 철조망, 배수로, 대나무 말뚝으로 둘러싸인 거주지 내부에 농민들이 집과 방어 시설을 건설하게 하여 베트콩이 주민들에게 식량, 정보, 인력을 공급받지 못하게 차단하려고 했다. 또한 이들은 농촌 주민들에게 지엠의 남베트남 정권에 대한 애국심을 주입하여 새로운 정치 문화를 창출하고자 했다. 정치적·사회적 근대화를 통해 공산주의와 싸우려고 한 미국은 촌락 조직의 건설을 장려했고, "자조" 계획을 지원했으며, 남베트남 성장省長들에게 이러한 촌락들에 대한 접촉을 강화하라고 요구했다. 미국의 정책 결정자들은 이를 통해 농민들이 고립된 공동체 너머를 바라보고 호찌민이 이끄는 혁명이 아닌 지엠 정권에 대한 충성심을 기르기를 바랐다.

케네디 정부의 전략가들은 의료, 비료, 식용유, 가축의 공급을 통해 "전통 상태"의 농민들에게 "전쟁을 통한 몫"을 제공할 수 있을 것이라 기대했고, 아래로부터 그리고 위로부터 지엠 정권을 근대화시킨다는 거대한 계획의 일환으로 소위 평정pacification을 위한 노력에 착수했다. 중앙정부가 호의적 태도로 지방 주민들의 삶에 접근하여 수동적 농민들을 지역의 선거에 참여시키고, 위원회를 구성하게 하며, 공동체의 필요를 채우기 위한 사업을 수행하게 함으로써 이들을 적극적·자율적인 시민으로 양성한다는 것이다. 케네디 정부의 전략가들은 주민들이 삶과 환경을 개선할 수 있는 능력이 있다는 것을 깨닫는다면 그들이 새로이 발견한 근대적 가치와 지엠 정권이 이룩할 수 있게 도와준 삶의 복리를 위협하는 반란에 맞서 싸우게 될 것이라 기대했다. 정책 결정자들은 그렇게 되기만 하면 혁명은 동력을 잃고 붕괴하기 시작할 것이라고 믿었다. 전략촌 프로그램은 전쟁을 개발의 문제로 규정했을 뿐만 아니라 보다 강화된 사회적 통제를 요구하기도 했다. 농민들은 신분증을 휴대하고 다녀야 했고, 이동 경로와 방문자 유무를 보고해야 했으며, 여행을 위해 공식 허가를 받아야 하는 등 지속적인 감시 대상이 되었다. 전략촌의 물리적·훈육적 범위 안에서 삶의 영역은 그것이 자유와 자기 결정의 차원으로 제시되었음에도 오히려 더욱 엄격히 구조화되었다. 더구나 전략촌 바깥 지역은 사격 자유 구역이었다.

케네디 정부의 베트남전 인식과 전략촌 프로그램을 이해하기 위해서는 프랑스 식민 권력의 붕괴와 미국이 그에 대해 반응한 방식을 간략하게라도 역사적 시각에서 조명해 볼 필요가 있다. 존 F. 케네디 대통령은 많은 면에서 전임자들의 유산을 상속했다. 베트남전쟁사에 대한 조지 카힌의 책이 주장하듯이 미국의 베트남 개입은 미국이 "민족주의의 위협을 통제하고자 외부에서 지속적으로 힘을 가하며 개입한 일련의 과정들"을 반영한다.[6] 전임자 트루먼 및 아이젠하워와 마찬가지로 케네디 또한 미국을 반혁명 투쟁 속으로 깊이 끌고 들어갔다. 그들과 마찬가지로 케네디도 이 문제를 전 세계적 차원의 냉전이라는 맥락 속에서 사고했으며 베트남전을 미국이 패배해서는 안 되는 전쟁으로 이해했다. 태평양 건너 수천 마일 떨어진 동남아시아의 작은 나라 베트남은 미국에게 비교할 수 없을 만큼 크나큰 의미를 갖는 지역이 되었다. 1960년대 초반에 이르러 베트남은 미국의 막대한 에너지, 자원, 인명이 투입되는 곳이 되었다.

19세기 후반 이래 프랑스의 가혹한 인도차이나 식민 지배는 베트

---

6 George McT. Kahin, *Intervention: How America Became Involved in Vietnam*, New York: Alfred A. Knopf, 1986, p.33.

남인들의 분노를 자아냈고 제국주의 외세에 맞선 결연한 저항을 불러 일으켰다. 젊은 호찌민은 제1차 세계대전을 종전시킨 베르사유 평화 회담에 참석했지만 우드로 윌슨 대통령을 만나지도, 베트남 독립에 대한 미국의 지지도 얻어 내지 못했다. 호찌민이 윌슨을 만났다 하더라도 로버트 슐징어가 지적한 것처럼 "민족자결의 원칙이 오직 유럽인들에게만 적용된다고 믿은 윌슨이 스물아홉 살의 왜소한 베트남 청년을 위해 큰일을 해주었을 것이라고 믿기는 어렵다".[7] 그러나 시간이 흘러, 호찌민과 혁명 지도자들은 제2차 세계대전이라는 고난 속에서 베트남에게 새로운 희망의 문이 열렸음을 발견했다. 1941년 프랑스 식민주의에 맞서 길고도 격렬한 투쟁을 벌이기 위한 조직으로 베트민Vietminh[8]이 만들어졌다. 베트민은 여러 이질적인 베트남 독립운동 단체를 광범위한 연합체로 조직해 냈다. 호찌민과 그의 동료들은 "국가와 민족의 생존"이라는 당면 목표에 자신들의 공산주의 정치 노선을 종속시켜 강력한 민족적 합작을 이룩했다. 그들은 힘을 합쳐 일본의 잔혹한 점령을 헤쳐 나갔고, 대중적 어려움과 전시 기근을 견뎌냈으며, 일본 그리고 현저히 약화된 프랑스에 대한 무장 투쟁의 일환으로 게릴라전을 전개했다. 일본 제국이 연합군의 반격으로 무너지자 베트남의 민족주의자들 또한 자신들의 승리를 선포할 준비를 했다. 1945년 8월 19일 독립을 지지하는 시위대의 환호 속에 1000여 명에 달하는 베트민이 하노이로 진격했다. 이 소식이 전해지자 후에와 사이공에서도 비슷한 광경이 나

---

7 Robert D. Schulzinger, *A Time for War: The United States and Vietnam, 1941–1975*, New York: Oxford University Press, 1997, p.9.

8 1941년 호찌민과 인도차이나 공산당이 중심이 되어 결성한 베트남 독립동맹회의 약칭. 한국에서는 흔히 월맹(越盟)이라고 불렀다.—옮긴이

타났다. 결국 1945년 9월 2일 하노이 중심부에서 호찌민은 베트남민주 공화국의 건국을 선포했다. 호찌민은 50만 넘게 모인 군중 앞에서 토머스 제퍼슨의 유명한 말을 빌려, 베트남 또한 "모든 인간은 평등하게 창조되었으며, 생명과 자유, 행복을 누릴 권리가 있다"는 원칙을 추구할 것이라고 선언했다. "80년 넘게 프랑스의 지배에 용감하게 저항한" 베트남은 이제 "자유와 독립의 권리를 사수"할 것이다.[9]

호찌민이 미국의 독립선언서를 언급한 것은 미국이 베트남 독립에 힘을 실어 주기를 바라는 마음을 투영한 것이었다. 프랭클린 루스벨트 대통령은 프랑스가 전후의 상황에 대해 품은 의도를 강하게 불신했고, 인도차이나에 다시 제국주의 권력이 복귀하는 것을 여러 차례에 걸쳐 반대했다. 또한 종전이 가까워졌을 때 루스벨트는 프랑스의 아시아 영토를 유엔에 넘겨 연합국의 신탁통치를 거친 다음에 최종적으로 독립시키자고 제안했다. 그러나 이러한 주장은 1945년 초 영국과 프랑스의 반대, 미국 정부 내부의 의견 대립, 프랑스군을 인도차이나에 복귀시켜 일본과 싸우게 해야 한다는 주장으로 인해 좌초되었다. 미국의 정책 결정자들 사이에서는 전후 유럽의 상황에 대한 심각한 의구심과 문제 제기가 있었다. 루스벨트의 주요 자문가 중 한 사람인 로이드 가드너Lloyd Gardner는 "단순하게 생각해 봅시다. 소련과 충돌하게 되면 미국에게는 프랑스가 필요합니다"라고 말했다.[10] 정책 결정자들은 프랑스의 인도차이나 정책에 대해 강경한 태도를 취하면 전쟁으로 황폐해

---

9 James P. Harrison, *The Endless War: Vietnam's Struggle for Independence*, New York: Columbia University Press, 1989, p.96에서 발췌.

10 Lloyd C. Gardner, *Approaching Vietnam: From World War II through Dienbienphu*, New York: Norton, 1988, p.14.

진 유럽에 대한 공산주의의 잠재적 위협을 막기 위해 미국에게 필요한 동맹국과의 관계가 소원해질 수 있다고 우려했다. 1945년 4월 루스벨트가 사망했을 때, 미국의 대인도차이나 정책은 여전히 결정되지 않았고 불명확했다.

해리 S. 트루먼은 프랑스와 그 귀중한 식민지가 적의 영향 아래 떨어지는 것을 막아야 한다는 굳건한 의지를 지녔고, 트루먼 정부는 이전과 같은 모호한 태도를 거의 보이지 않았다. 트루먼과 정부 고위 관료들은 루스벨트보다 동남아시아에 대해 아는 것이 훨씬 적었고, 미국의 냉전정책에 협력하게끔 프랑스의 인도차이나 재지배를 허용하는 것을 거의 우려하지 않았다.[11] 1947년경에 이르러 미국의 정책 결정자들 또한 호찌민의 민족주의 운동을 위험하다고 인식했다. 국무부 장관 조지 마셜 같은 관료들은 프랑스와 베트남 민족주의자들 사이의 모호하게 규정된 타협이 깨지고 베트민이 정치적·군사적 측면에서 성장하는 상황을 부정적인 시선으로 바라보았다. 그들은 호찌민이 지닌 강한 민족주의적 호소력은 인정했지만, 호찌민이 공산당에 소속되어 있다는 것, 그가 1920~30년대 모스크바에 체류하며 공부했다는 것, 그리고 그가 추구하는 장기적 목표가 무엇일지에 대해 의구심을 품었다.[12] 미국은 호찌민의 계속된 승인·지원 요청을 거부했고, 대서양 헌장the Atlantic Charter[13]의 반식민 원칙과 제2차 세계대전 기간 루스벨트가 제국

---

11 Schulzinger, *Time for War*, p.22.

12 *Ibid.*, p.30.

13 1941년 처칠 영국 수상과 루스벨트 미 대통령이 전후의 세계 질서에 대해 발표한 구상으로, 양국이 영토나 어떠한 세력 확장도 추구하지 않으며 모든 국민이 자신이 영위할 정부 형태를 선택할 권리를 존중하고, 강압적으로 주권을 뺏긴 인민들이 그 주권과 정부를 다시 찾기를 원한다는 등의 반식민 원칙을 선언했다. ─옮긴이

주의 통치하 국민들의 자결을 지지했던 것에서 후퇴했다. 봉쇄정책의 맥락에서 베트남 민족주의의 기원과 역사는 명백해진 미·소 간 세력 균형의 문제보다 덜 중요하다고 평가되었다.

스탈린의 호찌민 지원 의사는 1950년대 초까지 그저 수사적인 것에 불과했고, 소련은 미국이 호찌민 정부에 대한 승인을 지속적으로 거부한 후에야 비로소 호찌민 정부를 승인했다. 그러나 트루먼 정부는 베트민과 그들의 토지개혁 프로그램, 반프랑스 투쟁 그 모두를 단일한 공산주의 세력이 서구의 힘이 취약한 곳이라면 어디든지 팽창을 시도한다는 증거로 받아들였다. 미국은 공산주의의 위협을 막아내는 동시에 유럽과 일본의 경제 재건을 위해서 중요하다고 생각한 이 지역의 시장과 원료를 지키고자 했다. 미국의 자문가들은 인도차이나의 고무와 광물을 프랑스 산업에 원료로 공급하여 경제 복구를 도와야 하며, 이를 통해 프랑스 공산당이 국내에서 전후의 폐허를 이용해 보려고 시도하는 것을 막을 수 있다고 주장했다. 말라야의 주석과 고무도 영국의 전후 부채를 완화하기 위해 중요했다. 앤드루 로터Andrew Rotter가 주장했듯이 미국의 관료들은 동남아시아가 "전전 수준으로 생산적인 지역이 되어 쌀과 원료를 수출하고, 일본과 서유럽으로부터 필요한 완제품을 수입"하기를 바랐다.[14] 미국의 많은 조언가는 호찌민의 승리 때문에 이를 이루지 못할 것을 우려했다. 이러한 지정학적·경제적 요인으로 우려에 빠진 미국은 베트남 문제에 대한 혁명적인 해결책을 거부하고 기울어 가는 제국을 돕기 위해 군사원조와 경제원조를 제공했다.

---

14 Andrew J. Rotter, *The Path to Vietnam: Origins of the American Commitment to Southeast Asia*, Ithaca, N.Y.: Cornell University Press, 1987, p.6.

프랑스가 19세기 응우옌Nguyen 왕조의 후예인 바오다이Bao Dai를 통일 베트남국의 국가원수로 다시 옹립하려고 했을 때 미국은 프랑스가 베트남의 외교를 완전히 장악하고 프랑스 군대를 계속 주둔시킨다는 협정안을 지지했다. 또한 미국의 관료들은 완전한 독립 외에는 받아들일 생각이 없던 호찌민과 그의 동지들의 결의를 과소평가했다.[15]

베트민이 베트남 농촌 지역에서 광범위한 지지를 얻고 강력한 군사 공격을 전개하자 프랑스를 도와 사회혁명을 봉쇄하려던 미국의 시도는 얼마 지나지 않아 실패로 돌아갔다. 프랑스는 주요 도시와 통신선을 장악했지만 나머지 지역에 대한 통제력을 점점 잃어 갔다. 제임스 P. 해리슨James P. Harrison에 따르면 1950년 경 혁명 세력은 "농촌의 반 이상, 북부 삼각주 지역의 반 이상, 남부 지역에서는 최대 4분의 3을 장악했으며 … 정부군이 없는 밤에, 또는 주어진 시간 대부분에서 많은 주민은 '외세'의 군대가 장악한 정부와 달리 현지 활동가들과 긴밀히 연결된 공산 측 저항군을 추종"했다.[16] 호찌민의 게릴라 부대는 마오쩌둥의 공산군이 장제스 군대로부터 노획한 다량의 미국산 무기로 무장하고 길고도 험난한 투쟁을 벌였다. 경포輕砲와 자동식 무기, 박격포, 중국의 기술적 지원이 혁명 세력의 노력을 뒷받침했다. 1951년 초에 이르러서는 프랑스에 대한 5000만 달러 규모의 군사원조까지도 전세를 뒤집는 데 충분하지 않았다.[17]

15　이 시기에 대한 카힌과 로터의 해석 외에도 Marilyn Young, *The Vietnam Wars, 1945-1990*(New York: HarperCollins, 1991)와 George C. Herring, *America's Longest War: The United States and Vietnam, 1950-1975*(2d ed., New York: Alfred A. Knopf, 1986)도 참조.

16　Harrison, *Endless War*, p.117.

17　Schulzinger, *Time for War*, p.52; Harrison, *Endless War*, pp.116~117.

그러나 트루먼·아이젠하워 정부는 노선을 바꾸지 않았다. 한국전쟁의 발발로 미국의 정책에 대한 어떤 진지한 재평가도 불가능해지면서 베트남에 대해서도 개입을 더욱 강화했기 때문이다. 중국에서 마오가 거둔 뜻밖의 승리에 이어 벌어진 한국전쟁은 인도차이나에서 벌어지고 있는 일이 아시아 전체로 팽창하려는 공산주의의 거대한 전략의 일환이라는 인식을 확인시켜 주었다. 미국의 기획자들은 베트남 전선에서의 실패가 곧 재앙을 의미한다는 것에 동의했다. 자국 군대를 한국에 보낸 미국이 베트남에서 프랑스가 기울이는 노력을 지원하지 않는다면 혁명 세력이 승리할 것이고, 이로 인해 여타 공산 세력이 고무되면 지역 전체가 위기에 빠진다는 것이다.[18] 이런 생각이 이미 진행 중인 대베트남 원조 계획을 더욱 가속화했고, 그 결과 1954년 미국은 프랑스 전비戰費의 78퍼센트를 책임졌다. 이는 당시 베트민이 외부에서 받은 지원 비율보다 훨씬 높은 수치였다.[19] 봉쇄정책의 완강한 논리는 미국을 더 깊은 개입으로 이끌 뿐이었다.

더구나 미국의 원조는 전쟁의 전체 흐름을 거의 바꾸지 못했다. 프랑스의 앙리 나바르Henri Navarre 장군은 북베트남의 디엔비엔푸로 베트민을 끌어들여 결전을 벌였지만, 재앙에 가까운 패배를 맛보았다. 나바르는 1만 3000여 명 규모의 공수부대를 디엔비엔푸에 투입했다. 공수부대를 라오스 국경 근처의 넓은 골짜기 중심부에 투입하여 베트민의 '인해전술'을 분쇄하려는 생각이었다. 보응우옌잡Vo Nguyen Giap이 지

18 R. B. Smith, *An International History of the Vietnam War*, vol.1, *Revolution versus Containment, 1955–61*, London: Macmillan, 1983, p.40; Schulzinger, *Time for War*, p.47.
19 Harrison, *Endless War*, p.117.

휘하는 게릴라 부대와 농민들은 다른 계획을 갖고 있었다. 이들은 우마차, 자전거, 도보로 300여 마일에 걸쳐 험준한 지형을 뚫고 대포, 탄약, 보급품을 실어 날랐고 프랑스군의 고립된 전초기지를 둘러싼 거대한 터널을 팠다. 짐꾼들은 프랑스군 기지가 내려다보이는 봉우리와 산등성이까지 중화기를 실어 날랐고, 프랑스군 요새를 포격하며 포위했다. 7주간의 치열한 전투 끝에 혁명 세력은 끝내 프랑스군의 항복을 받아냈다. 국무부 장관 존 포스터 덜레스를 포함한 일부 미국 관료들은 프랑스를 구하기 위해 군사행동에 나서야 한다고 공개적으로 요구하기도 했다. 합참의장 아서 래드퍼드Arthur Radford 제독을 비롯한 일부 인사들은 베트민을 상대로 핵무기를 사용할 가능성까지도 검토했다. 그러나 육군참모총장 매튜 리지웨이Matthew Ridgeway, 미 의회 내 영향력 있는 의원들, 영국·호주·뉴질랜드 같은 주요 동맹국들은 이러한 제안을 거부했다. 프랑스에 대한 신뢰가 감소하고 개입 확대의 장기적 목표가 무엇인지도 불명확한 가운데 미국이 위험을 무릅쓰고 베트남에 직접 개입한다는 주장은 지지받기 어려웠다.[20]

베트민이 승리하자 패배자 프랑스와 그들의 좌절한 지원자인 미국 모두 1954년 제네바 협정에서 도출된 협상안에 동의할 수 밖에 없었다. 국경 지역을 안정시키고 싶어 했던 중국과 소련도 협정에 동의했다. 미국은 베트남에서 전쟁이 확대될 경우 한국에서 그랬던 것처럼 중국과 다시 한번 길고 값비싼 교전을 치러야 할 위험을 감수하고

---

20 디엔비엔푸에 대한 처리 및 그것이 끼친 영향에 대해서는 Bernard Fall, *Hell in a Very Small Place: The Siege of Dien Bien Phu*, Philadelphia: Lippincott, 1966; Harrison, *Endless War*, pp.123~125; Schulzinger, *Time for War*, pp.58~68 참조.

싶지 않았고, 비록 협상의 당사자는 아니었지만 이를 위반하지 않겠다고 약속했다. 협정안에는 베트남에서 모든 외국 군대는 철수하고, 북위 17도선을 경계로 베트남을 두 개의 군사 지역으로 임시 분할하는 조항이 들어 있었다. 또한 1956년에 통일을 위한 전국 선거를 실시하고, 캐나다·인도·필리핀 대표로 구성된 국제위원회를 창설하여 협정안 준수 여부를 감시한다는 내용이 있었다. 베트민의 지도자들은 그들의 우월한 조직 구조와 호찌민 개인이 지닌 명망에 자신감이 있었기 때문에 선거에서 유리한 국면을 차지할 수 있을 것이라 생각했고, 협정안이 그들의 군사적 승리의 결과를 온전히 반영하지 않았음에도 불구하고 그 내용을 수용했다. 베트민 지도자들은 향후 2년 안에 군사적 경쟁에서 정치적 경쟁으로의 변화를 통해 베트남 전체에 대한 통제권을 확보할 수 있을 것이라 기대했다.[21]

그러나 전국 선거는 개최되지 않았고, 군사 분쟁도 끝나지 않았다. 그리스에서 공산주의를 봉쇄하고, 필리핀에서 후크발라합Hukbalahap 반란을 진압하고, CIA가 과테말라에서 아르벤스 정권을 성공적으로 전복시키며, 영국이 말라야의 게릴라전에서 승리하는 것을 보며 자신감을 얻은 미국의 전략가들은 제네바 협정을 무시하고 17도선을 영구적 국경으로 만들기 위한 절차를 밟아 나가기 시작했다. 아이젠하워와 그의 조언자들은 제네바 협정안으로 베트남이 호찌민의 지도 아래 통일될 가능성이 높다는 사실에 두려움을 가졌다. 미국은 협정안에 제시된

---

21 Kahin, *Intervention*, p.61; Schulzinger, *Time for War*, pp.76~77. 제네바 협정의 자세한 사항에 대해서는 Robert F. Randle, *Geneva 1954: The Settlement of the Indochinese War*(Princeton: Princeton University Press, 1969) 참조.

해결책을 받아들이지 않고 외국 군대의 철수 요구를 거부하면서 동남 아시아에서의 입지를 강화하기 위한 새로운 노력에 착수했다. 군대를 파견하면 중국도 그에 상응하는 조치를 할 수 있기 때문에, 아이젠하워 정부는 독립 남베트남 정부를 이 지역에서 혁명의 확산을 막는 방어벽으로 삼고자 정치적·사회적·군사적 지원을 제공하는 쪽으로 나아갔다.[22] 또한 아이젠하워 정부는 CIA 요원 에드워드 랜스데일을 필리핀에서 베트남으로 파견하여 하노이를 겨냥한 비밀 사보타주 계획을 지시하는 한편, 동남아시아조약기구SEATO의 창설을 통해 남베트남에 군사 안보를 제공했다.

정책 결정자들은 남베트남에 새로운 국가를 만들고자 했고, 그 국가를 통치할 수 있는 인물을 찾아 나섰다. 아이젠하워 정부 관료들은 프랑스가 수립한 바오다이 정부에서 총리를 지낸 응오딘지엠을 가장 반공적이고 적합한 후보로 보았다. 또한 지엠은 뉴욕 대주교 프랜시스 스펠먼Francis Spellman, 몬태나주 상원의원 마이크 맨스필드, 대법원 판사 윌리엄 O. 더글라스William O. Douglas, 매사추세스주 상원의원 존 F. 케네디가 소속된 영향력 있는 로비 단체 베트남친우회American Friends of Vietnam의 적극적인 지지를 받았다.[23] 가톨릭 신자이기도 했던 지엠은 유럽을 여행하며 베트남이 프랑스로부터 더 광범위한 자치권을 얻어야 한다고 주장했고, 뉴저지주 레이크우드의 신학교에 거주한 적도 있으며, 독립한 베트남이 미국 모델을 따라가야 한다고 주장했다. 랜스데일은 지엠에 특별히 주목했다. 랜스데일은 자신이 필리핀에서 쌓은 경

---

22 Herring, *America's Longest War*, pp.44~46.; Young, *Vietnam Wars*, pp.37~59.
23 Schulzinger, *Time for War*, p.78.

험을 토대로 지엠이 베트남의 라몬 막사이사이가 될 잠재력을 지녔으며, "조국을 위한 책임감을 지닌 진실한 인물로, 적절한 조언만 뒷받침되면 국민적 영웅이 될 수 있는" 인물이라고 판단했다.[24]

1954년부터 아이젠하워 정부는 응오딘지엠에 대한 지원을 통해 베트남 남부 지역에 대한 반공주의적 통제를 공고화하며 베트남 내에 별도의 국가를 만들고자 노력했다. 그러나 미국의 원조와 조언은 대중적 불만을 잠재우거나 혁명을 탈선시키는 데 거의 도움이 되지 않았다. CIA는 도시지역에서 지엠의 권위에 도전하는 무장 종교 집단 제거에 도움을 주었다. 또한 에드워드 랜스데일은 바오다이 폐위에 관한 국민투표를 조작하고 국가의 전권을 손에 넣으려는 지엠의 노력을 도왔다. 미시간주립대학은 미국 정부·지엠 정권과 계약을 맺고 공무원과 경찰을 훈련시켰다. 또한 산악 부족민들을 모아 무장 단체를 조직하고 국경 너머 북베트남으로 요원을 파견하는 작업을 주선하여 CIA의 위장 활동을 돕기도 했다.[25] 아이젠하워 정부는 매년 약 2억 달러 가량의 경제 원조를 남베트남에 제공하며 정부 재정의 3분의 2를 책임졌다. 그러나 아이젠하워 정부는 남베트남의 경제성장을 이끌어 내지도, 희망

---

24 Frances FitzGerald, *Fire in the Lake: The Vietnamese and the Americans in Vietnam*, New York: Vintage, 1972, p.98.

25 Young, *Vietnam Wars*, p.53; Schulzinger, *Time for War*, pp.89~90. 1954년부터 1962년까지 미시간주립대학이 농촌 지역에서 "근대적" 남베트남 국가를 건설하려 했던 작업은 그 자체로 흥미를 끈다. 이 작업에 대한 미시간주립대학 관계자들의 증언은 Wesley R. Fishel, "Problems of Democratic Growth in Free Vietnam"(ed. Wesley R. Fishel, *Problems of Freedom: South Vietnam since Independence*, New York: Free Press, 1961)과 Robert Scigliano and Guy H. Fox, *Technical Assistance in Vietnam: The Michigan State University Experience*(New York: Praeger, 1965) 참조. 또한 John Ernst, *Forging a Fateful Alliance: Michigan State University and the Vietnam War*(East Lansing: Michigan State University Press, 1998)참조.

하던 민간 투자의 규모를 확대하지도 못했다.

더욱이 지엠과 그를 지지하는 미국인들은 남베트남 주민 대다수의 민심을 잃었다. 1954년 남베트남 농촌 전체 인구의 0.25퍼센트가 농지의 약 40퍼센트를 소유했지만 보수적 토지개혁은 이러한 불균등을 해결하지도, 혁명 세력이 주창한 지주 소유 토지의 재분배 정책과 경쟁하지도 못했다. 상품 수입 계획도 남베트남 정부의 대중적 지지 기반을 확보하는 데 효과를 발휘하지 못했다. 미국이 제공한 달러와 수입 신용은 도시 거주 중상류 계층의 소비재 구입을 재정적으로 뒷받침하는 데 그쳤다. 도시를 제외한 다른 곳에서는 거의 성과를 거두지 못했고 국내 산업을 진작하거나 지속적인 경제성장을 이끌어 내는 데 실패했다.[26] 또한 미국은 응오딘지엠이 무자비한 억압 체제를 만드는 것을 방관했다. 1950년대 남베트남 지도자들은 강력한 비밀 경찰을 조직하여 수만 명에 이르는 베트민 동조자들을 살해했고, 그보다 더 많은 숫자를 투옥하고 고문했다. 광범위한 기반을 지닌 혁명의 도전 앞에서 지엠 정부는 그 자신의 생존을 지키는 것 이외에는 아무것도 할 수 없는 부패하고 편협하며 완고한 독재 정권이 되었다. 지엠이 모든 반대의 목소리를 억누르고 개인 권력 강화에 몰두할 때에도 미국은 그를 "자유 베트남"을 이끄는 민주적·진보적 지도자로 추켜세웠다. 무엇보다도 미국의 정책 결정자들은 얼마나 많은 남베트남 주민이 지엠을 수반으로 한 인위적 국가의 일원이 아닌, 역사적·문화적으로 규정된 광의의 베트남 민족의 일원으로 스스로를 규정하는지 깨닫지 못했다. 지

---

26 Nancy Wiegersma, *Vietnam: Peasant Land, Peasant Revolution*, New York: St. Martin's Press, 1988, pp.180~182; Harrison, *Endless War*, pp.183~185, 210~211.

엠의 폭력과 잔인함에 마음이 떠난 남베트남의 영향력 있는 정치, 종교, 사회 지도자들은 지엠 정권과 그를 떠받치는 미국에 맞서 연대하기 시작했다.[27]

지엠은 그 통치 지역에서 보잘것없는 통제력만을 지녔고, 1950년대 후반에 이르자 혁명 세력은 보다 폭력적인 수단을 동원하여 지엠과 싸우기 시작했다. 이전까지 하노이의 공산당(노동당)은 남베트남 내 간부들에게 정치적 기반을 닦는 데 주력하라고 지시했는데, 이는 남베트남 정권에 대한 무장 투쟁을 낮은 수준에서 유지하여 앞으로 치러질 통일 선거에 미국이 개입할 여지를 주지 않기 위해서였다. 통일 선거가 치러지지 않는다는 것이 명백해지고 지엠이 가하는 피해가 점점 커지자 공산당원들과 남베트남의 구 베트민 세력은 하노이의 지도부에 전략 변화를 요구했다. 남베트남의 혁명 세력은 북부의 지도자들에게 지엠의 탄압에 보다 공격적으로 대처할 때가 왔음을 전했다. 1959년 초 노동당은 이러한 요구에 따라 '혁명적 폭력'과 '반란'을 골자로 하는 새 전략을 승인했다. 이후 몇 개월 동안 남부의 혁명 세력은 다수의 성省에서 무장 반격을 강화하고, 정부군으로부터 무기를 탈취하며, 각 지역에서 권력·부를 재분배한다는 자신들의 계획을 밀고 나갔다. 남부의 급진 세력은 또한 지식인, 노동자, 학생, 저항적 종교 단체의 구성원들과 연합하여 보다 활동적이며 광범위한 반 지엠 연대를 구축했다. 이것이 1960년 12월 남부에서 공식적으로 결성된 민족해방전선이다.

---

27 Kahin, *Intervention*, pp.95~103; Wiegersma, *Vietnam*, p.203; Harrison, *Endless War*, pp.183~185, p.216. David Halberstam, *The Making of a Quagmire: America and Vietnam during the Kennedy Era*(Rev. ed., New York: Alfred A. Knopf, 1988) 또한 지엠 정권이 저지른 부패와 조직적인 억압을 전반적으로 다룬다.

지엠과 미국인들이 '베트콩'이라고 부른 민족해방전선은 정치적 조직
화에 나섰을 뿐만 아니라 무력으로 지엠 정부를 전복하기 위해 노력했
다. 민족해방전선은 게릴라부대를 조직하여 지역의 정부 관리들을 처
형하거나 위협하고, 효과적인 선전 활동을 전개했으며, 남베트남 주민
절대 다수가 거주하는 농촌 지역을 점진적으로 장악하기 시작했다.[28]

이러한 상황 때문에 케네디 정부가 출범했을 때 베트남전쟁은 중
대한 국면을 맞게 되었다. 1955년부터 1961년 사이에 미국은 남베트
남에 10억 달러 이상의 경제·군사원조를 제공했고, 남베트남은 전 세
계에서 미국의 대외 원조를 다섯 번째로 많이 받는 국가가 되었다. 케
네디가 취임했을 때 1500명 이상의 미국인들이 남베트남 수도 사이공
에서 행정기관에 근무하거나 지엠 군대의 훈련을 담당한 군사원조고
문단Military Assistance and Advisory Group에 복무하고 있었다.[29] 케네디의 참
모들은 미국의 대베트남 원조가 충분한 수준에 이르지 못했다고 판단
했다. 1961년 1월 당시 국방부에 근무하던 에드워드 랜스데일은 베트
남을 방문하고 돌아와 혁명 세력이 급속히 세력을 얻고 있다고 보고했
다. 월트 로스토가 대통령에게 보낸 비망록에서 랜스데일은 다음과 같
이 말했다. "미국·베트남 정보 요원들과 함께 현황을 추정한 지도를
보고 충격을 받았습니다. '프롤레타리아 군사과학'을 익힌 훈련된 공
산주의자들이 수천 명에 달하며, 이들이 군사작전으로 보호 중인 협소

---

28 민족해방전선의 형성과 남베트남 지역과의 관련성, 하노이와의 관계에 대해서는 Kahin,
   Intervention, pp.112~121; Harrison, *Endless War*, pp.175~178, 225~230 참조. 민족해
   방전선의 등장이 지역의 혁명 노력에 미친 영향은 Jeffrey Race, *War Comes to Long An:
   Revolutionary Conflict in a Vietnamese Province*, Berkeley: University of California
   Press, 1972, pp.105~130 참조.
29 Herring, *America's Longest War*, pp.56~57.

한 통로들을 제외하고 남베트남에서 가장 생산력 높은 지역 대부분을 통제하고 있었기 때문입니다."[30] 1961년 3월 발간된 CIA의 국가정보평가National Intelligence Estimate 또한 랜스데일의 경고를 뒷받침했다. 지엠 정부는 "베트콩에 의해 1960년 한 해에만 대부분이 정부 관리 및 지지자들인 2600명 이상의 민간인이 납치 또는 살해되는" 지속적인 압력에 직면했고, 미래의 전망 또한 어둡다는 것이다. CIA는 "베트콩 게릴라 부대는 남베트남 정부군의 점증하는 공세에 따른 상당한 인명 피해에도 불구하고 여전히 현장의 주도권을 쥐고 있다"고 경고했다.[31] 몇 달 후, 작가이자 케네디의 친구인 시어도어 화이트Theodore White 또한 암울한 평가를 내놓았다. 화이트가 사이공에서 대통령에게 쓴 편지 내용은 다음과 같았다. "상황은 한 주가 다르게 꾸준히 악화하고 있습니다. … 이제 게릴라들이 남부 삼각주 지역의 거의 대부분을 차지하여 한낮이라도 군 호송 병력 없이 저를 사이공 밖으로 데려다 주려 하는 미국인이 아무도 없을 정도입니다. … 특히 당혹스러운 것은 빨갱이들 곁에 대의를 위해 죽을 준비가 되어 있는 사람들을 쉽게 찾을 수 있다는 사실입니다."[32] 헌신적인 혁명가들이 전진함에 따라 지엠 정권과 그를 지지하는 미국인들에게 주어진 시간은 점점 줄어들고 있었다.

---

30 Memorandum, Lansdale to Secretary of Defense, Deputy Secretary of Defense, and others, January 17, 1961, Lansdale Papers, box 42, "Memoranda, 1950-1961", HIA. 랜스데일의 분석을 케네디에게 전달하는 과정에 대한 로스토의 회고는 Rostow, Oral History Interview by Richard Neustadt, April 11, 1964, transcipt, 44-45, JFKL 참조.

31 Central Intelligence Agency, National Intelligence Estimate No.50-61, March 28, 1961, Vice-President's Security File, box 10, "27 April-Vietnam, Col. Burris EOB (I)", LBJL.

32 James S. Olson and Randy Roberts, *Where the Domino Fell: America and Vietnam, 1945 to 1990*, New York: St. Martin's Press, 1991, p.87에서 인용.

케네디 정부는 미국에 대한 국제적 신뢰라는 측면에서 베트남의 상황을 한층 더 엄중하게 바라보았다. 미국의 전략가들은 베트남을 동남아시아의 '도미노'로 인식했을 뿐만 아니라 베트남의 운명이 향후 전 세계의 '저개발' 지역에 거대한 심리적 영향을 미칠 것이라고 주장했다. 랜스데일은 베트남의 상실은 "이 지역에서 가장 강인한 우리 편"을 잃어버리는 것이며, "전 세계가 베트남의 자유는 미국의 도움을 통해 유지되었다고 생각하는 상황에서 아시아뿐만 아니라 세계적 차원에서 미국의 위신과 영향력에 타격을 줄 것이다. 베트남에서 적의 승리는 다른 국가의 지도자들에게 미국의 친구가 되는 것이 득이 되지 않는다고 말하는 것과 다름없다"고 주장했다.[33] 린든 존슨은 동남아 지역에 대해 훨씬 더 단호한 태도를 보였다. 1961년 초 베트남을 방문하고 돌아온 존슨 부통령은 케네디에게 동남아시아 지도자들이 미국의 의중을 "의심과 우려"를 갖고 바라보기 시작했다고 말했다. 그는 만약 미국이 반공 국가들을 "힘과 결의"를 갖고 지원하지 않는다면 "도서島嶼의 전초 국가들—필리핀, 일본, 대만—을 방위할 수 없으며 태평양은 붉은 바다가 되고 말 것"이라고 주장했다. 존슨은 동남아시아의 안위는 "미국의 힘에 관한 세계의 지식과 믿음"에 달려 있다며 대통령에게 양자택일의 시나리오를 제시했다. 그는 "우리의 능력을 다해 이 국가들을 도울 것인지, 아니면 이 지역에서 패배를 인정한 채 방위선을 샌프란시스코까지 당기고 '아메리카 요새'를 지키는 쪽을 택할 것인지 선택해야만 한다. … 우리가 물러난다면 이는 전 세계에 미국은 맺은

---

33 Memorandum, Lansdale to Secretary of Defense, Deputy Secretary of Defense, and others, January 17, 1961, Lansdale Papers, box 42, "Memoranda, 1950-1961", HIA.

조약을 지키지도 우방들을 돕지도 않는다고 말하는 것과 마찬가지다"
라고 주장했다.[34] 다른 참모들과 마찬가지로 랜스데일과 존슨 또한 미
국의 대외적 이미지와 정체성이 냉전 전략과 불가분의 관계에 있다고
믿었다.

　뿐만 아니라 그즈음 빚어진 몇 가지 국제적 차질이 베트남의 중요
성을 더 크게 보이도록 만들었다. 피그스만의 굴욕적인 실패 이후 월
트 로스토는 국방부 장관 로버트 맥너마라ᵣₒᵦₑᵣₜ McNamara와 국무부 장
관 딘 러스크에게 "베트남에서의 깔끔한 성공"이 미국이 세계적 차원
에서 공산주의를 봉쇄할 의지나 능력이 없다는 인식을 반박할 것이라
고 조언했다.[35] 파테트라오 게릴라 부대가 라오스의 취약한 정부에 도
전했을 때 미국은 공산군이 포함된 연립정부의 수립을 통해 라오스를
중립화하는 데 만족해야 했으며, 이 때문에 더욱더 베트남에서 경계
선을 확고히 그어야 할 필요가 생겼다. 설상가상으로 1961년 6월 빈에
서 열린 미·소 정상회담에서 흐루쇼프는 동독과 단독강화조약을 맺겠
다고 위협했다. 미국의 관료들은 그러한 조치가 베를린에서 서방의 입
지를 흔들고 미국의 세계적 위신에 위협이 될 것이라고 보았다. 국내
에서 입을 타격 또한 심각할 것으로 예상되었다. 케네디는 리처드 닉
슨을 상대로 한 선거전에서 아이젠하워 정부의 대외 정책이 "뉴룩"New
Look[36]이 아니라 사실 "못 본 척하는"Look the Other Way 정책, 심지어는 "아

34　Memorandum, Johnson to Kennedy, May 23, 1961, Vice-President's Security File, box 1,
　　"Vice President's Visit to Southeast Asia, May 9-24, 1961 (I)", LBJL.

35　Robert Buzzanco, *Masters of War: Military Dissent and Politics in the Vietnam Era*,
　　Cambridge: Cambridge University Press, 1996, pp.87~88; Lloyd C. Gardner, *Pay Any
　　Price: Lyndon Johnson and the Wars for Vietnam*, Chicago: Ivan R. Dee, 1995, p.44.

36　아이젠하워 정부의 대외정책을 상징하는 말로, 제2차 세계대전으로 급격히 증가한 재래식 병

무엇도 안 보는"No Look at All 정책에 가까웠다고 비판하며 근소하게 승리했다.[37] 케네디는 "대량보복전략"mass retaliation[38]보다 더 적극적이며 열성적인 접근 방식을 통해 보다 안전한 세계를 만들겠다고 약속했다. 그러나 만약 베트남이 중국이나 쿠바처럼 된다면 케네디는 공산주의의 조류를 막지 못했다는 비판의 희생자가 될 수 있었다. 케네디와 그의 참모들은 모든 후퇴를 미국의 신뢰도를 향한 위협이라고 보았고, 국제 분쟁을 자기 나름의 기준에 따라서가 아니라 미·소 세력 대결의 중요한 지렛목이라는 차원에서 평가했기 때문에 베트남을 미국의 공약을 분명히 증명하는 시험대로 바라보았다.

백악관에서 직무를 시작한 초기부터 케네디는 남베트남 정부를 지원할 효과적인 방안을 찾기 시작했다.[39] 취임한 지 1주일 만에 케네디는 남베트남군 2만 명 증원을 위해 지엠 정권에 4100만 달러를 제공하는 계획을 승인했으며, 남베트남 측에 1270만 달러의 비용으로 3만 2000명의 민병대를 훈련·무장시키는 안을 제시했다. 1961년 5월 정부의 베트남 태스크포스가 "베트콩의 강경 공산주의자들의 규모가 1960년 초 4400명에서 현재 약 1만 2000여 명으로 늘어난 것으로 추산된다"고 경고하자 케네디의 전략가들은 다시금 적극적 노력에 착수했다. 태스크포스는 군사적 효율성을 제고하는 조치만으로는 충분하지 않다고 주장했다. 미국이 지엠 정부에게 "견고하고 광범위한 지지 기

력을 줄이는 대신 핵무기와 항공력, 및 특수부대 병력 등으로 공산진영에 대응한다는 점을 골자로 한다.──옮긴이

37 Gardner, *Pay Any Price*, pp.26~27, 45~47.

38 1950년대 미국의 아이젠하워 정부가 채택한 전략 개념으로, 공산측의 침략이 있을 경우 핵무기를 이용한 전면적인 보복 공격으로 대응하는 것을 골자로 한다.──옮긴이

39 Kahin, *Intervention*, p.126.

반을 제공할 정치적·경제적 조건"을 창출해 주기 위해 노력해야 한다는 것이다.[40] 같은 달에 케네디는 베트남에 대해 항공 감시를 강화하고, 특수부대 훈련단을 파견하며, 공공사업 프로젝트를 위한 추가 자금을 보내라고 지시했다.[41]

그러나 전황은 지속적으로 악화되었다. 1961년 9월 케네디 정부는 민족해방전선이 메콩강 삼각주 전체를 위협하고 있다는 보고를 받았으며, CIA는 훈련받은 반란군 수가 이제 1만 6000명 수준까지 증가한 것으로 예측했다. 게릴라 부대는 1000명 이상의 병력으로 세 차례의 공격을 시도했고, 사이공에서 겨우 55마일 거리에 있는 한 성의 중심 도시를 간단히 장악하며 그들이 지닌 새로운 활력을 입증했다.[42] 혁명 세력은 여전히 농촌 지역에서 주로 세력을 구축했지만, 이제는 도시 지역으로 은밀히 활동 기반을 구축하기 시작했다. 그들은 또한 많은 미국인 관료의 시각과 달리 혁명은 그저 북베트남의 침략 행위만은 아니라는 것을 보여 주었다. 민족해방전선은 호찌민 정부가 제공하는 물자, 자문, 훈련으로부터 물론 도움을 받았지만, 분명히 현지 주민들에게 높은 지지를 받았다.

혁명 세력의 힘이 점증하고 있다는 사실에 직면한 케네디와 참모들은 1961년 가을 내내 보다 포괄적인 전략을 도출하는 데 몰두했다.

---

40 Presidential Task Force, "A Program to Prevent Communist Domination of South Vietnam", *FRUS*, 1961-1963, vol.1, p.93, 99.

41 케네디 정부의 초기 결정 과정에 대한 보다 자세한 연대기적 설명은 Senate. U.S. Congress. Subcommittee on Public Buildings and Grounds, *The Pentagon Papers, Senator Gravel Edition. The Defense Department History of United States Decision making on Vietnam*, vol.2, Boston: Beacon, 1971, pp.5~17 참조.

42 Kahin, *Intervention*, p.133.

대통령과 그의 주요 보좌진 일부는 협상을 통한 해결이 미국의 신뢰도에 타격을 줄 뿐만 아니라 다른 동남아 국가들로 공산주의의 위협을 확대시킬까봐 염려했고, 전투병 파병을 통해 불안정한 지엠 정권을 지키겠다는 입장을 대외적으로 표명하는 것에 대해서도 조심스러운 태도를 보였다. 합동참모본부는 제한적 파병을 통해 남베트남군을 공세적 위치로 되돌려 놓을 수 있고, 미국의 결의를 증명하며 확전 필요성을 사전에 차단할 수 있다고 주장했지만, 다른 조언자들은 회의적이었고 지엠 본인 또한 그에 대해 무관심한 태도만을 보였다. 태평양 함대 사령관 해리 펠트Harry Felt 제독은 제한전이 야기할 수 있는 결과들을 염려했다. 그는 미국이 베트남에 일단 공개적으로 개입하면, 어떤 상황이 되어야 빠져나올 수 있겠는지 물었다.[43] 1961년 10월 케네디의 개인적 군사고문 맥스웰 테일러Maxwell Taylor 장군과 월트 로스토는 베트남을 방문하고 돌아와 케네디에게 8000명 규모의 정규 지상군과 5000명의 전투 공병을 파병할 것을 권고했다. 로버트 맥너마라 또한 파병에 찬성했다. 그러나 딘 러스크, 조지 볼George Ball, 체스터 볼스, 애버렐 해리먼Averell Harriman, 존 갤브레이스 등의 반대는 파병에 대해 대통령 자신이 지닌 의구심을 더 확고하게 해주었다.[44] 케네디는 국가안전보장회의에서 미국이 유럽의 주요 동맹국들로부터 도움을 기대할 수 없을 것이라고 말했다. 영국과 프랑스는 자신들의 식민지에서 벌어진 분쟁을 다루느라 베트남에 반공 군대를 파병하지 않을 것이다. 케네디는 또한 억압적인 지엠 정권을 돕기 위해 미 지상군을 파병하면 민주당

---

43 Buzzanco, *Masters of War*, pp.96~99.
44 Kahin, *Intervention*, pp.136~137.

내의 보다 진보적인 그룹으로부터 비판을 받을 뿐만 아니라 중국·소련의 군사적 대응을 유발할 수 있다고 염려했다. 1961년 말에 이르러 케네디는 전투병 파병은 유보한 채 베트남에서 혁명을 막을 수 있는 다른 대안들을 모색했다.[45]

케네디 정부가 군사적 수단을 포기한 것은 아니었다. 미군이 배치된 헬리콥터 중대 파견, 지엠 군대에 대한 재정 지원 증대, 네이팜·백린탄·고엽제 공급은 군사적 성공에 대한 미국의 의지를 반영한 것이었다. 베트남전에 대한 매릴린 영Marilyn Young의 책에 따르면, 케네디가 취임했을 때 미국 군사 고문들과 관련 인력 800여 명이 베트남에서 근무하고 있었다. 이후 1년 만에 그 규모는 1만 1000여 명으로 불어났다.[46] 케네디와 참모들은 베트남에 미국의 전투병을 직접적으로 파견하지 않는 대신 다른 전략을 동원해 민족해방전선을 격퇴하고자 했다. 그들은 혁명의 정치적·사회적 뿌리를 공격하도록 고안된 프로그램과 군사력이 상호 조화를 이룰 수 있다고 보았다. 케네디 정부의 기획가들은 지엠 정권이 대중의 열망을 담아낼 수 있다면, 국가 건설과 정치발전의 과정을 통해 혁명의 조류를 잠재울 수 있을 것으로 기대했다. 케네디와 참모들, 미국의 대외 원조 기구는 새롭게 농촌과 농민을 강조하며 기존의 재래식 군사 전술에서 군사 행동과 사회공학 전략을 통합한 포괄적인 대반란전 프로그램으로 선회하기 시작했다. 1961년 말에 이르러 케네디 정부는 근대화를 통해 베트콩을 격퇴하는 데 전념하기 시

---

45 Minutes of NSC Meeting, November 15, 1961, Vice-Presidential Security File, box 4, "National Security Council (II)", LBJL.

46 Young, *Vietnam Wars*, p.82.

작했다.

　케네디와 참모들은 발전의 자연적 과정을 조작하여 게릴라전을
통제할 수 있다고 생각했다. 그들은 미국의 힘이 사회적·정치적 변화
과정을 조절할 수 있다고 보았다. CIA 라오스 지부장을 지낸 더글러스
블로파브Douglas Blaufarb에 따르면 케네디는 자신이 주재한 첫 번째 국가
안전보장회의에서 로버트 맥너마라에게 미국의 대게릴라전 관련 자
원·훈련을 강화하라고 지시했다. 대통령 자신도 미 육군 교범, 체 게바
라와 마오쩌둥의 저작, 쿠바·콜롬비아·배네수엘라·알제리·베트남
의 게릴라전을 분석한 글을 열심히 탐독했다. 또한 그린베레Green Berets
를 대게릴라전 부대로 승인하는 한편, CIA 부국장 리처드 비셀Richard
Bissell에게는 대반란전 이론을 연구해 미국이 적용할 수 있는 사항들을
보고하라고 지시했다. 케네디는 군, 미 해외공보처, 국제개발처 간 기
획 활동을 조정하기 위해 부처 간 합동으로 고위급 대반란전위원회를
조직하는 방안을 승인했다. 케네디가 대반란전을 얼마나 중시했는지
아마도 가장 명확하게 보여 주는 것은 동생 로버트를 자신의 대리인으
로 위원회에 파견한 사실일 것이다.[47]

47　Douglas S. Blaufarb, *The Counterinsurgency Era: U.S. Doctrine and Performance,
　1950 to the Present*, New York: Free Press, 1977, pp.52~56, 67~68. 대반란전위원회의 다
　른 구성원으로는 케네디의 사설 군사고문 맥스웰 테일러 장군, 국방부 차관 로스웰 길패트릭
　(Roswell Gilpatric), 합동참모의장 라이먼 렘니처(Lyman Lemnitzer) 장군, CIA 국장 존 매콘
　(John McCone), 국가안보 보좌관 맥조지 번디, 국제개발처장 파울러 해밀턴, 미 해외 공보처장
　에드윈 R. 머로(Edwin R. Murrow)가 있었다. 위원회 발족을 결정한 국가안전보장회의 지시 비
　망록은 Senate, *Pentagon Papers*(Gravel Edition), vol.2, pp.660~661 참조. 훈련 프로그램의
　실행에 대한 합동참모본부의 보고서는 Memorandum, Lemnitzer to McGeorge Bundy, July
　21, 1962, NSF, box 319, "Special Group (Ci) Military Organization and Accomplishments,
　July, 1962", JFKL.

케네디는 또한 고위급 관료들을 교육하기 위한 "국가적 차원의 학교", 즉 "저개발 국가들을 도와 근대화의 장벽을 넘을 수 있게 해주는 미국의 역량을 향상"시키기 위해 교육과 프로그램을 제공할 조직 결성을 지시했다.[48] 케네디, 국가안보 보좌관 맥조지 번디, 월트 로스토, 맥스웰 테일러는 국무부와 국방부로부터 공식적인 "근대화 기관"의 설립을 위한 방안들을 제공받았고, 최종적으로 "저개발지역의 현재 문제"라는 5주간의 세미나를 통해 사회과학 이론과 대반란전 교리를 가장 효율적으로 통합할 수 있을 것이라고 판단했다.[49] 세미나는 국무부 산하 외교연수원에 개설되었고 로스토, 루시안 파이, 막스 밀리컨이 강사로 나섰다. 필리핀의 후크발라합 반란 진압에 참여한 에드워드 랜스데일도 근대화의 실행과 관련한 자신의 경험담을 나누었다. 세미나는 8개에서 10개의 분반으로 개설되었고, 각 반은 40~70명의 국제개발처, CIA, 해외공보처, 국무부의 고위급 관료들로 구성되었다. 세미나의 핵심 내용은 "저개발의 문제" "서구를 점유하기 위한 공산세력의 노력", 그리고 혁명의 도전에 대응하기 위한 대반란전 전략 등이었다. 세미나를 기획한 이들은 세미나의 목표가 사회 변화 과정을 관리하는 문제에 대한 새롭고도 적극적인 접근에 있다는 것에 공감했다. 딘 러스크는 세미나 개회식 연설에서 "우리는 **현 상태**의 관리인이 아닌 발전 과정의 수호자가 되어야만 합니다. 우리는 **반**공주의자인 동시에 **친**근대화

---

48 McGeorge Bundy, National Security Action Memorandum 131, March 13, 1962, Senate, *Pentagon Papers*(Gravel Edition), vol.2, pp.667~669.

49 Memorandum, Taylor to the Special Group for Counterinsurgency, NSF, box 319, JFKL; Memorandum, Special Group for Counterinsurgency to Kennedy, NSF, box 319, "Special Group (Ci), 1/61~6/62", JFKL.

주의자가 되어야 합니다"라고 선언했다.[50]

근대화 이론은 케네디 정부의 대반란전 이해에 심대한 영향을 미쳤다. 미국의 정책 결정자이자 정치학자인 D. 마이클 셰이퍼D.Michael Shafer는 "전문 연구자들로 하여금 최신 제3세계 개발 이론과 그에 따른 정부 정책을 결합해야 한다"고 주장했다.[51] "대게릴라전 과정" 졸업식 연설을 위해 노스캐롤라이나의 포트 브래그를 찾은 월트 로스토는 군사 전략, 대반란전, 근대화의 연관성을 명확하게 강조했다. 케네디가 직접 검토하고 정부의 공식적 정책 강령으로 승인한 연설문에서 로스토는 공산주의자들이 "저개발 지역의 내부적 불안정성을 이용하기 위한" 수단의 일환으로 게릴라전을 활용한다고 주장했다. 그는 이러한 위험에 대처하기 위해 다음과 같은 것을 깨달아야 한다고 주장했다. "모든 혁명과 마찬가지로, 근대화 혁명은 불안감을 불러옵니다. 개인들은 오래되고 친숙한 삶의 방식과 근대적 삶의 방식이 지닌 매력 사이에서 혼란스러워합니다. 구 사회 집단의 권력은—특히 전통사회를 주로 지배해 온 지주들—약화됩니다. 권력은 근대 기술의 도구들을 다룰 수 있는 이들의 손으로 넘어갑니다. … 오랜 삶의 방식이 흔들리고 새로운 가능성이 열렸음을 깨달은 도시와 농촌의 남녀들은 그동안 쌓아 온 분노와 새로운 희망을 분출하게 됩니다." 로스토는 공산주의자들이 이러한 "거대한 혁명적 변화의 무대"와 "식민 지배에 대항하는

50 Blaufarb, *Counterinsurgency Era*, pp.71~73; State Department, "FSI Begins Seminars on Problems of Development and Internal Defense", *Department of State Bulletin*, vol.47, July 2, 1962, p.42(강조는 원문).

51 D. Michael Shafer, *Deadly Paradigms: The Failure of U.S. Counterinsurgency Policy*, Princeton: Princeton University Press, 1988, p.21.

과정에서 저개발지역 내에 축적된 분노"를 이용하려 한다고 강조했다. 공산주의자들이 "민족 해방"이라는 자신들의 발전 모델을 내세워 "독립, 국제적 지위, 물질적 진보에 대한 신생 국가들의 열망"과 자신들을 효과적으로 결부시킨다는 것이다.[52]

로스토는 이러한 유형의 전쟁에서 공산주의와 맞서기 위해서는 반란 세력이 이용하고자 하는 바로 그 근대화 과정을 활용해야 한다고 주장했다. 게릴라군은 "전통"에서 "근대"로의 이행 과정을 마치 "하이에나"처럼 노리는 자들이므로 그들을 봉쇄하기 위해서는 해당 사회의 진보를 가속화할 수 있는 조치가 수반되어야 한다는 것이다. 로스토는 "공산주의자들은 저개발지역에서 권력을 장악할 수 있는 시간이 무척 제한되어 있다는 것을 알고 있습니다. 그들은 저개발지역에서 근대화를 향한 탄력이 붙으면——그리고 전통사회에서 유래한 근본적 사회문제들이 해결되면——권력을 잡을 수 있는 기회가 줄어든다는 것을 압니다"라고 설명했다.[53] 미국이 근대화를 촉진하여 저개발지역에서 반란 세력이 노리는 기회의 창을 닫아 버릴 수 있다는 것이다. 로스토는 저개발지역의 변화를 관리하고 그것을 가속화하여 미국이 베트남 같은 국가를 보다 높은 역사적 단계로 인도하는 동시에 혁명의 힘을 분쇄할 수 있을 것이라고 보았다.

로스토는 공산주의 봉쇄와 "진정한 독립국가"의 건설을 통해 미

---

52 W. W. Rostow, "Countering Guerrilla Attack", ed. Franklin Mark Osanka, *Modern Guerrilla Warfare: Fighting Communist Guerrilla Movements, 1941–1961*, New York: Free Press, 1962, pp.464~466. 케네디가 연설문을 정부의 공식 입장으로 승인한 것에 관해서는 Blaufarb, *Counterinsurgency Era*, p.57 참조.

53 Rostow, "Countering Guerilla Attack", pp.464~466.

국이 역사적으로 추구해 온 박애주의적·국제주의적 운명을 실현할 수 있을 것이라는 결론을 내렸다. "신생" 지역을 근대화함으로써 "미국 사회는 그 탄생 초기부터, 보다 멀리는 서구사회가 지중해에서 출발해 지금껏 걸어 온 오랜 인도주의라는 길을 따라 계속 발전할 수 있을 것이다". 로스토는 게릴라전을 "단순히 무기로 싸우는 것이 아니라, 마을과 언덕에 사는 이들의 생각 속에서 치러지며, 현지 정부를 운영하는 이들의 정신과 정책을 갖고 치르는 내밀한 문제"로 규정하며 대반란전을 그가 특별히 선진적인 것으로 규정한 서구적 가치의 전달과 연결지었다. 그는 게릴라전의 승리를 위해서는 물질적 자원 이상의 것을 공급하는 계획이 필요하다고 주장했다. 승리를 위해서는 토착 문화 그 자체를 변화시킬 필요가 있다는 것이다.[54]

에드워드 랜스데일도 전장에서의 전술과 사회공학 사이의 연관성을 자기 나름대로 규정하면서 비슷한 결론을 내렸다. 랜스데일은 미 육군 장교들에게 후크발라합 반란이 초기에 성공했던 것은 반란군이 "혁명을 진행"하는 동안 필리핀 정부가 그들을 "공식적인 적군"으로 간주하고 싸우려고 했기 때문이라고 설명했다. 그러나 막사이사이군이 물자 원조를 통해 농부들의 신뢰를 얻고 "전투를 위한 진정한 정치적 기반을 건설"하기 시작하자 필리핀 정부의 승리는 명확해졌다.[55] 랜스데일은 평화봉사단이 활용한 지역사회개발 이론에 똑같이 호소하면서 성공적인 대반란전 프로그램은 마을 수준에서 시작되어야 한다

---

54 Ibid., pp.466~468.

55 Report of Seminar on Counter-Guerilla Operations in the Philippines, U.S. Army Special Warfare Center, June 15, 1961, NSF, box 326, "Rostow, Guerrilla and Unconventional Warfare, June 14-30, 1961", JFKL.

고 장교들에게 강조했다. 랜스데일은 고립된 현지 지역사회에 우물, 학교, 화장실 등이 건설되면서 그들의 세계관에 극적이고 근본적인 변화가 발생했다고 설명했다. 일단 농민들이 노동을 통한 상부상조의 가치와 국가가 제공하는 원조의 진가를 인식하기만 하면 그 지역사회는 "국가에 한층 더 가깝게 결속됨으로써 커다란 실재의 참된 일부가 됩니다. 그렇게 됨으로써 지역사회의 정치적 수준은 상승하고, 주민들은 삶의 의미를 구하며 다음과 같은 질문을 하게 됩니다. '사람이 목숨을 걸고 지킬 만한 가치가 있는 것은 무엇인가?' 지역사회가 풀뿌리 수준에서 이런 단계에 올라가고, 중앙정부의 열의가 높아지며, 군인과 주민들 사이의 연대가 굳건해지면 그 주의·주장의 빈곤함이 노출된 공산 게릴라 부대는 사라지게 됩니다".[56] 근대화론자들은 농민들을 전통적이며 냉담한 운명론적 태도에서 벗어나게 함으로써 문화적 한계에 갇힌 주민들을 이용하려는 혁명 세력을 격퇴할 수 있다고 주장했다.

로스토와 랜스데일 같은 이들의 주장은 1962년 8월부터 1968년까지 미국 대반란전 프로그램의 기반이 된 「미국의 해외 대내 안보 정책」U.S. Overseas Internal Defense Policy에 더욱 두드러지게 나타났다.[57] 이 문서는 "가장 저개발 상태에 놓여 있는 국가들의 사회적 양식과 제도는 극도로 유동적"이며, "이러한 사회들은 목적의식에 따라서건 아니건, 모두 보다 높은 수준의 경제적·사회적 활동으로 나아가려 한다. 농촌의 고립으로 발생한 전통과 관습은 사회의 필수적 하부구조에 불가피

---

56 Lansdale, speech to the Special Warfare School, Fort Bragg, N.C. August 30, 1962, Lansdale Papers, box 45, HIA.
57 Shafer, *Deadly Paradigms*, pp.112~113.

하게 침투한다. … 근대화 혁명은 전통적 사회를 동요시키고, 혼란스럽게 하며, 그 뿌리를 흔든다. 이 사회에서 근대화에 필요한 제도가 형성되는 동안 근대화 혁명은 압력, 불안, 희망을 불러일으키며 이는 폭력적 행동을 정당화하는 기제로 작동한다"고 주장했다.[58] "냉담한 농촌 주민들이 공산 세력의 정치 활동의 목표가 되기 쉬운" "취약한 국가들"이 특히 위험하며, 혁명적 반란의 문제는 "보통 중요한 사회적·정치적 조직 수준을 대표하는 촌락 지역의 투쟁에 힘을 합쳐 대응할 것"을 요구한다고 보았다. 정치 분석가들은 통신 수단의 확대, 보건 프로그램, 주택 건설, 농업 원조 등이 모두 이러한 필수적 변화 과정들을 창출하는 데 도움이 될 것이라고 보았다. 이것의 성공 여부는 "더 나은 삶을 추구하고 사회생활에 보다 적극적으로 참여하고자 하는 소외 계층의 열망"을 충족하는 데 달려 있다고 본 미국의 전략가들은 하나의 핵심 결론에 도달했다. 문서가 아무런 반어법도 없이 표현했듯이, **"궁극적·결정적 목표는 결국 사람들이다.** 사회 그 자체는 전쟁 상황에 놓여 있으며, 이 투쟁의 원동력과 자원, 투쟁의 대상은 현지 주민들 속에서 거의 전부 발견할 수 있다"라는 것이다.[59]

케네디 정부의 계획은 남베트남 정부의 과거 경험에 기반한 것이기도 했다. 1959년부터 지엠과 그의 동생이자 핵심 참모인 응오딘뉴 Ngo Dinh Nhu는 과거 프랑스 제국의 방식을 따라 농촌 인구의 재배치를 통해 "안전지대"를 만드는 방안을 실험했다. 지엠과 응오딘뉴는 농민

---

58 Memorandum, Inter-Departmental Seminar on Counterinsurgency, August, 1962, NSF, box 338, "NSAM 182, Counterinsurgency", JFKL.
59 Ibid(강조는 원문).

들을 미정착 지역으로 이주시켜 자신들이 불신하는 농촌 주민들에 대해 후견 체계와 권위주의적 통제를 강화하고자 했다. 농민들이 집, 마당, 들판, 조상 대대로 물려받은 토지를 모두 버리고 떠나게 만든 이 프로그램을 통해 남베트남 정부는 1960년대 후반까지 22개의 "번성한 밀집 주거 중심지" 또는 "집단부락"agrovilles이라고 부르는 것을 만들었다. 집단부락은 큰 도시들을 연결하는 전략 도로를 따라 위치했고, 대략 400여 가구를 수용했으며, 거주 농민 자신의 노역을 통해 만들어졌다. 각 가족은 집단부락 내에서 토지를 배분받아 새집을 짓고 가금류와 가축을 기르며 과수를 심어야 했다. 또한 부락 내에는 일반적으로 학교, 교회, 공동 양어장 또는 관개수로가 건립되었다. 낮 동안 농민들은 최대 3마일 떨어진 논으로 나가 농사를 지었다. 밤이 되면 정부 관계자들은 농민들을 부락 내에 머물게 하면서 대개 해당 부락 주민들로 구성된 자위대 병력이 혁명 세력으로부터 그들을 보호해 줄 것이라고 주장했다.[60]

집단부락 프로그램은 성공하지 못했다. 국제개발처 의뢰로 미시간주립대학이 분석한 바에 따르면 집단부락 프로그램은 남베트남 농촌 주민들에게 무거운 부담을 안겼다. 부패한 정부 관계자들은 정부가 농민들에게 약속한 물품을 공급하지 않았고, 주민들은 살던 집에서 쫓겨나 집단부락 내 작은 거주지에 임대료를 내고 살아야 하는 것에 분노를 품었다. 그 밖에도 농민들은 다양한 방식으로 고통받았다. 한 집

60 BDM Corporation, "A Study of Strategic Lessons Learned in Vietnam", 1980, vol.5, BDM Study, 5-14-5-16, LBJL; Senate, *Pentagon Papers*(Gravel edition), vol.2, pp.133~134; Joseph J. Zasloff, *Rural Resettlement in Vietnam: An Agroville in Development*, Washington, D.C.: U.S. Department of State, 1962, pp.16~17, 24~25.

단부락에서는 어른들이 거주지에서 떨어진 곳의 건설공사에 강제 동원된 사이 몇몇 어린이가 수로에 빠져 죽는 사건이 발생했다. 다른 부락에서는 남편들이 강제 노역으로 자리를 비운 사이 정부군 제복을 입은 남성들이 여성들을 강간하고 살해하는 사건이 발생했다. 또한 농민들은 영화, 확성기, 강의 등을 통한 선전 활동에도 불구하고 정부의 정치 교육을 받아들이지 않았다. 많은 농민은 지엠의 남베트남 정부가 제공한 복지에 적응하고 사는 대신 집단부락을 수시로 드나들며 방화하고 정부 관계자들을 공격·살해한 게릴라 부대와 연대했다.[61]

집단부락 계획의 명백한 실패에도 불구하고 미국은 그러한 재정착 프로그램을 지엠 정부 지원의 핵심 요소로 삼았다. 지엠 정권의 전반적 안정성을 염려한 케네디 정부는 1961년 6월 스탠포드 연구소의 경제학자이자 개발이론가인 유진 스테일리를 단장으로 사이공에 파견, 미국-남베트남 합동 조사단을 구성해 재정 지원 계획을 작성하게 했다. 조사단이 처음에 부여받은 임무는 미국의 대베트남 경제원조 수준을 검토하고 방위 예산의 증강을 위해 남베트남 정부가 취할 수 있는 방안을 모색하는 것에 한정되었지만, 조사단의 분석가들은 그보다 훨씬 더 광범위한 문제들을 다루었다. 스테일리의 조사단은 의료 지원, 공무원 훈련, 농업 개혁, 산업 확장을 위해 재정 지원을 확대할 것을 권고했을 뿐만 아니라 개발의 문제를 대반란전과 연결시켰다. 조사단의 최종 보고서는 베트콩을 "국제 공산주의 조직이 하노이를 통해 내려보내는 지시·명령·물적 지원"을 받는 조직으로 규정하면서 "대내 안보를 확보하는 것이 핵심적인 문제"라고 주장했다. 보고서의 저자들

---

61 Zasloff, *Rural Resettlement in Vietnam*, pp.13~32.

은 이 문제를 효과적으로 해결하려면 "강화된 경제적·사회적 프로그램을 시행하되, 특히 군사작전과 긴밀히 연관된 농촌 지역에서 그러한 조치가 필요하다"고 설명했다. 그들은 "흩어져 있는 농촌 인구를 방어가 보다 용이한 지역으로 재배치하여 향상된 삶의 기회를 제공"한다는 지엠의 계획이 꼭 맞는 해결책이 될 것으로 보았다. 스테일리와 그의 동료들은 남베트남 정부의 계획이 "현재까지 나온 대게릴라전 방안 중에서 높은 가능성을 보여 준 것 중 하나"라고 평가했다. 조사단은 개발의 촉진을 통해 혁명을 막기 위해서 향후 18개월 동안 100개의 집단부락을 추가 건설하는 데 미국이 350만 달러를 지원하자고 권고했다.[62]

스테일리 조사단의 권고에 대한 미국 정부의 반응은 무척 호의적이었다. 국무부 장관 딘 러스크는 케네디 대통령에게 조사단이 "베트남의 안보를 강화할 수 있는 좋은 경제 프로그램"을 입안했으며, 조사단이 내놓은 방안이 "특히 베트남 정부와 농촌 거주민들과의 관계를 돈독하게 만들어 줄 것이고" 베트남 농민들을 "국가에 더 안정적으로 결속시킬 수 있을 것"이라는 견해를 피력했다.[63] 1962년 1월 케네디 정부는 조사단의 권고 사항을 토대로 베트남의 보건 체계를 강화하고 농업 생산성을 증대시키며, 산업 성장을 촉진하고 농민들의 전반적 복지를 향상시키는 것을 목적으로 한 11개조 계획안을 작성했다. 이를 뒷받침하기 위해 미국 정부는 전년도에 1억 3600만 달러 규모였던 대베

---

62 Memorandum, Viet Nam – United States Special Financial Groups to Ngo Dinh Diem and John F. Kennedy, July 1961, Staley Papers, box 23, "Historian, Dept. of State Re: Vietnam Mission, 1961", HIA. 이 문서는 Johnson Library, Vice-Presidential Security File, box 10, "27 April-Viet Nam Col. Burris EOB (II)"로도 열람 가능하다.

63 Memorandum, Rusk to Kennedy, July 28, 1961, Staley Papers, box 23, "Historian, Dept. of State, Re: Vietnam Mission, 1961", HIA.

트남 군사·개발원조를 상당한 정도로 증액하겠다는 약속도 했다.[64]

이렇게 농민 재정착 정책과 마을 수준의 근대화 프로그램은 일찌 감치 미국의 베트남 대반란전 정책의 필수적인 부분으로 자리잡았다. 정부와 연구기관 모두에서 오랫동안 근무한 경력을 갖춘 사회과학자 인 스테일리 자신도 "저개발지역"이 미국에게 "중대한 시험"을 안겨 주었다고 생각했다. 스테일리는 스탠포드대학 강연에서 이 문제가 전 략적 중요성 뿐만 아니라 도덕적 함의도 갖고 있다고 주장했다. "더 나 은 삶과 인간적 존엄을 보장하는 근대 문명의 혜택이 비서구 세계에 도 광범위하게 전해져 그러한 혜택이 더이상 근대 문명의 발상지에 사 는 서구인들만의 전유물로만 남지 않을 것입니다. 그렇지 않으면 서구 에 사는 우리들 또한 그 혜택들을 잃어버리게 될 것입니다."[65] 스테일 리는 또 다른 글에서 서구 국가들이 물질적 진보와 민주적 가치의 원 천인 만큼 "오랜 관습의 수렁 안에 있는 사회들을 건져 내 근대적 경제 발전의 길로 인도해야 할" 책임이 있다고 주장했다. 그는 "지역사회개 발" 프로그램이 훈련된 일꾼들을 파견해 "마을 주민들이 깨끗한 우물, 학교, 도로, 수확량 향상 등 보다 나은 것들을 추구하도록 자극"하여 그 러한 발전 과정을 촉진할 수 있을 것이라고 보았다.[66] 농민들이 혁신적

---

64 Max Frankel, "U.S. Giving Saigon New Economic Aid in Fight on Reds", *New York Times*, January 5, 1962.

65 Staley, "American Interests and the Underdeveloped Areas of the World", 1954년 11월 9일 스탠포드대학교에서 한 연설. Staley Papers, box 3, "Staley Speeches, Articles 1946-60", HIA.

66 Staley, "The Revolution of Rising Expectations", unpublished paper, ca. 1957, Staley Papers, box 3, "Staley Speeches, Articles, 1946-1960", HIA. 이와 유사한 논의는 Staley, *The Future of Underdeveloped Countries: Political Implications of Economic Development*(New York: Harper and Bros, for the Council on Foreign Relations, 1954)에서도

가치를 따라 그간의 정체된 삶의 방식에서 벗어나기만 하면 자신을 둘러싼 환경을 스스로 개선하고 향상을 추구할 동기를 갖게 될 것이라고 본 것이다.

미시간대학의 정치학자이자 평화봉사단 자문위원이었던 새뮤얼 P. 아예스와 마찬가지로 유진 스테일리도 처음에는 미국의 전 세계적 개발원조를 유엔과 같은 국제기구를 통해 제공해야 한다고 생각했다. 1960년 말 스테일리는 임기 시작을 목전에 둔 케네디 정부가 소련과 합동으로 유엔 기관을 결성하고 재정을 지원하여 개발원조를 "냉전으로부터 분리할" 것을 제안하기까지 했다. 그러나 다른 이론가들 및 케네디 정부의 전략 기획가들과 마찬가지로, 스테일리 또한 베트남이 공산 세력이 외부로 침략한 명백한 사례로서 미국의 직접적·결정적 개입을 필요로 한다는 기본적인 가정에는 이의를 제기하지 않았다. 스테일리는 지엠의 전술이 남베트남 국민국가nation-state에 대한 농민들의 충성심을 이끌어 내 공산주의 반란의 호소력을 효과적으로 떨어뜨릴 수 있다고 주장하기도 했다. 그는 지엠의 전술을 반란 세력의 위협에 대한 혁신적인 대응으로 묘사하였는데, 지엠 정부가 집단부락 프로그램을 얼마나 착취적이고 폭력적인 방법으로 진행했는지 모르고 있었던 것이 거의 확실하다. 1961년 스테일리는 한 기자에게 "남베트남에서 열전이 벌어지는 중입니다. … 피비린내가 나고, 잔인하고, 숙련된 사람들이 벌이는 빗장이 없는 전쟁입니다"라고 말하기도 했다. 그는 라디오를 공급하고 거주지들을 연결하는 도로를 개통해 "주민들의 시각이 정부에 닿을 수 있는 방법"을 찾아내고, 지엠의 프로그램에 대

찾아볼 수 있다.

한 정보를 주민들에게 제공할 수 있을 것이라고 주장했다. 베트남의 경우 "국민들의 정신을 개선하고 현 정부하에서 여러 가지가 발전하고 있다는 사실을 보여 주기 위해 무언가 경제적·사회적 차원의 작업을 해야 한다"는 것이다. 스테일리는 국제 안보라는 문제를 주택, 학교, 상점, 마을 회관 등을 공급하는 작업과 연결하며 집단부락 정책을 통합적인 근대화 노력의 일환으로 묘사했다. 그는 다른 이론가 및 정부 참모들과 마찬가지로 남베트남이라는 국가를 확대·강화하는 문제를 경제적 진보 및 농민들이 새롭게 추구할 가치를 창출하는 문제와 통합시켰다.[67]

1961년 말~1962년 초 사이 지엠 정부와 미국은 농촌 주민 재정착을 대반란전 프로그램의 기반으로 삼았다. 당시 CIA 사이공 지부장이던 윌리엄 E. 콜비William E. Colby가 이러한 노력을 도왔다. 몇 달 동안 CIA와 미 특수전 부대는 베트남 내 소수민족이자 고산지대에 거주하는 몽타냐족Montagnards을 대상으로 마을 자위대 조직 및 물자 원조 프로그램을 실험했다. 콜비는 지엠과 뉴가 마을 차원의 전략적 노력을 한층 강화하도록 조언하는 한편, 주베트남영국고문단 단장이자 "말라야 비상사태"Malayan Emergency 진압 과정에서 성과를 올린 로버트 G. K. 톰슨Robert G. K. Thompson과의 만남을 주선했다.[68] 톰슨의 견해에 끌린 지엠과 뉴는 군사작전과 전국적 차원의 "전략촌" 프로그램을 결합하는

---

67 Mary Madison, "S.R.I. Aide Offers Plan to Beat Viet Nam Reds", *Daily Palo Alto Times*, August 7, 1961. 스테일리가 유엔에 내놓은 제안은 "Taking Economic and Social Development of New Countries Out of the Cold War", Staley Papers, box 3, HIA를 참고.

68 William Conrad Gibbons, *The U.S. Government and the Vietnam War: Executive and Legislative Roles and Relationships, Part II, 1961–1964*, Princeton: Princeton University Press, 1986, p.104.

것에 점점 더 관심을 보였다. 톰슨은 말라야의 영국 식민 정부 편에서 화교 계통 반란군과 싸운 경험을 토대로 게릴라 부대가 군사력보다는 농촌에서 정보, 물자, 인력을 공급받을 수 있는 충성도 높은 네트워크 때문에 강력해진다고 주장했다. 톰슨은 지엠 정부가 베트콩을 격퇴하기 위해서는 혁명의 기반 그 자체를 공격해야 한다고 강조했다.[69]

톰슨은 이러한 노력이 세 가지의 교차적 단계를 거쳐 이루어져야 한다고 주장했다. 톰슨의 회고록에 따르면 1단계에서는 먼저 안전 지역 근방의 목표 지역에 "군경 합동 병력을 투입하여 정리"해야 한다. 이를 통해 "반란군 부대를 목표 지역 내에 뿔뿔이 흩어지게 만들거나 그들의 통제하에 있는 지역 또는 경합 지역으로 철수시킨다". 그러나 톰슨은 군경이 단순히 해당 지역을 "청소"한 후 떠남으로써 반란군이 돌아올 여지를 주어서는 안 된다고 경고했다. 군경은 2단계인 "확보" 작업을 통해 "목표 지역 내에 정부의 권위를 회복하고 견고한 안보 체제를 구축"해야 한다.[70] 톰슨은 말라야의 경우 바로 이 단계에서 전략촌 프로그램이 큰 효과를 발휘했다고 설명했다. 그는 지엠에게 전략촌에서 핵심적으로 필요한 것은 현지 농민들을 반란군으로부터 격리시키는 것이라고 말했다. "성장과 담당 군 지휘관들이 주민과 게릴라의 물리적·정치적 분리와 같이 성공적인 대게릴라전의 기본 개념들을 잘 이해하는 것이 무엇보다 중요합니다. '물' 속에서 '작은 물고기들'을 전부 다 꺼내서 죽게 해야 합니다." 톰슨은 반란군이 필수 물자를 얻지 못

---

69 Senate, *Pentagon Papers* (Gravel edition), vol.2, pp.139~140.

70 Robert G. K. Thompson, *Defeating Communist Insurgency: Experiences from Malaya and Vietnam*, London: Chatto and Windus, 1966, pp.111~112.

하게 하기 위해서는 방어가 용이한 전략촌으로 농민들을 각각 1000여 명 정도 이주시키는 조치가 필요하다고 주장했다. 전략촌을 건설하는 동안 군 병력의 보호도 필요하다. 해자, 울타리, 말뚝 등으로 방어선을 구축하면 정규군은 촌락을 지킬 자경단을 모집하여 훈련·무장시킨다. 군은 또한 "촌락 내 반란군의 비밀 조직을 제거"하기 위해 주민들을 감시·조사·훈육한다.[71]

농민 재정착 및 게릴라 부대에 대비한 방어 체계 구축이 끝나면 정부는 주민들을 "전취"戰取하는 3단계로 이동한다. 학교 건설, 수로 구축, 도로 수리, 비료·종자·가축 공급 등의 조치를 취하면 "정부가 국민들의 이익을 위해 일할 뿐만 아니라 이 지역에 머무르면서 지속적인 사업을 전개할 것이라는 인상"을 줄 수 있다는 것이다. 톰슨은 이러한 심리적 영향으로 숙명론에 빠졌던 농민들이 "안정적인 삶을 향한 의지와 미래에 대한 희망"을 갖게 될 것이라고 생각했다. 이를 통해 주민들은 "반란군 침투를 막기 위해 필수적인 조치에 적극적으로 나서게 될 것"이며 "잔존 반란군을 제거하는 데 필요한 정보를 제공하게 될 것"이다. 농민들이 정부에 대한 충성을 충분히 증명하고 나면 정부는 "보다 야심찬 자조 계획"을 실행하는 동시에 주민들의 이동 제한을 서서히 완화한다.[72]

1961년 톰슨은 자신의 계획을 응오딘지엠에게 공식적으로 제시했고, 이 계획이 전쟁에서 승리하는 열쇠가 될 것이라고 주장했다. 계획의 목표는 "반란군을 죽이는 것보다는 주민들의 충성심을 확보"하

---

71 *Ibid.*, pp.123~124.
72 *Ibid.*, pp.112~113.

는 데 있었기 때문에 톰슨은 지엠에게 먼저 사이공 남쪽의 삼각주 지역에 집중할 것을 권했다. 이곳은 농촌 인구의 비율이 높았고, 정부군과 반란군 간 경합 지역으로 분류되었지만 민족해방전선의 세력이 상대적으로 약한 곳이었다. 톰슨은 이러한 접근 방식이 궁극적으로는 전국적 차원으로 확대될 것이라고 보았다. 즉 향후 "공산 세력을 상대로 한 모든 조치를 지시·조정할 정부 기구를 재조직하고 국가 전체를 대상으로 한 전략적 작전 계획을 수립"하게 된다는 것이다.[73]

톰슨의 방법은 보편적인 지지를 받지는 못했다. 특히 일부 미군 장교들은 재래식의 "수색·격멸" 방식 대신 "소탕 및 확보"작전을 채택하는 것에 대해 불편한 심기를 표출하기도 했다. 1950년대 이래 미 군사원조고문단은 남베트남군에게 재래전을 훈련시켰다. 케네디의 백악관이 대반란전 및 개발 교리를 채택했을 때도 많은 장교는 미국이 제2차 세계대전과 한국전쟁에서 채택한 전술을 베트남에서도 사용해야 한다고 주장했다. 합참의장 라이먼 렘니처 장군은 톰슨의 방식에 특히 격한 반응을 보였고 케네디의 고문 맥스웰 테일러에게 편지를 보내 정부가 그러한 조치를 채택해서는 안 된다고 주장했다. 렘니처를 비롯한 일부 장교들은 전략촌에 기반한 장기적 접근을 시도하기에는 상황이 너무 위험하다고 주장했다. 이들은 화력을 집중하고 남베트남군을 강화하며, 베트콩을 충원되는 속도보다 빠르게 사살하는 것만이 전쟁에서 승리하는 유일한 길이라고 주장했다. 군사 비평가들은 마을 수준의 대반란전이 아니라 끊임없는 공격만이 궁극적 승리를 보장할 것이라고 주장했다.[74]

---

73 Senate, *Pentagon Papers*(Gravel edition), vol.2, p.140.

미군의 유력 인사들은 재래식 전술을 선호하고 고수했음에도 불구하고 전략촌 프로그램의 실행을 막지 못했다. 톰슨의 계획은 이미 영 제국을 방어하는 데 적용된 적이 있었고, 케네디 정부가 베트남에서의 도전을 바라보는 시각과도 완벽하게 맞아떨어졌다. 1961년 말 CIA는 민족해방전선이 "하노이로부터 정치적·군사적 지도 및 다양한 형태의 지원을 받고 있지만 대원 모집과 물자 확보의 측면에서는 대체로 자립적"이라고 경고했다. 더구나 이들은 취약한 농민들을 대상으로 교묘한 책략을 쓰면서 역량을 강화하고 있다는 것이다. CIA의 정보 평가는 "베트콩은 지역에서 자경 또는 마을에서의 징발을 통해 식량을 확보한다. 재정적 측면에서는 자신들이 통제하는 지역에서 세금을 거출하거나 강도 행위 및 협박을 통해 자금을 확보한다. … 여러 지역에서 주민들은 때로는 자발적으로, 때로는 위협이나 강압에 못 이겨 식량 및 피난처, 작전상의 지원을 베트콩에게 제공한다"고 주장했다.[75] 민족해방전선이 효과적으로 활동하기 위해서는 농민들에게 의지할 수밖에 없었다. 따라서 농민들을 게릴라 부대로부터 분리시키는 조치는 반란군의 지원 체계를 파괴하는 핵심적 수단이 될 수 있었다. 바로 이러한 점 때문에 톰슨의 제안이 전략적으로 일리 있다고 받아들여질 수 있었던 것이다.

톰슨이 영 제국에서 사용한 전략에는 미국이 필리핀에서 겪은 역사적 경험과 부합하는 측면이 있기도 했다. 케네디의 임기가 시작될

---

74 *Ibid.*, vol.2, pp.140~141; Buzzanco, *Masters of War*, pp.119~120; Gibbons, *U.S. Government and the Vietnam War*, pp.105~106.

75 Central Intelligence Agency, Special National Intelligence Estimate Number 53-2-61, October 5, 1961, National Intelligence Estimates, box 7, "53, South Vietnam", LBJL.

때 로스토는 딘 러스크에게 "막사이사이식의 대게릴라전 전략의 성공은 저개발지역에서 매력적인 정치적·경제적 프로그램을 통합적으로 시행하는 것, 그리고 중앙정부가 미래의 대세라는 것을 농민들에게 가차 없이 보여 주는 데 달려 있습니다"라고 조언했다.[76] 로스토는 1950년대 초반 후크발라합 반란에 대응해 농촌 재정착 사업과 대민 활동을 성공적으로 추진했던 경험이 베트남에서의 승리를 위해서도 시사하는 바가 있다고 설명했다.[77] 근대화론의 옹호자들은 직접적으로 깨닫지 못했지만 사실 톰슨이 건의한 내용들은 훨씬 더 이전에 미국이 진행했던 프로그램을 강하게 연상시켰다. 역사학자 스튜어트 밀러_{Stuart Miller}에 따르면 1901년~1902년 미국 식민 지배하의 필리핀에서 미군 장교들은 현지 반란군과 싸우면서 자신들 나름의 "무자비한 사업"에 착수한 적이 있었다. "전체 주민은 '사선'_{死線} 안쪽의 수용소로 이동 조치되었다. 사람, 농작물, 식량 저장고, 가축, 가옥, 배를 비롯하여 수용소 밖의 모든 것은 체계적으로 파괴되었다."[78] 케네디 정부는 비록 그러한 대규모의 포괄적 파괴 행위를 노골적으로 옹호하지는 않았지만 그들 역시 놀랍도록 유사한 방식으로 재정착과 폭력을 결합하는 조치

---

76 Memorandum, Rostow to Rusk, January 6, 1961, POF, box 64a, "Rostow, 11/61-2/61", JFKL.

77 닉 컬래서(Nick Cullather)가 지적한 바와 같이 로스토를 비롯한 케네디의 참모들은 막사이사이 스스로가 반란 세력뿐만 아니라 미국을 "관리"하기 위해 이러한 프로그램을 얼마만큼 성공적으로 활용했는지 깨닫지 못했다. Nick Cullather, *Illusions of Influence: The Political Economy of United States-Philippines Relations, 1942–1960*, Stanford: Stanford University Press, 1994, pp.102~103 참조.

78 Stuart Creighton Miller, *"Benevolent Assimilation": The American Conquest of the Philippines, 1899-1903*, New Haven: Yale University Press, 1982, pp.208~209. 밀러가 언급하듯이 스페인들은 쿠바에서, 영국인들은 보어전쟁에서 식민지 전쟁을 치르며 비슷한 전술을 사용했다.

를 채택·촉진했다. 일단 지역이 "소탕"되고 전략촌이 만들어진 후에 정부의 감시와 주민 통제에 저항하는 모든 이는 더 이상 일반 농민이나 주민으로 간주하지 않았다. 그들은 반란군 혐의자로 취급되어 집중 사격의 대상이 될 뿐이었다.

또한 톰슨의 "확보" 및 "전취" 단계는 근대화와 사회공학이 잠재적으로 대반란전의 유용한 무기가 될 수 있다고 믿은 미국 참모들에게 타당한 것으로 받아들여졌다. 1952년부터 1953년 사이에 루시안 파이는 미국 정부가 고용한 전문가 자격으로 말라야에서 현지 연구를 수행했는데, 이때 말라야 연방 경찰의 협조를 받아 60명의 "항복한 적 인사"를 인터뷰했다. 파이는 공산 반란군이 마르크스주의 교리가 갖는 호소력 또는 물자 재분배를 매개로 사람들을 끌어들인 것이 아니라고 결론 내렸다. 파이는 말라야의 중국인들이 반란에 가담한 것은 "고도로 불안정한 사회에서 안정성을 찾기 위함"이었다고 주장했다. 즉 도시의 발달, 새로운 시장경제의 성장, 농업에서의 변화, 산업의 발생 등에 드러난 서구의 영향력은 기존의 "전통적"인 아시아인들의 존재 양식을 동요시키는 동시에 새로운 욕구를 자극했다. "많은 사람이 전통적 삶의 방식과 결부된 자신의 정체성을 잃어버리고 근대적 삶의 방식을 실현하기 위해 부단히 노력하는" 이행기에 말라야 공산당은 혼란에 빠진 이들이 "야망을 갖고 편승할 수 있는" 장을 제공했다. 파이는 위계, 조직, 계층 상승 잠재력, 혁명 훈련의 규율 등 공산당이 제공하는 모든 것이 사람들로 하여금 "그들이 알고 있던 기존의 정체된 사회 또는 불안정하고 예측 불가능한 사회 그 어느 것과 비교해 보아도 공산당이라는 구조 속에서 노력에 따른 보상을 누릴 수 있는 가능성이 더 높다"고 믿게 만들었다고 주장했다.[79] 그는 농촌 반란군들이 불의에 대한 감각이나 민족주의, 종족적 연대로 인해 공산주의 운동에 가담했다고 보지 않았다. 그들은 근대화되고 싶어 반란에 가담했다는 것이다.

월트 로스토도 파이가 말라야를 바라본 것과 같은 방식으로 "저개발된" 베트남에서 농민들이 혁명에 가담한 동기를 분석했다. 1961년 10월 맥스웰 테일러와 함께 사절단의 일원으로 사이공을 방문한 로스토는 포로로 잡힌 게릴라 부대원들에 대한 인터뷰를 통해 그들이 왜 공산주의의 구호를 지지했는지 밝혀 보려 했다. 파이가 그랬던 것처럼 로스토도 "개발도상 지역의 청년들이 그들 인생에 처음으로—다양한 정도의 만족과 실망을 경험했지만—가족, 촌락, 마을을 뛰어넘는 근대적 조직 구조에 발을 담갔음"을 발견했다.[80] 로스토는 방황하며 혼란에 빠졌다가 게릴라부대 또는 그 동조자가 된 농민들은 마르크스나 레닌, 심지어 호찌민의 사상에도 거의 노출된 적이 없다고 주장했다. 그들은 통일 베트남 국가의 역사적·문화적 전망도 지지하지 않았고, 현지의 부·권력의 재분배도 바라지 않았으며, 지엠 정권의 학정을 끝내는 것도 바라지 않았다는 것이다. 그들은 그저 보다 거대한, 근대적 조직의 일부가 되기를 바랐을 뿐이며, 베트콩에서 발견한 조직 구조에 그런 희망을 걸었다는 것이다.

파이와 로스토가 수집한 "증거"는 표본의 숫자도 적고 감옥이라는 장소에서 국가가 선별한 포로들에 대한 인터뷰를 토대로 정치적 신념을 평가했다는 객관성의 문제에도 불구하고 톰슨의 계획을 대폭 활

---

79 Lucian W. Pye, *Guerrilla Communism in Malaya: Its Social and Political Meaning*, Princeton: Princeton University Press, 1956, p.3, 7.

80 W. W. Rostow, *The Diffusion of Power*, New York: Macmillan, 1972, pp.273~274.

용해야 한다는 기본적 세계관을 확인시켜 주었다. 동요하는 "전통 상태의" 농민들이 근대적 의미의 성취·발전을 이루기 위해 혁명 조직에 가담하므로, 정부가 호소력 있는 제도를 통해 반란군이 제공하는 그러한 것들을 대체하는 것이 공산 세력을 격퇴하는 열쇠라는 것이다. 또한 그러한 일을 위해서는 국가권력을 지방까지 확대하여 농민들이 정부의 활동에 참여할 기회를 주고 그로부터 소속감을 끌어내야 한다. 파이는 말라야의 문제는 식민 국가의 통제가 충분히 광범위하지 못했던 것에 있다고 보았다. 그는 "응답자의 70퍼센트 이상이 식민지 정부가 말라야의 중국인 공동체와는 완전히 유리된 채 존재하는 것으로 인식했다. 식민지 정부는 동떨어진 영역에서 제한적으로 활동했으며, 이 때문에 항상 응답자들은 정부가 그들의 일상에 어떤 영향을 주는지 이해할 수 없었다. … 중앙정부가 다수 주민의 복지와 활동에 효과적이며 지속적인 관심을 기울인다는 것은 그들에게는 생소한 개념이었다".[81] 파이는 만약 정부가 주민들의 삶에 자신의 존재를 일상적으로 드러내고, 그들의 염원을 담아내는 중심 기구가 되며, 통치 과정에 그들을 직접 참여시킬 수 있다면 반란은 근대성을 획득하는 경로로서 가졌던 호소력을 잃어버릴 것이라고 주장했다. 1961년 케네디 정부의 베트남 태스크포스가 규정한 바와 같이, 문제는 "베트남의 농민들을 국가라는 정치체로 끌어들이는 것"에 있었다.[82]

대반란전을 이러한 시각에서 인식한 케네디 정부와 사회과학자

---

81 Pye, *Guerilla Communism in Malaya*, pp.201~202.
82 Memorandum, Sterling Cottrell to National Security Council, May 9, 1961, NSF, box 330, "NSAM 52, Vietnam", JFKL.

집단은 지엠의 실험과 톰슨의 모델을 국가 건설을 위한 심오한 전략으로 변환했다. 케네디 정부는 혼란에 빠진 국민들에게 새로운 정치 문화를 주입하여 아래로부터 남베트남 민족주의를 창출함으로써 남베트남 국가의 장악력을 확대하고자 했다. 루시안 파이는 국제개발처 자문위원회에 제출한 보고서에서 모든 "개발도상국" 정부는 "합법성" "침투" "참여"와 관련된 근본적 위기에 직면한다고 주장했다. 따라서 개발도상국들은 정치적 과정에 적극 관여함으로써 주민들을 통제하고 그들로부터 지지를 얻어 낼 필요가 있다는 것이다.[83] 케네디 정부는 전략촌 프로그램이 대중의 충성심을 확보하고 전쟁에서 승리하기 위한 구조를 만들어 줄 것으로 보았다. 미국의 관료와 조언가들은 "전통적" 농민들이 "근대적" 시민이 될 수 있으리라고 기대했다.

더구나 많은 기획가는 베트남에서 그러한 과정을 위한 매개체를 쉽게 찾을 수 있다고 보았다. 1950년대 이래 남베트남군은 "대민 활동"에서 다양한 역할을 했는데, 1959년 한 해에만 4000명의 남베트남 군인들이 152개의 교량과 274킬로미터의 임도林道를 건설했다. 미국의 훈련과 물질적 지원을 받은 이들 남베트남군은 근대화 과정에서 중요한 행위자가 될 것이라는 기대를 모았다. 남베트남군은 외부 영향에 취약한 상태에 놓인 농민들에게 새로운 이상과 "근대적" 구조·위계를 보여 줌으로써 각 지방에서 변화를 자극할 수 있을 것이다. 전문가들은 근대화된 군과의 접촉을 통해 농민들이 기존의 삶의 경계를 뛰어넘는 전국적 정부라는 존재와 자신을 동일시할 뿐만 아니라 자위自

---

83 Pye, "Political Development and Foreign Aid", November 1963, Bell Papers, box 23, "AID Advisory Committee on Economic Development(Mason Committee), 1963-1964", JFKL.

衛를 위한 노력을 한층 강화하게 될 것이라고 생각했다. 1950년대 후반~1960년대 초반에 걸쳐 에드워드 실즈, 대니얼 러너를 비롯한 사회과학자들의 연구는 신속하고 지속적인 "군에 의한 근대화"의 성공적인 사례로 터키를 지목했다. 케네디의 참모들은 전략촌 프로그램이 베트남에서 그와 비슷한 효과를 발휘하여 혁명을 격퇴하는 데 도움을 줄 것이라고 믿었다.[84]

국무부의 정보책임자[85] 로저 힐스먼은 웨스트포인트 육군사관학교 출신이자 제2차 세계대전기 전략사무국에서 근무했고 예일대학에서 정치학을 공부했는데, 그 또한 실즈, 러너, 파이, 로스토와 동일한 개념 틀을 공유했다. 1962년 1월 베트남을 방문하면서 힐스먼도 사회공학에 바탕을 둔 영국식 계획이 설득력이 있다고 판단하게 되었다. 사이공에서 힐스먼은 로버트 톰슨을 만났을 뿐만 아니라, 재래식 군사작전의 실패를 직접 목격하면서 반란 진압을 위해서는 반란군과 농촌 주민들과의 관계를 단절시킬 방법이 필요하다는 것을 깨닫게 되었다. 그는 남베트남군의 폭격과 공격이 농민들을 죽이고 남베트남 정부에 대한 대중적 지지가 하락하며, 민족해방전선 혁명가들을 잡기도 전에 몰

---

84 Smith, *An International History of the Vietnam War*, vol.1, pp.183~184. "군에 의한 근대화"(military modernization)에 대한 이론적 논의는 Edward Shils, "The Military in the Political Development of the New States", ed. John J. Johnson, *The Role of the Military in Underdeveloped Countries*, Princeton: Princeton University Press, 1962; Daniel Lerner and Richard D. Robinson, "Swords and Ploughshares: The Turkish Army as a Modernizing Force", ed. Henry Bienen, *The Military and Modernization*, Chicago: Aldine-Atherton, 1971를 참조. 이에 대한 미국 정부의 시각은 작자 미상의 "The Role of the Military in Underdeveloped Areas", prepared for the Secretary of State's Policy Planning Meeting, January 29, 1963, Thompson Papers, box 6, "Department of State, Policy Planning Council, 1/63", JFKL을 참조.

85 힐스먼은 당시 미 국무부 정보조사국장으로 재직 중이었다.—옮긴이

아내는 것을 보고 크게 실망했다. 힐스먼은 성공적인 대반란전 전략은 군사작전을 사회적·정치적 진보와 결합해야만 가능하다고 굳게 확신하게 되었다.[86]

1962년 2월 케네디의 지시에 따라 힐스먼은 전략촌 프로그램을 미국 정부의 "대베트남 전략 개념"의 기초로 만드는 데 착수했다. 그는 전략촌 프로그램이 보다 광범위한 국가 건설 노력의 일환으로 포섭될 수 있다고 주장했다. 톰슨과 마찬가지로 힐스먼도 "남베트남에서의 투쟁의 본질은 결국 마을의 통제권을 사이에 둔 싸움"임을 강조했다. 그는 "베트콩이 지역에서 투쟁 역량을 공급받지 못하도록 차단"해야만 승리할 수 있다고 보았다. 힐스먼은 또한 다음과 같은 사례를 들며 "방어가 용이한 작은 지역"으로 주민들을 재정착시키는 구체적인 방법을 제시했다. "배수로와 철조망을 두른 담장으로 각 전략촌을 보호한다. 또한 하나 이상의 전망대와 감시 초소를 설치하며, 방어 초소를 세워 무기를 일괄적으로 보관한다. … 전략촌 주변 지역은 사격을 위해 소개하며, 배수로를 포함하여 소개 지역 주변은 부비트랩(못, 구덩이, 폭발물 등) 또는 대인 장애물을 설치한다." 이러한 물리적 시설 외에도 "카빈 소총, 45구경 그리스 건, 엽총으로 무장한 75~150명 규모의 자위대"와 "야전용 전화 및 경보 시스템"을 설치하여 방어 체제를 한층 강화한다. 여기에 더해 감시탑이 촌락 내·외부의 삶을 모두 감시하고 규율하는 역할을 한다. 정부군의 지원을 받는 각 마을 자위대는 게릴라 부대

---

86 William J. Rust, *Kennedy in Vietnam*, New York: Charles Scribner's Sons, 1985, pp.67~68. 백악관 참모 윌리엄 H. 브루벡(William H. Brubeck)이 국가안보 보좌관 맥조지 번디에게 보낸 비망록 또한 1962년 초 톰슨의 워싱턴 방문을 언급하면서 1963년 봄 케네디가 톰슨을 만나는 계획에 대해서 논의했다. NSF, box 197, "Vietnam, 3/1-3/19/63", JFKL 참조.

의 공격을 격퇴하는 동시에 "통금 관리, 신분증 검사, 강경 공산주의자 색출"과 같은 업무도 맡는다.[87]

힐스먼은 또한 남베트남 정부가 대중적 차원의 복지 향상을 통해 농민들의 "마음과 정신"을 사로잡아야 한다고 주장했다. 의료진과 교사가 포함된 "대민 활동"팀은 국가가 국민들의 삶에 진정한 관심을 갖고 있다는 것을 보여 줄 것이다. 힐스먼에 따르면 전략촌은 단순히 게릴라 부대와 농민을 분리하는 것을 넘어서 지엠 정권에게 유리한 입지를 제공하게 될 것이었다. 힐스먼은 전략촌을 통해 지금까지 냉소적이었던 농민들과 남베트남 정부 사이에 강력한 민족주의적 연대감이 형성될 것이라고 보았다. 그는 "필수적인 사회적·정치적 기반"을 구축하는 책임을 진 "대민 활동 팀"이 "베트콩을 제거하는 데 가장 중요한 요소"라고 지적했다. 반란의 발생은 "정치적인 문제이지 군사적인 문제가 아니"므로 무엇보다 지엠 정부와 농촌 주민들 사이에 새로운 연결 고리를 만드는 것이 "첫 번째 원칙"이라는 것이다. 그는 남베트남의 행정가들이 "각 촌락에 촌락 기구를 수립하여 이를 소속 구역 및 중앙 정부와 연결, 마을이 직면한 필요와 문제에 대한 정보를 상위 기관에 보고하고, 정부는 각 촌락에 필요한 서비스를 제공"하는 체제를 만들 것으로 기대했다. 또한 힐스먼은 농민들을 자위대에 입단시키고 30만 명 규모의 지엠 휘하 청년단 조직을 확대하여 마을과 국가 간의 결속을 강화할 수 있을 것이라 보았다.[88]

---

87 Hilsman, "A Strategic Concept for South Vietnam", February 2, 1962, Hilsman Papers, box 3, Vietnam, "Strategic Concept", JFKL.
88 Ibid.

힐스먼은 파이가 농민들의 동기를 과학적으로 평가하는 데 사용했던 것과 같은 용어를 쓰지는 않았지만 근본적인 문화적 가정이라는 측면에서는 명백히 파이와 같은 내용을 공유했다. 근대화 도상의 주민들은 정부가 그들의 삶의 질을 향상시키고자 한다는 것을 깨닫게 됨에 따라 서구적·민주주의적 형태를 모델로 한 지역의 정치과정에 참여하게 될 것이고, 이를 통해 자신들에게 주어진 권한의 존재를 알게 된다. 국가의 지원으로 자신들의 필요가 채워짐을 경험한 농민들은 그들이 새로이 획득한 시민권에 수반되는 의무·책임을 기꺼이 받아들이고 시민권이 주는 혜택을 적극적으로 사수하고자 할 것이다. 남베트남 국가에 대한 "근대적" 형태의 충성이 과거에 고립된 자율적 마을 공동체 내에서 행해지던 "전통적"인 효행의 의무를 대체할 것이다. 힐스먼과 같은 전략가들은 그러한 변화가 일어나기만 하면 베트콩은 설 자리를 잃을 것이라고 생각했다.[89]

전략촌 프로그램의 체계적인 실행은 시작부터 암초에 부딪혔다. 1962년 3월부터 그 대부분이 민족해방전선의 통제하에 있던 사이공 북쪽의 빈두옹성에서 전략촌을 건설하려는 선라이즈 작전Operation Sunrise이 시작되었다. 톰슨은 전략촌 프로그램을 안전한 지역에서 시작하여 서서히 주변 지역으로 확산시켜 반란군의 재형성을 막아야 한

---

89 일부 관료들은 세계의 현 상황 및 세계를 다루는 미국의 능력에 대한 힐스먼의 시각에 크게 매료된 나머지 스스로를 주체하지 못할 정도였다. 미 공보처의 에드워드 R. 머로는 "Strategic Concept"을 읽고 나서 힐스먼을 불러 "이해가 잘 될 뿐만 아니라 최첨단의 내용을 담은 글을 읽어 보는 것은 몇 달 만에 처음이며 … 첫 세 페이지를 읽는 순간, 무더운 하루를 보낸 끝에 민트 줄렙 칵테일을 한잔하는 기분이었다"며 소감을 밝혔다. Hilsman, Memo to File, April 25, 1962, Hilsman Papers, box 3, "Vietnam, A Strategic Concept for South Vietnam, 2/2/62", JFKL.

다고 주장했다. 그럼에도 불구하고 빈두옹을 선택한 것은 극적인 승리를 거두고자 하는 미국의 바람, 정치적으로 중요한 수도 인접 지역을 확보하고자 하는 지엠의 목표가 반영된 결과였다.[90] 남베트남군이 이 지역에서 민족해방전선 게릴라 부대를 몰아내는 동안 국제개발처의 현지 베트남 기구인 유솜USOM(United States Operations Mission)은 이주 농민들이 입은 재산 피해를 보상하고 대민 활동 팀을 통해 약품, 신분증, 비료, 농기구를 공급하기 위해 30만 달러(가구당 21달러)를 제공했다. 미 공보원도 자신만의 성과를 올리고자 「좋은 삶을 향하여」Toward the Good Life 라는 제목의 팸플릿을 인쇄하여 배포했다. 군사적 토벌이 완료된 후 1963년 3월 22일 고무 플렌테이션 농장과 숲으로 깊이 둘러싸인 벤켓 현에서부터 재정착 작업이 시작되었다. 70가구가 동의하에 이주했으며, 140가구는 총구에 떠밀려 재정착에 나섰다. 모든 주민은 갓 만든 전략촌을 보호할 도랑과 벽뿐만 아니라 거주할 새집도 지어야 했다. 남베트남군은 농민들과 임노동자들이 돌아가지 못하도록 그들의 이전 거주지를 불태워 버리는 것도 잊지 않았다. 결과는 인상적이지 못했다. 1962년 5월 사이공의 한 관영 신문은 6주간의 작전 결과 벤켓 지구의 전체 주민 3만 8000명 중 오직 2769명(7퍼센트)만이 강제적 또는 자발적으로 영구 이주했다고 인정했다. 또한 6월에는 민족해방전선이 주민들에게 자신들이 외면당하지 않았다는 것을 입증했다. 민족해방전선 게릴라 부대가 주민들의 도움을 받아 11대의 남베트남군 호송 행렬에 기습을 가하고 도로를 파괴하여 남베트남 정부의 지원 병력이 도착하지 못하도록 막아 버리는 사건이 벌어진 것이다.[91]

---

90 Senate, *Pentagon Papers* (Gravel edition), vol.2, p.129.

시작이 이처럼 불길했다면 전략촌 프로그램의 가장 강력한 지지자들조차도 프로그램의 성공 여부에 대해서 의문을 품게 되었으리라 생각하기 쉽다. 그러나 이러한 패턴이 끊임없이 반복되었음에도, 전략촌 개념 자체 및 전략촌 개념의 토대가 된 이념적 가정들은 도전받지 않은 채 여전히 바람직한 것으로 여겨졌다. 미국의 기획가들은 전략촌의 문제가 단지 행정 및 조정 차원의 문제에 불과하다고 주장했다. 전략촌 프로그램은 정확한 순서, 적절한 지역, 적합한 인물, 필수적인 자금 지원이 수반되기만 하면 쉽게 성공할 수 있다는 것이다. 미국이 다른 사회의 전면적·진보적 변화와 근대화를 이끌 수 있는 능력을 갖춘 국가라는 자신감이 하나의 굳건한 이데올로기로 작동한 결과 미국의 기획가와 전략가들은 프로그램의 타당성을 의심하게 만드는 징후들을 제대로 인지하지 못했다. 1962년 4월 로저 힐스먼은 국무부의 고위급 관료 애버렐 해리먼에게 보낸 비망록에서 선라이즈 작전의 결코 긍정적이지 못했던 결과는 간과한 채 자신감 있게 베트남의 상황을 설명했다. 힐스먼은 지엠이 "대민 활동부"를 강화하고 "전략촌 부처간위원회"를 신설했으며 메콩강 삼각주 지역에 전략촌 개념을 적용하기 위한 "평정 계획"Pacification Plan을 승인했다고 보고하면서, 전략촌 계획이 "남베트남 대부분의 지역"에 성공적으로 적용되어 주민들을 보호하고 반란을 진압할 수 있으리라 뻔뻔스럽게 예측했다.[92]

91 Bernard Fall, *The Two Viet-Nams: A Political and Military Analysis*, New York: Praeger, 1963, pp.376~379; Memorandum, Sterling Cottrell to Special Group (Ci), March 22, 1962, NSF, box 319, "Special Group (Ci), 1/61~6/62", JFKL.

92 Memorandum, Hilsman to Harriman, April 3, 1962, Hilsman Papers, box 3, "Vietnam, A Strategic Concept for South Vietnam", 2/2/62, JFKL.

1962년 중엽에 미국은 전략촌 프로그램의 전국적 시행을 통제·지원하기 위한 제도적 네트워크를 구축하는 일에 착수했다. 유솜은 전직 CIA 요원이자 랜스데일의 필리핀 비밀 작전 팀의 일원이었던 루퍼스 필립스 3세Rufus Philips III의 영향을 받아 농촌담당국 및 남베트남 각성에 "부흥위원회"를 설립하고 거시적인 국가 건설 작업과 농촌의 대반란전을 결합했다. 각 부흥위원회는 각 성의 미 군사 고문관, 유솜 지부장, 남베트남 정부의 성장으로 구성되었으며, 위원회는 관할 지역에서 전략촌 프로그램을 실행에 옮기는 책임을 맡았다. 남베트남 성장이 지역에 필요한 인력, 자금, 자재의 양을 예측하여 보고하면 사이공에서 지엠 정부 및 전략촌 프로그램에 관여하는 모든 미국 기관의 실무자들로 구성된 위원회가 보고 내용을 검토한다. 계획 및 예산안에 대한 승인이 이루어지면 남베트남 성장에게 수표가 발행된다. 그러나 실제 비용 지출을 위해서는 각 성 부흥위원회의 미국 측 구성원들의 승인이 그때그때마다 필요했다. 남베트남 성장들은 미국 측 군사·원조기관 고문들에게 승인을 얻고 나서 산하의 현장縣長들을 만나 주민 중에서 촌락 건설을 감독할 간부, 지역 관료, 민병대원 등을 모집하라는 지시를 내린다. 남베트남 정부는 지역에서 모집한 이들을 훈련하기 위한 시설을 건설했고, 훈련을 마친 사람들은 성 대민 활동국에서 나온 관리자의 지도를 받아 팀별로 활동했다. 이들은 재정착 대상자들에 대한 정보를 수집하는 책임을 맡은 외에도 각종 사회적·경제적 프로그램을 기획하고, 농민들의 세부 근로 내용을 편성하며, 농민들이 새로 만든 전략촌으로 이주해야 하는 이유를 설명하기도 했다.[93]

---

93 George K. Tanham, *War without Guns: American Civilians in Rural Vietnam*, New

국제개발처는 이 작업을 지원하기 위해 막대한 자금을 제공했다. 국무부 내 동남아시아 태스크포스는 1963 회계연도에 "농촌에 물자를 직접 배당하는" 전략촌 프로그램에 8760만 달러를 투입할 것을 제안 하면서 국제개발처가 농촌 평정 활동으로 방향을 전환한 것을 높이 평 가했다. 한 현황 보고서는 다음과 같은 내용을 실었다. "새 프로그램은 중앙 정부를 경유한 낙수 효과 식의 혜택을 제공하던 이전의 프로그 램들과는 달리 분권화된 기구를 통해 농촌 지역으로 경제적·사회적· 안보적 혜택을 직접 제공한다." 보고서는 그해의 자금 지원 증가분 중 93퍼센트를 대반란전 지원과 물자에 할당할 것을 권고하면서 "농촌의 삶을 직접적으로 변화시키는 촌락, 마을, 현 프로그램"에 대한 굳건한 지지를 보냈다.[94] 국제개발처는 1964년 6월까지를 기한으로 하는 회계 연도 1년간 전략촌 프로그램과 관련하여 8200만 달러 상당의 건축자 재, 의료 용품, 학용품, 가축, 농약, 식량을 제공했고 군사 장비, 용역, 물 자를 위해서는 2억 1500만 달러를 지원했다.[95] "농촌의 삶을 직접적으

York: Praeger, 1966, pp.24~27; John B. O'Donnell, "The Strategic Hamlet Program in Kien Hoa Province, South Vietnam: A Case Study of Counter-Insurgency", ed. Peter Kunstadter, *Southeast Asian Tribes, Minorities, and Nations 2*, Princeton: Princeton University Press, 1967, pp.711~718; Agency for International Development, *Administrative History 1963-1969*, vol.1, pt.1, pp.391~392, LBJL. 국제개발처사(AID administrative histories)의 기록처럼 성 차원의 대반란전에 대한 강조는 국제개발처 내부에서 경제원조와 관련된 기술적 문제에 노력을 집중하려는 직원들과 보다 포괄적인 사회공학적 조 치를 지지하는 직원들 사이에 갈등을 불러일으키기도 했다. 그러나 1960년대 초 시점에서 대 반란전은 정부의 전폭적인 정치적·재정적 후원을 얻고 있었다. Indochina Terminal Report, Vietnam, July 12, 1976, AIDC 참조.

94 State Department Task Force, Status Report on Southeast Asia, August 8, 1962, Vice-Presidential Security File, box 1, "Vice President's Visit to Southeast Asia (II)", LBJL.

95 Agency for International Development, "United States Assistance to Vietnam", August 1964, Lansdale Papers, box 27, "U.S. Aid to Vietnam-Misc", HIA.

로 변화"시킨다는 생각은 제도 설계와 재정 배분 모두에 스며들었다. 많은 정책 결정자는 미국의 자원이 당연히 가변적이고 전통적인 세계를 변화시킬 것이라고 믿었다.

전략촌 프로그램의 구체적 실행 양상은 지역마다 차이가 있었지만, 촌락의 건설 양식이나 대민 활동 프로그램은 대체로 힐스먼이 기획한 대로 보안 대책과 대민 활동을 결합한 형태로 진행되었다. 각각 10~20명으로 구성된 남베트남 정부의 "농촌 재건" 팀은 담당 지역에 도착해 인구조사를 실시, 민족해방전선과 관계가 있는 가구, 토지 소유 상황, 가옥의 위치 등을 표시한 사진 지도를 종종 제작하곤 했다. 농촌 재건 팀은 주민들을 작업반별로 분류하고 근로 일정을 배당하여 전략촌을 보호할 방어 시설을 건설하라고 요구했다. 정부 관리들은 외딴 곳에 있는 가옥들은 구역 안으로 옮겨 짓거나 파괴했고 이주 가구에게는 새집을 지을 작은 터를 내주었다. 주민들은 거주 지역을 둘러싸는 철조망을 설치했을 뿐만 아니라 경계선 주변에 해자, 방어벽, 대나무 말뚝을 설치했다. 또한 정부 관리들은 자원을 통해 또는 필요한 경우 강제 징집을 통해 각각 5명에서 12명으로 이루어진 촌락 민병대나 자위대를 조직했다. 남베트남 정부는 이들 "자위대"를 지역 거점 도시에서 훈련시키고 미국제 무기와 장비를 공급했다.[96]

남베트남 정부는 또한 내내 안보 강화를 통해 대외 안보를 보완하고자 했고, 이에 따라 전략촌 거주민들은 공격적인 감시체계, 가차 없

---

96 William A. Nighswonger, *Rural Pacification in Vietnam*, New York: Praeger, 1966, pp.99~100; John C. Donnell and Gerald C. Hickey, *The Vietnamese "Strategic Hamlets": A Preliminary Report*, Santa Monica: Rand Corporation, 1962.

는 개별적 통제하에 놓이게 되었다. 정부는 많은 지역에서 농민들에게 신분증을 발급했고, 가구별로 거주민들의 사진을 촬영했다. 거주민들의 사진은 가구 내에 걸리고 해당 지역 관청에도 보관되었다. 낮이 되면 농부들은 근처 땅으로 일하러 나갔지만, 정부는 저녁 통금을 설정하여 이를 어기는 사람은 발견하는 대로 사살할 수 있었다. 주민들은 다른 지역에서 온 방문객이 있을 경우 촌락의 행정기관에 신고하여 공식적인 체류 허가증을 받아와야 했다. 주민들이 촌락을 벗어나고자 할 때는 관리들에게 계획을 자세하게 밝히고 여행 허가를 받아야 했다. 숙박을 하는 방문객들도 반드시 관청이나 경찰을 통해 등록해야 했다.[97] 남베트남의 '근대적' 시민이 되는 일은 모순적이게도 개인의 자유 상실을 수반했다. 농민들은 정치체의 일원이 되기 위해 엄격한 금지 사항과 안보 장치를 성숙하고 '합리적'인 질서 속에서 수용해야 했다. 제임스 스콧James Scott의 말을 빌리면 이러한 훈육 전략은 "비국가적 공간nonstate space으로부터 국가의 공간state space을 확연히 분리·창조해내는 작업"을 가능하게 했다. 계획된 거주지에 수용이 이루어지면 기존의 공동체는 파괴되어 "위와 외부로부터" 재구축된다. "뿐만 아니라 공식적 시야, 지도, 통제의 영역 밖에 의지에 따라 남는 이들은 범법자, 위협적 존재로 제거의 대상이 된다."[98]

---

97 Memorandum, author unknown, Rural Reconstruction Efforts, Operational Guidelines, Lansdale Papers, box 23, "Vietnam Conflict, 1961-1965, Pacification. Binh Dinh Province. Operational Guidelines, Administrative Cell", HIA; Memorandum, National Security Council, Delta Counterinsurgency Plan, January 1962, Hilsman Papers, box 3, "Vietnam, 1/62-2/62", JFKL.

98 James C. Scott, *Seeing Like a State: How Certain Schemes to Improve the Human Condition Have Failed*, New Haven: Yale University Press, 1998, pp.188~189, p.191.

베트남 농촌 주민들이 이러한 프로그램에 어떻게 반응했는지 평가하는 것은 어려운 일이다. 전략촌 프로그램을 개략적으로 살펴보는 것 이상의 자세한 내용을 담았거나 프로그램의 일상적인 진행 상황을 자세히 알려 주는 역사적 자료는 많지 않다. 미국 정부의 지원을 받아 수행된 많은 연구가 이러한 문제를 다루기는 한다. 그러나 이러한 연구들도 미국의 관찰자들이 근대화 임무에 매우 동조적인 시각으로 전략촌 프로그램의 결과를 해석했다는 것을 다시 한번 드러낸다. 이들은 전략촌 프로그램이 난관을 겪었다 하더라도 개념 자체에 문제가 있었던 것이 아니라 실행과 관리 수준에서 문제가 있었던 것으로 상정했다. 랜드연구소Rand Corporation가 롱안 성 둑랍 지역에 건설된 전략촌을 대상으로 수행한 연구에 따르면 전략촌 프로그램은 매우 파괴적일 수 있었다. 연구 보고서에 따르면 "마을의 전체적 생활양식은 극적인 변화를 겪고 있다. 주변 지역에 거주하던 주민들은 원래 집을 떠나 새롭게 건설된 둑한 A 촌락과 B 촌락에 재배치되었다. 전략촌 프로그램이 시작되기 이전 이 마을에는 4~5가구 정도밖에 살지 않았다. 전략촌 프로그램 이후 둑한 A 촌락과 B 촌락에는 각각 200여 가구가 생겼다. … 마을 주민들을 전략촌에 대규모로 재배치하는 조치가 필요했다". 더구나 어떤 주민들은 이러한 변화가 어떤 혜택을 가져다줄지 모르고 있었고, "반항하는" 개인들은 "강제나 위협으로 이주시킬 수 밖에 없었으며, 이는 당연히 그들이 정부에 대해 갖는 이미지를 악화시켰다". 보고서는 남베트남 정부가 스스로가 만들어 낸 확대된 조직과 제도적 구조가 주는 커다란 이익을 농민들에게 전달하는 데 실패했다고 주장했다. 그러한 실패는 완고한 농민들을 민족해방전선 뿐만 아니라 남베트남군이 가하는 위협에 노출시키기도 했다. 남베트남 정부의 지원으로 조직된 한 민병대의 지휘관은 이렇게 말했다. "우리는 밤이 되면 전략촌 바깥 지대는 안전하지 못하며 밤에 그곳을 통행할 경우 안전을 보장할 수 없다고 농민들에게 경고했습니다. 촌락 외부에서 공격을 받으면 우리도 박격포를 쏴서 대응해야 할 것이기 때문입니다."[99] 전략촌 내부가 일종의 수용소가 되었다면, 전략촌 외부는 무인 지대가 되었다. 근대화에 대한 저항은 단지 근시안적인 행동 정도가 아니었다. 그것은 또한 목숨을 거는 일이었다.

랜드연구소는 전략촌 건설이 때때로 농민들에게 심각한 경제적·재정적 부담을 안긴다는 것을 언급하기도 했다. 남베트남 정부 관리들은 농민들이 방벽과 해자를 짓게 하고, 방어 시설 건설에 사용한 철조망과 콘크리트의 가격을 지불하게 하며, 귀중한 논을 포기하게 만들었다. 사이공 근방의 한 전략촌에서는 농민들이 12월 중순부터 3월 중순까지 강제 노역에 동원되었는데 이 기간 중 2월 초 설날을 전후한 단 5일 동안만 휴식이 주어졌다. 농민들은 농작물 수확에 쓸 시간을 빼앗기고 전략촌 방어에 사용할 대나무 징발에도 종종 응해야 했고, 그 결과 많은 농민이 심각한 빚을 떠안게 되었다. 그뿐만 아니라 정부 관리들이 법적으로 농민들이 받아야 할 재정착 보조금을 횡령하는 일도 흔했다. 다트머스대학의 존 도널John Donnell과 예일대학의 제럴드 히키Gerald Hickey, 두 사회과학자는 랜드연구소 발주로 수행한 연구에서 이러한 문제를 다루었다. 이들이 방문했던 한 전략촌에서는 "현장은 각 재정착 가구에 1000피아스터(약 14달러)를 지불하여 가옥 재조립 작업

---

99 R. Michael Pearce, *Evolution of a Vietnamese Village-Part II: The Past, August 1945 to April 1964*, Santa Monica: Rand Corporation, 1966, pp.40~41.

에 노동력을 동원했다고 주장했지만, 당사자들은 그러한 지원금을 전혀 받은 적이 없다고 말했다".[100] 보상금의 지연·미지불·횡령에 따라 최저 수준의 생활을 영위하던 농민들은 고통을 받았다. 미국인 관찰자들은 근대성을 향한 변화를 촉진하는 데 필요한 개혁 조치들을 이행하지 못한 남베트남 정부를 비난했다. 국민국가와의 정치적 동일시와 참여의 증대로부터 얻을 수 있는 물질적·심리적 혜택에 대한 명확한 형상화가 없으면 농민들은 남베트남 국가의 시민권을 받아들이지도, 베트콩을 거부하지도 않는다는 것이다.

이처럼 문제가 명확히 드러났지만 전략촌 프로그램의 지지자들은 대민 활동과 새로운 정치 문화의 형성이 이주민들의 충성심을 얻어낼 수 있는 제도적 틀과 활동가적 가치를 제공할 것이라는 믿음을 버리지 않았다. 도널과 히키가 설명했듯이 "이러한 작업이 발전하는 단계에서는 어느 정도의 불만족이 나타나는 것은 불가피하다. 그러나 주민 재배치와 전략촌 건설이 효율적으로 조직되는 한, 남베트남 정부가 농촌 지역에 정규 행정기관과 경제 재건 사업을 확장하겠다는 약속을 지키는 한, 이러한 불만족은 남베트남 정부에 심각한 정치적 문제를 야기하지 않을 것이다".[101] 전략촌 계획의 많은 지지자는 지역에서의 민주적 선거 실시와 촌락민들의 "절실한 필요"를 채워 줄 물자의 공급이 이루어지면 전쟁의 흐름을 간단히 뒤집을 수 있을 것이라고 생각했다. 국제개발처의 루퍼스 필립스는 "전략촌 프로그램의 핵심은 주민들이 자치 정부라는 제도를 통해 그들이 거주하는 촌락, 궁극적으로는

---

100 Donnell and Hickey, *Vietnamese "Strategic Hamlets"*, pp.11~15.
101 *Ibid.*, p.16.

중앙정부에 대한 이해관계를 획득하게 하여 스스로 그것들을 지키게 만드는 것"이라고 주장했다.[102] 근대화는 불가피했다. 이러한 시각대로 라면 농민들의 저항은 모든 남베트남인이 나중에는 결국 자애롭고 바람직하다고 여기게 될 그런 변화에 대한 일시적인 저항에 불과했다.

전략촌 프로그램의 지지자들은 프로그램이 정체와 무지의 상태에 놓여 정치적으로 고립된 채 살아온 주민들 속에 지역 민주주의를 창조해 냄으로써 국가에 대한 충성심을 확보할 수 있다고 주장했다. 1963년 초 합동참모본부가 베트남에 파견한 조사단까지도 여기에 가세했다. "역사적으로 볼 때 베트남의 중앙정부가 농민들에게까지 내려가서 자신의 존재를 드러낸 적은 없었다. 마찬가지로, 우리가 파악하기로는 농민들 또한 자신의 존재, 활동, 장래를 정부와 연관 짓거나 전국적 차원의 정치적 사안에 대해 생각해 본 적이 없다." 그러나 민주적 선거 제도와 정부 지원하의 자조 사업들은 그것을 바꿀 수 있을 것처럼 보였다. 조사단의 설명에 따르면, "촌락 지도자와 의회를 선출하는 선거에서 새롭게 선출된 관리들은 그들 스스로 주민들의 복지와 생활수준 향상을 위한 사업들을 결정하기 시작했다. 이러한 '풀뿌리' 프로그램을 통해 민주주의적 정치과정의 기본 뼈대가 만들어지고 있다. 남베트남 정부는 촌락과 마을에서부터 시작하여 현재는 중앙정부가 관리를 임명하는 현과 성까지 이 과정을 확대할 생각이다".[103] 미국의 강력한 조언과 지원 속에서 높은 수준의 서구 산업 민주주의 국가와 같은

---

102 Phillips, Report on Counterinsurgency in Vietnam, August 31, 1962, Lansdale Papers, box 49, "Vietnam, General, 1961-1963 (2)", HIA.

103 Report of Visit by Joint Chiefs of Staff Team to South Vietnam, January 1963, NSF, box 197, "Vietnam, General, 1/10-1/30/63", JFKL.

전면적인 국가 건설 기획이 이제 동남아시아의 정글과 논밭에 소개될 것이다. 이는 한 미 육군 대령이 현지인들의 "경직된 정신"이라고 부른 것을 변화시킬 것이기 때문에,[104] 미국은 문화적으로 마비되고 결핍된 주민과 촌락 하나하나부터 위로는 정부의 고위층까지도 근대화시킬 수 있을 것이라고 기대했다.

촌락 내에서 치러진 선거와 자조 프로그램에 대한 현장 보고서들은 계속해서 문제점을 찾아냈다. 놀랍지 않게도 보고서들은 프로그램을 관리하는 베트남 하부 조직에 잘못을 돌렸다. CIA가 파악한 바에 따르면 한 성에서는 남베트남 당국이 한 촌락에서 행정위원회 선거가 치러졌음을 보고하면서 새롭게 선출된 이들의 명단을 제출했다. 그러나 "조사한 바에 따르면 선출된 당사자들은 선거가 치러졌다는 사실도, 그들이 위원회에서 일해야 한다는 사실도, 위원회에서 구체적으로 무슨 일을 해야 하는지도 알지 못했다."[105] 지엠 정권의 붕괴 직후인 1964년 초 미 공보원이 작성한 조사 보고서도 민주주의 혁명의 약속이 지켜질 가능성을 낮게 보았다. 불교도들은 가톨릭계 관리들이 투표용지 배부 과정을 조작했다고 주장했다. 한 마을 지도자는 선거에서 당선되고도 베트남 현 관리에 의해 사임을 강요당했는데, 그 이유로 내세워진 것은 그가 적임자가 아니라는 것, 그리고 가장 중요하게는 "유효한 유권자들의 과반수보다 훨씬 적은" 수가 투표에 참가했기 때문이라는 것이었다.[106] 보고서들은 남베트남 정부가 민주주의적 체계를 정

---

104 G. Harry Huppert, "Bullets Alone Won't Win", *Infantry*, August 1964, p.39.

105 Central Intelligence Agency, anonymous field report, November 29, 1962, NSF, box 197, "Vietnam, General, 11/26~11/30/62", JFKL.

106 U.S. Information Service, Village Elections in Kien Giang Province, April 1964, Fall

착시키는 데 소극적이거나 충분히 효율적으로 일하지 않는다고 지적했다. 미국 정부는 촌락의 "자조" 사업에 대한 평가에서도 남베트남 관리들이 자율적·협력적이며 공감에 기반한 행동을 불러일으키는 데 필수적인 공동체적 결정 절차를 촉진하는 데 실패했다며 그들에게 잘못을 돌렸다. 유솜의 한 전직 관계자가 회고했듯이 "자조 사업은 촌락 거주민들이 공개회의에서 자유롭게 토론하여 스스로 결정한, 그들의 생각을 반영한 것이 되어야 했다". 그러나 "평정 사업 간부들이 반복적으로 설명"한 후에야 간신히 자조 사업을 위한 계획을 세울 수 있었다. 이런 경우 "자조" 사업은 "자신들만의 사업 계획을 반영하고자 하는 다수의 기술 담당자에 의해 조작되기도 했다". 한 지역에서는 초기에 입안된 60개의 사업 중 40개에 회관 건설 요청이 포함되었다. 그러나 "현장 조사 결과 극성스러운 공보 간부들이 사업 제안서를 준비하는 측에 영향력을 행사"하여 "집회를 개최할 수 있는 시설"의 건설을 요청하게 했다는 사실이 드러났다.[107]

전략촌 거주민들에게 가해진 광범위한 통제와 지속적인 감시 체제를 고려해 보면, 전략촌에서 그 어떤 "민주적" 결정이 내려졌든지 간에 그것은 오로지 미국과 지엠 정권이 용납하고 지시하는 관점·행동의 범위를 벗어나지 못했다는 사실이 분명하게 드러난다. 미국의 정책은 자유의 촉진과 강제 노동 수용소 건설 사이에 존재하는 모순을 무시했다. 또한 미국의 원조 담당자들은 전략촌에서 이루어진 대민 활동을 지역사회개발 사업의 일부로 묘사하면서 "기존 마을의 주민이나 새

Papers, box 29, "Vietnam-South-Politics and Government", JFKL.

107 Nighswonger, *Rural Pacification in Vietnam*, p.168.

로 건립된 마을의 주민들 모두 근대화 과정에 대한 전적인 참여의식을 지니고 있다"고 지속적으로 강조했다.[108] 1964년에 6200개에 달하는 자조 사업을 진행한 유솜은 1965년에는 약 5000개의 촌락에 보조금을 지급하고자 했고, 남베트남 현지에서는 생산되지 않는 귀중한 시멘트, 금속판, 펌프, 기계를 수입했다. 1960년대 중반에 이르러 유솜은 1만 3000개의 촌락 교실에서 일할 베트남인 교사들을 양성하는 계획을 추진하기도 했다.[109] 많은 미국인 관리는 학교를 지어 교육을 통해 새로운 정치적 가치를 주입하면 새로운 문화적 인식을 창출할 수 있을 것이라고 생각했다. 미국 관계자들은 농민들 스스로가 원했다는 학교, 시장, 돼지우리, 닭장, 관개 수로, 우물을 지을 물자를 제공해 줌으로써, 힐스먼이 표현한 대로 "선택권의 행사"와 "공동체 정신의 함양"이 주는 "거대한 정치적 이점"을 얻을 수 있기를 바랐다.[110]

전략가들은 그러한 "정치적 이점"이 다른 필요도 채워 줄 것이라고 강조했다. 그것은 미국을 이전에 베트남을 지배하려 한 국가들과 거의 다를 것이 없는 제국주의 국가로 묘사한 민족해방전선의 주장을 반박하게 해줄 수 있었다. 랜스데일의 또다른 동료이자 CIA 요원 출신인 찰스 T. R. 보해넌Charles T. R. Bohannan은 그가 고용한 필리핀인 현장

---

108 Agency for International Development, "The Role of the Agency for International Development in Counterinsurgency", eds. Richard M. Leighton and Ralph Sanders, *Insurgency and Counterinsurgency: An Anthology*, Washington, D.C.: Industrial College of the Armed Forces, 1962, p.326.

109 Agency for International Development, "Country Assistance Program –Vietnam, Part III, December, 1964", AID Historical Collection, AIDC.

110 Hilsman, Memorandum to Record, December 1962, Hilsman Papers, box 3, "Hilsman Trip, 12/62-1/63", JFKL.

요원들이 "미국이 프랑스를 대신해 식민 권력의 자리를 차지했다는 베트콩의 선전 내용을 베트남인들이 철저하게 수용하는" 상황과 조우했다고 미 대사관에 보고했다. 이들 요원들은 또한 농민들이 "현과 촌 단위까지 미국인이 존재하는 것을 보고 베트콩의 비난 내용을 사실로 받아들이는 경향"을 보였음을 발견했다. 보해년이 생각한 해결책은 생각보다 간단했다. 보해년은 선전 활동을 확대하여 "베트남 국민들에게 미국인들의 행동과 동기를 설명"할 수 있다고 주장했다. 아시아인들, 특히 필리핀인들을 각 성에서 더 많이 활용하는 것도 도움이 될 것이라고 보았다. 필리핀인들이 베트남인들과 "같은 갈색 피부를 가진 사람의 입장에서 미국인들이 베트남을 지원하는 진짜 이유가 무엇인지를" 보여 줄 수 있다는 것이다.[111]

케네디 정부의 전략가들은 말라야에서 영국이 실시한 제국주의 정책의 직접적인 영향을 받았음에도 불구하고 그들이 벌이는 이타적인 국가 건설 작업을 결코 식민주의적인 것으로 생각하지 않았다. 근대화론자들은 필리핀 사람들의 "갈색 피부"가 미국의 진정한 이상을 전달할 것이라 확신했고, 프랑스인들이 실패한 그곳에서 자신들은 성공할 수 있다고 기대했다. 그들의 시각에서 토착 민족주의는 토착민과 마찬가지로 매우 가변성 있는 것이었다. 케네디 정부의 전략가들은 남베트남 정부가 국민들이 구체적인 성과를 이룩하는 데 필요로 하는 자원과 영감을 제공할 수 있다는 것을 확실히 보여 주기만 한다면 사회공학은 성공한다고 확신했다. 더욱이 미국인들의 자애롭고 계몽적인

---

111 Memorandum, Bohannan to John M. Dunn, January 13, 1964, Lansdale Papers, box 42, "Memoranda 1962-1964", HIA.

지도가 낳은 결과물로 여겨지는 필리핀인들 말고 누가 더 큰 "전시효과"를 발휘할 수 있겠는가? 근대화론자의 눈에 승리는 시간 문제에 불과했다.

미국의 독자와 청중을 대상으로 한 공식 언설도 사적·정책 입안 영역에서 그랬던 것과 아주 유사한 이데올로기적 의미를 담고 있었다. 미국 정부와 매체는 전략촌 프로그램을 미국의 모습대로 근대화되기 위해 절박하게 노력하는 국민들을 돕기 위한 작업으로 묘사했다. 데이비드 햄버스탬David Halberstam과 닐 시핸Neil Sheehan 같은 언론인들이 지엠 정권의 계속되는 잔인성을 자세하게 알렸음에도 불구하고 미국의 정책 결정자들은 전략촌이 미국이 민주주의와 대중 정부popular government의 씨앗을 뿌리고 있는 증거라고 강조했다. 전략촌 프로그램이 베트콩의 승리를 막는 데 실패하고 있다는 내용을 담은 햄버스탬의 기사가 『뉴욕타임스』에 보도되었을 때 로버트 맥너마라는 햄버스탬이 완전히 잘못 생각했다면서 케네디를 안심시켰다. 맥너마라는 "정밀 분석"에 따르면 전략촌 건설은 계속해서 잘 진전되고 있으며 "개인들에게 한 공동체의 시민이라는 정체성을 부여하는" 구실을 하고 있다고 설명했다. 미국은 "어려운 지역"에서도 "일본인과 프랑스인 그 누구도 해결하지 못했던" 발전의 문제를 성공적으로 다루고 있다고 주장했다.[112] 딘 러스크 국무부 장관도 대중에게 이와 비슷한 설명을 했다. 1963년 4월 러스크는 뉴욕의 사업가들 앞에서 "남베트남은 완전한 입헌 민주국가가 아니며 미국의 원조가 그동안 잘못 관리되고 낭비되었

---

112 Memorandum, McNamara to Kennedy, September 21, 1963, NSF, box 204, "Halberstam Article, 9/63", JFKL.

다"는 비난이 베트남에 대한 "무대책을 정당화하는 구실"이 되어서는 안 된다고 주장했다. 러스크는 "지엠 정부는 집권한 지 아직 10년도 되지 않았으며, [남베트남인들은] 직접적인 정치 참여 경험이 거의 없다"고 강조했다. 그렇지만 미국은 서서히 앞으로 나아가고 있다. 러스크는 "수천 개의 촌락과 마을에서 선거가 치러진 점"을 예로 들면서 남베트남이 "대중의 동의에 기초한 헌정 체제를 향해 꾸준히 나아가고 있다"고 주장했다. 러스크는 사회 경제적 향상을 추구하는 700만 이상의 베트남인들이 "비밀 투표를 통해 선출·통치되는" 5000개 이상의 촌락에 살고 있다고 언급하면서, 베트남에서 벌어지고 있는 전쟁에서 더 큰 역할을 맡는 것이 미국이 수행해야 할 국가적 임무의 하나라고 강조했다. 그의 말을 빌리면, 미국은 농민들을 조상 대대로 살던 땅에서 내쫓고, 그들의 노동력을 요구하며, 일상 생활의 세세한 부분까지 간섭하는 억압적 국가와 협력하고 있는 것이 아니었다. 미국은 남베트남이 미국처럼 성장하여 "근대국가들 사이에서 영예로운 자리를 차지"하도록 필요한 지도와 조력을 제공하고 있다는 것이다.[113]

데이비드 벨 국제개발처장 또한 러스크와 비슷한 주장을 했다. 그는 공개 발언을 통해 미국이 지닌 근대화의 힘이 베트남에서의 승리를 역사적으로 이미 결정된, 필연적인 결과로 만들었다고 주장했다. 벨은 미국이 원조를 통해 "철조망, 무기, 라디오"를 공급했음을 보고하면서 전략촌 프로그램의 성공이 주민들 속에서 "인력, 조직, 에너지, 그리고 무엇보다도 스스로를 지키고자 하는 의지"를 창출해 냈다고 강조했다. 벨은 네바다에서 열린 한 회의에서 다음과 같이 발언했다. "정부군과

---

113 Dean Rusk, "The Stake in Vietnam", *Department of State Bulletin*, vol.48, May 13, 1963.

게릴라가 논 주위에서 싸우면" 고립된 농민들이 그저 "수동적"인 태도로 지켜보기만 했을 것이라 생각하기 쉽지만 결과는 그렇지 않았다. 농민들은 "더 나은 삶을 성취하기 위한 계획"에 희망을 걸며 무기를 들고 민족해방전선에 맞서 싸움으로써 자신들이 새롭게 품게 된 결의를 증명했다. 벨은 남베트남 농민들 사이에서 일하고 있는 "두 미국인 젊은이"를 방문했던 이야기를 꺼내면서 미국의 노력으로 주민들은 "남베트남의 발전과 독립에 점점 더 큰 이해관계"를 갖게 되며 "베트콩을 몰아낼 것"이라고 선언했다. "2년 전만 해도" 남베트남은 "공산주의자들에 의해 전복되기 직전이었다". 그러나 이제 남베트남은 "안전하고 자유로운 나라로 가는 도상에 있으며, 이른 시간 안에 경제적 독립을 이룩"할 것이다. 힘든 투쟁이 되겠지만 미국의 지원하에 수행되는 근대화는 반드시 성공할 것이다. 결국 미국은 남베트남이 자연스러운 이행의 길을 걸어가도록 만든 것이다.[114]

미군 장교 중 많은 이가 전략촌 프로그램을 무시하는 태도를 견지했지만, 그들 중 일부는 전략촌 프로그램을 지지하고 그것을 미국의 변혁적 힘을 보여 주는 증거로 묘사하기도 했다. 얼 휠러Earle Wheeler 육군 참모총장은 언론과의 인터뷰에서 미국이 "정치적·경제적 성장의 기회"를 제공하여 "찾아내기 힘든 적"과 싸우는 방법을 배웠다고 했다. 미국은 응오딘지엠과 더불어 "남베트남 정부가 국민들에게 다가가기 시작하고, 국민들은 정부에게 다가갈 수 있게" 보장했다. "미국의 자문 노력"은 촌락 선거와 자조 사업을 통해 민주적 절차를 확장시켰

---

114 Bell, speech to National Rural Electric Cooperative Association, January 14, 1963, Moscoso Papers, box 10, "Speech Materials 1/63", JFKL.

을 뿐만 아니라 농민들로 하여금 서구가 불러일으킨 "더 나은 삶에 대한 기대"를 충족시킬 수 있게 했다. 한때 체념 상태였던 베트남인들은 이제 혁명을 거부하기 시작했다. 베트남인들은 미국인 그리고 미국인들의 가치관에 힘입어 "매일매일 나라의 모든 곳에서" 반란에 맞서 싸우기 시작했다. 휠러에 따르면 전략촌은 억류자 수용소도 훈련과 감시를 위한 장소도 아니었다. 전략촌은 "싸워서 지켜 내야 할 것들을 갖게 된 것에 매일매일 감사하기 시작한" 사람들에게 근대성의 열매를 가져다준 원대한 계획의 일부였다.[115]

미국 관료들과 군사 지도자들의 발언은 근대화가 하나의 이데올로기로서 어떻게 서로 다른 방식으로 기능했는지를 보여 준다. 제한적·도구적·의도적 차원에서 근대화는 복잡한 그림의 한 면만을 보여주는 데 이용되었다. 러스크, 벨, 휠러는 전략촌에서 벌어지는 강제 이주, 강제 노동, 지속적 감시 등 엄혹한 현실을 선택적으로 제거했고, 그것은 정부 정책의 정신을 그대로 따른 것이었다. 이미 선라이즈 작전이 전개될 때 케네디 정부 산하의 대반란전 특별그룹은 "가족들을 거주지에서 옮겨 전략촌에 재정착시키는 것은 … 미국을 난관에 처하게 만들 수 있다"고 지적했다. 그룹의 자문가들은 미국에 나쁜 이미지가 생기는 것을 막기 위해서는 "재정착이 이루어지는 동안 미국인들은 모습을 보이지 말아야 한다"고 주장했다.[116] 케네디 정부의 관료들도 공식적으로 유사하게 발언했다. 그들은 미국을 베트남인들을 근대화시

---

115 Wheeler, Press Statement, February 4, 1963, Hilsman Papers, box 3, "Vietnam, 3/1-8/21/63", JFKL.

116 Thomas Davis, Special Group (Ci) Meeting Minutes, April 3, 1962, NSF, box 319, "Special Group (Ci) Meetings, 1961-63", JFKL.

키는 존재로 규정했고, 이러한 논리를 동원해 미국이 베트남의 현장에서 벌어지는 구체적 현실들을 두고 제기되는 질문들을 피해 갈 수 있게 만들었다. 이런 측면에서 근대화는 어떤 특정한 이미지는 보여 주고 나머지는 가려 버리는 하나의 틀이자 하나의 도구였다. 그러나 또 다른 한편으로, 미국의 관료들은 보다 넓고 강력한 의미에서 근대화라는 관념을 활용해 그들을 비롯한 많은 미국인이 미국의 잠재력에 대해 품고 있었던 문화적 가정들을 분명히 표현하기도 했다. 권위 있는 자리를 차지한 이들은 미국인들 사이에 보편적으로 널리 퍼져 있었던 스스로에 대한 이해를 강력한 방식으로 표현했다. 이들은 미국이 "개발도상"에 있는 세계를 변화시킬 수 있다는 자신감을 지녔고, 그 믿음을 공공연하게 천명했다.

대중매체 또한 전략촌 프로그램이 동남아시아를 근대화하려는 미국의 자애로운 의도와 능력을 보여 주는 명백한 증거라고 해석했다. 『뉴스위크』지는 선라이즈 작전을 다룬 보도에서 많은 농가가 "소지품을 챙기라"는 명령을 받고 당황한 채 강제로 새로운 마을로 이주해야만 했다고 인정했다. 그러나 『뉴스위크』지는 또한 벤 투옹 마을로 이주한 주민 866명이 베트콩으로부터 보호받고 이에 더해 "새로운 집과 토지, 무상교육, 의료 서비스"도 제공받았다고 설명했다. 『뉴스위크』지는 이어 미국 장교의 발언을 인용해 이 프로그램이 "우리의 대게릴라 공세 중 그나마 수긍할 수 있는 첫 번째 작전"이라는 결론을 내렸다.[117] 『유에스 뉴스 앤드 월드 리포트』지는 보다 과장되게 정착촌 프로그램을 "공산주의의 도전에 맞선 군사적, 경제적, 사회적, 그리고 어떤 점에

---

117 "South Vietnam: New Strategy", *Newsweek*, April, 9, 1962.

서는 정치적 조치의 총합"이라고 묘사했다. 이 기사는 이주한 농민들이 "여가 시간에 자원해 일하도록 격려 받았고" "노동의 대가를 받게 될 것"이라고 썼다. 또한 종합적인 사회 서비스 제공을 내세운 남베트남 정부의 계획을 강조하며 전략촌 프로그램에 대한 남베트남 당국의 공식 설명을 기꺼이 수용하는 모습을 보였다. 미국의 핵심적인 지원과 지도를 받아 철조망과 대나무 울타리로 둘러싸인 채 건설된 전략촌은 일종의 문화 육성을 위한 중심지가 될 것으로 기대되었다. 전략촌은 "농부들의 시민 의식을 형성시킬" 것이고 "게릴라들을 남베트남 밖으로 몰아내기 위한 체계적인 최초의 노력"이 될 것이다.[118]

몇 년 후, 『타임』지는 "서양은 가난하고 겁에 질린 농민들에게 줄 수 있는 것이 별로 없다. 오직 베트콩만이 베트남 주민들에게 다가갈 수 있는 방법을 알고 있다"와 같은 주장을 반박하는 강력한 증거로 화이미의 해안 마을을 언급하며 전략촌 프로그램을 옹호하는 대중매체들의 논조에 동참했다. 『타임』지의 설명에 따르면 "와이 미"Why me로 발음되는 화이미 마을은 "몇 세기 동안" "마을에서 생산되는 쌀을 시장에 공급하는 것을 제외하면 바깥 세상에 대해 아무것도 궁금해하지 않으며" 살아온 1만 6000여 명의 주민으로 구성된 정적이고 전근대적인 마을이었다. 그러나 남베트남 민족해방전선 게릴라들이 이 지역을 침범해 지엠 정권의 비교적 약한 지배력을 대체하고 농민들에게 높은 세금, 계급투쟁 원칙, 게릴라 투쟁을 위한 공출 등을 강요했다. 마침내 정부군이 공산주의자들을 몰아내자 "베트남인들과 미국 의료진이

---

118 Robert P. Martin, "Latest Report from the Front in Vietnam", *U.S. News and World Report*, April 9, 1962.

군대와 함께 병든 이들을 치료하기 위해 마을에 들어왔고" 정부는 주민들에게 "의류, 식용유, 약품 및 공구 등을" 지급했다. 『타임』지는 이후 기적 같은 일이 벌어졌다고 보도했다. "병든 이들과 노인, 어린아이를 제외한 모든 마을 주민 약 1만여 명이 갑자기 자원해 모이더니 27일 동안이나 함께 마을 주위로 10마일에 걸친 도랑을 팠다." 농민들은 깊이 10피트, 넓이 20피트에 달하는 어마어마한 해자를 건설하고 4피트 높이 정도의 담을 세워 이를 보강했다. 『타임』지 기자 존 쇼John Shaw는 이에 대해 다음과 같이 묘사했다. "화이미에 세워진 이 거대한 장벽에는 뭔가 불가사의하고 신비스러운 요소가 있다. 1만 명의 주민들이 자원해 아무런 대가 없이 이를 건설하는 광경은 공산주의에 저항하고자 하는 이들의 의지가 매우 갑작스럽고 극적으로 표출되어 나타난 현상이다. 이 현상은 또한 양쪽 모두에 많은 생각할 거리를 던져 준다. … 중요한 것은 이러한 화이미의 정신이다. 바로 그 안에 베트콩과 겨룰 수 있는 방법에 대한 부분적인 해답이 있을지도 모른다. 어쩌면 심지어 베트콩을 격퇴하는 방법에 대한 해답이 있을 수도 있다."[119] 화이미에 대한 『타임』지 기사 속에서 전략촌 프로그램하에 실시된 강제 노동은 미국의 지도와 자원을 제공받았다는 이유로 "자발적"인 활동으로 묘사되었고 전략촌의 엄격한 관리 정책은 아예 언급되지 않았다. 남은 것은 오직 근대성과의 접촉을 통해 새롭게 탄생한 농민들의 의지뿐이었다. 민족해방전선이 실제로 주민들에게 강압적인 부담을 부과했다 하더라도, 미국이 기획하고 지도한 정부의 조치가 농촌에 사는 운명론에 젖은 아시아인들에게 "신비로운" 저항 정신을 불어넣었다는 사실

---

119 "South Viet Nam: Miracle at Hoaimy", *Time*, May 1, 1964.

을 강조한 데에는 일련의 굳건한 문화적 신념이 반영되어 있었다. 이러한 기사들은 미국과 서양이 동남아시아의 전통적인 사회생활과 개인적 가치에 극적인 변화를 가져올 수 있으며, 고립되고 전통적인 농민들을 국제 공산주의 세력에 대항할 수 있도록 동원하기 위해서는 이러한 변화가 필수적이라고 주장했다.

미국의 원조를 통한 재정착 프로그램과 근대화는 정부와 대중매체의 적극적인 협력 관계 속에서 극도로 호들갑을 떠는 찬사를 받았다. 케네디 대통령은 에드워드 랜스데일이 가톨릭 신자들로 구성된 베트남 최남부 지역의 한 공동체에 관해 작성한 보고서에 큰 감명을 받았고, 국가안보 보좌관 맥조지 번디에게 랜스데일의 "대게릴라 작전에 대한 사례 연구는 『새터데이 이브닝 포스트』 같은 잡지에 실릴 만한 훌륭한 기사거리"라고 제안했다. 케네디는 비록 랜스데일의 이름으로 이 비망록을 출간할 수는 없겠지만, 다른 작가가 이를 보충해 언론사에 제출할 수 있을 것이라고도 논평했다. 그는 또한 번디에게 "이런 자료가 널리 배포될 수 있도록 만전을 기해야 한다"라고 말하기도 했다.[120] 『포스트』지 또한 "대통령이 출간을 원하고" "직업상의 이유로" 신원을 밝히지 못하는 "한 미국인 공군 장교"가 작성한 보고서를 출간함으로써 백악관과 협력할 수 있다는 사실에 만족했다. 『포스트』지는 랜스데일의 보고서를 다룬 기사에서 전직 장제스 군 소속 장교였던 응우엔 록 호아Nguyen Loc Hoa 신부가 망명자들을 이끌고 공산 중국을 탈출했다고 설명했다. 『포스트』지는 이들이 빈 홍 마을을 건설하고, 쌀을 심고, 미국제 카빈총, 탄약, 대포와 함께 "장대와 칼"로 무장하는 과정을

---

120 Memorandum, Kennedy to Bundy, February 6, 1961, NSF, box 328, "NSAM 9", JFKL.

설명하면서 이들을 서양의 가치와 미국의 원조가 아시아인들에게 전체주의와 싸울 수 있는 불굴의 정신을 제공한 상징적인 사례로 묘사했다. "우리들의 작은 포트 브래그"라고 불린 마을의 훈련소나 미국 중산층 청소년들처럼 밝게 "보이스카우트식 경례"를 나누는 민병대에 대한 묘사는 미국의 이상에서 마르크스주의자들의 압제에 저항할 힘을 부여받은 사람들의 모습을 그려 냈다. 얼마 후, 이 이야기는 「죽기를 거부한 마을」The Village That Refuse to Die이라는 텔레비전 영화로도 제작되었고, 이어 『리더스 다이제스트』지 또한 "노예처럼 고된 삶을 살다가" 미국의 도움을 받아 "세계 무대에 자유의 영역을 확장하기 위해" 나서게 된 이들의 이야기를 다루면서 이러한 『새터데이 이브닝 포스트』지의 논조에 동참했다.[121] 호아 신부가 건설한 마을은 비록 공식적으로 조성된 "전략촌"은 아니었지만, 많은 미국인으로 하여금 미국의 프로그램이 고난을 겪는 순진무구한 농민들을 돕고 있다고 인식하게 만든 일종의 문화적 판단 기준이자 틀로 작용했다. 이러한 재현물들은 베트남인들이 서양의 이상을 통해 동기를 부여받고 미국의 자원을 지원받는다면 진정한 근대성이 무엇을 제공하는지 깨달을 수 있으며, 이들을 잘못된 길로 인도하는 공산주의자들에 대항해 싸울 것이 분명하다고 주장했다.

한편, 베트남에서 전략촌 주민들과 함께 일하는 미국인들의 이미

---

121 Drinnon, *Facing West*, pp.380~382; Edward G. Lansdale, "The Report the President Wanted Published", *Saturday Evening Post*, May 20, 1961, p.31, pp.69~70; Don Schanche, "Father Hoa's Little War", *Saturday Evening Post*, February 17, 1962, pp.74~79; Dickey Chapelle, "The Fighting Priest of South Vietnam", *Reader's Digest*, July 1963, p.200.

지는 평화봉사단 단원의 경우와 같이 냉전의 도전에 맞서는, 자애로운 동시에 활력 넘치고 강인한 미국을 대변했다. 로저 힐스먼은 「내전」Internal war 이라는 제목의 기사에서 미국은 공산주의자들과의 고된 전투에 "보다 적극적으로 참여할 준비를 해야만 한다"고 주장했다. 힐스먼은 미국인들이 전체주의의 침략과 싸우기 위해 "근대화를 위한 기반이 될 수 있는 사회적·정치적 개혁 프로그램을 확장할 수 있도록 우방국 정부들의 의지와 능력을 향상시킴"으로써 자기희생의 오래된 전통을 지속해 나가야 한다고 강조했다. 당시 국무부 정보조사국 국장이었던 힐스먼은 20세기 초 필리핀에서 "대게릴라 작전" 도중 희생당한 제9보병대 C중대의 이야기를 설명하며, "간이 취사장"에 모여 있던 부대원들이 어떻게 450명의 무자비한 게릴라들의 공격을 받았고, 어떻게 야구방망이와 식칼만으로 영웅적으로 이에 대항했는지를 묘사했다. 비록 중대 병력 중 24명만이 죽음을 모면할 수 있었지만, 미국인들은 무장 병력을 통해서가 아니라 다루기 힘든 현지인들에게 미국의 가치를 불어넣어 줌으로써 마침내 야만적인 반란을 진압할 수 있었다. 미국인들은 "현지 정글 사정에 대해 잘 아는 필리핀 원주민"들로 이루어진 팀을 모집하고 이들이 "용감하고 숙련된 미국인 장교"의 지휘를 받도록 했다.[122] 힐스먼은 미국의 식민 통치를 위해 헌신적으로 싸웠던 미국인들의 희생과 그 영향력을 강조함으로써 제국주의 시대의 무용담을 냉전기의 대반란전에 맞게 재구성했다.

---

122 Roger Hilsman, "Internal War: The New Communist Tactic", ed. Franklin Mark Osanka, *Modern Guerrilla Warfare: Fighting Communist Guerrilla Movements, 1941–1961*, New York: Free Press, 1962, pp.455~456.

베트남의 사례만으로 한정해 보더라도 이와 같은 주제는 공식적인 담론 속에서 지속적으로 되풀이되었다. 휴버트 험프리 부통령은 지엠 정권기 건설된 전략촌에서 이름만 바꾼 "신생활촌"New life hamlets에 파견된 국제개발처 직원들의 직무를 설명하며 이들을 "셔츠 차림으로 전쟁"을 수행하는 이타적인 영웅들로 묘사했다. 험프리 부통령은 케네디 대통령이 평화봉사단 단원들을 묘사했던 것과 상당히 유사한 방식으로 평범한 미국 민간인들이 베트남의 농부와 어부들에게 "미국이 군사적 승리뿐 아니라 '또 다른 전쟁', 즉 빈곤, 무지, 질병을 상대로 한 전쟁에서 승리하기 위해 싸우고 있으며, 베트남의 구원과 건설을 위해 돕고 있다는 사실을 일깨워 주고 있다"라고 말했다. 험프리 부통령은 또한 국제개발처 직원들이 민족해방전선의 포로가 되거나, 습격당하거나, 살해당한 사례들도 언급했다. 그는 베트남에서 일하다 부상당한 한 국제개발처 성 지부장의 사례를 들며 성인聖人처럼 헌신적인 국제개발처 직원의 이미지를 주조해 냈다. "내가 느끼는 만족감은 이 일의 대가로 수여되는 돈이나 메달에서 비롯되는 것이 아니다. 진정한 만족감은 베트남 민중이 표현하는 감사로부터 온다. 그들은 내게 한마디의 말도 하지 않았지만, 나는 그들의 눈빛만으로도 감사를 느낄 수 있었다." 실제로 많은 국제개발처 직원이 기꺼이 죽음을 무릅쓰며 그들이 돕고자 했던 민중을 돌보았을 수도 있지만, 험프리 부통령은 이들이 마치 미국인 전체를 대변하는 존재들인 것처럼 묘사했다. 그는 "미국인들은 늘 다른 이들의 요청에 응답해 왔으며, 이는 우리를 위대한 국민이자 위대한 민족으로 만들어 주는 특성이다. 베트남인들을 돕는 과정에 그 어떤 위험과 고난이 동반된다 하더라도 미국의 민간인들은 우리의 군인들만큼이나 기꺼이 소매를 걷어붙이고 전투에 참여할 것이다. 이는 그야말로 무적의 조합이다"라고 주장했다.[123] 이러한 맥락에서 국제개발처의 직무는 미국이라는 국가의 본질적인 성격을 대변하는 것이었다. 자기희생적이고 인도주의적인 미국은 공산주의자의 침략에 희생당한 피해자들을 일단 시작된다면 억제할 수 없는 발전의 길로 인도할 것이다.

국무부 또한 「조용한 전사들」Quiet Warriors이라는 제목의 출판물에서 베트남에 파견된 미국 민간인들이 "외교관, 의사, 학교 교사, 경찰 교관, 엔지니어, 농부, 정보 전문가 등 다양한 종류의 기술을 겸비한 이들"이라고 주장했다. 이들은 이처럼 다양한 직업을 통해 세계에서 가장 근대적인 국가의 대변인 역할을 하며 베트남에서 "사회적 관계망 및 서비스, 공공기관 등 국가 건설에 필수적인 요소들을 건설하기 위해" 노력하고 있었다.[124] 린든 존슨 대통령 또한 미국 민간인들이 "애국적인 자기희생 정신"으로 "폭탄이나 총알이 아니라 20세기의 평화라는 경이로운 무기를 통해" 전쟁에서 승리하기 위해 베트남에서 일하고 있다고 말했다.[125] 근대화는 존슨 대통령에게 사회공학과 전쟁을 구분하는 그릇된 이분법적 사고를 심어 주었으며, 이타적인 이미지를 강조함으로써 이에 내포된 폭력을 합리화·합법화하는 역할을 수행했다. 경찰과 군부대가 정착촌 내 "반란 조직"을 "파괴"하기 위해 실시한 조치들은 물론 언급조차 되지 않았다. 전략촌의 외부뿐 아니라 내부에서

123 Hubert Humphrey, "American Civilians Who Are Fighting the Shirtsleeves War in Vietnam", *Civil Service Journal*, June 1966, pp.2~3, 6~7.
124 State Department, "Quiet Warriors: Supporting Social Revolution in Vietnam", 1966, USIA Agency Records, microfilm reel 40, LBJL.
125 Johnson, *Public Papers*, Book 1, p.526.

이처럼 파괴적인 전쟁이 진행되고 있었음에도, 미국이 베트남에서 실시한 조치들은 지속적으로 희생, 원조, 도덕적이고 윤리적인 의무의 맥락으로만 제시되었다.

국제개발처 또한 베트남에서 근무할 직원을 모집하는 과정에서 명백한 선교적 수사를 사용했다. 국제개발처 공보국장은 평화봉사단을 위해 대민 관계 업무를 맡았던 광고 협의회에 보낸 편지에서 완벽한 모집 광고 제작을 위해 필요하다고 생각하는 요소들을 언급했다. 그는 미국인들이 "긴급 물자를 분배하고 현지 정부 관리들에게 조언하며 고통과 굶주림, 역경과 싸우기 위해" "베트남인들과 협력하여 일하고 있다"고 설명했다. 게다가 이러한 이들의 업무는 모든 시민이 염원하는 도덕적 소명을 반영한 것이었다. 그는 국제개발처의 업무를 다음과 같이 묘사했다. "근무시간은 길고 일은 고되며 때로는 위험할 수도 있다. 그러나 숙련 기술을 가진 수천 명의 미국인이 밤낮으로 베트남에서 업무를 수행하고 있다. 만약 당신이 적극적이고 진취적인 지도자라면, 만약 당신이 지역개발 분야와 지역 정부에서 일한 적 있는 대학 졸업자라면… 아마 당신은 오늘날 세계에서 가장 중요한 직업 중 하나인 이 일의 적임자일지도 모른다. … 일이 고된 만큼 보상은 후하다."[126] 일부 대중매체들은 한발 더 나아가 동남아시아에서 전개된 초기 평화봉사단 활동과 국제개발처 활동 간의 이데올로기적 유사점을 부각시켰다. 한 지역 신문은 베트남에서 활동하고 있는 민간인들에 대해 다음과 같이 묘사했다. "의사, 엔지니어, 선전원, 농부, 기술자 등을 포함

---

126 Michael W. Moynihan to Allan Wilson, April 27, 1966, Advertising Council Files, box 1, "AID(Program for Civilian Help in Vietnam)", LBJL.

해 많은 민간인이 현재 베트남에서 일하고 있다. 이들 중 소수만이 사이공에서 편안한 삶을 살고 있으며 대부분은 높은 위험이 존재하고 총알이 빗발치는 환경에서 평화봉사단이 그러했던 것처럼 과중한 업무를 수행하고 있다. 이들은 열심히 일하는 동시에 농부들에게 정부가 무엇인지, 왜 그들이 정부에 충성심을 가져야 하는지를 설명해주려고 노력하고 있다."[127] 비록 사전트 슈라이버는 평화봉사단의 활동이 베트남전쟁에서 실시된 "평정" 작전과 비교되는 것을 피하려고 했지만, 국제개발처는 실제로 1964년 "베트남 농촌 개발계획" 시행을 위해 "농촌 혹은 지역 발전에 참여한 배경과 경험이 있는" 전직 평화봉사단 단원을 모집하려 하기도 했다.[128]

전략촌 프로그램의 지지자들은 진보를 위한 동맹의 창시자들이 그러했던 것처럼 미국의 과거가 근대화를 경험하는 이들이 따라야 할 일종의 교과서라고 생각했다. 아이젠하워 정부 말기부터 지엠이 실시한 토지 재정착 프로그램과 집단부락 프로그램은 미국의 서부 개척 경험에 비유되곤 했다. 전직 역사 교수이자 와이오밍 상원의원인 게일 W. 맥기Gale W. McGee는 농민들을 농가가 드문 지역으로 이주시키는 정책은 농민들이 "다시금 성공적인 삶을 살 수 있는 기회를 주며" "자신의 토지를 확보할 수 있도록 해주고" "스스로 경제적 독립을 모색할 수 있도록 해준다"고 주장했다. 맥기의 분석에 따르면 지엠의 프로그램은

---

127 "The Quiet Struggle in Viet Nam: U.S. Civilian Employees Working to Show Peasants the Functions and Fruits of Democracy". 원문은 1966년 4월 24일 자 『세인트루이스 포스트 디스패치』 기사로 "Nation Building in Vietnam"에 대한 AID 문서 편집본에 복사본이 포함되었다. USIA Agency Records, microfilm reel 40, LBJL.

128 David Bell to Shriver, April 20, 1964, NSF, box 42, "Peace Corps", LBJL; memorandum, McGeorge Bundy to Shriver, May 13, 1964, NSF, box 42, "Peace Corps", LBJL.

미국의 오래된 선례를 따른 것이었다. "베트남에서 실시되고 있는 프로그램은 미국이 실시했던 토지 재정착 사업과 크게 다르지 않다. 동부 밀집 지역에서 경제적 독립을 실현하는 것이 힘들어지자 정부는 국민들에게 서부의 공유지에서 새로운 삶을 시작할 수 있는 기회를 주었다. 두 정책의 유사점은 바로 우리 자신의 역사적 경험에서 비롯된 것이기 때문에 미국인들을 흥분시킨다. 이는 또한 미국의 선례가 현재 베트남에서 이루어지고 있는 실험에 영감을 주었다는 점에서 미국인들에게 상당한 자부심을 불러일으키기도 한다." 그는 또한 미점유 지역으로의 이주 정책이 게릴라에 대항할 수 있는 "정보, 방어, 안보 시스템"을 제공해 줄 수 있을 것이라고 주장했다.[129] 미국의 대평원에서 벌어졌던 방책防柵 건설과 인디언과의 사투가 한 세기 후, 지구 반 바퀴 떨어진 메콩강 삼각주 유역의 제방에서 재현되고 있었다. 로저 힐스먼 또한 남베트남인들이 20세기 미국의 발전 역사에서 교훈을 찾아야만 한다고 주장했다. 힐스먼은 프랭클린 루스벨트가 한때 "뉴딜 박사"이자 "승전 박사"Dr. Win the War로 불렸던 것처럼 지엠 정부도 "군사 활동과 사회적 뉴딜 정책"을 그들의 프로그램 속에 결합함으로써 "고립된 마을들"을 "정부의 통치 체제" 속에 통합시킬 수 있다고 주장했다.[130] 이러한 주장들에서 미국의 과거는 베트남의 미래를 위한 모델이었다. 이에 따르면 베트남의 상황을 이해하기 위해 베트남의 역사나 문화에 대한 상세한 지식은 그다지 필요하지 않았다. 필요한 것은 단지 영웅

---

129 *Congressional Record*, Senate, 86th Cong., 2d. sess., Washington: U.S. Government Printing Office, February 9, 1960, vol.106, pt.2, p.2331.

130 Hilsman, speech to the American Hospital Association, September 18, 1962, Hilsman Papers, box 3, "Vietnam, 2/1~8/21/63," JFKL.

적인 미국 자신의 역사와의 유사성뿐이었다.

전직 국제개발처 성 지부장이었던 존 오도널John O'Donnell은 이러한 모방의 또 다른 측면을 지적하며 맥기와 힐스먼의 논지에 동참했다. 그는 남베트남이 전략촌 프로그램 속에 "모든 시민을 결집시킬 수 있고 이를 지키기 위해서라면 기꺼이 목숨도 무릅쓸 수 있는" "정부의 이상과 목표"에 대한 선언을 담아내는 것이 필요하다고 주장했다. "미국의 경우 패트릭 헨리, 토머스 제퍼슨, 에이브러햄 링컨 등에 의해 다져지고 재확인된 독립선언문과 헌법에 이러한 선언이 잘 담겨 있다." 국민들을 전략촌 프로그램을 통해 동원하는 과정에서 남베트남은 올바른 방향, 즉, 미국이 자신의 발전을 이루어 냈던 바로 그 방향을 향해 나아가고 있었다. 오도널은 다음과 같이 설명했다. "미국 헌법과 정부의 창시자들"은 "(유산자와 무산자, 경영진과 노동조합, 흑인과 백인 간의) 사회적 갈등에 수반되는 폭력을 최소화할 수 있는 환경을 조성하는 것이 필요하다는 점을 잘 알고 있었다. … 베트남 정부는 지역 관료들을 뽑는 자유 선거, 전략촌 내 사회·경제활동 단체 조직, 다수결에 의한 전략촌 프로그램의 자조 프로젝트 선택 등과 같은 조항들을 그들의 정책에 포함시키며 이러한 개념을 베트남에도 적용시키고자 했다."[131] 응오딘지엠을 토머스 제퍼슨의 헌신적인 후계자로 탈바꿈시키는 것은 쉬운 일이 아니었지만, 근대화라는 이데올로기를 통해 바로 이러한 종류의 해석이 가능해졌다.

전략촌 프로그램에 대한 체계적인 반대 또한 근대화가 갖는 힘과 호소력으로 인해 오랫동안 제기되지 못했다. 대부분의 비판가들은 미

---

131 O'Donnell, "Strategic Hamlet Program in Kien Hoa Province", pp.738~739.

국의 정체성 및 세계적 역할과 밀접하게 연관된 근대화 이데올로기가 제시하는 가설들에 동의했고, 따라서 근대화 패러다임 자체의 틀 내에서만 프로그램을 평가하곤 했다. 당대의 공식적인 논평이든 후대의 분석이든 대부분 프로그램이 기반하고 있는 근본적인 가정이나 핵심 개념을 비판하기보다는 행정이나 정책 집행 등과 같은 프로그램 내부의 문제점들만을 지적했다. 또한 비판가들은 여러 차례에 걸쳐 전략촌 프로그램의 실행을 비판하긴 했지만, 프로그램의 목적과 이론적 기반에 대한 존중으로 비판의 논조를 어느 정도 누그러뜨리곤 했다. 케네디 정부가 프로그램의 점증하는 실패 원인을 규명하고자 시도했을 때에도 분석가들의 이러한 성향은 심도 있는 조사와 생산적인 비판에 장애가 되었다.

짧은 기간 동안 전략촌 프로그램은 실제로 전쟁의 향방을 바꾸고 있는 것처럼 보였다. 1962년 7월, CIA 사이공 지부장은 지엠과 그의 동생 뉴가 전략촌 프로그램의 중요성을 잘 알고 있으며, 농민들에게 "남베트남 정부에 대한 지지를 이끌어 내고 이들을 적에 대한 격퇴 활동"에 참여시키기 위해서는 안보적 조치와 대민 활동을 병행해야 한다는 점 또한 잘 이해하고 있다고 보고했다. 그는 프로그램이 "명백히 진전되고 있다고" 확신하며, 전략촌 프로그램이 "베트콩의 영향력 확산을 방지하기 위한 구체적인 전략으로서 민중에게 어필하고 있을 가능성이 상당히 높다"고 주장했다.[132] 1962년 여름에 제출된 다른 보고서들 또한 전략촌 프로그램이 민족해방전선을 마을에서 격퇴하고 있다고 주장했다. 주 베트남 미국대사 프레더릭 놀팅은 푸옌 성을 방문한 뒤,

---

132 Senate, *Pentagon Papers*(Gravel edition), vol.2, pp.685~686.

남베트남 정부가 이 지역에 계획된 84개 전략촌 중 63개에 대한 건설을 끝냈다고 보고했다. 그는 마을 사람들 중 1000명 이상이 베트콩의 통치에서 벗어나 정부의 보호를 요청하며 전략촌으로 도망쳐 온 이들이라고 덧붙였다. 보다 중요한 점은 몇몇 지역에서 현지 농부들이 남베트남 정부와 미 고문관들에게 베트콩 부대의 소재에 대한 정보를 제공하기 시작했다는 사실이었다. 놀팅 대사는 말라야 비상사태가 "공산주의자 테러리스트들에 대해 보다 많은 양질의 정보를 자발적으로 제공하는 사람들이 늘어나며" 전환점을 맞았다는 사실에 주목하며 "농촌 지역을 개방하고 농민들에게 실질적인 혜택을 제공하는" 정책이 "베트콩에게 포섭되었던 사람들을 되찾고 있다"고 주장했다.[133]

그러나 베트남 혁명에 대한 최근의 연구와 회고록들은 당시 민족해방전선이 전략촌 프로그램에 대항하기 위해 빠르고 성공적인 조치를 취했다는 사실을 지적하고 있다. 민족해방전선 게릴라들은 전략촌 프로그램으로 인해 고립되어 전략촌의 강제 노역 요구 및 수많은 제한 조치하에서 괴로워하고 있던 농부들에게 혁명이 승리한다면 집으로 돌아갈 수 있을 것이라고 약속하며 이들의 분노를 이용했다. 민족해방전선은 또한 전략촌 프로그램에 대응하기 위해 요원 모집과 군사 작전을 강화했다. 하노이의 공산당 지도자들은 남부 게릴라들에게 전략촌을 목표로 가능하면 직접적인 무장 공격을 행하고, 필요한 지역에서는 정치적·심리적 침투 전략 또한 활용하도록 제안했다. 이들은 또한 정부 당국의 감시 가능성이 적은 여성과 연로한 농민을 전략촌 내에서

133 Nolting, Ambassador's Weekly Status Reports, July 12, 1962, NSF, box 196, Countries "Vietnam, General, 7/11~7/19/62", JFKL.

정보원으로 활용할 것을 제안하기도 했다. 윌리엄 듀이커William Duiker 의 설명에 따르면 "남부 게릴라 지도자들은 무엇보다도 인내심을 갖고 남베트남 정부의 통제력이 완전히 제거될 때까지 전략촌을 몇 번이고 계속해서 공격해 파괴할 준비를 하도록 지시받았다".[134] 민족해방전선의 설립자이자 남베트남공화국 임시혁명정부[135]의 전임 법무 장관이었던 쯔엉누탕Truong Nhu Tang은 민족해방전선이 지엠 정부 내에 침투해 실시했던 비밀 작전들 또한 지속적인 혁명 사업에 도움이 되었다고 설명했다. 베트민 저항군 멤버이자 탕의 동료인 팜응옥타오Pham Ngoc Thao 는 1950년대 응오딘지엠의 신임을 얻고자 노력하여 성공했다. 지엠은 타오를 깊이 신임하여 그를 말레이반도에 파견한 후 그곳에서 실시된 영국군의 반란 진압 시도를 연구하게 했다. 1962년 미국과 남베트남이 전략촌 프로그램 실시를 결정하자 타오는 이 작전을 총괄하는 군 장교로 임명되었다. 탕의 설명에 따르면 타오와 그의 동료들은 내부로부터 전략촌 프로그램의 토대를 파괴하고 이를 무리하게 확장하고자 노력했던 것으로 보인다. 탕은 "타오의 감독하에 실시된 전략촌 프로그램은 이전에 집단부락에서 실시되었던 프로그램보다 많은 농부의 반감을 샀음에 틀림없다"고 지적했다.[136] 이처럼 민족해방전선은 베트남의 농촌 지역에서 뿐만 아니라 가능할 경우 사이공의 중심부에서도 전략촌 프로그램에 효과적으로 대응해 나갔다.

---

134 William J. Duiker, *Sacred War: Nationalism and Revolution in a Divided Vietnam*, New York: McGraw-Hill, 1995, p.153; Olson and Roberts, *Where the Domino Fell*, pp.97~98.

135 1969년 민족해방전선과 민족해방전선에 참여하지 않은 개인, 정당이 함께 수립한 일종의 지하정부였다.—옮긴이

136 Truong Nhu Tang, *A Viet Cong Memoir*, New York: Vintage, 1985, pp.46~47.

이후 몇 개월 동안 전략촌 프로그램에 대한 미국의 공식 평가는 민족해방전선의 확산에 주목했고, 초기의 낙관적 평가가 너무 성급한 것이었을지도 모른다는 우려를 드러내기 시작했다. 미 현지 당국은 게릴라들이 새롭게 건설된 전략촌에 대개 지역민의 도움을 통해 침투할 수 있었다는 점을 인정했다. 그러나 전략촌 프로그램이 본래 의도했던 전면적인 변화를 낳는 데 실패하고 있다는 수많은 증거를 접한 후에도 미국의 전략가들은 프로그램의 근본적인 목표와 가정을 확고히 유지했다. 그들은 행정 또는 정책 집행 과정에서 불거진 실질적인 문제점들을 지적하긴 했지만, 미국이 남베트남인들에게 새롭고 뚜렷한 민족주의와 충성심을 불러일으킬 수 있으리라는 신념에 대해서는 결코 의심하지 않았다. 1962년 10월, 놀팅 대사는 국무부에 보낸 서신에서 자위대를 무장시키는 작업이 매우 느리게 진행되고 있음을 인정했다. 그는 전략촌에서 모집된 자위대는 대부분 "소량의 산탄총이나 구식 프랑스제 무기"에 의존하고 있어 조직적인 민족해방전선의 공격에 취약하다고 설명했다. 놀팅은 또한 "전략촌 방어를 위한 무급 노동으로 가장 가난한 주민들이 가장 큰 타격을 받고 있다"는 사실도 인정했으며, 남베트남군과 민병대가 마을에서 저지르는 "비행"이 심각한 문제를 낳고 있다는 점도 지적했다. 그러나 그는 놀랍게도 이러한 불안한 징후를 언급하면서도 실패로 끝난 선라이즈 작전이 대단한 성공을 거두었다고 주장했다. 그는 농부들을 대상으로 한 재정착 사업은 "현명하고 필수적인" 정책이었다고 주장했다. 지방민들은 이를 통해 "다시 남베트남 정부의 통치를 받게 되었으며 이들이 베트콩에게 제공하는 병참 지원도 줄어들었다. 이들은 또한 보다 개선되고 안전한 삶을 살게 되었다". 놀팅은 또한 "우리가 프랑스 식민 지배를 대체하고 있다는 인상

이 베트남에서 심각한 문제를 일으키고 있다"는 의견을 믿지 않는다고도 말했다.[137]

1962년 말에 나온 다른 보고서들은 보다 직설적으로 전략촌 프로그램의 문제점을 지적하고 있지만, 이러한 보고서들조차 일반적으로 프로그램이 기반하고 있는 가정이 아니라 프로그램의 실행 문제에 초점을 맞췄다. 국무부 정책기획위원회 멤버인 로버트 H. 존슨Robert H. Johnson은 그의 상관 월트 로스토에게 부적절한 방어 전략, 뉴와 그의 형제 캔Can의 불화, 그리고 "베트남 정부가 지닌 관습적인 결점들"로 인해 중앙베트남 지역에서 전략촌 프로그램은 "대부분 순전히 허울"만 남은 상태라고 말했다. 존슨은 또한 전략촌에 도입된 선거제도에 대해서도 "선거를 통해 구성된 의회가 본질적으로 농촌 지역에 특정한 프로그램을 도입하고자 하는 중앙정부 기구에 지나지 않는다면" 이러한 선거는 거의 의미를 갖지 못할 것이라며 신랄한 비판을 이어 갔다. 그러나 그 또한 다른 분석가들처럼 일단 프로그램 실행 과정에서 나타난 문제점들이 시정되기만 한다면, 민주주의가 자리 잡고 주민과 정부 간에 활발한 의사소통이 이루어지며 상당한 진전이 이루어질 수 있으리라 보았다.[138] 맥스웰 테일러 장군 또한 로버트 맥너마라에게 비록 프로그램이 너무 성급히 실시되었고 전략촌의 방어 체계 또한 여전히 미흡한 점이 많지만, "프로그램이 장기적으로 실현할 수 있는 가치에 대한 … 우리의 견해를 수정할 이유는 전혀 없는 것으로 보인다. 프로그

---

137 Nolting to Sterling Cottrell, October 15, 1962, *FRUS*, 1961~1963, vol.2, pp.699~701.

138 Memorandum, Johnson to Rostow, October 16, 1962, *FRUS*, 1961~1963, vol.2, pp.703~706.

램은 이제 막 성숙 단계에 들어섰을 뿐이다"라고 말했다.[139] 11월, 놀팅 대사는 상관에게 "우리는 진전을 **이루어 내고 있다**"고 다시 한번 보고 했다. 대사의 표현에 따르면 베트남에 배치된 미국 관리들은 이곳에서 "휘파람을 불면서 일하는 법"whistle while we work[140]을 배우고 있는 중이 었다. 그는 "치안 상황이 점차 개선됨에 따라 이제까지 우리가 실시해 온 경제적 조치와 대민 활동의 효과가 보다 가속화되고 누적되어 나타 날 것을 기대해 볼 수 있다"고 주장했다.[141]

1963년까지는 전략촌 프로그램에 대한 가장 비판적인 보고들조 차 때가 되면 대반란전이 효과를 거둘 것이라는 압도적인 믿음으로 인 해 그 비판적 어조를 누그러뜨렸다. 3월, 로버트 톰슨은 전략촌 프로그 램이 "지난 6개월간 우리가 기대했던 것보다 훨씬 더 개선되었다"고 평가했고, 미 해군 제독 해리 펠트는 이러한 긍정적인 평가를 워싱턴 에 전달했다.[142] 미 베트남군사원조사령부 사령관 폴 하킨스Paul Harkins 장군 또한 "프로그램이 하루가 다르게 향상되고 있다"고 보고했다. 하 킨스는 "남베트남과 미국의 합동적인 노력에 힘입어 대반란전은 성공

---

139 Memorandum, Taylor to McNamara, November 17, 1962, *FRUS*, 1961~1963, vol.2, pp.736~738.

140 「휘파람 불며 일하자」(Whistle While You Work)는 디즈니 애니메이션 「백설공주」(Snow White, 1937)의 OST 중 한 곡으로 백설공주가 엉망이 된 일곱 난쟁이의 집을 청소하면서 부 르는 노래다. 아무리 복잡하고 힘들어 보이는 일도 휘파람을 불며 하나씩 처리해 나가다 보면 완료할 수 있다는 내용을 담고 있다. 복잡하고 해결이 어려워 보이는 베트남 문제를 다루는 법을 미국 관리들이 배워 가고 있다는 것을 묘사하기 위해 사용한 표현이다.—옮긴이

141 Nolting to Harriman, November 19, 1962, *FRUS*, 1961~1963, vol.2, pp.738~741 (강조는 원문).

142 Memorandum, Felt to Joint Chief of Staff, March 26, 1963, NSF, box 197, "Vietnam, 3/20~3/29/63", JFKL.

을 거둘 것이다. 우리는 이를 자신한다"라고 선언했다.[143] 1963년 10월, 국방부 장관 로버트 맥너마라와 맥스웰 테일러 장군은 이례적으로 다음과 같은 경고의 목소리를 냈다. "프로그램의 한 부분인 경제적 조치 및 대민 활동"이 "미국의 입장에서 상당한 효과를 내며 진척되어 왔음에도 불구하고 현재 이러한 조치의 시행보다는 전략촌을 물리적으로 완공하는 것이 우선순위가 되고 있다". 그들은 "이러한 조치가 효과적인 방어 수단과 결합되어 시행되지 못한다면 이른바 '전략촌'은 단지 명목상으로만 남베트남 정부의 통치하에 남게 될 수도 있다"고 경고했다. 그러나 맥너마라 국방부 장관과 테일러 장군은 "전략촌 프로그램의 개념 자체에 대해서는 만장일치로 동의"를 표했으며, 미국인의 존재가 실제로 베트남 농촌 지역을 변화시키는 효과를 낳고 있다고 주장했다. 그들은 "미국식 태도와 행동 방식이 불러온 강화 및 전시효과가 단지 전쟁터에만 국한되지 않고 모든 베트남인의 행동 방식에까지 깊숙이 확장되며 영향을 미치고 있다"고 설명했다.[144] 비록 실제 전략촌 프로그램의 효과는 미미했을지 몰라도 프로그램의 기반이 된 근대화 이데올로기는 공고히 유지되었다.

결국 케네디 정부는 사회공학에 대한 기대는 여전히 견지하면서도 점차 응오딘지엠에 대한 지지를 철회하게 되었다. 지엠과 그의 동생 뉴는 보다 많은 전시 작전 권한을 획득하고자 하는 미국의 시도에 분노하여 남베트남의 주권과 독립이 미국의 지나친 간섭으로 위협받

143 Memorandum, Felt to Joint Chief of Staff, March 9, 1963, NSF, box 197, "Vietnam, 3/1~3/19/63", JFKL.

144 Report, McNamara and Taylor to Kennedy, October 2, 1963, NSF, Vietnam Country File, Addendum, "Hilsman, Roger (Vietnam-Diem) (1963)", LBJL.

고 있다고 선언했다. 이러한 불평은 미국과 조화롭게 협력하며 외부 공산주의 침략에 맞서 싸우는 신생 국가의 이미지를 퇴색시켰고, 워싱턴에서 지엠의 인기를 하락시켰다. 지엠 정권은 또한 이들의 오랜 정치 탄압의 역사가 갑작스레 언론의 주목을 받게 되면서 케네디 정부의 골칫거리가 되었다. 반대 의견에 늘 불관용적 태도를 취해 온 지엠은 특히 남베트남의 특권층인 소수 가톨릭교도들의 비판에 민감했고, 1963년 봄에는 남베트남 공식 국기의 게양만이 허용된 상황에서 이에 저항해 불교 깃발을 게시한 불교도들을 군대를 동원해 진압하기도 했다. 남베트남 군인들이 후에에 결집한 군중에게 발포하여 9명이 사망하자 이에 대항해 수천 명의 불교도가 행진을 벌였다. 그러나 지엠은 화해를 모색하기보다는 단순히 공산주의에 감화된 선동가라는 낙인을 찍어 그에게 반대하는 모든 종교인과 시위 지지자들을 체포함으로써 논란을 잠재우고자 했다. 시위 과정에서 고승 틱꽝득Thich Quang Duc은 공개적인 소신공양燒身供養을 감행했고, 그의 모습을 담은 충격적인 사진들은 미국이 영웅적이고 계몽적인 리더로 빈번히 묘사하곤 했던 지엠에 대해 베트남 민중이 얼마나 큰 혐오감을 갖고 있는지를 적나라하게 드러냈다. 그해 여름 동안 지속된 폭력 및 체포 사태는 지엠 정권에 더 큰 피해만을 입혔을 뿐이었다.

케네디 정부는 남베트남 내에서 지엠 정권에 대한 저항이 격화되고 지엠의 독재적인 정치 탄압 증거들이 언론 기사를 통해 드러나자 처음에는 별도의 부분적인 조치들을 취함으로써 문제를 해결하려고 노력했다. 공화당원이면서도 백악관을 우파의 공격에서 보호할 수 있는 인사였던 헨리 로지가 지엠에게 지나치게 친밀하고 관용적이라고 평가받는 프레더릭 놀팅을 대신해 대사직을 맡기 위해 남베트남으로 파견되었다. 미국은 또한 지엠의 동생과 그의 부인을 남베트남 정권에서 물러나게 할 것을 요구했다. 반불교 운동을 주도한 응오딘뉴와 그의 부인 마담 뉴는 권력을 남용한 최악의 상징이 되었다. 몇몇 미국 정책가들은 일단 이들의 영향력을 제거한다면 지엠 정부가 필수적인 개혁에 보다 집중할 수 있을 것이라고 믿었다. 그러나 8월 말, 남베트남의 상황은 케네디 정부 인사 다수가 더 이상 용인할 수 없을 정도로 악화되었다. 응오딘뉴가 하노이와의 협상을 위해 비밀리에 노력하고 있다는 소문이 퍼지자 케네디 정부에서는 지엠 정권을 계속 지원해야 하는가를 두고 대규모 논쟁이 시작되었다. 일부 참모들은 남베트남에 대한 경제적·군사적 원조를 지연시킨다면 지엠이 불교도들에 대한 공격을 완화하고 민족해방전선과의 전투에 다시 집중할 것이라고 제안했지만, 다른 정책가들은 오직 쿠데타를 통한 정권 교체만이 상황을 바로잡을 수 있다고 생각했다. 10월 초, 미국이 뉴가 지휘하던 특수부대에 대한 지원을 중단하자 남베트남군 내 반정부 인사들은 때가 왔다고 확신했다. 지엠에 대한 미국의 지원이 약화되자 이들은 사이공에서 CIA 요원들과 만나 지엠을 대체하고 가능하다면 암살할 방법을 논의했다. 남베트남군 장성들은 일단 권력을 잡으면 미국이 지원해 줄 것이라는 기대하에 11월 2일, 지엠과 뉴를 호송용 장갑차 안에서 체포하여 사살했다. 이들은 집권 후 새로운 정부를 선포하여 미국의 승인을 얻었으며 전쟁을 위한 노력을 강화하겠다고 맹세했다.[145]

지엠 암살 이후 이어진 혼란스러운 몇 주간 전략촌 프로그램이 대반란전 수단으로서 실패하고 있다는 징후가 점차 분명해지기 시작했

---

145 Young, *Vietnam Wars*, pp.93~102; Schulzinger, *Time for War*, pp.119~123.

다. 롱안 성에 대한 조사는 이 지역에 대한 민족해방전선의 장악력이 상당히 강화되었다는 사실을 보여 주었다. 미 공보원 팀은 이 지역 전략촌들이 잇따라 심각한 재난 상황에 빠지고 있다고 보고했다. 한 보고서는 이렇게 설명했다. "적들은 전략촌의 입구와 철조망을 100퍼센트 파괴했다. 철조망과 쇠말뚝들은 전부 파괴되어 여분조차 남아 있지 않다. … 전략촌 강당은 베트콩에 의해 전소되었다. … 전략촌의 정부, 의회, 자위대는 치안이 무너지고 사기가 저하되며 더 이상 업무를 수행할 수 없는 지경이 되었다. 이들은 모두 적들을 두려워하고 있다. 전략촌의 방어 체계는 완전히 파괴되었다." 미 정보팀이 작성한 또 다른 전략촌에 대한 보고에 따르면 "행정부와 의회는 붕괴되었고 적들과 타협을 꾀하며 친공산주의적 성향을 보이고 있다. 대중 조직 또한 붕괴되어 이미 활동을 중단했다". 또 다른 사례 조사에서 정보팀은 전략촌의 모든 젊은이가 베트콩에 합류하기 위해 전략촌을 떠났다는 사실과 농부들이 그들과 대화하기를 꺼린다는 점을 발견했다.[146]

그러나 이러한 상황 속에서도 전략촌 프로그램의 실패 원인을 규명하려는 시도들은 여전히 근대화 모델의 틀에서 벗어나지 못했다. 미국 관리들은 전략촌 프로그램이 목표했던 결과를 내지 못한다면 이는 전적으로 베트남인들이 운영을 잘못했기 때문이지 미국의 개념적 접근이 잘못된 것은 아니라는 입장을 고수했다. 헨리 로지 대사는 워싱턴에 보낸 보고서에서 게릴라들이 성공적으로 주민들을 포섭했고 많은 전략촌에 침투해 이를 점령하고 있다고 보고했다. 그러나 이러한

---

146 U.S. Information Service, Long An Province Survey, January 1964, Lansdale Papers, box 23, "Pacification and Land Reform/General, 1964~1969", HIA.

결과를 설명하며 보고서는 그 책임을 전적으로 전 남베트남 정부 측에 돌렸다. 미국은 전략촌을 한 구역씩 순차적으로 천천히 확대해 가는 계획을 제안했으나 "실제 전략촌은 농촌 지역을 가능한 한 빨리 장악하려 했던 응오딘뉴에 의해 지나칠 정도로 과잉 확대되었다. 이 중 많은 수의 전략촌이 무용지물이라는 사실은 거의 고려되지 않았다".[147]

롱안 성 유숌 지부장이었던 얼 영Earl Young의 보고 또한 비슷한 결론을 내렸다. 그는 로지에게 베트콩이 전략촌들을 "매일 파괴"하고 있으며 "9월에는 219개의 전략촌이 무장 자위대를 갖추고 있었으나 현재 무장력을 갖춘 전략촌은 50개밖에 남지 않았고 이마저 무기를 반납하거나 병사들이 탈영하면서 부대가 해체되고 있다"고 보고했다. 그러나 영은 이러한 문제는 선거나 지역사회개발과 같은 조치를 통해 농부들을 변화시킬 수 있다는 프로그램의 가정과는 전혀 무관하다고 설명했다. 전략촌 프로그램의 가정에 따르면 농부들은 자신들의 삶에 급진적인 변화를 가져온, 외부로부터 부여된 강압적 사회질서를 지키기 위해 베트콩과 기꺼이 싸우게 될 것이었다. 영은 "이러한 불행한 상황이 발생하게 된 것은 남베트남 정부가 전략촌을 지원하고 보호하는 데 실패했기 때문"이라고 주장했다. 남베트남군이 야간 작전 수행을 거부하고 여기저기 산재해 있던 전략촌들과 남베트남군의 현 사령부를 동시에 방어하는 데 실패했기 때문에 "베트콩에 저항하고자 하는 민중의 의지와 욕구가 저하되었다". 영은 "전략촌 프로그램은 성공할 수 있으며 베트콩에 대항하는 데에도 매우 효과적일 수 있다"라는 결론을

---

147 Memorandum, Lodge to Rusk, December 11, 1963, NSF, Vietnam Country File, box 1, "Vietnam Cables, Vol. I , 11/63~12/63 (2 of 2)", LBJL.

내렸다. 그러나 이를 위해서는 추가 병력이 필요했고 남베트남의 부패 문제 또한 해결되어야만 했다.[148]

펜타곤 페이퍼Pentagon Paper가 지적했듯 "대리 평정 작전"Pacification by proxy은 분명히 심각한 문제점들을 낳았다. 톰슨과 힐스먼은 전략촌을 마치 "오일 스팟"oil spot[149]처럼 천천히 한 구역씩 순차적으로 확장시켜 나가도록 지시했지만, 지엠과 뉴는 이러한 지시를 따르지 않았다. 이들은 그들만의 목표를 가지고 있었다. 지엠이 보기에 전략촌 프로그램은 "자신의 자주적 권한을 유지한 채 미국의 전폭적 지원을 얻기 위한" 보다 거시적인 노력의 일부였다. 지엠과 뉴는 또한 전략촌 프로그램과 관련 자원들을 이용해 지역 정치 및 지방 차원의 권력 구조를 직접 통제함으로써 정치적 경쟁자들의 부상을 막으려 했다. 이들은 지엠 정권에 충실한 측근들을 성장이나 현장에 임명함으로써 이들의 정적들이 미국의 자원을 이용하거나 대중적 기반을 조성할 수 있는 여지를 없애고자 했다.[150] 이에 따라 전략촌 건설이 급속히 이루어진 데 비해 미국식 대민 활동은 한발 늦게 보급되었고, 전략촌의 방어는 종종 부적절하게 이루어졌으며, 지방 관료들은 대부분 재정착한 농민들에게

---

148 Telegram, Lodge to Rusk, December 7, 1962, NSF, Vietnam Country File, box 1, "Vietnam Cables, Vol. I , 11/63~12/63 (2 of 2)", LBJL.

149 대반란전 전략 중 하나로 전국적으로 일거에 대반란전 작전을 시행하는 대신 산발적으로 흩어져 있는 소규모 지역들을 안전 지역으로 설정하고 이곳에서부터 차근차근 작전을 시행해 가는 것을 말한다. 작전이 성공해 감에 따라 점차 안전 지역들을 확대해 가고 종국에는 해당 지역들을 연결함으로써 전국적으로 대반란전을 성공시킬 수 있다고 본다. 프랑스 식민 전쟁 및 대반란전 이론가였던 위베르 리요테(Hubert Lyautey)가 해당 용어를 처음으로 사용한 것으로 알려져 있다. 베트남 전쟁에서 전략촌 프로그램의 정당성을 주장하는 전략 중 하나로 펜타곤 페이퍼에서 언급되었다.—옮긴이

150 Senate, *Pentagon Papers*(Gravel edition), vol.2, pp.128~131.

적절한 보상을 해주지 않고 분배해야 할 자금을 횡령했다.

그러나 전략촌 프로그램에 대한 공식 분석들은 단지 이러한 행정적인 요인에만 초점을 맞추었을 뿐 프로그램이 기반하고 있는 핵심 가정 자체에는 문제를 제기하지 않았다. 지엠 정부의 실패에도 불구하고 남베트남 농민들이 지속적인 감시와 엄격한 통제 속에서 정부 기구에 참여하고 싶어 하지 않을지도 모른다는 가능성을 떠올린 이들은 거의 없었다. 농촌 지역의 가치 체계와 삶의 방식을 반공주의적 목표에 맞게 쉽게 변화시킬 수 있을 것이란 기대 또한 전쟁의 확대와 함께 지속되었다. 비록 미 안보 기관은 지엠과 뉴의 암살 이후 "전략촌"이라는 용어를 폐기했지만, 뒤이어 제기된 미국의 대반란전 방식도 결국 전략촌 프로그램의 핵심 원칙들을 단순히 반복한 것에 지나지 않았다. 1963년 12월, 딘 러스크는 린든 존슨 대통령에게 남베트남에 세워진 새로운 군사정권이 전략촌 프로그램의 "적용 과정에서 나타났던 결점들을 수정·보완할 수 있을 것"이라고 낙관적으로 보고했다. 국가안전보장회의 위원 마이클 포리스털Michael Forrestal 또한 대통령에게 "이전에 실시되었던 전략촌 프로그램에서 많은 부분을 차용해 보다 쉽게 마을에 적용할 수 있는 새로운 프로그램을 만들 수 있을 것"이라고 조언했다.[151] 그해 연말 설립된 "신생활촌"은 이전에 설립되었던 전략촌과 단지 외견상의 차이만 있을 뿐 본질적으로는 비슷했다. 남베트남 지도자들은 안전이 확보된 지역부터 프로그램을 순차적으로 적용시켜 나갈

---

151 Memorandum, Rusk to Johnson, December 1963, NSF, box 1, "Vietnam Cables, Vol. I, (2 of 2), 11/63~12/63", LBJL; memorandum, Forrestal to Johnson, December 11, 1963, NSF, box 1, "Vietnam Cables, Vol. I, (2 of 2), 11/63~12/63", LBJL.

것을 약속했고, 미국과 협조해 자위대를 훈련시켜 보다 적극적인 순찰에 나설 것을 약속했으며, 대민 활동 시행을 위해 중앙 집중적인 행정 조직 대신 지역사회에 기반한 조직을 활용한다는 구상 또한 수용했다.[152] 그러나 적절한 안보 조치, 주민들의 확대된 국가 기구 참여, 사회 보장 서비스와 같은 조치를 통해 농민들 사이에 남베트남 정부에 대한 근대적이고 민족주의적인 유대감을 확립할 수 있을 것이라는 근본적인 가정은 케네디 시대가 끝날 때까지도 의문의 여지없이 광범위하게 수용되었다.

근대화론은 1960년대 후반까지도 미국의 대반란전에 대한 사고 전반을 지배했다. 1964년, 헨리 로지 대사는 "사람들의 마음을 사회적 의식과 매력적인 이데올로기로 교화시킬 수 있는" 촌 단위 프로그램에 대해 설명했는데, 이는 근대화와 대반란전 간의 연관성에 대한 그의 지속적인 믿음을 잘 보여 주는 것이었다. 로저 힐스먼처럼 로지는 인구조사, 신분증, 야간 통행 금지, 그리고 "심층 수색"을 통해 "테러리스트들을 색출"하고 마을의 안보를 보장할 수 있을 것이라고 확신했다. 초기에는 교사와 농업 전문가, 지방선거 당선인들이 조용히 반공적이고 진보적인 발전을 이루어 낼 것이고 종국적으로는 미국의 계획을 성공으로 이끌 것이다. 린든 존슨 대통령의 남베트남 "평정" 계획 보좌관이었던 로버트 코머Robert Komer 또한 근대화 개념을 그의 민사 및 혁명개발지원처Civilian Operations and Revolutionary Development Support(CORDS) 프로그램과 결합시켰다. 1966년 말 창설되어 1967년을 거치며 확장된

---

152 이와 관련해서는 Sidney Lens, "The Only Hope", *Progressive*, vol.28, November 1964, pp.23~24를 참조.

민사 및 혁명개발지원처는 이전의 전략촌 프로그램이나 신생활촌 프로그램처럼 군사 및 안보 조치를 마련하고 지역사회에 새로운 정치 문화를 창출해 내기 위해 대민 활동 및 복지 계획을 결합시킨 프로그램이었다.[153] 그의 전임 전략가들처럼 코머 또한 이러한 구상에 엄청난 자신감을 보였고, 비록 베트남인들이 담당하고 있는 행정 부분에 여전히 문제가 남아 있긴 하지만 "우리는 이전 그 어떤 때보다도 더 나은 상황에서 68년을 시작하고 있다"고 언론에 발표하기도 했다.[154] 베트남 문화에 익숙지 않았던 대부분의 미국 정책가들은 이들이 대항해 싸우고 있는 혁명이 무엇인지 결코 이해하지 못했다. 게다가 추상적이고 보편적인 근대화론의 가정은 이러한 이해를 불필요한 것처럼 보이게 했다. 매릴린 영이 지적했듯 미국 관료들은 "베트남인들처럼 오랜 역사를 가진 이들에게 미국제美國製 '신념' 세트를 주입할 수 있다고 생각했으며, 베트남인들은 이를 위해 기꺼이 죽음도 무릅쓸 것이라고" 믿어 의심치 않았다.[155]

일반 대중의 베트남전쟁에 대한 해석 또한 이러한 근대화론의 기본 가정을 비판 없이 수용하는 경향을 보였다. 『타임』지는 다른 대중매체들처럼 초기에 보냈던 지엠에 대한 지지를 철회하고, "권력 위임을 꺼리는 그의 성향과 지엠 정부의 비효율성, 남베트남 장교단의 낮은 사기" 등의 문제점을 강조했다. 『타임』지는 "무엇보다 지엠의 잘못으

---

153 Young, *Vietnam Wars*, pp.144~145, 212~213. 덧붙여 민사 및 혁명개발지원처 작전은 영이 지적한 것처럼 민족해방전선 간부단 및 지지자들을 파악하고 "상쇄"하기 위한 노력의 일환으로 미국이 주도해 실시한 피닉스 프로그램의 잔혹한 폭력과 테러리즘의 지원을 통해 강화되었다.

154 Fitzgerald, *Fire in the Lake*, p.486에서 인용.

155 Young, *Vietnam Wars*, p.145.

로 가장 많이 거론되는 것은 남베트남의 1400만 민중을 정부와 멀어지게 만들었다"는 사실이라고 보도했다.[156] 『타임』의 지적은 일면 정당한 것이었을 수도 있다. 그러나 이와 같은 지엠에 대한 지속적인 비판은 전쟁 실패의 책임을 오로지 베트남인들에게만 돌리는 대중적 전쟁 해석에 기여했을 뿐, 미국이 남베트남에 제공한 자원과 이상이 동남아시아 일대에 극적인 국가 건설의 물결을 불러올 것이라는 대중적 신념에는 의문을 제기하지 않았다. 1963년 여름과 가을, 지엠과 뉴가 격화된 불교도들의 저항을 진압하는 과정에서 자행한 만행은 전쟁 실패는 오직 베트남인들의 탓이라는 확신을 더욱 강화했다. 1963년, 스탠리 카노Stanley Karnow는 베트남에 파견된 한 미국인 관료의 말을 인용해 많은 이가 "우리와 베트남 관료들은 근본적으로 다르다"고 믿고 있다고 썼다. 카노를 포함한 많은 미국인은 미국이 민족해방전선을 격퇴하고 새로운 남베트남을 건설할 방법과 수단을 가지고 있다고 생각했다. 반면 근시안적인 베트남인들은 "이 전쟁의 정치적 측면"을 제대로 파악하지 못하고 있었다.[157]

1960년대 초중반에는 극소수의 반대자만이 지엠 정권의 문제점을 파악하는 것을 넘어 근대화론 자체에 문제를 제기하는 데까지 나아갔다. 민주당 급진파나 몬태나주 상원위원 마이크 맨스필드 같은 국회의원들은 전략촌 프로그램 대해 점차 의구심을 표하기 시작했다. 맨스필드와 그의 동료들은 남베트남 방문 후, 전략촌 개념이 다음과 같은

---

156 "South Viet Nam: What the People Say", *Time*, February 2, 1962.

157 Stanley Karnow, "The Edge of Chaos", *Saturday Evening Post*, September 28, 1963, p.34. 이에 대한 강조는 많은 역사 서술에서도 지속적으로 등장한다. 예를 들어 Smith, *International History of the Vietnam War*, vol.2, p.168을 참고하라.

가정, 즉, "베트콩 조직은 지방 민중에 의해 유지되는데, 이러한 현상은 주로 민중의 두려움 때문에 발생하고, 부분적으로는 농민들이 정부의 지원과 정부 참여를 통해 상당한 사회적·경제적·정치적 이득을 얻을 수 있다는 사실을 인지하지 못하기 때문에 발생한다는 가정"에 기반하고 있다고 주장했다. "**만약 이러한 가정이 정확하다면** 현재 베트남에서 이루어지고 있는 노력을 통해 군사적 성공 또한 성취할 수 있으리라 기대할 수 있다. … 하지만 최초의 의미 있는 군사적 승리를 거두는 것조차 엄청난 사회공학적 작업이 필요한 것이 사실이다."[158] 맨스필드와 그의 동료들은 비록 당대에 통용되던 지배적인 주장을 수용하기는 했지만, 그간 거의 논의되지 않았던 근대화론이 기반하고 있는 가정에 주목했으며 대부분의 논자와는 달리 이러한 가정이 사실로 입증되지 않았다고 주장했다.

데이비드 핼버스탬과 같은 기자들 또한 미국이 근대화를 통해 베트남전에서 승리할 수 있다는 주장에 심각한 의문을 제기했다. 핼버스탬은 비록 전략촌 프로그램의 실패 원인을 주로 지엠과 뉴의 탓으로 돌리고 베트남을 수동적이고 "전통적인" 사회로 바라보는 종래의 시각을 되풀이하기는 했지만, 이러한 프로그램이 결국 어떤 정권하에서도 성공하지 못할 수도 있다는 가능성을 제기했다. 그는 『수렁의 탄생』 *The Making of a Quagmire*이라는 저작에서 "농민들에게 전쟁은 이쪽저쪽을 오가는 것이었다. 그들은 낮에는 정부군을 상대해야 했고, 밤에는 베

---

158 Senate, *Vietnam and Southeast Asia: Report of Senators Mike Mansfield, J. Caleb Boggs, Claiborne Pell, Benjamin A. Smith*, 88th Cong., 1st sess. Washington, D.C.: U.S. Government Printing Office, 1963, p.7(강조는 원문).

트콩을 상대해야 했다"라고 설명했다. 계속되는 폭력으로 조상 대대로 내려온 땅과 집, 경작물, 가족까지 모두 잃어 가는 상황에서 정부군의 도착은 지방민들에게 미국의 원조를 통한 더 나은 삶에 대한 열망이나 지엠 정부에 참여하고자 하는 욕구를 불러일으키지 못했다. 이는 단지 두려움과 괴로움, 분노, 그리고 그들의 삶을 침범하는 공포가 어서 끝나기만을 바라는 깊은 염원만을 낳았을 뿐이다. "한 젊은 베트남인은 내게 … '전쟁은 단지 현생에서만 지속될 뿐이겠죠'라고 비통하게 말했다."[159]

그러나 1960년대 초반에는 이와 같은 다소 간접적인 반대 의견조차 상대적으로 드물었다. 동남아시아의 근대화는 미국이 한때 자신이 경험했던 역사적 궤적을 따라 진보하기 위해 노력하는 이들을 돕기 위해 마땅히 수행해야 할 책무라고 여겨졌다. 이러한 사고는 정체성 및 사명감이라는 강렬한 문화적 감각과도 긴밀히 결부되어 있었다. 근대화론자들은 또한 "전통적인" 국가의 국민들은 오직 외부에서 도입된 선진 문물과 이상을 통해서만 그들의 무감각한 정체 상태에서 깨어날 수 있기 때문에, 토착 민족주의는 결코 진실되거나 진정한 것이 될 수 없다고 주장했다. 이러한 견지에서 볼 때, 민족해방전선은 전적으로 국제 공산주의 세력의 영향을 받아 결성된 조직이었다. 이러한 세계관에 따르면 베트남 농민들 또한 통일되고 독립된 베트남이라는 거시적인 역사 문화적 개념에 대한 충성심으로 혁명에 참여한 것이 아니었으며, 농업 중심적인 사회구조 속에서 부와 권력의 재분배를 약속한 베트콩의 호소 때문에 혁명에 참여한 것도 아니었다. 농민들은 단지 서구인

---

159 Halberstam, *Making of a Quagmire*, p.50.

들과 비슷하게 되기를 원했기 때문에 민족해방전선에 참여했다. 즉, 그들은 자신들을 보다 근대화시켜 줄 사회적 가치, 정치기구, 경제조직을 원했던 것이다. 이러한 면에서 전쟁은 철저히 이분법적인 틀을 통해 조망되었다. 자유주의적·자본주의적 세계질서에 대한 그들의 이상과 정반대의 발전 모델을 맞닥뜨린 미국의 정책가들은 사회주의 혁명이 숙명적인 발전을 가로막을 수도 있는 이 불안한 시기를 잘 헤쳐 나갈 수 있도록 남베트남을 돕는 것이 그들의 책무라고 믿었다.

　　모든 미국인이 스스로를 국가 건설을 전파하는 이타적인 선교사로 상상했던 것은 아니었고, 베트남에서 실시했던 미국의 전술도 사회공학과 대반란전 뿐 아니라 훨씬 더 많은 영역을 망라했다. 케네디 정권 시기 전략촌 프로그램 시행 과정에서 자행되었던 폭력 또한 1965년 미 전투 부대가 남베트남에 배치되고 베트남 농촌 지역에 무차별적인 폭격이 가해지며 새로운 국면으로 접어들었다. 그러나 1960년대 내내, 근대화라는 이데올로기에 투영된 국가적 차원의 사명 의식은 상당한 호소력을 지녔다. 미국이 우월한 사회이고 다른 나라를 변화시킬 수 있는 잠재력을 가지고 있다는 시각은 '명백한 운명'이라는 기존의 오래된 국가 이미지와 공명하며 탈식민주의 시대에 제국주의적 권력을 지향하는 주장을 옹호하는 역할을 했다. 전략촌 프로그램과 같은 조치들은 필리핀에서 겪었던 미국 자신의 경험과 말레이반도에서 제국을 통치했던 영국의 경험에 근거한 것이었다. 이러한 조치들은 또한 그 형식 면에서 영국이 남아프리카에 적용했던 관행이나 스페인이 쿠바에서 취했던 전술, 프랑스가 이집트와 알제리에서 실시했던 마을 재정착 및 재건설 정책과도 상당히 비슷했다. 그러나 베트남에서의 미국의 역할, 제국주의 국가로서의 미국의 과거, 인도차이나 반도의 식민주의 역사 사이에 존재하는 놀라운 유사성은 "객관적인" 사회과학적 틀을 통해 제시되는 과정에서 소멸되어 버렸다. 많은 이가 세계에서 가장 "근대화된" 국가라고 믿었던 미국은 베트남의 자유민주주의를 위한 싸움을 통해 자신의 역사적 책무를 다하고 있을 뿐이었다. 이후 롤링 선더Rolling Thunder 작전,[160] 병역 기피 문제, 미라이 학살, 캄보디아 침공 등의 사건들을 겪으며 마침내 베트남을 근대화시키겠다는 주장은 국가적인 논란의 중심에 서게 되었다. 미국인 및 베트남인 사망자 수의 급증 또한 근대화론에 대한 심각하고 고통스러운 재평가를 촉발시켰다. 그러나 1960년대 초반까지만 해도 이러한 과정이 궁극적으로 치르게 될 대가에 대해 예측할 수 있는 이는 거의 없었다.

---

160 1965년 3월부터 1968년 11월까지 이어진 미군과 남베트남군의 북베트남 폭격 작전으로, 막강한 화력을 퍼부었으나 결국은 실패한 것으로 평가된다.─옮긴이

결론

1960년대 초 근대화라는 이데올로기는 강력한 영향력을 발휘했다. 유럽의 제국주의 질서가 붕괴하는 가운데 공산주의에 위협을 느낀 사회과학자들과 케네디 정부의 정책 결정자들은 근대화라는 수단이 "신생"국들을 발전시켜 미국의 안보를 지켜 주고 자유세계를 신장시킬 수 있다고 생각했다. 근대화론자들은 미국의 힘을 지속적으로 확대하는 방안을 구상했고, 전 세계적인 혁명의 도전에 맞설 준비가 되어 있는 이타적이고 반제국주의적인 국가가 미국이라고 생각했다. 근대화는 단순히 정부 행위를 정당화하기 위한 수사적 전략이 아니었다. 민간과 정책 결정 차원의 자원과 대중적 해석 간에 나타나는 높은 일관성은 근대화가 하나의 개념적 틀이었다는 점도 보여 준다. 근대화는 구체적인 실천을 만들어 냈으며 미국의 본성, 윤리적 의무, 전 세계적 변화를 지도할 능력에 대해 널리 공유되는 믿음을 빚어냈다. 그것은 또한 사회과학 담론, 대외 정책 제도, 문화적 재현물에 각인되어 미국의 자원과 계몽적 지도를 필요로 하는 세계에 "진보"를 가속할 수 있다고 약속했다.

근대화에 대한 사회과학 이론들이 결정적이거나 독점적인 요인이었던 것은 아니었다. 근대화에 대한 사회과학 이론들뿐 아니라 그들이 반영하거나 강화했던 문화적 가정들도 케네디 정부의 유일한 정책 결정 요인은 아니었다. 진보를 위한 동맹은 마셜 플랜의 성공, 수십 년 동안 이어진 라틴아메리카의 원조 요청, 쿠바혁명, 재앙적인 피그스만 사건 등의 맥락 속에서 만들어졌다. 지역사회개발은 많은 평화봉사단 프로그램 중 하나일 뿐이었으며, 자원봉사를 지원하고 사회공학에 대한 큰 야심을 갖고 있던 많은 교양학부 졸업생에 대한 실질적인 우려에서 출발했다. 베트남 전략촌 계획도 응오딘지엠의 인구 재정착 실험과 영국이 말라야에서 실시했던 계획, 그리고 비록 그 가능성을 완전히 배제하지는 않았지만 케네디 정부가 전투부대 파병 없이 전쟁에서 이길 수 있는 방법을 모색했다는 점 등 다양한 요인에서 비롯되었다. 그러나 각각의 사례에서 근대화에 대한 생각은 발전 과정에 관한 제도적 이해를 형성하고 탈식민화의 전략적 중요성을 이야기했으며, 미국의 정책이 전 세계적 변화를 지휘하고 가속할 수 있는 구체적 방법을 제안했다. 진보를 위한 동맹, 평화봉사단, 전략촌 프로그램은 비록 각각의 양상은 다양하게 나타났지만 모두 "전통"사회와 문화를 물질적 지원, 합리적 조직 및 사회구조의 입증을 통해 변화시킬 수 있다고 제안했다.

케네디 정부의 정책 결정자들은 근대화를 추구하는 과정에서 사회를 하나의 통합된 체계로 바라봤다. 그들은 경제성장과 정치개혁을 저개발국 현지의 세계관이 희망하는 변화와 동시에 추구할 수 있다고 주장했다. 지역사회개발 사업에 종사한 평화봉사단 단원들은 "수동적" 농민들에게 자조 프로젝트에 대한 참여와 삶의 질 향상을 독려해 줄 민주주의적 가치와 구조를 제공하리라고 기대되었다. 전략촌은 농촌의 농민들을 활동적 시민으로 변화시키고 남베트남 정권에 충성심을 갖게 함으로써 그들의 "마음과 정신"을 얻고자 했다. 진보를 위한 동맹조차 경제성장과 민주주의 정부를 아직 시작 단계에 있던 "감성적" 라틴아메리카 민족주의와 연결하고자 했다. 각각의 사례에서 정책 결정자들은 근대화론자들처럼 "저개발"은 단순한 구조적 문제 이상이라는 점에 동의했다. 그것은 정치적이고 경제적인 것만큼이나 결정적인 문화적 실패를 낳는 조건, 즉 "정신 상태"의 문제이기도 했다.

그뿐만 아니라 각 프로그램은 냉전의 위험에 대한 미국의 인식과 긴밀히 관련되었다. 정책 결정자들과 사회과학 자문가들은 서구의 사상, 기술, 시장이 불러일으킨 열망이 "전통적인" 사회를 한때 사회적 응집력을 제공했던 기존 가족관계와 종교적 유대로부터 분리할 것이라고 생각했다. 또한 그들은 근대로의 이행을 하나의 위기, 엄청난 기회이자 심각한 위험의 순간이라고 보았다. 정책 결정자들은 이행 과정에 있는 사회가 이론가들이 안정적인 서구 민주주의에서 나타나는 균형 상태로 파악한 일종의 통합적 가치를 결핍하고 있기 때문에 공산주의 및 사회개혁, 정치질서, 경제성장에 대한 공산주의의 유혹적인 주장에 극도로 취약하다고 생각했다. 케네디 정부의 각 프로그램들은 공산주의의 위협에 맞서는 한편, 그러한 취약한 사회들이 결정적인 시기를 무사히 통과할 수 있도록 혁명이나 반란이 그 "자연적" 발전 과정을 망가뜨리기 전에 자유주의적이고 자본주의적인 "도약"을 촉진하기 위한 물질적이고 도덕적인 청사진을 제안했다. 진보를 위한 동맹은 빈곤과 억압의 완화 이상을 추구했다. 그것은 소련의 이데올로기와 자연적 발전 과정에서 벗어난 쿠바의 사례에 미국 모델에 기반한 경제적 진보와 사회 변화에 대한 비전으로 대응하기 위해 고안되었다. 평화봉사단의 지역사회개발 사업은 변화에 취약하고 수동적인 가난한 사람들을 자유주의적 진보에 헌신하는 활동적 시민으로 변화시킬 수 있다고 기대되었다. 미국의 이타성, 강인함, 공감 능력의 상징인 평화봉사단 단원들은 "파견국 현지에서 거주하며" 미국이 어떤 차원의 전투에서도 공산주의의 위협에 대처할 수 있다는 점을 증명한다고 생각되었다. 베트남에서 미국은 비슷한 방식으로 민족해방전선에 대응했다. 적이 위계와 질서를 제시함으로써 농민들의 호응을 얻는다고 확신한 케네디의 전략가들은 광범위한 남베트남 국가 건설 작업과 안보 수단을 결합시켰고 그 안에서 농민들이 목적, 헌신, 소속감 등을 찾게 하고자 했다. 경제성장, 지역사회개발, 대반란전은 모두 자유주의적 근대화가 공산혁명을 예방할 수 있다는 기대로 만들어졌다.

근대화론은 또한 유감스럽게도 저개발사회에 대한 분석 과정을 단순화시켰다. 근대화론자들은 전형적으로 외국의 "저개발" 사회를 진보에 대한 단일한, 그리고 추상적인 척도에 기반해서만 평가했기 때문에, 이들 사회의 구체적인 역사 조건이나 독자적인 문화적 특징에는 거의 주의를 기울이지 않았다. 정책 결정자들은 "전통적"인 세계가 가변적이고 외부 영향에 취약하다고 확신했기 때문에 민족주의적 힘을 전용할 수 있는 자신들의 능력을 과대평가했다. 결과적으로 베트남 같은 곳에서 위기가 나타났다. 근대화는 미국의 힘에 대한 자신만만한 전망으로 충만한 채 다른 방향으로 가야 한다는 명백한 암시가 있을 때조차 그 가정과 예측에 대해 거의 이견이 없는 인기를 누렸다.

게다가 근대화의 이론과 실천은 일반적으로 오래된 미국의 민족주의적 사고 및 이데올로기와 많은 공통점을 가지고 있었다. 양적 지표, 구조기능적 도표, 열렬한 과학만능주의는 상대적으로 새로운 것이었지만 미국의 역사적 궤적과 구원의 잠재력에 대한 찬사는 그다지 새로운 것은 아니었다. 역사가 프레더릭 머크Frederick Merk는 1966년도의 저작에서 미국의 고유한 자애로움은 지속되고 있지만 "명백한 운명은 20세기에 사라졌다. 그것은 사망했을 뿐만 아니라 두 차례의 세계대전 내내 죽어 있었다"고 주장했다.[1] 마찬가지로 많은 미국의 외교사 연구자는 미국의 제국주의를 성급히 추진되었지만 재빨리 부인된 짧은 일탈로 묘사했다.[2] 그러나 나는 근대화를 실천하려 했던 미국의 시도가 그러한 주장에 의문을 제기하며 냉전 연구에 도전적인 길을 열어 준다고 생각한다. 오래 전 등장했던 명백한 운명과 제국주의적 소명에 대한 생각 중 어떤 요소들이 19세기 말 동결inter되었을까? 그리고 어떤 요소들이 살아남아 다른 형태로 다시 나타났을까? 명백한 운명과 미 제국주의를 신의 허락하에 서부로 팽창했다는 생각이나 공식적인 해외 영토 소유 관행 등으로 좁게 정의한다면 그것은 분명 사망한 것이 맞다. 그러나 그 사망에 대한 떠도는 소문은 극도로 과장되었다고 생각할 만한 합리적인 이유도 있다. 앤더스 스테판슨과 같은 학자들이 주장했듯이 명백한 운명은 보다 넓은 맥락에서 이해될 수도 있다. 그는

---

1 Frederick Merk, *Manifest Destiny and Mission in American History: A Reinterpretation*, New York: Vintage, 1966, p.266. 이와 대비되는 초기의 관점은 Albert K. Weinberg, *Manifest Destiny: A Study of Nationalist Expansion in American History*(Chicago: Quadrangle Books, 1963) 1935년 초판 인쇄본을 참조.

2 예를 들어 Klaus Schwabe, "The Global Role of the United States and Its Imperial Consequences, 1898-1973"(eds. Wolfgang J. Mommsen and Jurgen Osterhammel, *Imperialism and After: Continuities and Discontinuities*, London: Allen and Unwin, 1986)의 흥미로운 주장을 참조.

명백한 운명이 "미국은 신의 허락하에 깨달음을 얻었으며 역사적으로 역행하는 이들에게 길을 보여 줄 의무가 있다"는 확신, 그리고 "예언적일 뿐 아니라 보편적인 것으로 그 자신을 구성하는 특정한(혹은 특별히 강력한) 민족주의"의 반영 등으로 이해될 수 있다고 주장했다.[3] 비슷한 맥락에서 제국주의 또한 문화적 측면에서, 즉 다른 나라 사람들의 결점을 규정하고 발전된 사회의 지도로 개혁과 진보를 제시하는 실천으로 해석해야 할 수도 있다. 이런 관점으로 바라본다면 근대화는 명백히 미국의 국가 정체성 및 잠재력에 대한 오래된 관념들과 공명한다.

이제 역사학자들의 임무는 변화하는 역사적 맥락 속에서 보다 거시적 이데올로기가 재형성되는 방식을 탐구하는 것이다. 냉전기의 근대화는 19세기의 명백한 운명이나 20세기 전환기의 제국주의와 같지 않았다. 신의 손, 혹은 섭리에 따른 허락은 객관적 사회과학과 인간의 이성적 힘에 대한 호소로 대체되었다. 막스 베버의 『프로테스탄트 윤리와 자본주의 정신』의 인용문이나 지표화된 "근대성 등급" 및 데이터에 기반해 작성된 논문들이 이전에는 복음주의 기독교의 천년왕국설에서 나왔을 법한 주장을 지지했다. 근대화론자들은 스스로를 세계에 신성한 질서를 실천하는 도구로 생각하는 대신, 역사 그 자체의 보편적 발전 과정을 규정한 후 극도의 자신감으로 그 과정을 가속하고자 했다. 더군다나 기대되는 팽창의 유형 역시 변화하였다. 선조들이 민주주의의 보급을 위한 영토적·지역적 사명에 대해 설명했다면, 근대화론자들은 공식적 정복이 아니라 "전시효과"에 따른 가치와 제도의 이

---

3 Anders Stephanson, *Manifest Destiny: American Expansion and the Empire of Right*, New York: Hill and Wang, 1995, p.xii, xiii.

전에 대해 말했다. 게다가 생물학적이고 인종적 요소에 대한 노골적인 주장은 미국의 상대적인 문화적 진보와 도덕적 사명에 대한 강조 속에서 폐기되었다. 레지널드 호스먼Reginald Horsman이 주장했듯이 19세기 초의 인종주의적 생각은 열등함을 변하지 않는 생물학적 차원에서 설명했다. 열등한 민족은 활력 넘치며 정력적인 앵글로 색슨과의 경쟁에서 제한적으로만 개선될 수 있을 뿐이며 결국은 멸종되리라는 것이다.[4] 미국의 근대화론자들은 마치 인디언 동화주의와 해외 제국주의의 긍정적인 옹호자들처럼, 문화적 측면에서 "전통적인" 사람들의 내재적 순응성을 강조하며 스스로를 위한 또 다른 구원의 사명을 개척했다.[5] 이국異國이라는 존재는 사라지지 않지만, 미국의 영향력으로 이국의 결핍된 문화는 사라질 것이다.

몰역사적이고 추상적인 설명을 피하고자 한다면 누구든 그러한 변용에 주목해야 한다. 미국의 세계적 역할과 잠재력에 대한 이해는 불변하거나 고정된 것이 아니었다. 그럼에도 불구하고 근대화가 전적으로 새로운 창조물이 아니라는 점은 분명해 보인다. 비록 이론가들은 엄격하고 경험적 분석에 기반을 둔 중요한 돌파구로, 정책 결정자들은 전례 없는 시도로 근대화를 묘사했지만, 진보를 향한 단선적이고 역사적으로 검증된 길을 정의하고 열등한 세계로 하여금 그 길을 따라가게 만들려는 그들의 시도는 초창기 민족주의적 상상과 많은 공통점을 갖

---

4 Reginald Horsman, *Race and Manifest Destiny: The Origins of American Racial Anglo-Saxonism*, Cambridge: Harvard University Press, 1981.

5 서구의 역사와 제국주의 역사 간의 연속성에 대해서는 Walter L. Williams, "United States Indian Policy and the Debate over Philippine Annexation: Implications for the Origins of American Imperialism"(*Journal of American History*, vol.66, March 1980) 참조.

고 있다. 근대화론자들의 시각에서 미국은 보편적 역사 과정의 정점에 서 있었다. 미국은 미국의 항로를 따르기 위해 분투하고 있는 사회들보다 더 성공적이고 더 급속하게 발전한 사회였다. 또한 미국은 그 자원과 가치를 그것을 결여한 다른 나라들과 공유함으로써 도덕적 사명을 충족하는 진보적 세력이었다. 근대화론자들은 비록 신의 섭리 대신 과학을 활용하긴 했지만 미국과 미국이 보살피는 나라들의 운명을 규정하고 예측했다. 무엇보다 냉전기 이데올로기적 경쟁 속에서 많은 전략가는 성공을 위해서는 다름 아닌 바로 그 점이 필요하다고 믿었다.

또한 근대화론은 유럽의 제국주의를 국제 원조라는 새로운 계몽적 형태로 대체해야 한다고 제안함으로써 미국의 제국주의적 과거를 재구축했다. 진보를 위한 동맹은 역사적으로 미국이 라틴아메리카에 반복적으로 개입했고, 많은 억압적 독재 정권을 방어하는 역할을 했다는 사실을 외면하면서, 자국의 문제에 미국의 해결책을 적용하길 바라는 사회들을 위해 미국의 반식민주의 혁명을 국경의 남쪽으로 가져다주겠다고 약속했다. 미 관료들은 평화봉사단 단원들을 필리핀에 영어를 가르치는 역할로 파견하면서 필리핀과 인도주의적이고 "특별한 관계"를 지속하고 있다고 이야기했지만, 양국의 식민주의적 관계에 대해서는 언급하지 않았다. 또한 미 정책 결정자들은 베트남에서의 인구 재정착 및 집단 이주 정책을 통해 새롭고 독립적인 국가를 건설하겠다고 주장했다. 그러나 그것은 이전에 영국이나 미국과 같은 제국이 말레이시아와 필리핀에 적용했던 폭력적 전술을 다른 형태로 반복하는 것이었다. 사회과학자들과 정책 결정자들은 근대화가 식민주의적 통치를 국가의 독립을 촉진하기 위한 계획들로 대체할 것이라고 주장했다. 그러나 근대화론에 기반한 계획들은 많은 경우 "저개발국"의 결점을 규정하며 제국주의 담론 및 관행과 매우 유사한 방식으로 미국의 개입이 필요하다고 주장했다. 더욱이 1960년대 초엔 그러한 긴장 상태에 대한 저항이 거의 없었다. 공식적인 탈식민 시대에 근대화는 전복에 굴종한 이들을 제외한 모든 이에게 분명히 이로운 진보적 미래를 약속했다.

근대화론의 틀은 미 자유주의의 역사, 그리고 "빈곤 문화"에 대한 당대 미국 내의 인식과도 공명했다. 월트 로스토는 진보를 위한 동맹이 라틴아메리카를 "국제적 실업수당"에서 탈출시키는 수단이라고 설명하며 대외 원조와 복지 지원을 동일시했다. 다른 진보를 위한 동맹 지지자들은 이를 라틴아메리카를 위한 "뉴딜"이라고 묘사했다. 지역사회개발 사업에 참여한 평화봉사단 단원들은 해외 업무를 위한 훈련을 받기 위해, 뉴욕시의 공동주택과 애리조나의 인디언 주거지에 거주하는 "저개발" 상태의 "세상에 무관심한" 사람들을 돕는 작업을 수행했다. 린든 존슨 대통령은 메콩강 삼각주 지역에 테네시강 유역 개발공사 건물이 세워질 수 있다고 상상했다. 그리고 호놀룰루에서 남베트남 관료들과 만난 다음, 기자들에게 미 대통령이 "앉아서 시카고의 사회복지사처럼 개혁의 요점을 논의"한 일은 "전례 없는 일"이었다고 이야기했다. 베트남에서 귀환한 그린베레 대민 활동 팀은 포트 브래그 주변의 흑인 및 인디언 거주민들뿐만 아니라 사우스캐롤라이나의 "촌락"에 사는 가난한 거주민들을 지원하도록 파견되었다. 이러한 사례들이 보여 주듯이 자유주의 개혁가들은 해외의 근대화와 국내의 공공 부조를 상당히 유사한 방식으로 인식하곤 했다.[6] 양자의 맥락에서 빈곤

---

6 로스토의 발언은 다음 비망록을 참조. Rostow to Kennedy, March 2, 1961, POF, box 64a,

은 기본적으로 "이국적인" 고통이라고 생각되었다. 역사학자 마이클 카츠Michael Katz가 주장했듯이 "가난한 사람들에 대한 저작 대부분은 동정적 관찰자들의 것조차도 그들이 우리와는 다른, 진정한 이방인이라는 점을 이야기한다. 가난한 사람들은 중산층 미국인들과 다른 방식으로 생각하고 느끼고 행동한다. 그들의 가난은 어느 정도는 개인적 책임이며 가난을 경감시키기 위해서는 개인적 변화가 필요하다".[7]

1960년대의 자유주의적 개혁가들은 미국의 경계 안에서 "전통적인 집단"을 발견했고, 그들이 해외에 적용했던 것과 유사한 해결책을 제안했다. 무관심이라는 덫에 빠진 사람들도 "가능한 한 최대의 참여"를 통해 구원받을 수 있었다. "지역사회개발"은 도심의 거주자들이 필요한 자원을 위해 연방 정부 기관을 찾도록 만들었다. 가난한 사람들은 질서, 구조, 소속감을 갈망하기 때문에 정부가 그것을 성취하도록 도울 수 있다는 새로운 자각을 통해 동원될 수 있다. 초창기 '위대한 사회' 프로그램은 정치나 권력관계를 넘어선 개인적 가치나 도덕을 강조하며 케네디 시기의 근대화 프로그램과 강한 공통점을 가졌다. 그러한 사실은 지리적 조건만큼이나 "근대성"을 통해 반복적으로 규정되는 미국이라는 사회에서, 모든 미국인이 자국의 "상상의 공동체"에 소속된 완전하고 진정한 일원으로 간주되진 않았다는 점을 보여 준다.[8]

"Rostow, 3/61~5/61", JFKL. 존슨의 "사회복지사" 언급은 "The War"(*Time*, February 18, 1966)라는 기사에 나왔다. 그린베레 이야기는 "Nation-Mending at Home"(*Time*, June 21, 1970) 참조. 존슨이 메콩강의 테네시강 유역 개발공사에 매혹된 점에 대해서는 Lloyd C. Gardner, *Pay Any Price: Lyndon Johnson and the Wars for Vietnam*(Chicago: Ivan R. Dee, 1995)참조.

7 Michael B. Katz, *The Undeserving Poor: From the War on Poverty to the War on Welfare*, New York: Pantheon, 1989, p.7.

8 해당 개념에 대해서는 Benedict Anderson, *Imagined Communities: Reflections on the*

1960년대 말 해외뿐만 아니라 국내에서 일어난 사건들은 근대화 모델에 심각한 의문을 불러일으켰다. 베트남전쟁이 점점 실패에 가까워지면서 많은 미국인은 전략촌이나 광범위한 폭격이 사회과학자들과 정책 결정자들이 희망했던 급속한 변화를 만들 수 없다는 점을 깨달았다. 미국의 도시들이 도심 시위 속에서 불타고 급진적 시민권 운동이 인종차별 철폐와 평등한 권리를 요구하는 것을 넘어 사회경제적 평등과 재분배를 요구하며 일어나자, 국내의 "전통적 집단들" 또한 수동적이거나 정치에 무관심한 상태에서 점점 벗어나는 듯했다. 저항하는 사람들은 점점 행정, 재정, 혹은 실행과 같은 세부적인 사항 이상의 것에 도전했다. 그들은 개혁을 권력이나 자원의 근본적 재조직 없이 이룰 수 있다고 약속하는 이데올로기의 핵심적이고 근본적인 가정을 공격했다. 뉴레프트및 뉴라이트가 등장하자, 냉전 자유주의의 합의와 그 "생생한 중도"는 산산조각 났다. 비록 근대화의 가정은 발전에 관한 논의와 미국의 세계적 역할에 대한 규정을 지속적으로 부활시켰지만, 그것은 더 이상 한때 누렸던 것처럼 무조건적인 환호를 받지 못했다.

그러나 1960년대 초 미국의 사회과학자, 케네디 정부의 정책 결정자, 대중매체는 세계를 변화시키는 사회공학이 전적으로 가능하며 절박하게 필요하다고 인식했다. 근대화론자들은 역사적으로 중요한 순간에 중추적 역할을 부여받았다고 확신했고, 미국 자체의 이해관계와 그들이 국제적 임무라고 인식한 것 사이의 갈등을 거의 인식하지 못했다. 그들은 자유주의적이고 단선적인 진보에 대한 전망으로 자신에 차, 과학적으로 결정되고 합리적으로 추진된 그들의 계획이 극적으로 세계를 개선시킬 것이라는 점을 거의 의심하지 않았다. 공산주의자들을 제외한다면 과연 그 누가 발전에 저항하고 진보에 대한 약속을 거절할 수 있겠는가? 근대화는 이론과 실천 양 측면에서 미국인들에게 그들이 누구이고 그들의 국가가 가진 중요한 교훈과 귀중한 자원을 통해 무엇을 성취할 수 있는지를 말해 주었다. 그것은 운명적인 발전, 자애로운 사명, 역사적 승리의 이데올로기로서 미국의 영웅적인 과거 서사와 강하게 공명했다. 또한 그것은 냉전의 최절정기에 표출된 권력의 전망이었으며, 세계적 미래를 계획하고 규정하며 가속화하고자 했다.

옮긴이 해제

옮긴이는 2009년 대학원 진학 후 지금까지 한국현대사를 공부하며 미국 헤게모니와 한국 현대 국가의 형성에 관해 고민해 왔다. 엄혹한 정치적 상황으로 1980년대 후반이라는 뒤늦은 시기에 시작된 한국현대사 연구는 그 사이 괄목할 만한 양이 축적되었지만, 상대적으로 해방과 한국전쟁 전후 시기 대상의 연구가 많았다. 최근 10여 년 동안 그 이후를 대상으로 한 연구들이 대거 출판되었지만, 옮긴이가 관심을 가진 1960년대 이후 미국 헤게모니와 한국 현대 국가의 형성에 대해서는 참조할 만한 연구가 그리 많지 않았다. 그러던 와중 만난 마이클 레이섬의 이 저작은 1960년대 미국의 냉전 전략, 정체성, 대외 이미지, 그리고 지식과 권력의 관계에 대한 훌륭한 통찰력을 준다는 점에서 옮긴이에게 깊은 감흥을 주었다. 미국에서는 이미 출판된 지 20년이 넘은 저작이고 한국에서도 관련 연구자들에게는 잘 알려져 있지만, 좀 더 널리 읽혀 많은 사람에게 옮긴이가 받았던 것과 같은 감흥을 주었으면 하는 마음에 선후배 연구자들과 함께 이 책의 번역을 시작하게 되었다.

레이섬은 1989년 퍼모나칼리지를 졸업한 후, UCLA 역사학과 대학원에 진학하여 1996년 이 책의 저본이 되는 논문 「이데올로기로서의 근대화: 1961~1963년 미국의 사회과학 이론, 국가 정체성, 그리고 대외 정책」Modernization as ideology: Social scientific theory, national identity, and American foreign policy, 1961-1963으로 박사학위를 취득했다. 본서에서 레이섬은 1960년대 근대화론이 단순한 사회과학 이론이 아니라, 미국의 자기 정체성 인식에 기반하여 제3세계 정책을 주조한 하나의 이데올로기였다는 인상적인 주장을 제기한다. 아래에서는 독자들의 이해를 돕기 위해 책의 내용을 간략히 정리하고, 냉전사와 한국 현대사에서 이 책이 갖는 의의를 소개하고자 한다.

근대화론은 미국이 탈식민 세계의 조류에 대응해야 한다는 절박한 위기의식의 산물이었다. 1961년 케네디 정부가 등장했을 때 제3세계에는 민족주의와 혁명의 물결이 들이닥치고 있었다. 제2차 세계대전 이후 1945년부터 1960년까지 세계에는 8억 인구를 보유한 40여 개의 신생 독립국들이 등장했다. 이들은 비동맹 운동을 표방하는 한편, 다른 한편으로는 미국과 소련 등의 열강에게 사회 경제적으로 필요한 원조를 요청했다. 이미 대규모 군사원조를 운영하고 있었기에 그러한 원조 요청에 느리게 반응했던 미국과 달리, 소련은 즉각 신생국들의 요청에 응답했다. 그에 더해 소련의 경제성장이 그들을 위한 이상적 모델이 될 수 있다고 주장했다. 더군다나 케네디가 막 취임했을 때 쿠바, 베트남, 콩고 같은 지역의 상황은 극히 위태로워 보였다. 1959년 혁명에 성공한 쿠바의 카스트로는 다른 라틴아메리카 국가들에서도 혁명이 일어나야 한다고 호소했다. 남베트남에서는 미국이 지지하는 응오딘지엠 정권이 점점 더 거세지는 남베트남 민족해방전선의 저항에 부딪쳤다. 1960년 벨기에로부터 독립한 콩고에서도 살해당한 민족주의 좌파 성향의 루뭄바Patrice Lumumba 지지 세력과 미국의 지지를 업은 모부투Mobutu Sese Seko 정권 등 여러 세력 간의 내전이 벌어지고 있었다.

레이섬은 이러한 상황에서 근대화론이 미국의 정책 결정자들에게 특별히 매력적으로 다가왔다고 이야기한다. 이 책의 핵심이라고 할 수 있는 2장에서, 그는 근대화론을 1950~60년대 사회학, 정치학, 경제학 등 사회과학 전 분야가 근대화를 공통의 연구 의제로 상정하여 도출한 이론의 총체라고 설명하며 그것의 형성 과정을 검토한다. 근대화론은 제2차 세계대전 이후 하버드대 사회관계학과의 탤컷 파슨스가 제안한 이론에 뿌리를 두었다. 레이섬은 파슨스의 이론이 세 가지 면에서 근대화론의 형성에 중요한 영향을 미쳤다고 설명한다. 첫째, 그것은 사회를 정치·경제·사회 부문들이 서로 연관된 통합적 체계로 보는 관점을 확립했다. 그러므로 한 영역에서의 변화는 다른 영역에서의 변화를 야기한다. 다시 말하면, 하나의 변화는 사회 전 부문의 통합적 변화 과정의 일부이다. 둘째, 그것은 각 사회에 대한 보편적인 비교 분석을 가능하게 했다. 파슨스는 모든 사회에 통용되는 공통의 기능이 있다고 보았기 때문에, 각각의 사회는 역사적 혹은 환경적 변수와 상관없이 사회의 특정 구조가 그러한 기능을 어떻게 수행하는가를 바탕으로 비교될 수 있었다. 셋째, 더욱이 그것은 '전통적'인 조건과 '근대적'인 조건 사이의 이분법을 정제한 '유형 변수'라는 개념을 통해 상이한 사회를 역사적·단선적·순차적인 발전 지표에 따라 정렬할 수 있다는 생각을 만들어 냈다. 결과적으로 근대화론은 근대화가 사회 전체 부문의 통합적 변화 과정의 결과로 나타난다고 보며, 전통에서 근대에 이르는 다양한 요소를 단선적 시간 순서로 배열함으로써 각 사회가 발전 도상에서 어느 정도 진전했는지를 평가하는 동시에, '근대성'이라는 정점에 이르기 위해 무엇이 필요한지를 분석하는 이론이었다.

레이섬은 위와 같은 근대화론이 19세기 말 미국의 문명화 사명과 20세기 초 제국주의와 긴밀한 관계를 가졌기에 하나의 사회과학 이론을 넘어선 이데올로기가 되었다고 주장한다. 그가 보기에 근대화론은 '후진적' 사회를 근대성의 종점으로 이끌 수 있는 '발전된' 사회의 역할을 강조했다는 점에서 계몽주의나 사회진화론과 매우 유사한 논리 구조를 가졌다. 근대화론자들은 미국을 근대화가 도달해야 할 궁극적인 모델로 설정함으로써 오직 미국의 우월한 위치와 얼마나 떨어져 있는지만을 기준으로 다른 국가들을 평가했다. 자연스럽게 아직 발전을 이루지 못한 국가들은 미국이 밟은 경로를 뒤따를 것이라고 상정되었다. 근대화론자들이 설정한 보편적이고 단선적인 발전 단계는 곧 미국이 밟았던 역사적 경로를 '과학적'으로 표현한 것에 불과했다. 더군다나 그들은 미국이 저개발 사회에 적극적으로 개입하여 그 사회의 근대화 과정을 촉진해야 한다고 생각했다. 그것이야말로 미국의 이타적이고 자애로운 정체성에서 도출된 사명이라는 것이었다.

이와 같은 이데올로기는 근대화론자들이 학계와 정부 간의 냉전 네트워크에 적극적으로 들어가고, 급기야 케네디 정부에서 중요한 대외 정책 관련 공직을 맡으면서 미국의 제3세계 정책을 주조하기 시작했다. 근대화론자들은 자신들의 작업을 통해 제3세계의 민족주의 세력과 저개발 사회를 자유주의적이고 민주주의적인 방향으로 이끌 객관적이고 과학적인 정책 수단을 발견할 수 있다고 주장했다. 결과적으로 케네디 정부의 가장 중요한 대외 정책으로 꼽히는 라틴아메리카에서의 진보를 위한 동맹, 베트남에서의 전략촌 건설, 그리고 평화봉사단 사업이 추진되었다. 근대화론은 각 정책의 명분, 목표, 선전, 제도의 구체적 내용에 바탕을 제공했다. 세 정책은 모두 물적 원조와 도덕적 지도로 제3세계의 '전통'사회를 '근대'사회로 이끌 수 있다는 가정에 입각했고, 각 정책의 구체적 제도는 모두 현지인들을 자유주의적이고 민주주의적인 시민, 그리고—특히 베트남에서는—중앙정부에 애국심을 갖는 국민으로 양성하는 과정이자, 그 사회에 경제적 진보를 가져오는 과정으로 설계되었다. 근대화는 실로 사회의 '통합적' 변화 과정이라고 생각되었기 때문이었다.

주지하다시피 세 정책은 모두 성공하지 못했다. 그러나 근대화라는 이데올로기는 정책 결정자들이 정책 실패의 징후를 인식하지 못하게 만들었다. 각 정책은 현지인들이 진정으로 원하는 것을 제공해 주지 못했고, 목표한 정치발전과 경제성장을 달성하지 못했다. 그러나 그것은 정책의 구체적 내용과 실행 과정상의 문제에 기인한 것이라 생각되었을 뿐, 근본적인 가정은 전혀 문제시되지 않았다. 근대화 이데올로기에 대한 도전은, 10여 년 후 베트남전쟁이 실패하고 급진적 시민권 운동이 일어난 후에야 시작될 수 있었다. 개디스가 추천사에서 적은 것처럼, 레이섬은 냉전기 사회주의 국가들의 마르크스-레닌주의와 비견될 만한 미국의 이데올로기가 바로 근대화론이었다고 이야기한다.

이처럼 1960년대 미국의 대외 정책과 그 이데올로기에 대해 매우 흥미로운 분석을 보여 준 레이섬의 저작은 1990년대 이후 냉전사에서 일어난 일련의 전환을 상징적으로 보여 준다.[1] 흔히 전통주의, 수정주

---

1 아래의 냉전사 전환에 대한 서술은 다음의 연구를 참고하여 정리했다. 권헌익, 「냉전의 다양한 모습」, 『역사비평』 105호, 2013; 노경덕, 「냉전연구의 새로운 시각과 관점」, 『통일과 평화』 vol.3(2), 2011; 노경덕, 「냉전사와 소련 연구」, 『역사비평』 101호, 2012; 박진빈, 「미국사의 '트랜스내셔널 전환': 제국주의, 이민, 사회정책」, 『서양사론』 vol.105, 2010; 오경환, 「냉전사 연

의 등으로 대표되는 기존의 냉전 연구들은 냉전사를 냉전의 책임이 누구에게 있는지 규명하는 문제, 혹은 이데올로기 대결과 체제 경쟁으로 파악하는 경향이 있었다. 또한 이와 같은 문제를 규명하기 위해 주로 미국과 소련의 양강 관계와 정치사·외교사 부문에 초점을 맞추곤 했다. 그러나 1990년대 이후 이러한 연구 경향은 거대한 전환을 맞이했다. 거기에는 다양한 요인이 있었다. 1980년대 이래 문화 연구가 인문학 분야 전반에서 촉발한 문화적 전환, 에드워드 사이드 등의 저작에 의한 탈식민주의적 인식의 확대 등이 냉전사 분야까지 영향을 미쳤고, 한편으로는 소련의 문서고 개방 이후 냉전에서 현실주의나 경제적 결정론이 아닌 이데올로기의 역할을 강조하는 연구들이 영향을 미쳤기 때문이었다.

이와 같은 변화는 문화적 전환, 트랜스내셔널 전환, 지구적 전환, 담론적 전환 등 다양한 용어로 불린다. 다소 거칠게 정리하자면, 문화적 전환은 기존 연구들이 주목했던 정치적·외교적 사안을 넘어서 대중문화, 예술, 젠더, 인종, 일상과 사회 등 주로 문화 영역의 다양한 주제에 초점을 맞춘 경향을 말하며, 트랜스내셔널 전환은 주로 초창기의 미 제국주의에 관심을 가지며 "국가나 민족의 경계를 넘나드는" "이동과 교류"를 연구하는 경향을 말한다.[2] 한편 지구적 전환은 냉전의 공간적 지평을 확대하여 동서유럽, 중국, 혹은 제3세계 국가들을 적극적 행

구의 궤적: 정통주의에서 담론적 전회에 이르기까지」, 『사총』 vol.95, 2018; 이주영, 「미국사학계의 새로운 냉전사 연구」, 『역사비평』 110호, 2015. 또한 김상현, 「'발전'을 문제 삼기: '발전사'(History of Development) 연구의 전개와 동향」(『역사비평』 134호, 2021)은 비판발전학의 맥락에서 본 저작이 갖는 의미를 잘 설명해 주고 있다. 그러나 본 해제를 작성한 뒤 해당 논문을 접했기 때문에 적극적으로 반영하지는 못했다.

2 박진빈, 앞의 글, 270쪽.

위자로 고려하는 경향이며, 담론적 전환은 냉전 지식 생산과 냉전의 현실 정치가 갖는 상호 규정력에 초점을 맞추는 경향을 이야기한다. 각각의 전환은 서로 다른 조류를 대표하지만, 그 경계는 모호하며 많은 경우 중첩되곤 한다.

이러한 연구 지형 속에서 레이섬의 이 책은 트랜스내셔널 전환, 지구적 전환, 담론적 전환을 대표하는 저작으로 평가된다. 그것은 냉전과 제국주의의 관계, 냉전의 이데올로기적 속성, 냉전 지식 생산, 미국과 제3세계의 관계 등 다양한 주제를 포괄하는 이 책이 새로운 전환의 모호하고 중첩적인 경계에 위치하며, 그만큼 다층적 의미를 지녔다는 점을 이야기해 준다. 이 책의 원저는 노스캐롤라이나대학 출판사의 신 냉전사 시리즈로 출판되었다. 해당 시리즈가 유럽과 아시아, 라틴아메리카, 중동 등에서의 지구적 냉전을 다루며, 현 편집자가 냉전사의 새로운 전환을 대표하는 학자인 오드 아르네 베스타Odd Arne Westad라는 사실도 냉전사에서 이 책의 위치를 가늠하게 해준다.

그렇다면 이 책이 가진 다층적 의미 중 가장 중요한 것은 무엇일까? 그것은 좀 더 초점을 좁혀 미 외교사 분야의 최근 연구 경향을 살펴보면 잘 드러난다. 2000년 이 책의 원저가 출판된 이후 미 외교사에서는 '근대화'와 '발전'에 대한 연구들이 그야말로 "쏟아져" 나오기 시작했다.[3] 물론 이는 레이섬이 독자적으로 기여한 성과는 아니었다. 같은 해 닉 컬래서가 『외교사』에 게재한 「'발전' 개념의 역사」Development?

---

3 Erez Manela, "The Right Kind of Revolution: Modernization, Development, and U.S. Foreign Policy from the Cold War to the Present by Michael E. Latham (review)", *Journal of cold war studies*, vol.15(1), The MIT Press, 2013, p.162.

Its History라는 논문은 기존 학계의 연구들은 정도의 차이만 있을 뿐 대부분 '근대화론'적인 틀에 입각했다고 비판하며, "근대화를 수단이 아닌 주제로 다루는 것은 금세기 경제사의 중심에 냉전을 위치시키는 것"이며, 이제 역사학은 "경쟁하는 근대성을 어떻게 이해하고 조화시킬지"를 이야기해야 한다고 선언했다.[4] 레이섬의 저작과 컬래서의 에세이는 미 외교사에서 '발전'과 '근대화' 자체를 비판하는 새로운 연구의 도래를 알리는 신호탄과 같은 역할을 했다.

이후 근대화론의 이론적 기초와 하버드대 사회관계학과, 사회과학연구위원회, MIT 국제문제연구소 간의 네트워크를 보다 상세히 분석한 닐스 길먼Nils Gilman의 연구, 19세기 말부터 제2차 세계대전 초까지 미국의 지식인들이 '근대화' 관점에 기반해 러시아와 소련의 후진성을 규정하고, 수많은 희생을 야기한 소련의 경제정책을 정당화했다고 주장한 데이비드 엥거먼David C. Engerman의 연구, 미국의 제3세계 근대화 정책과 발전 원조의 기원을 1930년대 뉴딜 시기 테네시강 유역 개발공사로 거슬러 올라간 데이비드 엑블라드David Ekbladh의 연구, 미국이 냉전기 아시아 농촌 지역의 빈곤을 전략적 문제로 인식하여 근대화 전략의 일환으로 "녹색혁명"을 추진했다고 주장한 닉 컬래서의 연구 같은 획기적인 저작들이 출간되었다.[5] 이로써 이제 '근대화'와 '발

---

4 Nick Cullather, "Development? It's History", *Diplomatic History*, vol.24 Issue 4, Fall 2000.

5 Nils Gilman, *Mandarins of the Future: Modernization Theory in Cold War America*, London: The Johns Hopkins University Press, 2003; David C. Engerman, *Modernization from the Other Shore: American Intellectuals and the Romance of Russian Development*, Cambrige, Mass: Harvard University Press, 2003; David Ekbladh, *The Great American Mission: Modernization and the Construction of an American World Order*, Woodstock: Princeton University Press, 2009; Nick Cullather, *The Hungry World:*

전'에 대한 비판적 시각은 제2차 세계대전 이후 미 외교사, 나아가 냉전사를 다룰 때 빠뜨릴 수 없는 핵심적인 주제가 되었다.

2010년 레이섬은 위와 같은 그간의 연구 성과에 바탕하여 첫 번째 저작의 시공간과 주제를 확장한 『올바른 혁명』The Right Kind of Revolution을 내놓았다.[6] 이 두 번째 책은 전작의 주장을 보완하면서도, 새로운 소재와 지역을 포괄하여 근대화론 연구의 지평을 넓히고자 한 시도였다. 이를테면 전작에서는 선언적으로만 다루어졌던 근대화와 문명화 사명, 그리고 제국주의 간의 관계를 19세기 미국의 필리핀 식민 지배 경험을 구체적으로 분석함으로써 더욱 상세히 설명해 주었고, 제3세계 국가들의 행위를 적극적으로 고려하지 않았던 전작과 달리 인도, 이집트, 가나 등의 탈식민 지도자들이 미국의 발전 전망을 소련 모델과 혼합시키려 했다는 점을 보여 주었다. 또한 미국의 정책 결정자, 사회과학자, 비정부기구 등이 '기술'을 제3세계 근대화의 핵심적인 촉매로 생각함으로써 산아제한 기술, 유전자 변형 종자를 개발하고 확산시키는 트랜스내셔널 네트워크가 형성되었다는 점, 과테말라, 남베트남, 이란 등지에서 근대화가 대반란전과 억압의 수단으로 변형되었다는 점도 이야기하고 있다.

무엇보다도 레이섬은 이 두 번째 저작에서 근대화론의 쇠락과 부활을 중요하게 다루었다. 1960년대 말부터 미 국내에서 일어난 급진적인 사회운동은 미국이 전 세계가 모방해야 할 모델이 될 수 있는가

America's Cold War Battle Against Poverty in Asia, Cambrige, Mass: Harvard University Press, 2010.

6 Michael E. Latham, The Right Kind of Revolution: Modernization, Development, and U.S. Foreign Policy from the Cold War to the Present, Ithaca: Cornell University Press, 2010.

에 대한 광범위한 의문을 제기했고, 1970년대 이후 보수주의적이고 신자유주의적 전망이 근대화론의 '글로벌 뉴딜'에 대한 전망을 대체하게 되었다. 그러나 레이섬은 그 시점에서 근대화론이 사망했다는 주장 역시 비판하며, 냉전 종식 이후 소말리아, 아이티, 동티모르 등에 대한 인도주의적 개입이나 이라크 및 아프가니스탄 전쟁 등에서 근대화론의 역할이 끊임없이 되살아났다고 주장한다.

　여기서 독자들은 자연스럽게 이 책이 한국 현대사를 고찰하는 데 어떤 통찰력을 제공하는지 궁금증이 들 것이다. 레이섬은 두 저작을 통틀어 한국과 대만의 국가 주도 경제 발전이 신자유주의자들의 시장에 대한 믿음에 반박의 근거가 된다는 주장을 하면서 한국 사례를 잠깐 언급하는 데 그쳤다.[7] 사실, 냉전사나 미 외교사 연구자들에게 한국은 제3세계에서 경제 발전과 민주주의를 동시에 달성한다는 미국의 근대화 목표가 실현된 아주 예외적인 사례로 취급된다.[8] 따라서 어떻게 그런 예외적 사례가 탄생했는가를 오히려 적극적으로 분석한 그렉 브라진스키Gregg Brazinsky의 연구나, 저작의 일부분에서 1945~60년 미국의 경제원조가 공여된 대표적 국가로 한국을 분석한 엑블라드의 연구를 제외하면, 한국에 대한 관심은 극히 적은 상황이다.[9]

7　*Ibid.*, pp.179~180.
8　이는 다음과 같은 베스타의 언급에서 단적으로 드러난다. "제3세계의 시각에서 보면 미국이 개입한 결과는 진정으로 암울했다. … 지금까지 미국이 생각했던 경제성장과 민주주의의 안정적 조합은 남한과 대만이라는 두 반쪽 국가에서만 가능했으며, 1945년부터 미국이 직간접적으로 개입한 약 30개국에 이르는 나라에서는 현실화되지 못했다." 오드 아르네 베스타, 『냉전의 지구사: 미국과 소련 그리고 제3세계』, 옥창준 외 옮김, 에코리브르, 2020, 647~648쪽; 류기현, 「냉전 연구의 탈중심화를 향하여」, 『人文論叢』, vol.77 no.3, 2020, 457쪽.
9　그렉 브라진스키, 『대한민국 만들기, 1945~1987: 경제 성장과 민주화, 그리고 미국』, 나종남 옮김, 책과함께, 2011(Gregg Brazinsky, *Nation Building in South Korea: Koreans, Americans, and*

그러나 옮긴이는 바로 그러한 이유 때문에 한국 현대사를 이해하기 위해서는 반드시 근대화론을 이해해야 한다고 말하고 싶다. 해방 후 줄곧 미국의 압도적인 영향력하에 있었던 한국은 근대화론이 실행되는 장인 동시에, 그것이 적극적으로 수용되어 활용되고 변용된 곳이기도 했다. 따라서 근대화론은 한국의 정치와 사회, 그리고 학술과 문화 영역 전반에 거대한 흔적을 남겼다. 이를테면 정부 관료로 변신한 미국의 근대화론자들은 다른 제3세계 지역에서와 마찬가지로 5·16쿠데타 승인, 제1차 경제개발 5개년 계획의 수립과 변용, 민정 이양, 한일협정 등 박정희 정부 전반에 대한 미국의 대한정책 결정 과정에서 주도적 역할을 했다.[10] 한편 케네디 정부기부터 대외 원조를 주관했던 미국제개발처는 한국의 농업, 제조업, 기간산업, 주택, 금융, 보건, 행정, 치안 등 전반에 대한 원조와 자문을 담당했고, 이는 1960~70년대 한국 사회 전반의 근대화 과정에 커다란 영향을 미쳤다.

근대화론은 한국의 지성계와 학술장에도 이식되어 지식인들의 세계관과 학술적·정치적 담론을 형성했다. 1950년대 후반 한국의 지성계는 근대화론을 적극적으로 수용하기 시작했다. 이는 4·19혁명이 제기한 다양한 이상을 모두 근대화 담론으로 흡수하고, 그에 따라 지성계가 분화되는 데 일정한 영향을 미쳤다. 박정희 정부 또한 5·16쿠데타를 근대화를 향한 '민족주의적 혁명'으로 정당화하기 위해 근대화

the Making of a Democracy, Chapel Hill: The University of North Carolina Press, 2007); David Ekbladh, *The Great American Mission*, pp.114~152.

10 박태균,『원형과 변용: 한국 경제개발계획의 기원』, 서울대학교 출판부, 2007; 기미야 다다시, 『박정희 정부의 선택』, 후마니타스, 2008; 이완범,『박정희와 한강의 기적: 1차 5개년 계획과 무역입국』, 선인, 2006; 안종철,「주일대사 에드윈 라이샤워의 '근대화론'과 한국사 인식」,『역사문제연구』 vol.29, 2013.

론을 활용했다.[11] 1960년대 중반을 넘어서면서 근대화론은 록펠러 재단, 포드 재단, 아시아 재단 등 여러 민간 재단의 지원을 통해 한국의 학술장에 더 적극적으로 이식되었다. 재단들이 후원한 연구소와 학술회의 등을 통해 '근대화'가 한국 사회과학계와 인문학계의 주요 이슈로 떠올랐고, 이는 한국의 사회학, 정치학, 역사학 등의 형성에 중요한 영향을 미쳤다.[12]

근대화론은 이처럼 한국 현대사에 깊은 발자국을 남겼다. 그것이 단순한 수용을 넘어서 적극적으로 활용되거나 변용되었다면, 근대화론에 대한 비판적 성찰을 담은 이 책은 한국 현대사에 대한 비판적 성찰에도 많은 도움을 줄 수 있을 것이다. 이 책의 출간이 그러한 토대를 마련해 주고, 한국 현대사와 근대화론 간의 관계에 대한 연구가 활발해지는 계기가 되기를 기원한다.

이 책은 권혁은, 김도민, 류기현, 신재준, 정무용, 최혜린의 공동 작

---

11 황병주, 「박정희 체제의 지배담론」, 한양대학교 사학과 박사학위논문, 2008; 홍정완, 「전후 한국의 사회과학 연구와 근대화 담론의 형성」, 연세대학교 사학과 박사학위논문, 2017; 이상록, 『한국의 자유민주주의와 사상계』, 고려대학교 민족문화연구원, 2020.

12 정일준, 「한국 사회과학 패러다임의 미국화: 미국 근대화론의 한국전파와 한국에서의 수용을 중심으로」, 『미국학논집』 vol.37, no.3, 2005; 장세진, 「라이샤워(Edwin O. Reischauer), 동아시아, '권력/지식'의 테크놀로지: 전후 미국의 지역연구와 한국학의 배치」, 『상허학보』 vol.36, 2012; 허은, 「1960년대 미국의 한국 근대화 기획과 추진: 주한미공보원의 심리활동과 영화」, 『한국문학연구』 No.35, 2008; 정문상, 「포드 재단(Ford Foundation)과 동아시아 '냉전지식': 한국과 중화민국의 중국근현대사연구 사례를 중심으로」, 『아시아문화연구』 36집, 2014; 이봉범, 「냉전과 원조, 원조시대 냉전문화 구축의 역동성: 1950~60년대 미국 민간재단의 원조와 한국문화」, 『한국학연구』 39, 2015; 이현석, 「근대화론과 1970년대 문학사 서술」, 『한국현대문학연구』 No.47, 2015; 임성모, 「냉전과 대중사회 담론의 외연: 미국 근대화론의 한·일 이식」, 『한림일본학』 Vol.26, 2015; 안종철, 「1960년대 한국에서의 "근대화론" 수용과 한국사 인식: 고려대와 동국대 학술회의를 중심으로」, 『인문논총』 vol.74 no.2, 2017; 신주백 엮음, 『근대화론과 냉전 지식 체계』, 혜안, 2018.

업물이다. 모두 서울대학교 국사학과에서 한국 현대사를 공부한 연구자들이다. 2010년경 지도교수인 정용욱 선생님의 대학원 수업에서 처음으로 이 책을 접했고, 2018년 말, 냉전사에 관심을 가진 옮긴이들이 처음으로 의기투합했다. 한국 출판시장이 워낙 열악하기에 주변에서 번역서 출간을 만류하는 경우가 많았다. 출간기획서를 들고 몇 군데 출판사의 문을 두드렸으나 역시나 열악한 출판시장 상황을 이유로 거절당해 번역을 포기할까 고민도 많이 했다. 다행히 국내에서 『문화적 냉전: CIA와 지식인들』을 포함해 수준 높은 학술서를 대거 번역 출간한 그린비출판사를 만나 번역을 시작할 수 있었다. 번역 작업은 각 장의 담당자를 정해 초벌 번역을 한 뒤, 수없이 많은 윤독 세미나를 통해 교정해 나갔다. 옮긴이 모두 번역 작업이 처음이었고 더군다나 공동 작업이었기에, 개념어뿐만 아니라 이름, 기구, 조직명, 그리고 일상적으로 사용하는 형용사나 동사에 이르기까지 논의를 통해 통일하느라 적지 않은 노력을 했다. 그러나 그 모든 과정이 진심으로 의욕적으로, 즐겁게 진행되었다.

이 책을 처음으로 옮긴이들에게 소개해 준 지도교수 정용욱 선생님, 선뜻 출간기획서를 받아 준 그린비출판사와 그 실무를 담당한 임유진·신효섭 편집자님, 세심하게 마지막 감수를 맡아 준 박치현·옥창준 선생님께 감사의 말을 전하고 싶다. 이 책의 출간으로 한국 학계의 근대화론 관련 연구가 더 심화되기를 바란다.

옮긴이를 대표하여

권혁은

참고문헌

Agency for International Development, "Putting PEP in AID", *Area Digest*, vol.2, Fall 1963, p.7.

_____, "The Role of the Agency for International Development in Counterinsurgency", eds. Richard M. Leighton and Ralph Sanders, *Insurgency and Counterinsurgency: An Anthology*, Washington, D.C.: Industrial College of the Armed Forces, 1962, p.325, 329.

Alba, Victor, *Alliance without Allies: The Mythology of Progress in Latin America*, New York: Praeger, 1965.

Alexander, Jeffrey C., "Modern, Anti, Post, and Neo: How Social Theories Have Tried to Understand the 'New Problems of Our Time'", *Zeitschrift für Soziologie* 23, June 1994, pp.165~197.

_____, *Twenty Lectures: Sociological Theory since World War II*, New York: Columbia University Press, 1987.

"Alianza, Sí, Progreso, No", *Time*, March 16, 1962, p.33.

"Alliance for Progress: The Big Need Is Deeds", *Newsweek*, August 27, 1962, p.50.

"Alliance Progresses", *Newsweek*, August 21, 1961, p.44.

Almond, Gabriel. "The Seminar on Comparative Politics", *Social Science Research Council Items* 10, December 1956, pp.45~48.

Almond, Gabriel and James S. Coleman eds., *The Politics of Developing Areas*, Princeton: Princeton University Press, 1960.

Amin, Julius A., *The Peace Corps in Cameroon*, Kent, Ohio: Kent State University Press, 1992.

Anderson, Benedict, *Imagined Communities: Reflections on the Origin and Spread* of Nationalism, London: Verso, 1983.

Appadurai, Arjun, Modernity at Large: Cultural Dimensions of Globalization, Minneapolis: University of Minnesota Press, 1996.

Appleby, Joyce, "Modernization Theory and the Formation of Modern Social Theories in England and America", Comparative Studies in Society and History 20, April 1978, pp.259~285.

Apter, David E., Ghana in Transition, 2d rev. ed., Princeton: Princeton University Press, 1972.

_____, Rethinking Development: Modernization, Dependency, and Postmodern Politics, Newbury Park, Calif.: Sage, 1987.

_____, Some Conceptual Approaches to the Study of Modernization, Englewood Cliffs, N.J.: Prentice-Hall, 1968.

Arndt, H. W., Economic Development: The History of an Idea, Chicago: University of Chicago Press, 1987.

Asad, Talal ed., Anthropology and the Colonial Encounter, Atlantic Highlands, N.J.: Humanities Press, 1973.

Ashabranner, Brent, A Moment in History: The First Ten Years of the Peace Corps, Garden City, N.Y.: Doubleday, 1971.

"Back to the Drawing Board", National Review, October 22, 1963, pp.334~335.

Ball, Terence, "The Politics of Social Science in Postwar America", ed. Lary May, Recasting America: Culture and Politics in the Age of the Cold War, Chicago: University of Chicago Press, 1989. pp.76~92.

Banuri, Tariq, "Development and the Politics of Knowledge: A Critical Interpretation of the Social Role of Modernization Theories in the Development of the Third World", eds. A. Marglin and Frédérique Apffel Marglin, Dominating Knowledge: Development, Culture, and Resistance, Oxford: Clarendon Press, 1990, pp.29~72.

Baritz, Loren, Backfire: A History of How American Culture Led Us into Vietnam and Made Us Fight the Way We Did, New York: Morrow, 1985.

Barnes, Barry. "On Authority and Its Relationship to Power", ed. John Law, Power, Action, and Belief: A New Sociology of Science?, London: Routledge and Kegan Paul, 1986. pp.180~195.

Barnet, Richard J., Roots of War: The Men and Institutions behind U.S. Foreign Policy, New York: Atheneum, 1972.

Barnett, David, "Volunteers Resent 'Hero' Role-Researcher", Peace Corps Volunteer, July 1963, p.2.

Bauer, P. T., Dissent on Development: Studies and Debates in Development

Economics, Cambridge: Harvard University Press, 1972.

Belshaw, Michael, "Experts, Not Youths Needed", *Foreign Policy Bulletin*, January 15, 1961, p.68, 70.

Bendix, Reinhard, *Nation-Building and Citizenship: Studies of Our Changing Social Order*, Berkeley: University of California Press, 1977.

Benjamin, Jules R., "The Framework of U.S. Relations with Latin America in the Twentieth Century: An Interpretive Essay", *Diplomatic History*, vol.11, Spring 1987, pp.91~112.

Bernstein, Michael A., "American Economics and the National Security State, 1941-1953", *Radical History Review*, no.63, Fall 1995, pp.8~26.

Beschloss, Michael, *The Crisis Years: Kennedy and Khrushchev, 1960–1963*, New York: HarperCollins, 1991.

Biersack, Aletta, "Local Knowledge, Local History: Geertz and Beyond", ed. Lynn Hunt, *The New Cultural History*, Berkeley: University of California Press, 1989, pp.72~96.

Bierstedt, Robert, *American Sociological Theory: A Critical History*, New York: Academic Press, 1981.

Binder, Leonard, "The Natural History of Development Theory", *Comparative Studies in Society and History*, vol.28, January 1986, pp.3~33.

Black, C. E., *The Dynamics of Modernization: A Study in Comparative History*, New York: Harper and Row, 1966.

Blaufarb, Douglas S., *The Counterinsurgency Era: U.S. Doctrine and Performance, 1950 to the Present*, New York: Free Press, 1977.

Bock, Kenneth E., "Theories of Progress and Evolution", eds. Werner J. Cahnman and Alvin Boskoff, *Sociology and History: Theory and Research*, New York: Free Press, 1964, pp.21~41.

Bodenheimer, Susanne J., "The Ideology of Developmentalism: American Political Science Paradigm Surrogate for Latin American Studies", *Berkeley Journal of Sociology*, vol.15, 1970, pp.95~137.

Boyer, Paul, *By the Bomb's Early Light: American Thought and Culture at the Dawn of the Atomic Age*, New York: Pantheon, 1985.

Braestrup, Peter, "Peace Corpsman No. 1-A Progress Report", *New York Times Magazine*, December 17, 1961, p.64.

Brown, Richard D., "Modernization and the Modern Personality in Early America, 1600-1865: A Sketch of a Synthesis", *Journal of Inter-Disciplinary History*, vol.2, Winter 1972, pp.201~228.

Bundy, McGeorge, "The Battlefields of Power and the Searchlights of the

Academy", ed. E. A. J. Johnson, *The Dimensions of Diplomacy*, Baltimore: Johns Hopkins University Press, 1964, pp.1~15.

Butler, Dorothy, "50 Peacecorpsmen Doing well in Ghana", *Washington Post*, December 18, 1961, A22.

Buxton, William, *Talcott Parsons and the Capitalist Nation-State: Political Sociology as a Strategic Vocation*, Toronto: University of Toronto Press, 1985.

Buzzanco, Robert, *Masters of War: Military Dissent and Politics in the Vietnam Era*, Cambridge: Cambridge University Press, 1996.

Campbell, David, *Writing Security: United States Foreign Policy and the Politics of Identity*, Minneapolis: University of Minnesota Press, 1992.

Carey, Robert G., *The Peace Corps*, New York: Praeger, 1970.

Challener, Richard D. and Shaw Livermore Jr., "Challener, Livermore Recount Corps History", *Daily Princetonian*, January 19, 1962, p.3.

Chambers, William Nisbet, *Political Parties in a New Nation: The American Experience, 1776-1809*, New York: Oxford University Press, 1963.

Chapelle, Dickey, "The Fighting Priest of South Vietnam", *Reader's Digest*, July 1963, pp.194~200.

Chenery, Hollis, "Foreign Assistance and Economic Development", *American Economic Review*, vol.56, September 1966, pp.679~729.

Chomsky, Noam, *American Power and the New Mandarins*, New York: Random House, 1969.

_____, *Rethinking Camelot: JFK, the Vietnam War, and U.S. Political Culture*, Boston: South End Press, 1993.

Clifford, James, "On Orientalism", ed. James Clifford, *The Predicament of Culture: Twentieth Century Ethnography, Literature, and Art*, Cambridge: Harvard University Press, 1988, pp.255~276.

Cmiel, Kenneth, "Destiny and Amnesia: The Vision of Modernity in Robert Wiebe's The Search for Order", *Reviews in American History*, vol.21, June 1993, pp.352~368.

Cobbs, Elizabeth A., "Decolonization, the Cold War, and the Foreign Policy of the Peace Corps." *Diplomatic History*, vol.20, Winter 1996, pp.79~105.

Cobbs Hoffman, Elizabeth, *All You Need Is Love: The Peace Corps and the Spirit of the 1960s*, Cambridge: Harvard University Press, 1998.

Cockcroft, James D., Dale L. Johnson and André Gunder Frank, *Dependence and Underdevelopment: Latin America's Political Economy*, Garden City, N.Y.: Doubleday, 1972.

Cohen, Warren I., *America in the Age of Soviet Power, 1945–1991*, Cambridge:

Cambridge University Press, 1993.

The Congressional Record, Washington: U.S. Government Printing Office.

"Corpsmen in Ghana", *Time*, November 17, 1961, pp.20~21.

Cowan, Paul, *The Making of an Un-American: A Dialogue with Experience*, New York: Viking, 1967.

Cullather, Nick, *Illusions of Influence: The Political Economy of United States-Philippines Relations, 1942-1960*, Stanford: Stanford University Press, 1994.

Dahl, Gudrun and Anders Hjort, "Development as Message and Meaning", *Ethnos*, vol.49, no.3, 1984, pp.165~185.

Dale, W. B. and D. C. Fulton, "On Statesmanship", *Saturday Review*, November 4, 1961, p.52.

Davis, Watson, "Peace Corps Volunteer an American Image", *Science Newsletter*, March 16, 1963, p.165.

Dean, Robert D., "Masculinity as Ideology: John F. Kennedy and the Domestic Politics of Foreign Policy", *Diplomatic History*, vol.22, Winter 1998, pp.29~62.

Decter, Midge, "Kennedyism", *Commentary*, vol.49, January 1970, pp.19~27.

de Oliveira Campos, Roberto, *Reflections on Latin American Development*, Austin: University of Texas Press, 1967.

Deutsch, Karl, *Nationalism and Social Communication*, Cambridge: Harvard University Press, 1953.

_____, "Social Mobilization and Political Development", *American Political Science Review*, vol.55, September 1961, pp.493~514.

Diamond, Sigmund, *Compromised Campus: The Collaboration of Universities with the Intelligence Community, 1945-1955*, New York: Oxford University Press, 1992.

Dirks, Nicholas, Introduction to *Colonialism and Culture*, ed. Nicholas Dirks, Ann Arbor: University of Michigan Press, 1992, pp.1~25.

Donnell, John C. and Gerald C. Hickey, *The Vietnamese "Strategic Hamlets": A Preliminary Report*, Santa Monica: Rand Corporation, 1962, Memorandum RM-3208-ARPA.

Donovan, R. J., "Peace Corps to Hire State Dept.'s Foremost Critics?", *New York Herald Tribune*, April 28, 1962, p.2.

Dosal, Paul J., "Accelerating Dependent Development and Revolution: Nicaragua and the Alliance for Progress", *Inter-American Economic Affairs*, vol.38, Spring 1985, pp.75~96.

Dow, Maynard Weston, *Nation Building in Southeast Asia*, Boulder, Colo.: Pruett Press, 1965.

Dreier, John C., *The Alliance for Progress: Problems and Perspectives*, Baltimore: Johns Hopkins University Press, 1962.

Drinnon, Richard, *Facing West: The Metaphysics of Indian-Hating and Empire Building*, Minneapolis: University of Minnesota Press, 1980.

Duiker, William J., *The Communist Road to Power in Vietnam*, Boulder, Colo.: Westview Press, 1981.

_____, *Sacred War: Nationalism and Revolution in a Divided Vietnam*, New York: McGraw-Hill, 1995.

Eisenstadt, S. N., *Modernization: Protest and Change*, Englewood Cliffs, N.J.: Prentice-Hall, 1966.

_____, "Social Change, Differentiation, and Evolution", *American Sociological Review*, vol.29, June 1964, pp.375~386.

_____, "Studies of Modernization and Sociological Theory", *History and Theory*, vol.13, no.3, 1974, pp.225~252.

_____ ed., *The Protestant Ethic and Modernization: A Comparative View*, New York: Basic Books, 1968.

Ernst, John, *Forging a Fateful Alliance: Michigan State University and the Vietnam War*, East Lansing: Michigan State University Press, 1998.

Escobar, Arturo, "Discourse and Power in Development: Michel Foucault and the Relevance of His Work to the Third World", *Alternatives*, vol.10, Winter 1984~1985, pp.377~400.

_____, *Encountering Development: The Making and Unmaking of the Third World*, Princeton: Princeton University Press, 1995.

_____, "Power and Visibility: Development and the Invention and Management of the Third World", *Cultural Anthropology*, vol.3, no.4, 1988, pp.428~443.

_____, *The Professionalization and Institutionalization of "Development" in Colombia in the Early Post-World War II Period*, Berkeley: Stanford-Berkeley Joint Studies Center for Latin American Studies, 1988.

"Evangelist for Progress", *Newsweek*, February 19, 1962, pp.54~55.

Fall, Bernard, *Hell in a Very Small Place: The Siege of Dien Bien Phu*, Philadelphia: Lippincott, 1966.

_____, *The Two Viet-Nams: A Political and Military Analysis*, New York: Praeger, 1963.

Ferguson, James, *The Anti-politics Machine: "Development," Depoliticization, and Bureaucratic Power in Lesotho*, Cambridge: Cambridge University Press, 1990.

Fischer, Fritz, *Making Them Like Us: Peace Corps Volunteers in the 1960s*,

Washginton, D.C.: Smithsonian Institution Press, 1998.

Fishel, Wesley R., "Problems of Democratic Growth in Free Vietnam", ed. Wesley R. Fishel, *Problems of Freedom: South Vietnam since Independence*, New York: Free Press, 1961, pp.9~28.

Fisher, Donald, *Fundamental Development of the Social Sciences: Rockefeller Philanthropy and the United States Social Science Research Council*, Ann Arbor: University of Michigan Press, 1993.

FitzGerald, Frances, *Fire in the Lake: The Vietnamese and the Americans in Vietnam*, New York: Vintage, 1972.

Foner, Eric, *Free Soil, Free Labor, Free Men: The Ideology of the Republican Party before the Civil War*, London: Oxford University Press, 1970.

"For 'Alianza' a Warning", *Life*, March 16, 1962, p.4.

Foucault, Michel, *Discipline and Punish: The Birth of the Prison*, New York: Vintage, 1979.

_____, *The History of Sexuality*, vol.1, *An Introduction*, New York: Vintage, 1978.

_____, *The Order of Things: An Archaeology of the Human Sciences*, New York: Vintage, 1973.

Frank, André Gunder, *Latin America: Underdevelopment or Revolution, Essays on the Development of Underdevelopment and the Immediate Enemy*, New York: Monthly Review Press, 1969.

Frankel, Max, "U. S. Giving Saigon New Economic Aid in Fight on Reds", *New York Times*, January 5, 1962, pp.1~2.

"Fresh Breeze from the South", *Life*, August 25, 1961, p.46.

Fried, Richard M., *Nightmare in Red: The McCarthy-Era in Perspective*, New York: Oxford University Press, 1990.

Fukuyama, Francis, *The End of History and the Last Man*, New York: Free Press, 1992.

Gaddis, John Lewis, *Strategies of Containment: A Critical Appraisal of Postwar American National Security Policy*, Oxford: Oxford University Press, 1982.

_____, *We Now Know: Rethinking Cold War History*, Oxford: Oxford University Press, 1997.

Galbraith, John Kenneth, *The Affluent Society*, Boston: Houghton Mifflin, 1958.

_____, "A Positive Approach to Economic Aid", *Foreign Affairs*, vol.39, April 1961, pp.444~457.

Galeano, Eduardo, *Open Veins of Latin America*, New York: Monthly Review Press, 1973.

Galula, David, *Counter-Insurgency Warfare: Theory and Practice*, New York: Praeger, 1964.

Gardner, Lloyd C., *Approaching Vietnam: From World War II through Dienbienphu*, New York: Norton, 1988.

_____, *Pay Any Price: Lyndon Johnson and the Wars for Vietnam*, Chicago: Ivan R. Dee, 1995.

Gardner, Richard, *New Directions in U.S. Foreign Economic Policy*, New York: Foreign Policy Association, 1959.

Geertz, Clifford, "Ideology as a Cultural System", *The Interpretation of Cultures*, New York: Basic Books, 1973, pp.193~233.

Geiger, Roger L., *Research and Relevant Knowledge: American Research Universities since World War II*, New York: Oxford University Press, 1993.

Gendzier, Irene L., *Managing Political Change: Social Scientists and the Third World*, Boulder, Colo.: Westview Press, 1985.

_____, "Play It Again Sam: The Practice and Apology of Development", ed. Christopher Simpson, *Universities and Empire: Money and Politics in the Social Sciences during the Cold War*, New York: Free Press, 1998, pp.57~95.

Gerschenkron, Alexander, *Economic Backwardness in Historical Perspective*, Cambridge: Harvard University Press, 1966.

Gibbons, William Conrad, *The U.S. Government and the Vietnam War: Executive and Legislative Roles and Relationships, Part II, 1961–1964*, Princeton: Princeton University Press, 1986.

Gibson, James William, *The Perfect War: Technowar in Vietnam*, Boston: Atlantic Monthly Press, 1986.

Giddens, Anthony, "Classical Social Theory and the Origins of Modern Sociology", *American Journal of Sociology*, vol.81, January 1976, pp.703~729.

Giglio, James N., *The Presidency of John F. Kennedy*, Lawrence: University Press of Kansas, 1991.

Gilderhus, Mark T., "An Emerging Synthesis? U.S.-Latin American Relations since the Second World War", ed. Michael J. Hogan, *America in the World: The Historiography of American Foreign Relations since 1941*, Cambridge: Cambridge University Press, 1995, pp.424~461.

Gleijeses, Piero, *Shattered Hope: The Guatemalan Revolution and the United States, 1944-1954*, Princeton: Princeton University Press, 1991.

Goldstein, Judith and Robert Keohane eds., *Ideas and Foreign Policy: Beliefs, Institutions, and Political Change*, Ithaca, N.Y.: Cornell University Press, 1993.

Goodman, Paul, *Growing Up Absurd: Problems of Youth in the Organized System*, New York: Random House, 1956.

Gordon, Lincoln, "The Alliance at Birth: Hopes and Fears", ed. L. Ronald Scheman, *The Alliance for Progress: A Retrospective*, New York: Praeger, 1988, pp.73~79.

_____, *A New Deal for Latin America: The Alliance for Progress*, Cambridge: Harvard University Press, 1963.

Gramer, Regina U., "On Poststructuralisms, Revisionisms, and Cold Wars", *Diplomatic History*, vol.19, Summer 1995, pp.515~524.

Gross, Leonard, "Has the Alliance for Progress a Chance?", *Look*, August 28, 1962, p.80.

Gruening, Ernest, "Why the Alianza May Fail", *New Republic*, March 30, 1963, p.11.

Gusfield, Joseph R., "Tradition and Modernity: Misplaced Polarities in the Study of Social Change", *American Journal of Sociology*, vol.72, January 1967, pp.351~362.

Halberstam, David, *The Best and the Brightest*, New York: Random House, 1972.

_____, *The Making of a Quagmire: America and Vietnam during the Kennedy Era*. Rev. ed., New York: Alfred A. Knopf, 1988.

Hammer, Elizabeth, *A Death in November: America in Vietnam, 1963*, New York: Oxford University Press, 1987.

Hanson, Simon G., *Dollar Diplomacy Modern Style: Chapters in the Failure of the Alliance for Progress*, Washington: Inter-American Affairs Press, 1970.

Harrison, James P., *The Endless War: Vietnam's Struggle for Independence*, New York: Columbia University Press, 1989.

Hartz, Louis, *The Liberal Tradition in America: An Interpretation of American Political Thought since the Revolution*, New York: Harcourt, Brace and World, 1954.

Hearden, Patrick J., *The Tragedy of Vietnam*, New York: HarperCollins, 1991.

Hein, Laura E., "Free Floating Anxieties on the Pacific: Japan and the West Revisited", *Diplomatic History*, vol.20, Summer 1996, pp.411~437.

"Help on the Way", *Time*, September 22, 1961, p.46.

Herman, Ellen, *The Romance of American Psychology: Political Culture in the Age of Experts*, Berkeley: University of California Press, 1995.

Herring, George C., *America's Longest War: The United States and Vietnam, 1950-1975*, 2d ed., New York: Alfred A. Knopf, 1986.

Hill, Polly, *Development Economics on Trial: The Anthropological Case for the Prosecution*, Cambridge: Cambridge University Press, 1986.

Hilsman, Roger, "Internal War: The New Communist Tactic", ed. Franklin Mark Osanka, *Modern Guerrilla Warfare: Fighting Communist Guerrilla Movements, 1941–1961*, New York: Free Press, 1962, pp.452~463,

_____, *To Move a Nation: The Politics of Foreign Policy in the Administration of John F. Kennedy*, Garden City, N.Y.: Doubleday, 1967.

Hirschman, Albert O., "A Dissenter's Confession: The Strategy of Economic Development Revisited", eds. Gerald M. Meier and Dudley Seers, *Pioneers in Development*, New York: Oxford University Press, 1984, pp.87~111.

_____, *Essays in Trespassing: Economics to Politics and Beyond*, Cambridge: Cambridge University Press, 1981.

_____, "The Rise and Decline of Development Economics", eds. Mark Gersovitz, Carlos F. Diaz-Alejandro, Gustav Ranis and Mark R. Rosenzweig, *The Theory and Practice of Economic Development: Essays in Honor of Sir W. Arthur Lewis*, London: Allen and Unwin, 1982, pp.372~390.

_____, "The Search for Paradigms as a Hindrance to Understanding", eds. Paul Rabinow and William M. Sullivan, *Interpretive Social Science: A Second Look*, Berkeley: University of California Press, 1987, pp.177~194.

_____, "Second Thoughts on the Alliance for Progress", *Reporter*, May 25, 1961, pp.20~23.

Hobsbawm, Eric. "Introduction: Inventing Traditions", eds. Eric Hobsbawm and Terence Ranger, *The Invention of Tradition*, Cambridge: Cambridge University Press, 1983.

Hogan, Michael J., "Corporatism", eds. Michael J. Hogan and Thomas G. Paterson, *Explaining the History of American Foreign Relations*, Cambridge: Cambridge University Press, 1991, pp.226~236.

_____, *The Marshall Plan: America, Britain, and the Reconstruction of Western Europe, 1947–1952*, Cambridge: Cambridge University Press, 1987.

Holbik, Karel, *The United States, the Soviet Union, and the Third World*, Hamburg: Uerlag Weltarchiv, 1968.

Hollinger, David A., "Free Enterprise and Free Inquiry: The Emergence of Laissez Faire Communitarianism in the Ideology of Science in the United States", *New Literary History*, vol.21, Autumn 1990, pp.897~919.

_____, "How Wide the Circle of the 'We'?", *American Historical Review*, vol.98, April 1993, pp.317~337.

Hont, Istvan and Michael Ignatieff, "Needs and Justice in the Wealth of Nations: An Introductory Essay", eds. Istvan Hont and Michael Ignatieff, *The Shaping of Political Economy in the Scottish Enlightenment*, Cambridge: Cambridge

University Press, 1983, pp.1~44.

Hoover, Herbert, *The Vital Need for Greater Financial Support of Pure Science Research*, New York: National Research Council, 1925.

Horesh, Edward, "Labelling and the Language of International Development", *Development and Change*, vol.16, July 1985, pp.503~514.

Horsman, Reginald, *Race and Manifest Destiny: The Origins of American Racial Anglo-Saxonism*, Cambridge: Harvard University Press, 1981.

House of Representatives. U.S. Congress. Committee on Foreign Affairs, *Foreign Assistance Act of 1962*, 87th Cong., 2d sess. Washington, D.C.: U.S. Government Printing Office, 1962.

_____, *Regional and Other Documents Concerning United States Relations with Latin America*, Washington, D.C.: U.S. Government Printing Office, 1966.

"How Much Progress in the Alliance for Progress?", *U.S. News and World Report*, October 20, 1962, pp.42~44.

Humphrey, Hubert, "American Civilians Who Are Fighting the Shirtsleeves War in Vietnam", *Civil Service Journal*, June 1966, pp.2~3, 6~9.

Hunt, Michael H., *Ideology and U.S. Foreign Policy*, New Haven: Yale University Press, 1987.

_____, "The Long Crisis in U.S. Diplomatic History: Coming to Closure", *Diplomatic History*, vol.16, Winter 1992, pp.115~140.

_____, *Lyndon Johnson's War: America's Cold War Crusade in Vietnam, 1945-1968*, New York: Hill and Wang, 1996.

Huntington, Samuel P., "The Bases of Accommodation", *Foreign Affairs*, vol.64, July 1968, pp.642~656.

_____, "The Change to Change: Modernization, Development, and Politics", *Comparative Politics*, vol.3, April 1971, pp.283~322.

_____, "Political Development and Political Decay", *World Politics*, vol.17, April 1965, pp.386~430.

Huppert, G. Harry, "Bullets Alone Won't Win", *Infantry*, August 1964, pp.38~42.

Immerman, Richard H., *The CIA in Guatemala: The Foreign Policy of Intervention*, Austin: University of Texas Press, 1982.

Inkeles, Alex, "The Modernization of Man", ed. Myron Weiner, *Modernization: The Dynamics of Growth*, New York: Basic Books, 1966, pp.138~150.

Inkeles, Alex and David H. Smith, *Becoming Modern: Individual Change in Six Developing Countries*, Cambridge: Harvard University Press, 1974.

Iriye, Akira, "Culture", *Journal of American History*, vol.77, June 1990, pp.99~107.

_____, "Culture and Power: International Relations as Intercultural Relations",

Diplomatic History, vol.3, Spring 1979, pp.115~128.

"Is the Alliance for Progress Progressing?", *Christian Century*, March 28, 1962, p.380.

Jacobs, Frankie W., "Peace Corps Trainees Do Field Work at California Housing Project", *Journal of Housing*, vol.1, no.1, 1965, pp.41~42.

Johnson, John J. ed., *The Role of the Military in Underdeveloped Countries*, Princeton: Princeton University Press, 1962.

Johnson, Lyndon B., *Public Papers of the Presidents of the United States: Lyndon B. Johnson, 1963–1969*, Washington, D.C.: U.S. Government Printing Office, 1965–69.

Jones, Kirby, "The Peace Corps Volunteer in the Field: Community Development", *Annals of the American Academy of Political and Social Science*, vol.365, May 1966, pp.63~71.

Kahin, George McT., *Intervention: How America Became Involved in Vietnam*, New York: Alfred A. Knopf, 1986.

Kahin, George McT., Guy J. Pauker and Lucian W. Pye, "Comparative Politics of Non-Western Countries", *American Political Science Review*, vol.49, December 1955, pp.1022~1041.

Kaplan, Amy, "Domesticating Foreign Policy", *Diplomatic History*, vol.18, Winter 1994, pp.97~106.

_____, "'Left Alone with America': The Absence of Empire in the Study of American Culture", eds. Amy Kaplan and Donald Pease, *Cultures of United States Imperialism*, Durham, N.C.: Duke Univeristy Press, 1993, pp.3~21.

Karney, Rex, "Peace Corps a Farce, Says Editor of Illinois Newspaper", *Peace Corps Volunteer*, February 1962, p.2.

Karnow, Stanley, "The Edge of Chaos", *Saturday Evening Post*, September 28, 1963, pp.27~36.

Katz, Barry M., *Foreign Intelligence: Research and Analysis in the Office of Strategic Services, 1942–1945*, Cambridge: Harvard University Press, 1989.

Katz, Michael B., *In the Shadow of the Poorhouse: A Social History of Welfare in America*, New York: Basic Books, 1986.

_____, *The Undeserving Poor: From the War on Poverty to the War on Welfare*, New York: Pantheon, 1989.

Katznelson, Ira, "The Subtle Politics of Developing Emergency: Political Science as Liberal Guardianship", ed. Andre Schiffrin, *The Cold War and the University: Toward an Intellectual History of the Postwar Years*, New York: New Press, 1997, pp.233~258.

Keller, Evelyn Fox, "The Paradox of Scientific Subjectivity", *Annals of Scholarship*, vol.9, nos. 1 – 2, 1992, pp.135~153.

Kennan, George F., *American Diplomacy, 1900–1950*, Chicago: University of Chicago Press, 1951.

_____, *Memoirs: 1925–1950*, Boston: Little, Brown, 1967.

Kennedy, John F., *Public Papers of the Presidents of the United States: John F. Kennedy, 1961–1963*, Washington, D.C.: U.S. Government Printing Office, 1962 – 64.

Kiernan, V. G., *Imperialism and Its Contradictions*, New York: Routledge, 1995.

Killian, James R. Jr., *The Education of a College President*, Cambridge: MIT Press, 1985.

Kleinman, Daniel Lee, *Politics on the Endless Frontier: Postwar Research Policy in the United States*, Durham, N.C.: Duke University Press, 1995.

Kleinman, Daniel Lee and Mark Solovey, "Hot Science/Cold War: The National Science Foundation after World War II", *Radical History Review*, vol.63, Fall 1995, pp.110~139.

Kolko, Gabriel, *Anatomy of a War: Vietnam, the United States, and the Modern Historical Experience*, New York: Pantheon, 1985.

_____, *Confronting the Third World: United States Foreign Policy, 1945-1980*, New York: Pantheon, 1988.

_____, *The Roots of American Foreign Policy: An Analysis of Power and Purpose*, Boston: Beacon Press, 1969.

Kuhn, Thomas, *The Structure of Scientific Revolutions*, 2d ed., Chicago: University of Chicago Press, 1970.

Kunz, Diane, *Butter and Guns: America's Cold War Economic Diplomacy*, New York: Free Press, 1997.

_____, "The Power of Money: The Historiography of American Economic Diplomacy", ed. Michael J. Hogan, *America in the World: The Historiography of American Foreign Relations since 1941*, Cambridge: Cambridge University Press, 1995, pp.536~561.

_____ ed., *The Diplomacy of the Crucial Decade: American Foreign Policy during the 1960s*, New York: Columbia University Press, 1964.

LaFeber, Walter, "The Alliances in Retrospect", eds. Andrew Maguire and Janet Welsh Brown, *Bordering on Trouble: Resources and Politics in Latin America*, Bethesda, Md.: Adler and Adler, 1986, pp.337~388.

_____, *America, Russia, and the Cold War, 1945–1990*, 6th ed., New York: McGraw Hill, 1991.

_____, *The American Age: U.S. Foreign Policy at Home and Abroad*, 2d ed., New York: Norton, 1994.

_____, *Inevitable Revolutions: The United States in Central America*, New York: Norton, 1984.

_____, *The New Empire: An Interpretation of American Expansion, 1860-1898*, Ithaca, N.Y.: Cornell University Press, 1963.

Landis, Mark, *Joseph McCarthy: The Politics of Chaos*, London: Associated University Press, 1987

Lansdale, Edward G., "The Report the President Wanted Published", *Saturday Evening Post*, May 20, 1961, p.31, pp.69~70.

Larsen, Otto N., *Milestones and Millstones: Social Science at the National Science Foundation, 1945-1991*, New Brunswick, N.J.: Transaction Publishers, 1992.

Lasch, Christopher, *The World of Nations: Reflections on American History, Politics, and Culture*, New York: Alfred A. Knopf, 1973.

Lauer, Robert H., "The Scientific Legitimation of Fallacy: Neutralizing Social Change Theory", *American Sociological Review*, vol.36, October 1971, pp.881~889.

Leaf, Murray J., *Man, Mind, and Science: A History of Anthropology*, New York: Columbia University Press, 1979.

Lederer, William J. and Eugene Burdick, *The Ugly American*, New York: Norton, 1958.

Leffler, Melvyn P., "The American Conception of National Security and the Beginnings of the Cold War, 1945 – 1948", *American Historical Review*, vol.89, April 1984, pp.346~381.

_____, *A Preponderance of Power: National Security, the Truman Administration, and the Cold War*, Stanford: Stanford University Press, 1992.

_____, *The Specter of Communism: The United States and the Origins of the Cold War, 1917-1953*, New York: Hill and Wang, 1994.

Lens, Sidney, "The Only Hope", *Progressive*, vol.28, November 1964, pp.22~27.

Lerner, Daniel, *The Passing of Traditional Society: Modernizing the Middle East*, New York: Free Press, 1958.

Lerner, Daniel and Richard D. Robinson, "Swords and Ploughshares: The Turkish Army as a Modernizing Force", ed. Henry Bienen, *The Military and Modernization*, Chicago: Aldine-Atherton, 1971, pp.117~148.

Leslie, Stuart W., *The Cold War and American Science: The Military-Industrial Academic Complex at MIT and Stanford*, New York: Columbia University Press, 1993.

Levinson, Jerome and Juan de Onís, *The Alliance That Lost Its Way*, Chicago: Quadrangle Books, 1970.

Levy, Marion J. Jr., "Armed Force Organizations", ed. Henry Bienen, *The Military and Modernization*, Chicago: Aldine-Atherton, 1971, pp.41~78.

_____, *The Family Revolution in Modern China*, Cambridge: Harvard University Press, 1949.

Lewis, Bernard, *The Emergence of Modern Turkey*, 2d ed., London: Oxford University Press, 1961.

Lewis, W. Arthur, "Economic Development with Unlimited Supplies of Labour", *Manchester School*, vol.22, May 1954, pp.139~191.

Lewontin, R. C., "The Cold War and the Transformation of the Academy", ed. Andre Schiffrin, *The Cold War and the University: Toward an Intellectual History of the Postwar Years*, New York: Free Press, 1997, pp.1~34.

Leyden, John, "British Scientist Salutes Tanganyika Project", *Peace Corps Volunteer*, November 1962, p.2.

Leys, Colin, "Conflict and Convergence in Development Theory", eds. Wolfgang J. Mommsen and Jurgen Osterhammel, *Imperialism and After: Continuities and Discontinuities*, London: Allen and Unwin, 1986, pp.315~324.

Lichtenstein, Nelson ed., *Political Profiles: The Kennedy Years*, New York: Facts on File, 1976.

Lindblom, Charles E., "A New Look at Latin America", *Atlantic*, October 1962, pp.81~86.

Lipset, Seymour Martin, *The First New Nation: The United States in Historical and Comparative Perspective*, New York: Basic Books, 1963.

Lipsitz, George, *Class and Culture in Cold War America: "A Rainbow at Midnight"*, New York: Praeger, 1981.

Little, Ian M. D., *Economic Development: Theory, Policy, and International Relations*, New York: Basic Books, 1982.

Lodge, George C., *The Case for the Generalist in Rural Development*, Washington, D.C.: Peace Corps Office of Public Affairs, 1969.

Love, Joseph L., "Raúl Prebisch and the Origins of the Doctrine of Unequal Exchange", *Latin American Research Review*, vol.15, no.3, 1980, pp.45~72.

Lowther, Kevin and C. Payne Lucas, *Keeping Kennedy's Promise: The Peace Corps Unmet Hope of the New Frontier*, Boulder, Colo.: Westview Press, 1978.

Lumsdaine, David Halloran, *Moral Vision and Its Politics: The Foreign Aid Regime, 1949-1989*, Princeton: Princeton University Press, 1993.

Lynd, Robert S., *Knowledge for What? The Place of Social Science in American*

Culture, Princeton: Princeton University Press, 1939.

Mackenthun, Gesa, "State of the Art: Adding Empire to the Study of American Culture", *Journal of American Studies*, vol.30, August 1996, pp.263~269.

Madison, Mary, "S.R.I. Aide Offers Plan to Beat Viet Nam Reds", *Daily Palo Alto Times*, August 7, 1961, p.3.

Mann, Thomas, "The Experience of the United States in Economic Development: Its Relevance for Latin America", *Department of State Bulletin*, vol.47, November 19, 1962, pp.772~775.

Mannheim, Karl, *Ideology and Utopia*. New York: Harcourt, Brace and World, 1968.

Martin, Robert P., "Latest Report from the Front in Vietnam", *U.S. News and World Report*, April 9, 1962, pp.60~62.

Mason, Edward S., *Promoting Economic Development: The United States and South Asia*, Claremont, Calif.: Claremont College, 1955.

May, Elaine Tyler, *Homeward Bound: American Families in the Cold War Era*, New York: Basic Books, 1988.

_____, "Ideology and Foreign Policy: Culture and Gender in Diplomatic History", *Diplomatic History*, vol.18, Winter 1994, pp.71~78.

May, Ernest R., *American Imperialism: A Speculative Essay*, New York: Atheneum, 1968.

May, Gary, "Passing the Torch and Lighting Fires: The Peace Corps", ed. Thomas G. Paterson, *Kennedy's Quest for Victory: American Foreign Policy, 1961–1963*, New York: Oxford University Press, 1989, pp.284~326.

May, Herbert K., *Problems and Prospects of the Alliance for Progress*, New York: Praeger, 1968.

Mazrui, Ali A., "From Social Darwinism to Current Theories of Modernization: A Tradition in Analysis", *World Politics*, vol.21, October 1968, pp.69~83.

Megill, Allan, "Introduction: Four Senses of Objectivity", *Annals of Scholarship*, vol.8, nos.3~4, 1991, pp.301~320.

Meier, Gerald M., "The Formative Period", eds. Gerald M. Meier and Dudley Seers, *Pioneers in Development*, New York: Oxford University Press, 1984, pp.1~26.

Memmi, Albert, *The Colonizer and the Colonized*, London: Earthscan, 1990.

Merk, Frederick, *Manifest Destiny and Mission in American History: A Reinterpretation*, New York: Vintage, 1966.

Merrill, Dennis, *Bread and the Ballot: The United States and India's Economic Development, 1947–1963*, Chapel Hill: University of North Carolina Press, 1990.

_____, "The United States and the Rise of the Third World", ed. Gordon Martel, *American Foreign Relations Reconsidered, 1890-1993*, London: Routledge, 1994, pp.166~186.

"Mexico: No Aid for the Competent", *New Republic*, November 2, 1963, p.9.

Miller, Stuart Creighton, *'Benevolent Assimilation': The American Conquest of the Philippines, 1899-1903*, New Haven: Yale University Press, 1982.

Millikan, Max F and W. W. Rostow, "Notes on Foreign Economic Policy", ed. Chistopher Simpson, *Universities and Empire: Money and Politics in the Social Sciences during the Cold War*, New York: Free Press, 1998, p.39~55.

_____, *A Proposal: Key to an Effective Foreign Policy*, New York: Harper and Brothers, 1957.

Millikan, Max F and Donald L. M. Blackmer eds., *The Emerging Nations: Their Growth and United States Policy*, Boston: Little, Brown, 1961.

Mills, C. Wright, *The Sociological Imagination*, New York: Oxford University Press, 1959.

Mitchell, Timothy, *Colonising Egypt*, Berkeley: University of California Press, 1991.

Montgomery, David, "Prosperity under the Shadow of the Bomb", ed. Andre Schiffrin, *The Cold War and the University: Toward an Intellectual History of the Postwar Years*, New York: Free Press, 1997, pp.xi-xxxvii.

Morgenthau, Hans J., *In Defense of the National Interest: A Critical Examination of American Foreign Policy*, New York: Alfred A. Knopf, 1951.

_____, "A Political Theory of Foreign Aid", *American Political Science Review*, vol.56, June 1962, pp.301~309.

Morse, Wayne and Bourke B. Hickenlooper, *Report of the Second Punta del Este Conference, January 22-31, 1962*, Washington, D.C.: U.S. Government Printing Office, 1962.

Mothner, Ira, "The Peace Corps: Revolutions without Blood", *Look*, June 14, 1966, p.40.

Myrdal, Gunnar, *Development and Underdevelopment*, Cairo: National Bank of Egypt, 1956.

Nagel, Thomas, *The View from Nowhere*, New York: Oxford University Press, 1986.

Najita, Tetsuo, "Presidential Address: Personal Reflections on Modernity and Modernization", *Journal of Asian Studies*, vol.52, November 1993, pp.845~853.

"Nation-Mending at Home", *Time*, June 21, 1970, p.21.

Needell, Allan A., "'Truth Is Our Weapon': Project TROY, Political Warfare, and

Government-Academic Relations in the National Security State", *Diplomatic History*, vol.17, Summer 1993, pp.399~420.

Nehemkis, Peter, *Latin America: Myth and Reality*, New York: Alfred A. Knopf, 1964.

Nelkin, Dorothy, *The University and Military Research: Moral Politics at M.I.T*, Ithaca, N.Y.: Cornell University Press, 1972.

Ng, Franklin, "Knowledge for Empire: Academics and Universities in the Service of Imperialism", ed. Robert David Johnson, *On Cultural Ground: Essays in International History*, Chicago: Imprint, 1994, pp.123~146.

Nighswonger, William A., *Rural Pacification in Vietnam*, New York: Praeger, 1966.

Ninkovich, Frank, "Culture, Power, and Civilization: The Place of Culture in the Study of International Relations", ed. Robert David Johnson, *On Cultural Ground: Essays in International History*, Chicago: Imprint, 1994, pp.1~22.

_____, "Interests and Discourse in Diplomatic History", *Diplomatic History*, vol.13, Spring 1989, pp.135~161.

_____, *Modernity and Power: A History of the Domino Theory in the Twentieth Century*, Chicago: University of Chicago Press, 1994.

Nisbet, Robert A., "Ethnocentrism and the Comparative Method", ed. A. R. Desai, *Essays on Modernization of Underdeveloped Societies 1*, Bombay: Thacker, 1971, pp.95~114.

_____, *Social Change and History: Aspects of the Western Theory of Development*, New York: Oxford University Press, 1969.

Nolting, Frederick, *From Trust to Tragedy: The Political Memoirs of Frederick Nolting Kennedy's Ambassador to Diem's Vietnam*, New York: Praeger, 1988.

Nye, John V. C., "An Interview with W. W. Rostow", *Newsletter of the Cliometric Society*, vol.9, July 1994, pp.3~8, 26~32.

Nystrom, J. Warren and Nathan A. Haverstock, *The Alliance for Progress: Key to Latin America's Development*, Princeton: D. Van Nostrand Co., 1966.

O'Connell, James, "The Concept of Modernization", *South Atlantic Quarterly*, vol.64, Autumn 1965, pp.549~564.

O'Donnell, John B., "The Strategic Hamlet Program in Kien Hoa Province, South Vietnam: A Case Study of Counter-Insurgency", ed. Peter Kunstadter, *Southeast Asian Tribes, Minorities, and Nations 2*, Princeton: Princeton University Press, 1967, pp.703~744.

Olson, James S. and Randy Roberts, *Where the Domino Fell: America and Vietnam, 1945 to 1990*, New York: St. Martin's Press, 1991.

Omvedt, Gail, "Modernization Theories: The Ideology of Empire", ed. A. R. Desai, *Essays on Modernization of Underdeveloped Societies 1*, Bombay: Thacker, 1971, pp.119~138.

Packenham, Robert A., *Liberal America and the Third World: Political Development Ideas in Foreign Aid and Social Science*, Princeton: Princeton University Press, 1973.

Parsons, Talcott, "Democracy and Social Structure in Pre-Nazi Germany", ed. Talcott Parsons, *Essays in Sociological Theory*, New York: Free Press, 1964, pp.104~123.

_____, "Evolutionary Universals in Society", *American Sociological Review*, vol.29, June 1964, pp.339~357.

_____, "Social Science: A Basic National Resource", eds. Samuel Z. Klausner and Victor M. Lidz, *The Nationalization of the Social Sciences*, Philadelphia: University of Pennsylvania Press, 1986, pp.41~112.

_____, *The Social System*, New York: Free Press, 1951.

_____, *Societies: Evolutionary and Comparative Perspectives*, Englewood Cliffs, N.J.: Prentice-Hall, 1966.

_____, *Structure and Process in Modern Societies*, New York: Free Press, 1960.

Parsons, Talcott and Edward Shils, *Towards a General Theory of Action*, Cambridge: Harvard University Press, 1951.

Paterson, Thomas G., "Bearing the Burden: A Critical Look at JFK's Foreign Policy", *Virginia Quarterly Review*, vol.54, Spring 1978, pp.196~201.

_____, *Contesting Castro: The United States and the Triumph of the Cuban Revolution*, New York: Oxford University Press, 1994.

_____, "Fixation with Cuba: The Bay of Pigs, Missile Crisis, and Covert War against Castro", ed. Thomas G. Paterson, *Kennedy's Quest for Victory: American Foreign Policy, 1961–1963*, New York: Oxford University Press, 1989, pp.125~155.

_____, "Introduction: John F. Kennedy's Quest for Victory and Global Crisis", ed. Thomas G. Paterson, *Kennedy's Quest for Victory: American Foreign Policy, 1961–1963*, New York: Oxford University Press, 1989, pp.3~23.

_____ ed., *Kennedy's Quest for Victory: American Foreign Policy, 1961–1963*, New York: Oxford University Press, 1989.

Paterson, Thomas G. and Stephen G. Rabe eds., *Imperial Surge: The United States Abroad: The 1890s-Early 1900s*, Lexington, Mass.: Heath, 1992.

Peace Corps, *Annual Reports*, Washington, D.C.: U.S. Government Printing Office, 1962 - 66.

_____, "Colombia: Acción Comunal", *Peace Corps Volunteer*, November 1962, pp.8~9.

_____, "I Learned More in Ten Months with Volunteer Than I Have Learned in Thirty Years, Co-Worker", *Peace Corps Volunteer*, April 1963, p.4.

_____, "Journey to a Reservation", *Peace Corps News*, March 1962, p.1, 7.

_____, *The Peace Corps Fact Book*, Washington, D.C.: U.S. Government Printing Office, 1961.

_____, *The Peace Corps Reader*, Washington, D.C.: U.S. Government Printing Office, 1967.

_____, "Peace Corps Trainees Work, Study in New York Slums", *Peace Corps Volunteer*, November 1962, p.1, 3.

_____, "Tubman Sees Object Lesson in Peace Corps", *Peace Corps Volunteer*, May 1963, p.5.

_____, "The Volunteer Image", *Peace Corps Volunteer*, February 1963, p.4.

_____, *What Can I Do in the Peace Corps?*, Washington, D.C.: U.S. Government Printing Office, n.d.

_____, *Who's Working Where: A Catalogue of Peace Corps Volunteer Skills*, Washington, D.C.: U.S. Government Printing Office, 1964.

"Peace Corps in Training", *Economist*, July 22, 1961, p.334.

"The Peace Corps Starts", *New York Times*, March 2, 1961, p.26.

Pearce, R. Michael, *Evolution of a Vietnamese Village-Part II: The Past, August 1945 to April 1964*, Santa Monica: Rand Corporation, 1966, Memorandum RM-4692-ARPA.

Perkins, Bradford, "The Tragedy of American Diplomacy: Twenty-five Years After", *Reviews in American History*, vol.12, March 1984, pp.1~18.

Perloff, Harvey S., *Alliance for Progress: A Social Invention in the Making*, Baltimore: Johns Hopkins University Press, 1969.

Popkin, Samuel L., *The Rational Peasant: The Political Economy of Rural Society in Vietnam*, Berkeley: University of California Press, 1979.

Porter, Theodore M., *Trust in Numbers: The Pursuit of Objectivity in Science and Public Life*, Princeton: Princeton University Press, 1995.

Poster, Mark, "Foucault and History", *Social Research*, vol.49, Spring 1982, pp.116~142.

Potter, David M., *People of Plenty: Economic Abundance and the American Character*, Chicago: University of Chicago Press, 1954.

Prakash, Gyan, "Writing Post-Orientalist Histories of the Third World", ed. Nicholas B. Dirks, *Colonialism and Culture*, Ann Arbor: University of

Michigan Press, 1992, pp.353~388.

Pratt, Mary Louise, *Imperial Eyes: Travel Writing and Transculturation*, London: Routledge, 1992.

Price, Don K., *The Scientific Estate*, Cambridge: Harvard University Press, 1965.

"Progreso, Sí", *Time*, March 24, 1961, p.29.

"A Progress Report on the Alliance", *Morgan Guaranty Survey*, February 1963, p.10.

Pursell, Carroll, "Science Agencies in World War II: The OSRD and Its Challengers", ed. Nathan Reingold, *The Sciences in the American Context: New Perspectives*, Washington: Smithsonian Institution Press, 1979, pp.359~378.

Pye, Lucian W., "Armies in the Process of Political Modernization", ed. John J. Johnson, *The Role of the Military in Underdeveloped Countries*, Princeton: Princeton University Press, 1962, pp.69~89.

_____, *Guerrilla Communism in Malaya: Its Social and Political Meaning*, Princeton: Princeton University Press, 1956.

_____, "Political Modernization and Research on the Process of Political Socialization", *Social Science Research Council Items*, vol.13, September 1959, pp.25~28.

_____, *Politics, Personality, and Nation Building: Burma's Search for Identity*, New Haven: Yale University Press, 1962.

_____ ed., *Communications and Political Development*, Princeton: Princeton University Press, 1963.

"Quasi Stagnation", *Newsweek*, October 15, 1962, p.44.

Rabe, Stephen G., "Controlling Revolutions: Latin America, the Alliance for Progress, and Cold War Anti-Communism", ed. Thomas G. Paterson, *Kennedy's Quest for Victory: American Foreign Policy, 1961-1963*, New York: Oxford University Press, 1989, pp.105~122.

_____, *Eisenhower and Latin America: The Foreign Policy of Anticommunism*, Chapel Hill: University of North Carolina Press, 1988.

Rabinow, Paul ed., *The Foucault Reader*, New York: Pantheon, 1984.

Race, Jeffrey, *War Comes to Long An: Revolutionary Conflict in a Vietnamese Province*, Berkeley: University of California Press, 1972.

Rafael, Vicente L., "White Love: Surveillance and Nationalist Resistance in the U.S. Colonization of the Philippines", eds. Amy Kaplan and Donald Pease, *Cultures of United States Imperialism*, Durham, N.C.: Duke University Press, 1993, pp.185~218.

Randle, Robert F., *Geneva 1954: The Settlement of the Indochinese War*, Princeton:

Princeton University Press, 1969.

Redmon, Coates, *Come As You Are: The Peace Corps Story*, San Diego: Harcourt Brace Jovanovich, 1986.

"Report on the Peace Corps", *Time*, December 29, 1961, pp.10~11.

Reuss, Henry S., "A Point Four Youth Corps", *Commonweal*, May 5, 1960, pp.146~148.

Rice, Gerard T., *The Bold Experiment: JFK's Peace Corps*, Notre Dame, Ind.: University of Notre Dame Press, 1985.

_____, *Twenty Years of the Peace Corps*, Washington, D.C.: U.S. Government Printing Office, 1982.

Ridinger, Robert B. Marks, *The Peace Corps: An Annotated Biliography*, Boston: G. K. Hall and Co., 1989.

Riesman, David with Nathan Glazier and Reuel Denney, *The Lonely Crowd: A Study of the Changing American Character*, Abridged ed., New Haven: Yale University Press, 1961.

Ritzer, George, *Modern Sociological Theory*, 4th ed., New York: McGraw-Hill, 1996.

Robinson, Archie W., "Now the U.S. Is Exporting Union Ideas to Latin America", *U.S. News and World Report*, May 20, 1963, p.86, pp.88~89.

Rocher, Guy, *Talcott Parsons and American Sociology*, New York: Barnes and Noble, 1975.

Rodney, Walter, *How Europe Underdeveloped Africa*, Washington, D.C.: Howard University Press, 1982.

Rogers, William D., *The Twilight Struggle: The Alliance for Progress and the Politics of Development in Latin America*, New York: Random House, 1967.

Rogin, Michael, *Fathers and Children: Andrew Jackson and the Subjugation of the American Indian*, New York: Alfred A. Knopf, 1985.

Rosaldo, Renato, *Culture and Truth: The Remaking of Social Analysis*, Boston: Beacon Press, 1989.

Rosenberg, Emily S., "Presidential Address: Revisiting Dollar Diplomacy, Narratives of Money and Manliness", *Diplomatic History*, vol.22, Winter 1998, pp.155~176.

_____, *Spreading the American Dream: American Economic and Cultural Expansion, 1890-1945*, New York: Hill and Wang, 1982.

Rosenstein-Rodan, P. N., "International Aid for Underdeveloped Countries", *Review of Economics and Statistics*, vol.43, May 1961, pp.107~138.

_____, "Natura Facit Saltum: Analysis of the Disequilibrium Growth Process", eds. Gerald M. Meier and Dudley Seers, *Pioneers in Development*, New York: Oxford University Press, 1984, pp.207~221.

Rosenthal, Michael, *The Character Factory: Baden-Powell and the Origins of the BoyScout Movement*, New York: Pantheon, 1984.

Rosenzweig, Robert M., *The Research Universities and Their Patrons*, Berkeley: University of California Press, 1982.

Ross, Dorothy, "Grand Narrative in American Historical Writing: From Romance to Uncertainty", *American Historical Review*, vol.100, June 1995, pp.651~677.

_____, "Historical Consciousness in Nineteenth-Century America", *American Historical Review*, vol.89, October 1984, pp.909~928.

_____, "Modernism Reconsidered", ed. Dorothy Ross, *Modernist Impulses in the Human Sciences, 1870-1930*, Baltimore: Johns Hopkins University Press, 1994, pp.1~25.

_____, "Modernist Social Science in the Land of the New/Old", ed. Dorothy Ross, *Modernist Impulses in the Human Sciences*, Baltimore: Johns Hopkins University Press, 1994, pp.171~189.

_____, *The Origins of American Social Science*, Cambridge: Cambridge University Press, 1991.

Rostow, W. W., "American Strategy on the World Scene", *Department of State Bulletin*, vol.46, April 16, 1962, p.628.

_____, "Countering Guerrilla Attack", ed. Franklin Mark Osanka, *Modern Guerrilla Warfare: Fighting Communist Guerrilla Movements, 1941–1961*, New York: Free Press, 1962, pp.464~471.

_____, "Development: The Political Economy of the Marshallian Long Period", eds. Gerald M. Meier and Dudley Seers, *Pioneers in Development*, New York: Oxford University Press, 1984, pp.229~261.

_____, *The Diffusion of Power: An Essay in Recent History*, New York: Macmillan, 1972.

_____, *Eisenhower, Kennedy, and Foreign Aid*, Austin: University of Texas Press, 1985.

_____, *The Great Transition: Tasks of the First and Second Post-War Generations*, Cambridge, England: Leeds University Press, 1967.

_____, *The Stages of Economic Growth: A Non-Communist Manifesto*, Cambridge: Cambridge University Press, 1960.

_____, *Theorists of Economic Growth from David Hume to the Present*, New York: Oxford University Press, 1990.

_____, *The Two Major Communist Offensives*, Washington, D.C.: U.S.

Government Printing Office, 1964.

_____, *View from the Seventh Floor*, New York: Harper and Row, 1964.

Rotter, Andrew J., *The Path to Vietnam: Origins of the American Commitment to Southeast Asia*, Ithaca, N.Y.: Cornell University Press, 1987.

Rusk, Dean, "The Alliance in the context of World Affairs", ed. Jim Dreier, *The Alliance for Progress: Problems and Perspectives*, Baltimore: Johns Hopkins University Press, 1962, pp.102~117.

_____, "America's Destiny in the Building of a World Community", *Department of State Bulletin*, vol.46, December 10, 1962, pp.898~899.

_____, *As I Saw It*, New York: Norton, 1990.

_____, "Secretary Rusk's News Conference of February 6", *Department of State Bulletin*, vol.44, February 27, 1961, p.298.

_____, "The Stake in Vietnam", *Department of State Bulletin*, vol.48, May 13, 1963, pp.729~730.

Rust, William J., *Kennedy in Vietnam*, New York: Charles Scribner's Sons, 1985.

Sahlins, Marshall, *Islands of History*, Chicago: University of Chicago Press, 1985.

Said, Edward, *Culture and Imperialism*, New York: Alfred A. Knopf, 1993.

_____, *Orientalism*, New York: Vintage, 1979.

Sapolsky, Harvey M., "Academic Science and the Military: The Years since the Second World War", ed. Nathan Reingold, *The Sciences in the American Context: New Perspectives*, Washington: Smithsonian Institution Press, 1979, pp.379~399.

Savage, Stephen P., *The Theories of Talcott Parsons: The Social Relations of Action*, London: Macmillan, 1981.

Schanche, Don, "Father Hoa's Little War", *Saturday Evening Post*, February 17, 1962, pp.74~79.

Schlesinger, Arthur M., Jr., "Myth and Reality", ed. L. Ronald Scheman, *The Alliance for Progress: A Retrospective*, New York: Praeger, 1988, pp.67~72.

_____, *The Politics of Hope*, Boston: Houghton Mifflin, 1963.

_____, *A Thousand Days: John F. Kennedy in the White House*, Boston: Houghton Mifflin, 1965.

_____, *The Vital Center: The Politics of Freedom*, Boston: Houghton Mifflin, 1949.

Schlesinger, Stephen C. and Stephen Kinzer, *Bitter Fruit: The Untold Story of the American Coup in Guatemala*, Garden City, N.Y.: Doubleday, 1982.

Schoultz, Lars, *Beneath the United States: A History of U.S. Policy toward Latin America*, Cambridge: Harvard University Press, 1998.

Schrecker, Ellen W., *No Ivory Tower: McCarthyism and the Universities*, New York:

Oxford University Press, 1986.

Schulzinger, Robert D., *A Time for War: The United States and Vietnam, 1941–1975*, New York: Oxford University Press, 1997.

Schwabe, Klaus, "The Global Role of the United States and Its Imperial Consequences, 1898-1973", eds. Wolfgang J. Mommsen and Jurgen Osterhammel, *Imperialism and After: Continuities and Discontinuities*, London: Allen and Unwin, 1986, pp.13~33.

Schwartz, Harry, "Review of The Stages of Growth", *New York Times Book Review*, May 6, 1960, p.6.

Schwarz, Karen, *What You Can Do for Your Country: An Oral History of the Peace Corps*, New York: Morrow, 1991.

Scigliano, Robert and Guy H. Fox, *Technical Assistance in Vietnam: The Michigan State University Experience*, New York: Praeger, 1965.

Scott, James C., *Seeing Like a State: How Certain Schemes to Improve the Human Condition Have Failed*, New Haven: Yale University Press, 1998.

Seers, Dudley, "The Birth, Life, and Death of Development Economics", *Development and Change*, vol.10, October 1979, pp.707~719.

Senate. U.S. Congress. Committee on Foreign Relations, *Nomination of R. Sargent Shriver, Jr. to Be Director of the Peace Corps*, 87th Cong., ist sess., Washington, D.C.: U.S. Government Printing Office, 1961.

_____, *Vietnam and Southeast Asia: Report of Senators Mike Mansfield, J. Caleb Boggs, Claiborne Pell, Benjamin A. Smith*, 88th Cong., 1st sess., Washington, D.C.: U.S. Government Printing Office, 1963.

Senate. U.S. Congress. Subcommittee on Public Buildings and Grounds, *The Pentagon Papers, Senator Gravel Edition. The Defense Department History of United States Decisionmaking on Vietnam*, 4 vols., Boston: Beacon, 1971.

Sevareid, Eric, "Writer Says Time Is Right to Evaluate Peace Corps", *Peace Corps Volunteer*, February 1963, 2.

Shafer, D. Michael, *Deadly Paradigms: The Failure of U.S. Counterinsurgency Policy*, Princeton: Princeton University Press, 1988.

Sherry, Michael S., *In the Shadow of War: The United States since the 1930s*, New Haven: Yale University Press, 1995.

Shils, Edward, Introduction to *Criteria for Scientific Development: Public Policy and National Goals: A Selection of Articles from Minerva*, ed. Edward Shils, Cambridge: MIT Press, 1968, pp.v~xiv.

_____, "The Military in the Political Development of the New States", ed. John J. Johnson, *The Role of the Military in Underdeveloped Countries*, Princeton:

Princeton University Press, 1962, pp.7~67.

_____, "On the Comparative Study of the New States", ed. Clifford Geertz, *Old Societies and New States: The Quest for Modernity in Africa and Asia*, New York: Free Press, 1963, pp.1~26.

_____, *The Present State of American Sociology*, Glencoe, Ill.: Free Press, 1948.

Shriver, R. Sargent, Jr., "Ambassadors of Goodwill: The Peace Corps", *National Geographic*, vol.126, September 1964, pp.298~313.

_____, "Five Years with the Peace Corps", ed. the Peace Corps, *The Peace Corps Reader*, Washington, D.C.: U.S. Government Printing Office, 1967, pp.18~26.

_____, *Point of the Lance*, New York: Harper and Row, 1964.

_____, "Two Years of the Peace Corps", *Foreign Affairs*, vol.41, July 1963, pp.694~707.

Simpson, Christopher, "Universities, Empire, and the Production of Knowledge: An Introduction", ed. Christopher Simpson, *Universities and Empire: Money and Politics in the Social Sciences during the Cold War*, New York: Free Press, 1998, pp.xi~xxxiv.

_____ ed., *Universities and Empire: Money and Politics in the Social Sciences during the Cold War*, New York: Free Press, 1998.

Skidmore, Thomas E. and Peter H. Smith, *Modern Latin America*, New York: Oxford University Press, 1984.

Slotkin, Richard, *Gunfighter Nation: The Myth of the Frontier in Twentieth-Century America*, New York: Atheneum, 1992

Smith, Adam, *The Theory of Moral Sentiments*, London: Oxford University Press, 1976.

_____, *The Wealth of Nations*, New York: Modern Library, 1937.

Smith, Anthony D., *The Concept of Social Change: A Critique of the Functionalist Theory of Social Change*, London: Routledge and Kegan Paul, 1973.

Smith, Gaddis, *The Last Years of the Monroe Doctrine, 1945-1993*, New York: Hill and Wang, 1994.

Smith, R. B., *An International History of the Vietnam War*, vol.1, *Revolution versus Containment, 1955-61*, London: Macmillan, 1983.

_____, *An International History of the Vietnam War*, vol.2, *The Kennedy Strategy*, New York: St. Martin's Press, 1985.

Smith, Tony, *America's Mission: The United States and the Worldwide Struggle for Democracy in the Twentieth Century*, Princeton: Princeton University Press, 1994.

Social Science Research Council, *Annual Report, 1956–1957*, New York: SSRC,

1957.

_____, *Annual Report, 1957-1958*, New York: SSRC, 1958.

Solovey, Mark, "The Politics of Intellectual Identity and American Social Science, 1945 – 1970", Ph.D. diss., University of Wisconsin, Madison, 1996.

Sorenson, Theodore ed., *'Let the World Go Forth': The Statements, Speeches, and Writings of John F. Kennedy, 1947–1963*, New York: Dell, 1988.

"South Vietnam: New Strategy", *Newsweek*, April, 9, 1962, p.46.

"South Viet Nam: Miracle at Hoaimy", *Time*, May 1, 1964, p.26.

"South Viet Nam: What the People Say", *Time*, February 2, 1962, p.26.

Spencer, Herbert, *First Principles*, New York: H. M. Caldwell, 1900.

Spengler, J. J., "Economic Development: Political Preconditions and Political Consequences", *Journal of Politics*, vol.22, August 1960, pp.387~416.

Sprinker, Michael ed., *Edward Said: A Critical Reader*, Oxford: Basil Blackwell, 1992.

Staley, Eugene, *The Future of Underdeveloped Countries: Political Implications of Economic Development*, New York: Harper and Bros. for the Council on Foreign Relations, 1954.

State Department, *Foreign Relations of the United States*, Washington, D.C.: U.S. Government Printing Office.

_____, "FSI Begins Seminars on Problems of Development and Internal Defense", *Department of State Bulletin*, vol.47, July 2, 1962, pp.41~42.

Stephanson, Anders, "Considerations on Culture and Theory", *Diplomatic History*, vol.18, Winter 1994, pp.107~120.

_____, "Ideology and Neorealist Mirrors", *Diplomatic History*, vol.17, Spring 1993, pp.285~295.

_____, *Kennan and the Art of Foreign Policy*, Cambridge: Harvard University Press, 1989.

_____, *Manifest Destiny: American Expansion and the Empire of Right*, New York: Hill and Wang, 1995.

Stocking, George W., Jr., *Race, Culture, and Evolution: Essays in the History of Anthropology*, New York: Free Press, 1968.

_____, *Victorian Anthropology*, New York: Free Press, 1987.

Stoler, Ann Laura, "Rethinking Colonial Categories: European Communities and the Boundaries of Rule", ed. Nicholas B. Dirks, *Colonialism and Culture*, Ann Arbor: University of Michigan Press, 1992, pp.319~352.

Sutton, Francis X., "Development Ideology: Its Emergence and Decline", *Daedalus*, vol.118, Winter 1989, pp.35~58.

Szulc, Tad, "Selling a Revolution in Latin America", *New York Times Magazine*, December 17, 1961, p.10.

Tanham, George K., *War without Guns: American Civilians in Rural Vietnam*, New York: Praeger, 1966.

Thompson, Robert G. K., *Defeating Communist Insurgency: Experiences from Malaya and Vietnam*, London: Chatto and Windus, 1966.

Tilman, Seth, *The Peace Corps: From Enthusiasm to Disciplined Idealism*, Washington, D.C.: Peace Corps Office of Public Affairs, 1969.

Tipps, Dean C., "Modernization Theory and the Comparative Study of Societies: A Critical Perspective", *Comparative Studies in Society and History*, vol.15, March 1973, pp.199~226.

Toews, John E., "Intellectual History after the Linguistic Turn: The Autonomy of Meaning and the Irreducibility of Experience", *American Historical Review*, vol.92, October 1987, pp.879~907.

Tönnies, Ferdinand, *Community and Society(Gemeinschaft und Gesellschaft)*, trans. Charles P. Loomis, East Lansing: Michigan State University Press, 1957.

Toye, John, *Dilemmas of Development: Reflections on the Counter-Revolution in Development Theory and Policy*, Oxford: Basil Blackwell, 1987.

Toynbee, Arnold J., "America's New Lay Army", ed. the Peace Corps, *The Peace Corps Reader*, Washington, D.C.: U.S. Government Printing Office, 1967, pp.10~17.

"Troubled Alliance", *Time*, October 10, 1962, p.22.

"Troubles and Remedies", *Time*, May 3, 1963, p.26.

Truong Nhu Tang, *A Viet Cong Memoir*, New York: Vintage, 1985.

Trussell, C. P., "Peace Corps Rise Is Voted by House", *New York Times*, April 4, 1962, p.1.

Tulchin, Joseph S., "The United States and Latin America in the 1960s", *Journal of Interamerican Studies and World Affairs*, vol.30, Spring 1988, pp.1~36.

Turner, Bryan S., "Parsons and His Critics: On the Ubiquity of Functionalism", eds. Robert J. Holton and Bryan S. Turner, *Talcott Parsons on Economy and Society*, London: Routledge and Kegan Paul, 1986, pp.181~206.

Turner, Frederick Jackson, "The Significance of the Frontier in American History", ed. the American Historical Association, *Annual Report for 1893*, Washington, D.C.: American Historical Association, 1894, pp.199~227.

Walker, William O., III, "Mixing the Sweet with the Sour: Kennedy, Johnson, and Latin America", ed. Diane B. Kunz, *The Diplomacy of the Crucial Decade: American Foreign Relations during the 1960s*, New York: Columbia

University Press, 1994, pp.42~79.

Wallerstein, Immanuel, "Modernization: Requiescat in Pace", *The Capitalist World Economy*, Cambridge: Cambridge University Press, 1979, pp.132~137.

_____, *Unthinking Social Science: The Limits of Nineteenth-Century Paradigms*, Cambridge, Mass.: Polity Press, 1991.

Walterhouse, Harry F., *A Time to Build, Military Civic Action: Medium for Economic Development and Social Reform*, Columbia: University of South Carolina Press, 1964.

Walters, Ronald G., "Signs of the Times: Clifford Geertz and the Historians", *Social Research*, vol.47, Autumn 1980, pp.537~556.

"The War", *Time*, February 18, 1966, pp.19~21.

Ward, Robert ed., *Studying Politics Abroad: Field Research in the Developing Areas*, Boston: Little, Brown, 1964.

Waring, Stephen P., "Cold Calculus: The Cold War and Operations Research", *Radical History Review*, vol.63, Fall 1995, pp.28~51.

Weber, Max, *The Protestant Ethic and the Spirit of Capitalism*, London: Routledge, 1992.

Weinberg, Albert K., *Manifest Destiny: A Study of Nationalist Expansion in American History*, Chicago: Quadrangle Books, 1963.

Weiner, Myron ed., *Modernization: The Dynamics of Growth*, New York: Basic Books, 1966.

Wetzel, Charles J., "The Peace Corps in Our Past", *Annals of the American Academy of Political and Social Science*, vol.365, May 1966, pp.1~11.

"Where the Reds May Take Over Next in Latin America", *U.S. News and World Report*, March 18, 1963, p.50.

Whitaker, C. S., Jr., "A Dysrhythmic Process of Political Change", *World Politics*, vol.19, January 1967, pp.190~217.

White, Hayden, "The Value of Narrativity in the Representation of Reality", *The Content of the Form: Narrative Discourse and Historical Representation*, Baltimore: Johns Hopkins University Press, 1987, pp.1~25.

Whitfield, Stephen J., *The Culture of the Cold War*, Baltimore: Johns Hopkins University Press, 1991.

Whyte, William H., Jr., *The Organization Man*, New York: Simon and Schuster, 1956.

Wiarda, Howard J., *The Democratic Revolution in Latin America: History, Politics, and U.S. Policy*, New York: Holmes and Meier, 1990.

_____, "Misreading Latin America-Again", *Foreign Policy*, vol.65, Winter

1986~87, pp.135~153.

Wiegersma, Nancy, *Vietnam: Peasant Land, Peasant Revolution*, New York: St. Martin's Press, 1988.

Williams, Walter L., "United States Indian Policy and the Debate over Philippine Annexation: Implications for the Origins of American Imperialism", *Journal of American History*, vol.66, March 1980, pp.810~831.

Williams, William Appleman, *Empire as a Way of Life: An Essay on the Causes and Character of America's Present Predicament along with a Few Thoughts about an Alternative*, New York: Oxford University Press, 1980.

_____, "The Frontier Thesis and American Foreign Policy", *Pacific Historical Review*, vol.24, no.4, 1955, pp.379~395.

_____, *The Tragedy of American Diplomacy*, Cleveland: World Publishing Co., 1959.

Windmiller, Marshall, *The Peace Corps and Pax Americana*, Washington, D.C.: Public Affairs Press, 1970.

Winks, Robin W., *Cloak and Gown: Scholars in the Secret War, 1939-1961*, New York: Morrow, 1987.

Wolfe, Patrick, "History and Imperialism: A Century of Theory, from Marx to Postcolonialism", *American Historical Review*, vol.102, April 1997, pp.388~420.

Wood, Geof, "The Politics of Development Policy Labeling", *Development and Change*, vol.16, July 1985, pp.347~373.

Wood, Robert C., "The Future of Modernization", ed. Myron Weiner, *Modernization: The Dynamics of Growth*, New York: Basic Books, 1966, pp.40~52.

"Yanquis Open a New World Series against the Reds", *Life*, August 18, 1961, p.40.

Young, Marilyn, *The Vietnam Wars, 1945–1990*, New York: HarperCollins, 1991.

Young, Robert, *White Mythologies: Writing History and the West*, London: Routledge, 1990.

Zalba, Serapio R., "The Peace Corps—Its Historical Antecedents and Its Meaning for Social Work", *Duquesne Review*, Fall 1966, pp.125~137.

Zasloff, Joseph J., *Rural Resettlement in Vietnam: An Agroville in Development*, Washington, D.C.: U.S. Department of State, 1962.

Zimmerman, Jonathan, "Beyond Double Consciousness: Black Peace Corps Volunteers in Africa, 1961-1971", *Journal of American History*, vol.82, December 1995, pp.999~1028.

지은이/옮긴이 소개

마이클 E. 레이섬

미 UCLA 대학원 역사학과에서 박사학위를 취득했다. 포드햄 칼리지(Fordham College)와 그린넬 칼리지(Grinnell College)에서 교수와 학장으로 재직했고, 현재는 하와이 푸나호우 스쿨(Punahou School)의 회장으로 재직하고 있다. 지은 책으로『올바른 혁명』(*The Right Kind of Revolution: Modernization, Development, and U.S. Foreign Policy from the Cold War to the Present*), 공저『성장을 일으키기』(*Staging Growth: Modernization, Development, and the Global Cold War*) 등이 있다.

권혁은

서울대학교 국사학과 졸업 후 동대학원에서 한국현대사를 공부하고 있다. 한미관계사 · 냉전사 · 정치사를 중심으로 연구하고 있다. 「1950년대 은행 귀속주 불하의 배경과 귀결」, 「5 · 16군사정부기 미 대한원조정책의 성격과 AID-유솜의 역할: 초기 울산공업단지 건설과정을 중심으로」, 「1960년대 미 대한경찰원조의 전개: 경찰 '현대화'와 대반란전(counterinsurgency) 수행」 등의 논문을 발표했다.

김도민

서울대학교 국사학과 졸업 후 서울대 인문학연구원 선임연구원으로 재직 중이다. 한국현대사를 전공하며, 남북관계사 · 한미관계사 · 냉전사 · 구술사 등을 중심으로 연구하고 있다. 「1950년대 중후반 남 · 북한의 '중립국' 외교의 전개와 성격」, 「미군정기 아동노동법규와 미성년자노동보호법」 등의 논문을 발표했으며, 『구술로 본 한국현대사와 군』(공저)을 썼다.

류기현

서울대학교 국사학과 강사. 한국현대사를 공부하고 있다. 「쏘련을 향하여 배우라: 1945~1948년 朝蘇文化協會의 조직과 활동」, 「한국전쟁기 미 국무부 정보조사국의 북한 현지 조사와 북한 연구의 태동」, 「주월한국군의 대민관계: 참전 군인들의 구술 증언을 중심으로」 등의 논문을 발표했다. 냉전사의 시각에서 남북한 현대사를 재구성하는 데 관심이 있다.

신재준

서울대학교 국사학과 졸업 후 한국학중앙연구원에서 공부하고 있다. 한국현대사 전공으로 「1965년 전후 한일 양국의 동아시아 지역주의 구상과 미국」, 「1970년 전후 공해(公害)의 일상화와 환경권 인식의 씨앗」 등의 논문을 발표했다. 1960~70년대, 나아가 1980년대까지 확대해 탈식민과 냉전의 교차 양상을 다양한 측면에서 살펴보고자 하는 문제의식을 갖고 있다.

정무용

한국현대사 연구자. 주로 1960~70년대 사회사를 연구하며 1980년대까지 연구 관심을 확대하고 있다. 「1980년대 초 야간 통행금지 해제 직후의 풍속도」, 「1960년대 후반 인력개발의 추진과 지능·적성검사의 도입」 등의 논문을 발표했다. 사소하고 잡다한 것들의 변화를 통해 역사적 변화를 추적하는 작업을 하고 있다.

최혜린

서울대학교 역사교육과를 졸업하고 동대학 국사학과 대학원에서 한국현대사를 공부하고 있다. 「6·25전쟁기 미군의 포로 정책 전개 양상: 전범조사부와 민간정보교육국의 활동을 중심으로」, 「근현대 한국 통사(通史)에 나타난 전근대 피지배층 저항 서술의 변화」 등의 논문을 발표했다. 한국 근현대 교육의 변화와 이에 미친 냉전의 영향력에 관심을 갖고 있다.